개정판

백세시대 생애설계

오영수 이수영 전용일 신재욱

박영사

인간의 꿈이었던 인생 백세시대가 다가왔다. 이제 장수가 축복과 행복만이 아니라 걱정과 근심이 되는 시대가 도래한 것이다. 따라서 긴 인생을 어떻게 살아야 할지를 고민하면서 새로운 길을 찾아야 할 때이다.

그러나 사회경제는 우리가 앞길을 쉽게 찾기 어려울 정도로 과거의 흐름과 다르게 변화하고 있다. 합계출산율 1.0 미만의 저출산과 수명 연장으로 고령화가 급속하게 진전되고 있고, 4차 산업혁명으로 기업의 생존전략은 물론 일하는 방식도 변화하고 있다. 경제사회 환경이 예측하기 어렵게 바뀌면서 과거의 흐름에 근거하여 설계해 두었던 국민연금 등 각종 사회보장제도는 새로운 틀에 입각하여 재설계할 필요에 직면하고 있다.

사회보장제도의 재설계가 요구되는 만큼 개인의 인생설계도 근본적으로 과거와 다르게 접근해야 한다. 수명이 길어지면서 은퇴기간도 늘어나 개인이 부담해야 하는 위험도 커지고 있다. 따라서 우선 은퇴기간을 가능한 한 줄이고 생활상의 환경 변화에 능동적으로 대응할 준비를 해야 한다.

특히 백세시대에서 노후빈곤이나 노후파산에 직면하지 않기 위해 정년을 넘어 노동시장에서 더 오래 일할 수 있는 방안을 미리 마련해 두어야 한다. 또한 은퇴 후에 기본적인 생활이 유지되도록 공적연금, 퇴직연금, 개인연금 등으로 중층적인 소득보장체계를 마련해야 한다. 이와 같이 전 생애에 걸쳐 보다 만족스럽고 행복한 삶을 추구하기 위해 연금·자산관리 등 각 영역별로 생애목표를 설정하고 구체적인 실천계획을 종합적으로 수립하여 실천하는 것이 생애설계이다.

미래의 행복은 준비하는 사람들의 몫이다. 준비된 백세는 축복이지만 준비

되지 않은 백세는 불행을 가져온다. 생애설계는 은퇴를 앞두고 어떻게 살아야 할 것인가를 넘어 사회생활을 시작한 시점에서 생을 마치는 순간까지를 설계하는 것이다. 물론 한 번 설계한다고 끝나는 것이 아니고 상황 변화에 따라 주기적으로 설계를 변경하여 안전한 인생항해가 가능하도록 해야 한다.

물론 이러한 일을 도와줄 수 있는 생애설계 시스템이 앞으로 더욱 발전할 것으로 예상하지만, 이러한 시스템을 활용하기 위해서는 기본지식을 갖추고 있어야 한다. 이 책은 생애설계를 통해 개인이 백세시대를 건강하고 보람차며 행복하게 살아갈 수 있는 기본적인 접근법을 알려 준다.

생애설계는 재무적 측면과 비재무적 측면으로 나뉜다. 그중 특히 재무적 측면의 준비는 가능한 한 빠른 것이 좋다. 재무적 준비는 소득을 자산으로 전환하여 축적해 두었다가 은퇴 이후에 소득으로 전환하여 쓸 수 있도록 대비하는 것이다. 그 과정에는 일자리, 연금소득, 저축과 투자, 리스크 관리, 절세 등 다양한 이슈들이 포함된다.

따라서 이 책은 향후 백세시대가 어떻게 전개될지, 고령사회를 가장 전면에서 맞이할 베이비붐 세대는 어떠한 상태에 있는지부터 분석한다. 나아가 생애설계를 위한 기초를 살펴보고, 재무적 측면에서 은퇴준비 수준을 점검하도록 도와준다. 일은 백세시대 복지의 중요한 수단이므로, 왜 정부와 기업이 적극적으로 일자리를 제공하고, 개인은 은퇴를 늦추어 일을 해야 하는지에 대해 설명한다. 그리고 일과 연금제도를 연계하여 은퇴 후 노후소득을 안정적으로 유지할 수 있는 방안과 은퇴자산을 안전하게 관리할 수 있는 방안도 함께 제시한다.

재무적 준비를 하면서 같이 살펴야 할 것이 비재무적 준비이다. 이를 위해 은퇴 후에 행복이 충만한 삶을 살고, 든든한 사회적 관계를 맺으며, 여가활동 등 다양한 활동으로 삶의 의미를 키우는 방법에 대해 살펴본다.

그런데 이러한 활기찬 삶을 살기 위해서는 무엇보다 건강이 뒷받침되어야 한다. 건강을 잘 유지할 때 더욱 활력을 지닐 수 있고 재무적으로도 안전해지기 때문이다. 이를 위해서는 젊은 시절부터 좋은 생활습관을 유지하고, 노년에 맞는 생활환경을 유지하는 방법을 찾아야 한다. 인간은 죽음의 시기를 결정할 수 없지만 죽음의 질을 선택할 수 있다. 따라서 세상은 물론 사랑하는 사람들과 아름다운 이별을 할 수 있도록 준비해야 한다.

저자들은 그간 고령사회 백세시대에 어떻게 개인이 행복하게 살고, 기업과 국가의 경쟁력을 향상시킬 것인가에 대해 고민하고 지혜를 모으면서 함께 공부해 왔다. 그리고 향후 우리 스스로 백세시대를 맞아 행복하고 풍요로운 노후를 준비하고 실천할 수 있는 지침서를 만들고자 하였다.

그간 이 책에 대한 독자들의 호응에 힘입어 초판 발간 이후 코로나19 팬데믹으로 인해 새롭게 제기되는 이슈, 금융과 연금 제도의 변화 등을 담기 위해 개정판을 발간하게 되었다. 새로운 통계를 반영하고, 백세인으로 살기 위한 실천전략을 추가했으며, 문장을 보다 이해하기 쉽게 다듬었다. 이번 개정판이 직장과 가정, 그리고 각종 모임 등 사회적 관계 속에서 많이 활용되어 재무적 준비와 비재무적 준비의 균형을 통해 행복한 백세시대를 체계적이고 종합적으로 준비하는 기본서로 활용되기를 기대한다.

또한 시리즈로 발간된「국가와 기업의 초고령사회 성공전략」을 통해 우리나라가 어떻게 고령사회의 위기를 극복하고 4차 산업혁명이란 기회를 잡아 선진 강국으로 도약할 것인지에 대해 함께 지혜를 나눌 기회를 갖기 바란다.

마지막으로 이 책의 출간을 지원해 주신 박영사 안종만 회장님, 안상준 대표님을 비롯한 관계자 분들, 꼼꼼하게 편집업무를 해 준 탁종민 대리님, 황정원님 등 담당자와 한국고용복지학회의 김재원 국장님께 감사드린다. 아울러 원고 작성 과정에서 고견을 제시해 준 김윤태 청장, 하형소 국장, 고선윤 교수, 손유미 부원장, 윤수경 과장, 윤용근 대표변호사, 이남기 부장, 이영민 교수, 이종룡 교수, 이지만 교수, 이호창 본부장, 홍제희 팀장 님 등 많은 분들께 고맙다는 말씀을 드린다.

글쓴이들

차례

준비 없이 다가온 01
백세시대

제1장 준비 없이 다가온 백세시대

01 백세시대에 펼쳐질 세상

- 백세시대가 왔다
- 인구 피라미드가 뒤집힌다
- 인구 감소와 저성장 경제
- 노노경쟁과 노소갈등의 심화
- 스마트 생활혁명 시대의 도래

02 백세시대와 함께 온 고령화의 위협

- 부양해 줄 후속세대가 없다
- 예상보다 늘어나는 은퇴준비 자산
- 급격히 높아지는 치매 위험

03 축복이자 재앙으로 다가온 백세시대

- 건강하지 않은 장수는 재앙
- 재무적 준비 없는 은퇴, 찾아오는 노후 불행
- 심각한 노인빈곤
- 활력 없는 은퇴생활, 보람 없는 삶

준비 없이 다가온 백세시대

01 백세시대에 펼쳐질 세상

백세시대가 왔다

2014년에 개봉한 영화 '창문넘어 도망친 100세 노인'에서 주인공 알란은 100세 생일을 맞아 남은 인생을 즐기기 위해 양로원에서 탈출한다. 영화는 1905년부터 2005년까지 100년간의 세계 주요 역사와 한 사람의 100세 인생을 함께 담고 있다. 알란은 스페인 내전 중인 프랑코 총통을 이용하여 미국으로 건너갔다 핵폭탄을 개발하는 트루먼 대통령을 도와주기도 하고, 미국에 맞서 핵폭탄을 개발하고자 하는 스탈린을 만나 프랑코를 구해 주었다는 이유로 집단 수용소에 갇혔다 탈출하기도 한다.

▶ 창문넘어 도망친 100세 노인(2014년)

우리나라에서 1905년 태어나서 2005년까지 백세를 살았다면 알란에 못지않게 파란만장한 역사를 겪었을 것이다. 1910년에 일본에 의해 강제로 합방된 이후 일제 치하에서 살아야 했지만, 1945년 해방의 기쁨을 누렸을 것이다. 그러나 기쁨을 길게 누릴 겨를도 없이 1950년 6월 25일에 발발한 한국전쟁을 겪어야 했고, 1960년대 이후 경제개발 및 민주화와 관련된 크고 작은 사건들 모두를 겪었을 것이다. 1960년 4·19 혁명, 1961년 5·16 군사쿠데타, 1962년 경제개발 5개년 계획 시작, 1980년 광주항쟁, 1987년 6·29 선언, 1988년 서울올림픽, 1997년 IMF 외환위기, 2002년 한일 월드컵축구대회를 경험했을 것이다. 그리고 1920년에 태어나 100세를 산다면 2016년 촛불혁명, 2018년 평창동계올림픽, 코로나19 팬데믹 상황도 보았을 것이다.

인류 문명이 시작된 이래 경제적 여건이 호전되고 위생 상태가 개선되면서 기대수명은 꾸준히 증가해 왔다. 20세기 후반부터는 그 속도가 매우 빨라지기 시작하여 OECD 회원국 총인구의 출생 시 기대수명은 2010년에 이미 79.7세에 이르렀으며, 1970년보다 무려 10세나 증가했다. 그래서 현재 80세 또는 그 이상의 기대수명을 가진 OECD 회원국들은 전체의 2/3 정도를 차지한다. 신흥국들도 기대수명이 빠르게 증가해 수명연장은 이제 세계적으로 보편적인 현상이 되었다.

이에 국제연합 경제사회국UN DESA: United Nations Department of Economic and Social Affairs은 2009년 「세계 인구 고령화」 보고서에서 100세 이상 사는 사람인 '백세인centenarians'에 대해 집중적으로 분석하였다. 국제연합 경제사회국은 전 세계적으로 백 살이 넘은 인구를 2009년 기준 45만 5천여 명으로 파악했는데, 2050년에는 그보다 9배 증가한 410만 명이 될 것으로 예측하였다. 2015년에 예측한 자료에 따르면 2100년에는 백세인이 2,642만 명에 달할 전망이다.[1]

우리나라는 1970년만 하더라도 기대수명이 62.3년에 불과했으나 1990년 71.4세, 2010년 80.5세로 20년마다 10세 정도씩 늘어났고 2019년에는 83.3년에 이르는 등 세계적인 수명 연장 추세에 맞춰 빠르게 증가하였다. 2019년 기준 우리나라 남자의 기대수명은 80.3으로 OECD 평균인 78.1년보다 2.2년이, 여자는 86.3년으로 OECD 평균인 83.4년보다 2.9년이 많다. 우리나라 기대수명의 남녀 간 격차는 1985년의 8.6년을 정점으로 감소하는 추세를 보이며, 2019년 기준으로 6.0년이다.

우리나라는 1970년대 초만 하더라도 환갑잔치를 열었다. 환갑을 넘기는 사람이 많지 않았기 때문이다. 평균수명이 80세를 넘어선 2010년대에는 환갑잔치

그림 1-1 우리나라 기대수명 추이(1970~2019년)

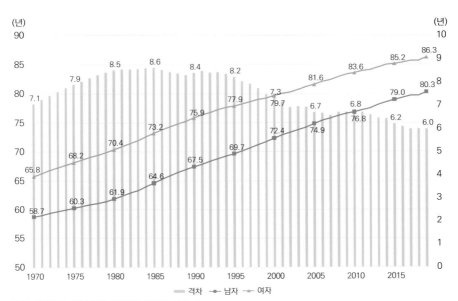

자료: 통계청, 2019년 생명표, 2020. 12. 1.

대신 팔순잔치로 축하하지만 그 의미는 1970년대 초의 환갑잔치에 비할 바가 못 된다.

　　100세 이상 인구는 주민등록인구 기준으로 2019년 11월에 2만 명을 넘어섰고, 2020년 말 기준 21,912명으로 5년 전인 2015년 말 16,209명에 비해 35.2%나 증가하였다. 2020년 말 100세 이상 인구 중 여성은 16,561명, 남성은 5,351명으로 여성이 남성보다 3.1배 이상 많다. 한편 2020년 말 기준 80세 이상 인구는 200만 명으로 우리나라 총인구 5,183만 명 중 3.9%를 차지하고 있다.[2] 100세 이상 인구는 향후 의학 발전 등에 힘입어 더 빠르게 증가할 것으로 보인다.

　　이렇다 보니 가수 이애란의 '백세시대, 못 간다고 전해라'라는 노래가 히트를 쳤었다. 그 시대의 인기가요는 그 당시의 세태를 가장 잘 드러낸다. "육십세에 저세상에서 날 데리러 오거든 아직은 젊어서 못 간다고 전해라. 팔십 세에는 아직 쓸 만해서 못 간다고 전해라. 백세에는 좋은 날 좋은 시에 간다고 전해라." 이 노래를 들으면 이제 백세 정도는 살아야 천수를 누리고 미련 없이 하늘나라로 가겠다는 의미로 보인다.

그러면 얼마나 장수할 수 있을까? 아직까지는 1997년에 사망한 프랑스 여성 잔 칼망Jeanne Calment이 122세까지 생존하여 기네스북에 최고령자로 기록되어 있다. 우리나라도 110세를 넘은 고령자가 일부 언론에 나오고 있지만 대부분 출생 당시의 기록이 정확하게 남아 있지 않아 공식적으로 최고령자를 집계하고 있지는 않다.

자연적 수명의 최대치인 125세를 미래 언젠가는 과학의 힘을 빌려 극복할 수 있을지도 모른다. 2005년에 개봉한 마이클 베이 감독의 영화 '아일랜드'를 보면 복제인간을 만들어 신체나 간 등 장기를 인간에게 제공하는 장면이 나온다. 복제인간이 환상의 섬 '아일랜드'로 가는 순간 죽임을 당하게 되고 장기를 추출당한다.

▶ 아일랜드(2005년)

이 영화에서처럼 인간에게 신장, 심장, 심폐장치, 관절 등의 장기를 인공으로 만들어 신체 중 고장난 일부분을 교체할 수 있다면 130세, 더 나아가 150세까지 사는 세상이 올 수도 있다.[3] 실제로 세계 각국의 과학자들이 수명연장의 꿈을 실현하기 위해 다양한 실험을 하고 있으니 영생은 아니어도 125세를 넘어 사는 것은 머지않은 것 같다.

인구 피라미드가 뒤집힌다

우리나라는 평균수명이 빠르게 연장되고 있는 데 반해, 합계출산율은 급격히 저하하면서 고령화 속도가 빨라지고 있다. 1970년에는 합계출산율이 4.53명이었으나 산아제한정책을 거쳐 17년 만에 1.53명으로 낮아졌다. 2005년에는 다시 1.09명까지 낮아졌다가 조금 반등하였으나, 2020년에는 0.84명으로 가장 낮

그림 1-2 **우리나라 출생아 수 및 합계출산율 추이**

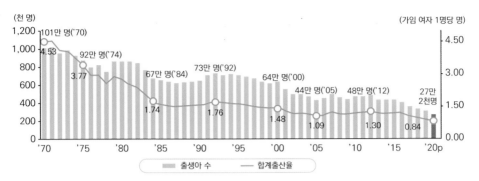

자료: 통계청, 2020년 출생·사망통계 잠정 결과, 2021. 2.

은 수준에 이르렀다.

출산율이 낮아지다 보니 1년에 태어나는 신생아가 1970년에는 100만 명에 이르렀으나 2020년에는 27만 명으로 줄어들었다. 1차 베이비붐 세대1955~ 1963 년생4는 여러 명의 형제나 자매와 함께 성장했으나, 그 자녀 세대는 혼자 또는 한 명의 형제나 자매와 함께 성장하고, 결혼도 꼭 해야 한다고 생각하지 않으며, 결혼을 해도 아예 자식을 낳지 않거나 낳더라도 1명을 두는 상황이 되었다. 인구의 고령화는 세계적인 추세이지만 우리나라의 경우 고령화 속도가 지나치게 빠르다는 데 문제의 심각성이 있다.

고령화의 단계는 전체 인구 중 65세 이상이 차지하는 비율에 따라 구분하는데, 65세 이상이 7% 이상이면 고령화사회, 14% 이상인 경우 고령사회, 그리고 20% 이상이면 초고령사회라고 분류한다. 이러한 분류에 따르면, 일본은 1970년에 고령화사회가 된 이래 35년 만인 2005년에 초고령사회가 되었다. 고령화사회에서 초고령사회로 진입하는데 독일은 75년이 걸렸고 미국은 87년, 영국은 95년이 걸릴 것으로 예상된다〈표 1-1〉.

즉, 일본을 제외한 다른 선진국들은 상대적으로 고령화가 서서히 진전되고 있으므로 경제적, 사회적으로 준비할 시간이 있지만 일본은 1994년에 고령사회가 되어, 고령사회에서 초고령사회가 되는 데 11년 밖에 걸리지 않았다. 따라서

표 1-1 주요 선진국의 고령화 속도 (단위: 년, %)

국가	도달연도			소요기간 (7%→20%)
	7%(고령화사회)	14%(고령사회)	20%(초고령사회)	
한국	2000	2018	2025	25년
일본	1970	1994	2005	35년
독일	1932	1974	2007	75년
영국	1929	1975	2024	95년
미국	1942	2013	2029	87년

자료: 통계청, 장래인구추계 결과, 2006; 통계청, KOSIS 국가통계포털; OECD, stats.oecd.org의 최신 자료로 수정

초고령사회를 충분히 대비할 시간이 부족했고, 이것이 '잃어버린 20년'의 원인 중의 하나가 된 것으로 보인다.

그런데 우리나라는 일본보다 더 급속하게 고령화가 진행되어 2018년에는 전체 인구 중 65세 이상 인구의 비중이 14.3%까지 높아져 고령사회가 되었고, 2025년에는 20.3%에 이르러 초고령사회에 진입할 것으로 예측하고 있다. 고령화사회에서 고령사회로 진입하는 데 17년이 걸렸지만, 고령사회에서 초고령사회로 전환하는 데는 7년밖에 걸리지 않는 것이다. 더구나 2045년에 한국의 고령인구 비율은 37.0%로 일본의 36.7%보다 높아져 전 세계에서 가장 높은 수준을 나타낼 것으로 전망된다.[5]

이에 따라 인구 피라미드는 뒤집힌 모양이 될 것으로 예상된다. 합계출산율이 높았던 1965년만 하더라도 인구 피라미드는 저변이 넓게 펼쳐져 있어 상당히 안정적인 모습을 보여 주었다. 그러나 25년이 지난 1990년의 인구 피라미드는 이미 바닥이 좁아 안정성을 잃은 모습을 보여 준다.

이후 40대에서 60대까지의 세대가 가장 두터운 연령층을 형성하면서, 고령사회가 시작된 2018년의 인구 피라미드는 안정성이 더 낮은 모습이다. 이제 앞으로 다가올 2035년, 2050년, 2067년이 되면 인구 피라미드 모양은 역삼각형에 가까워진다.

그림 1-3 인구 피라미드의 변화(1965~2067년)

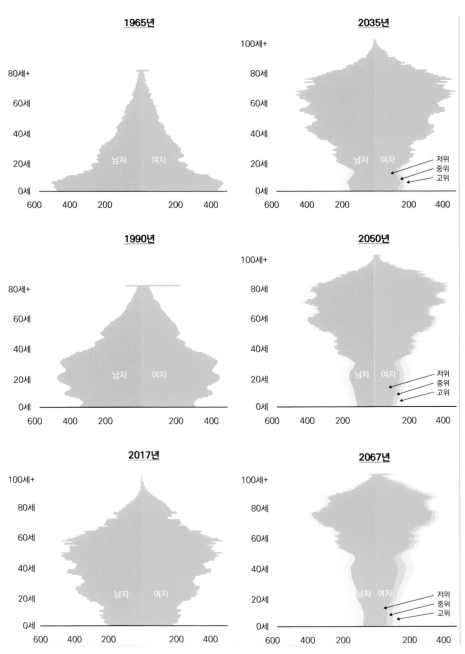

자료: 통계청, 장래인구 특별추계 2017~2067, 2019. 3. 28.

인구 감소와 저성장 경제

인구의 고령화는 평균수명 연장과 저출산의 결과이므로 필연적으로 인구가 감소하는 시기를 맞이하게 된다. 15세부터 64세에 속하는 인구를 가리키는 생산가능인구는 이미 2017년부터 감소하기 시작하였다. 총인구는 2017년 기준 5,136만 명에서 시작해 2028년까지는 계속 증가할 것이며, 5,194만 명으로 정점에 도달할 것으로 예측된다. 그 뒤로는 감소해 2067년에는 1982년 수준인 3,929만 명에 이를 것으로 전망된다〈그림 1-4〉.[6]

그림 1-4 **총인구 및 인구성장률(1960~2067년)**

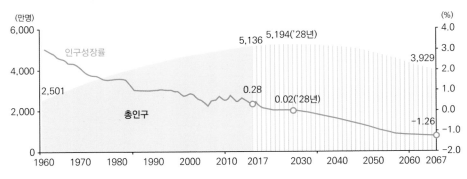

자료: 통계청, 장래인구 특별추계 2017~2067, 2019. 3. 28.

인구 감소는 보통 큰 규모의 전쟁, 자연재해 등의 대재앙, 전염병의 창궐 등을 겪은 후에 발생한다. 국제연합UN이 2017년에 발간한 「세계인구전망」에 따르면, 2015년에서 2020년 사이에 인구가 줄어드는 국가는 전 세계적으로 27개국으로, 전쟁 등이 인구 감소의 원인인 국가들도 있지만 그리스, 이탈리아, 포르투갈, 일본 등은 저출산으로 인해 인구가 줄어들고 있다.

인구가 1억 명이 넘는 국가 중에서 인구가 줄어들고 있는 국가는 러시아와 일본이다. 그중에서 고령화 수준이 세계에서 가장 높은 일본은 1995년에 생산가능인구가 8,726만 명으로 정점에 도달한 후 급속히 감소하여 2017년에는 1,130만 명이 줄어든 7,596만 명이 되었다. 향후 2029년에 6,951만 명으로 7천만 명을 밑돌고, 2065년에는 4,529만 명으로 5천만 명에도 미치지 못할 것으로 추계되고 있다.7 일본의 총인구 역시 2008년에 1억 2,800만 명으로 정점에 도달한 후에 꾸준히 줄어들어 2015년에 1억 2,709만 명이 되었다. 일본의 국립사회보장·인구문제연구소는 일본 총인구가 2053년에 9,924만 명으로 1억 명 선이 무너지고, 2065년에는 8,808만 명으로 줄어들 것이라고 추계했다.8

우리나라도 약 20년의 시차를 두고 일본처럼 저출산으로 인한 인구 감소가 진행될 것으로 예상된다. 인구 감소는 사회경제적으로 큰 영향을 미치게 되는데, 일본의 사례를 보면 인구가 줄어들기 시작한 후 얼마 지나지 않아 우선적으로 노동력 부족이 심화되는 현상이 나타났다.

이에 따라 2008년에 4.0%이었던 일본의 실업률이 2020년에는 3.0%까지 낮아졌다. 특히 다른 연령대에 비해 높았던 15~24세와 25~34세의 실업률은 2008년에는 각각 7.5%와 5.6%였으나 현저하게 개선되어 2019년에는 각각 3.8%와 3.2%로 낮아졌다. 그러나 2020년에는 코로나19의 영향으로 각각 4.6%와 3.9%로 높아졌다.

물론 일본에서 실업률이 낮아진 것이 인구 감소의 영향만은 아니지만 생산가능인구의 감소가 크게 영향을 미쳤을 것은 분명하다. 나아가 2030년이 되면 644만 명의 노동자가 부족할 것이라는 전망9이 나올 정도로 노동력 부족이 예상되므로 실업률은 계속해서 낮은 수준을 유지할 것으로 보인다.

지난 2012년에서 2020년 사이 우리나라의 취업자 수 변화를 보면 30대 취업자는 52만 명이 줄어든 반면, 65세 이상 고령자와 15세에서 64세 사이의 여성은 물론 외국인 취업자는 크게 늘었다. 65세 이상 취업자는 104만 명 증가하였고, 15~64세 여성은 고용률이 2012년 53.5%에서 2020년에는 56.7%로 높아지면서 취업자가 65만 명 증가했으며, 또한 외국인 취업자도 5만 7천 명이 증가하여 84만 8천 명이 되었다〈그림 1-5〉. 결국 30대 취업자가 줄어들고, 부족한 노동력을 고령자, 여성, 외국인 노동자 등으로 보충한 셈이다. 이러한 추세는 인구가 줄어드는 환경에서 더욱 심화될 것으로 예상된다.

또한 외국의 사례를 보면 고령화와 함께 인구 감소가 진행되면서 가계 소

그림 1-5 한국의 고령자, 여성, 외국인 노동자 증가 추이

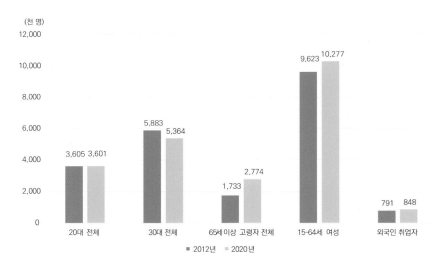

(천 명)

■ 2012년 ■ 2020년

자료: 통계청, KOSIS 국가통계포털, kosis.kr

비가 줄어들 수 있다. 2017년을 기준으로 일본의 연령대별 월 소비지출을 살펴보면 50대가 34만 엔으로 가장 높고 70세 이상이 24만 엔으로 가장 낮으며, 60대도 29만 엔으로 40대31만 5천 엔나 50대에 비해 낮다. 따라서 앞으로 60대와 70대 이상의 고령자 수가 늘어나면 소비가 줄어들 가능성이 크다. 더구나 2020년부터는 세대 수 감소가 전망되고 있다. 따라서 2015년부터 시작된 가계소비의 감소 추세는 더 빨라질 것으로 예상된다.

이렇게 가계수요가 줄면 유효수요의 부족으로 투자와 공급도 줄어들고 경제 전체가 축소될 수 있다. 일본에서 '잃어버린 20년'이라는 장기간의 경제침체가 발생하게 된 데는 여러 원인이 있겠지만, 인구의 고령화와 절대인구의 감소도 상당히 큰 영향을 미쳤을 것이다. 다만 독일의 사례에서처럼 해외수요가 이를 상쇄할 정도로 늘어 수출이 증가하거나 생산성이 향상된다면 투자와 공급은 크게 축소되지 않아 어느 정도 경제성장이 지속될 수 있다.

한편, 일본에서는 도심의 일부를 제외하고 부동산 가치가 붕괴하는 현상이 일어났다. 도심으로부터 1시간 거리에 있는 지역에서 버블시대에 대출을 받아

5천만 엔 전후로 구입한 부동산이 현재는 2천만 엔에도 미치지 못하고 있다. 특히 단독주택은 불과 30년 정도 지났지만 거의 가치가 없어지고 있다. 더욱이 대출을 상환해 왔다는 것을 고려하면 대출이자만 2천만 엔 이상 납부했을 가능성도 높다. 결국 수도권 등 인구밀집지에서 마이홈을 취득한 평균적인 일본인은 생애자금 중 수천만 엔을 이미 소멸시킨 셈이다.[10]

일본에서 지역적으로 보면 지방이 소멸하는 현상이 뚜렷하게 나타나며, 농촌뿐만 아니라 도시에도 빈집이 늘어나고 있다. 지방에서는 인구가 줄어들면서 학교가 문을 닫는 것은 물론 보건소, 가게 등의 점포, 주유소, 병원 등 생활에 필요한 각종 공적기관과 민간시설이 통합되거나 없어져 생활이 어려워졌다.

또한 대중교통도 줄어들거나 없어져 이동에 큰 제약을 받게 되는데, 특히 자가운전을 하기 어려운 고령자에게는 큰 타격을 주었다. 이렇게 생활의 여러 영역이 불편해지자 주민들이 마을을 떠나기 시작하면서 빈집이 늘게 되고, 결국은 지역을 유지할 수 있는 세금도 걷히지 않게 되어 지방소멸이 전국에 걸쳐 나타나게 되었다.

그림 1-6 **시도별 인구성장률(2017, 2035, 2047년)**

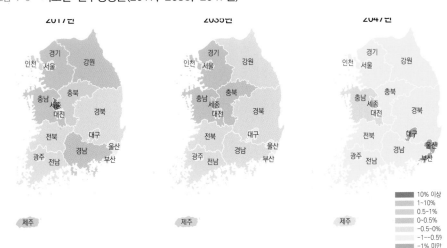

자료: 통계청, 장래인구 특별 추계(시도편): 2017~2047년, 2019. 6. 27.

우리나라에서도 저출산 고령화에 따른 인구 감소로 인한 지방소멸 현상은 지역별로 큰 편차를 보이면서 진행될 가능성이 크다. 통계청은 2017년부터 2047년까지 40년에 걸쳐 인구성장률을 추계하여 2019년에 발표했는데, 2035년에는 인천, 경기, 충남, 충북, 세종시, 제주를 제외한 전체 광역자치단체에서 인구가 줄고, 2044년 이후에는 세종시를 제외한 전국의 인구가 줄어드는 것으로 추계되었다〈그림 1-6〉.

한편, 한국고용정보원에서는 지방소멸위험지수20~39세 여성인구/65세 이상 인구를 발표하고 있는데, 가임기 여성인구가 고령인구의 절반 미만인 경우 소멸위험지역으로 분류한다. 2020년 기준 소멸위험지역위험지수 0.5 미만은 228개 시군구 중에서 105개46%에 다다르고, 소멸고위험지역0.2 미만 비중도 10.1%을 나타내 지역소멸이 점차 심각한 사회문제가 될 것으로 전망된다.[11] 저출산 고령화가 심화되면서 농촌지역의 인구가 주요 거점 도시로 몰리면 기초 자치단체 수준의 지역소멸 가능성은 더 커진다.

다만, 서울의 인구는 현재도 줄어드는 추세를 보이고 있는데, 이는 고령화와

서울 4대문 안으로 이사한 사대문 씨

사대문 씨는 신도시에서 오래 살았다. 그런 그가 얼마 전 4대문 안에 있는 아파트로 이사를 했다. 전에 살던 아파트에 비해 면적은 상당히 좁아졌지만, 만족감은 크다. 무엇보다 광화문이나 종로 등 도심부를 웬만하면 걸어서 다닐 수 있고 대중교통이 편리해 운전을 하지 않아도 괜찮기 때문이다.

예전에는 서울 시내에 한 번 나오려면 1시간은 족히 걸리는 데다 교통체증이 심해 자주 다니지 못했으나 4대문 안에서 살게 되니 여기저기에서 열리는 각종 전시회나 문화활동도 적극적으로 참여하게 되었다.

무엇보다 좋은 것은 여기저기 흩어져 사는 친구들과 모임을 가질 때 주로 광화문이나 종로에서 모이게 되어 참석하기 위해 걸리는 시간이 많이 들지 않는다는 점이다. 또한 친구들을 만나 간단히 음주를 하더라도 귀가에 대한 부담이 줄어들었다는 점도 좋아한다.

함께 높은 수준의 주택가격이 결합되어 나타나는 현상이다. 이를 볼 때 서울에서 교육, 직장 등과 같은 필수적 요소가 유인하는 구심력보다 높은 수준의 주택가격과 같은 원심력이 더 크게 작용하면 서울 인구의 감소는 지속될 것으로 보인다.

노노경쟁과 노소갈등의 심화

고령화가 심화될수록 고령자 간 경쟁도 심화될 것이다. 이러한 양상은 특히 일자리를 둘러싸고 발생할 수 있다. 일반적으로 경비, 수위, 초등학교 보안관 등 고령자들이 종사할 수 있는 일자리가 한정적이다 보니 이를 두고 고령자 간 경쟁노노경쟁이 심화되는 것이다. 심지어 젊은 60대60~64세가 일자리에서 65세 이상 고령자를 밀어내는 양상도 등장했다.[12] 이는 베이비붐 세대가 본격적으로 정년을 맞이하기 시작하며 나타난 현상이기도 하다.

베이비붐 세대는 정년 후에는 여생을 보내며 쉬었던 이전 세대와 달리 정년 이후에도 적극적으로 일을 하며 자립하려는 성향이 강하다. "청소 용역은 2~3년 전만 해도 60대 후반~70대 초반이 대부분이었는데 요즘은 50대 후반 대졸 출신도 있다.", "요즘엔 건설 현장에도 60세 안팎의 구직자가 넘쳐나 대형

지하철 안에서 일어나는 노노(老老)경쟁

대부분의 지하철에는 경로석이 있다. 일반석이 꽉 차 있을 때 경로석 자리가 아무리 비어 있더라도 태연히 그곳에 앉을 수 있는 강심장을 보유한 청년이나 장년은 드물다. 일반석, 경로석 할 것 없이 좌석이 비어 있는 2017년의 어느 날의 상황이었다. 누가 봐도 60대, 70대인 두 분의 여성이 탔다. 70대는 당연히 경로석으로 향했지만, 60대는 일반석에 자리 잡은 후 팔을 휘저어 70대를 부른다. "언니, 이리로 와요. 나는 그리 못 가. 언니는 이리 와도(올 수 있어도)."

더 나이 든 고령자의 눈총을 받기 싫어서 어지간한 고령자는 이제 경로석에 앉기를 주저하게 되는 시대가 되었다. 만 65세 이상 고령자는 전국 도시철도에서 무임승차가 가능한데, 전에는 스스럼없이 경로석에 앉던 65세가 이젠 자리 양보도 맘 편히 못 받는 세상이 오고 있다.

건설 현장은 만 62세부터는 일용직으로도 받지 않는다."라는 이야기는 최근 고령자 간의 경쟁 상황을 대변한다.

노노경쟁이 심화되는 한편으로 노소갈등도 예상되고 있다. 이는 노노경쟁에서처럼 일자리 경쟁에서부터 먼저 발생할 수 있다. 이에 불을 댕긴 것은 2013년에 정년을 60세로 의무화하는 법률 개정을 앞두고 벌어진 논쟁이었다. 부모 세대의 정년이 연장되어 오래 근무하는 만큼 일자리가 부족해지고 자녀 세대가 취업하기 어려워질 것이라는 주장이 다수 언론과 사용자 등을 중심으로 제기되었다. 다른 한편으로는 OECD 선진국의 경험을 바탕으로 고령자 정년연장이 청년고용과 경쟁관계에 있지 않다는 주장도 있었다.

향후 기대수명이 점차 늘어나면서 정년연장 또는 고용연장에 대해 계속 논의될 것으로 예상된다. 이와 관련하여 정년연장이 국가 전체의 청년고용에는 영향을 미치기 어렵지만, 청년들이 선호하는 대기업, 금융기관, 공공부문의 청년고용에는 영향을 미칠 수 있으므로 국가 전체와 부분을 구분하여 보다 심도 있는 연구를 할 필요가 있다.[13]

심지어 젊은 세대는 '불평등한 고령화'Ageing Unequally에 따른 위험이 기존 세대들보다 더 크다[14]는 보고도 있으므로 주목할 필요가 있다. '일생을 통해 누적되다가 노후에 겪게 되는 불평등'은 건강, 소득 등에 부정적 결과로 나타나는데 특히 기회의 불평등은 기득권을 유지시키고 세대 간 사회적 지위 이동을 막아 사회 통합을 저해한다는 것이다.

더 큰 문제는 오히려 연금제도에 잠복해 있다고 볼 수 있다. 기초연금을 도입하면서 국민연금 가입 기간과 연계하여 기초연금을 조정하여 지급한다는 안이 발표되었을 때 청년세대들을 중심으로 반발이 있었다. 그러한 안이 시행될 경우 미래의 노인인 자신들이 역차별을 당해 기존의 기초노령연금보다 적은 수준의 금액을 받게 된다고 판단했기 때문이다.[15]

또한 국민연금이나 공무원연금 등 특수직역연금의 개혁안을 보면 현재의 연금 수급자 세대에 비해 미래의 연금 수급자 세대의 수익비가 낮을 뿐만 아니라, 국민연금의 경우에는 연금지급에 대한 국가 보장이 법에 명시되어 있지 않은 상황에서 보험료만 납부하고 기금 고갈로 인해 연금을 받지 못하는 상황이 발생하지 않을까 우려하기 때문이다. 백세시대가 왔지만 긴 노후를 살아갈 기초가 되는 연금제도를 둘러싸고 세대 간 갈등은 지속될 전망이다.

스마트 생활혁명 시대의 도래

우리나라는 고령화가 급속하게 진행되는 동시에 4차 산업혁명이 진행되고 있다. 4차 산업혁명은 산업 측면에서는 생산성을 높일 수 있는 기초가 되고, 가계 측면에서는 생활혁명을 가져올 수 있다. 이것이 무엇을 의미하는지를 알기 위해 일찍부터 노후준비를 잘해 온 75세 고령자의 하루를 통해 4차 산업혁명의 영향으로 미래에 펼쳐질 세상을 한번 예측해 보기로 한다.

2035년 미래, 75세 고령자의 하루

2035년 8월 24일(금) 맑음

경기도 하남시에 거주하는 나행복 씨(남성, 75)는 새벽 6시가 되자 눈을 떴다. 매우 덥고 눅눅한 날씨가 이어졌지만 센서가 집안 내 온도와 습도를 조절해 주어 늘 쾌적한 상태를 유지한다. 어쩐지 옆이 허전하다 했더니 아내인 지화자 씨(여성, 74)가 휴가철 피크 타임을 피해 3일간 친구들과 더불어 국내 여행을 떠났기 때문이었다.

자리에서 일어나며 나씨는 '오늘 일정이 어떻게 되나' 생각해 본다. 일단 오전에 보건복지부에서 제공하는 2주 간격의 방문 서비스가 예약되어 있다. 간단히 세면을 하고, 식탁에 놓여 있던 AI 스피커에게 물어본다. "토토야, 지금 망월동의 날씨가 어때?" "지금 망월동의 온도는 섭씨 27도이며, 습도는 64%입니다. 지금

2035년		8월				
일	월	화	수	목	금	토
			1	2	3	4
5	6	7	8	9	10	11
12	13	14	15	16	17	18
19	20	21	22	23	24	25
26	27	28	29	30	31	

산책하기 좋으니 추천드립니다. 오늘 산책을 하시면 이번 달에 15번째, 5일 연속으로 하시는 것입니다."

토토는 영화를 좋아하는 그가 젊은 시절에 감명 깊게 보았던 영화 시네마 천국에 등장하는 주인공의 이름이다. 아직도 영화를 좋아하기 때문에 AI 스피커 속의 인공

지능의 이름을 토토라 붙였다. 비록 인공지능이라고 하지만, 토토는 사람과 구별할 수 없을 정도로 친근한 존재이다.

편한 복장으로 갈아 입고, 집을 나섰다. 오전 6시 반, 근처 공원의 산책길을 천천히 돌기 시작했다. 늘 보던 사람들이 보였다. 선 캡을 푹 눌러쓰고 크고 활기차게 팔을 흔들며 빠르게 걷는 아주머니, 음악을 들으며 시원시원하게 뛰는 젊은이들, 비슷한 연배의 사람들…. 서로 말을 주고받아 본 적은 없지만, 안 보이면 가끔씩 궁금하기도 하다. 무리할 필요는 없다. 속도를 조절해 가며 천천히 혹은 약간 빠르게 걷다가 집에 들어와 보니 7시 20분이다.

"토토야, 나 산책하고 왔다."라고 얘기하니, "덥겠습니다. 이번 아침 산책은 이달 들어 15번째, 5일 연속이었습니다. 내일은 비 소식이 예정되어 있으니 참고하세요. 지금 바로 샤워하실 수 있게 준비하겠습니다."

이미 사물 인터넷의 기능이 작동하여 욕실의 불을 켰다. 나 씨는 욕실에 들어가 샤워를 했다.

딩동하고 초인종이 울려서 시계를 보니 7시 40분이다. 나 씨의 영양 상태에 적합한 아침식사가 배달된 것이다. 건강검진을 할 때마다 그 수치가 아침식사 조리 회사에 전달되므로 맞춤형으로 조리된다. 월, 수, 금으로 3번 배달되는데 오늘은 본인 것만 왔다. 천천히 식사를 마치고 나니, 아내로부터 전화가 왔다. 스마트폰을 들고 화상 통화를 하자니 좀 귀찮다.

"토토야, 지금 전화를 TV로 연결해 줘." TV 화면이 켜지니 아내 뒤로 한적한 바닷가가 보인다. 차를 마시며 이야기를 나누고 있었다. 친구들끼리 오랜만에 재미있게 지내는 것을 보니 다행이다.

오전 9시, 보건복지부 방문 서비스를 위해 2명이 찾아왔다. 1명은 직원이고, 1명은 자원봉사자라고 하는데, 보기에 이미 환갑을 넘겼지만 예전의 60대가 아니다. 늘 활기차 보인다. 의료기기를 써서 건강체크도 해 주고, 반복되는 것이긴 하지만 이것저것 문진도 해 주었다. 내 몸에 큰 이상이 없음을 확인하면서 국가가 이런 것도 챙겨 주니 고맙다고 생각했다.

오전 11시, 동네 동년배들이 늘 모이는 사회 공동체 활동을 하기 위해 집을 나선다. 10분 정도 걸어 도달할 수 있는 문화센터인데, 치매 예방 차원에서 그림을 그리기도 하고, 담소도 나누며 시간을 보낸다. 12시부터는 식사도 함께할 수 있어 적적

함을 달래기에는 제격이다. 가 보면 75세가 넘어도 활동에 지장 없는 사람들이 많다. 이번 주말에는 남자들 차례라며, 경춘선을 타고 춘천 가서 당일치기로 구경하고 닭갈비를 먹고 오자는 데 의견을 모은다. 새로운 곳을 발굴하자는 의견도 있었는데, 어째 이 모임은 모험심이 별로 없다.

한참 이야기를 나누는 와중에 스마트폰으로 문자가 왔다. "아, 그러고 보니 오늘이 24일이었지. 매달 25일에 국민연금이 입금되는데, 내일이 토요일이어서 하루 먼저 왔구나."라고 생각했다. 이렇게 국민연금을 받으니 독립적 생활을 하는 데 부족하긴 하지만 큰 도움이 된다. 국민연금이 백세시대 동반자라는 걸 최근 더 느끼고 있다.

문화센터에서 읽기 쉽게 글자도 큼직큼직하게 쓰인 고령자용 도서들을 읽으며 시간을 보내다가 집으로 돌아왔다. 책을 고르고 서 있는 것조차도 운동이다 싶다. 오늘은 좀 걸은 것 같다. 75세부터는 걸음걸이 수를 마일리지처럼 적립해서 돈처럼 쓸 수도 있는데 매일 공원을 돌다 보니 요새 꽤 모였다. 게다가 '연금의 날'인 오늘은 각종 생필품과 서비스도 5% 할인해 준다.

오늘 저녁은 문화센터의 신중년 남성 요리 교실에 다닌 솜씨를 발휘해서 직접 해 먹어도 되지만, 굳이 아내가 단골로 이용하는 '대화하는 출장요리' 서비스를 이용하기로 했다. 5시 반부터 단골 요리사가 출장을 나와서 나를 대신해 요리하고, 상을 차리고, 대화를 나누어 주고, 설거지까지 다 하고 갔다. 이분은 나 같은 사람을 자주 상대하는 것 같아 도움이 많이 된다. 9월 2일(일)에는 한반도를 통과하는 개기일식이 있다고 하니 꼭 보라고 권했다.

저녁 8시 반, 차로 15분 걸리는 거리에 사는 딸네 식구로부터 화상 전화가 왔다. 여지없이 TV 화면으로 연결해서 대화를 한다. 전국적으로 부모와 근거리에 살기 운동이 펼쳐진 덕이다. "아빠, 오늘은 어디어디 가셨네요."

내가 가진 스마트폰, 신고 있는 구두에 달린 센서가 내 주된 이동 거리에 있는 정류장, 공공시설 등 거점에 정보를 전해 주어 딸이 실시간으로 알게 된 것 같다. 내가 어딜 가는지 낱낱이 알려져서 기분이 썩 좋진 않지만, 그래도 날 위한 거라 생각하려고 한다.

"올해는 추석연휴가 짧아요. 9월 15, 16, 17일이고, 토, 일, 월인데, 18일 화요일이 대체 공휴일이네요. 저희가 추석 당일에 뵈러 갈게요."

추석 며칠 전에는 미리 자율주행차를 이용해서 성묘 드라이브라도 갈까 싶다. 운전에 신경 쓸 필요도 없고, 출발, 도착 시간을 충분히 예측할 수 있으니 참 편한 세상이다. 내일은 그것도 상의를 해 봐야겠다고 생각했다.

"토토야, 집에 1번 불만 남기고 다 꺼 줘. 30분간 1번 음악 좀 틀어 줘." 평소에 늘 듣던 잔잔한 음악을 들으며, 나 씨는 하루 일정을 마치고 잠들었다.

4차 산업혁명은 자율주행차 시대를 열어 고령자들에게 이동권을 확보해 주기도 하며, 고령자들이 건강관리를 위해 각종 웨어러블 기기들을 활용할 수 있게 해 준다. 또한 주택 내에 설치된 각종 센서를 통해 홀로 사는 고령자가 갑자기 뇌졸중 등으로 쓰러졌을 때도 원격으로 알 수 있게 해 주며, 화재도 예방할 수 있게 해 준다.

나아가 가정용 로봇이 개발되어 말동무를 해 주거나 반려동물을 대신해 주는 것은 물론 거동이 불편할 경우 식사보조와 침상에 오르고 내리는 이동을 돕기도 할 것이다. 따라서 고령자가 4차 산업혁명을 적극적으로 잘 이용하기만 하면 보다 편리한 생활을 영위할 수 있게 될 것이다.

4차 산업혁명은 사물인터넷과 통신혁명 등을 기초로 스마트폰을 통해 많은 서비스를 제공할 것이다. 그러나 고령자들 중 상당수는 신기술의 급속한 발전에 적응하지 못한 채 불편하게 지낼 뿐만 아니라 비용도 더 지출하는 상황에 몰리고 있다. 은행 종이통장 발급의 사례를 보자. 2020년 9월부터 60세 이상에게만 무료 발급이 계속되고, 그 이외의 연령이라면 수수료를 내어야 발급이 가능하다. 인터넷 또는 스마트폰을 통한 금융거래에 익숙하지 않고 직접 은행 지점 등을 방문하여야만 안심이 된다는 세대를 배려한 조치인데, 서서히 종이통장은 사라지는 추세이다.

또한 대형마트에 직접 가지 않고 스마트폰 또는 온라인으로 많은 물건을 주문하여 배달받을 수 있으나 그러지 못하여 육체적 수고와 시간을 들이거나, 약간의 가격 비교를 통해 보다 저렴한 가격에 양질의 물건과 서비스를 확보할 수 있지만 그러지 못하여 유리한 구매 기회를 상실할 수도 있다. 한편, 고령자들이 자기 경력 개발의 기회를 잃어버린다든가, 타인과의 교류가 단절된다든가 하여 정보격차로 인해 상대적으로 제한된 생활을 할 수밖에 없는 상황이 되기도 한다.

결국 고령자들은 일상생활에 있어서도 필요한 것을 제때 공급받기 어려운 상황에 놓일 수도 있다. 일본에서는 생필품을 사러 나가기 어려운 고령자를 일컫는 '쇼핑 난민' 또는 '쇼핑 약자'라는 신조어가 생겼다. 일본에서 2015년 기준으로 전국적으로 65세 이상 고령자 중 식료품 구입에 곤란을 겪는 인구는 무려 825만 명으로 65세 이상 인구 중에서 24.6%를 차지하는 것으로 나타났다. 825만 명 중 75세 이상 고령자는 535만 명으로 75세 이상 인구 중 33.2%이다. 식료품 구입에 곤란을 겪는 65세 이상 인구는 단지 농촌과 산간 지역에만 있는 것이 아니라 일본 3대 도시권도쿄권, 나고야권, 오사카권에서도 378만 명으로 쇼핑 난민 전체의 45.8%나 차지하였다.[16]

이러한 상황을 극복하려면 결국 개인과 정부의 대책이 필요하다. 일본의 농림수산성이 2020년에 행한 설문조사 결과에 따르면 응답 시정촌市町村의 85.0%가 주민의 고령화, 주변 소매업의 폐업, 중심 시가지의 쇠퇴 등을 들어 어떤 방식으로든 대책이 필요하다고 응답했다.

그리고 68.6%가 행정적으로 대책을 세워 지원하고 있는데, 그 대책으로는 마을버스·승합택시의 운행 등에 대한 지원이 81.3%로 가장 많았고, 그 다음으로는 상설점포 출점운영에 대한 지원이 28.2%로 많았다.[17] 우리나라에서도 일본과 유사한 상황에 처할 것으로 예상되는데, 가급적 생활상 곤란한 상황을 극복할 수 있도록 하기 위해서는 개인 차원에서는 스마트 기기 사용 능력을 미리 갖출 필요가 있고, 정부 차원에서도 지원 대책을 준비할 필요가 있다.

02 백세시대와 함께 온 고령화의 위협

부양해 줄 후속세대가 없다

우리나라에서는 2020~2040년 사이에 노년 부양비가 급격히 증가해 생산가능인구15~64세 인구의 부담이 계속 늘어날 전망이다. 생산가능인구 100명당

65세 이상인 고령인구의 비율을 나타내는 노년 부양비는 2020년 21.7명, 2040년 60.1명, 2060년에는 91.4명으로 급격히 증가하여 2020년을 기점으로 40년간 4.2배가 증가할 것으로 예상된다.

즉, 2020년에는 4.5명, 2040년에는 1.7명, 2060년에는 1.1명의 생산가능인구가 고령자 1명을 부양해야 하는 심각한 상황에 처하게 될 것으로 전망된다.[18] 따라서 2060년에는 고령자가 경제적으로 자립해 있지 않으면 1명의 생산가능인구가 1명의 고령인구를 부양해야 하는 상황이 올 것이다.

현재의 베이비붐 세대는 부모를 부양하더라도 대개는 독자가 아니라서 분담할 수 있는 데 반해서, 현재의 청년층 세대는 형제 또는 자매가 한두 명에 그쳐서 그만큼 부모를 부양하는 부담이 커질 것이다. 더구나 자아실현과 노동력 부족에 대응하기 위해 여성이 적극적으로 경제활동에 참가하여 맞벌이가 일반화되면 가족에 의한 간병과 같은 부양이 현실적으로 곤란한 세상을 맞이하게 될 것이다.

예상보다 늘어나는 은퇴준비 자산

은퇴를 하려면 얼마를 준비해야 적정할지는 뒤에서 자세히 알아보겠지만, 예상보다 오래 살게 되면서 준비해 둔 은퇴자산만으로는 생활비를 충당하기에 부족한 상황이 올 수도 있다. 이러한 상황을 맞이하여 발생하는 위험을 장수 리스크risk라고 하는데, 개인뿐만 아니라 국민연금이나 보험회사 등에도 발생할 수 있다. 그러면 개인에게 장수 리스크가 어떻게 발생할 수 있는지 알아보기로 한다.

최장수남성, 가명 씨는 65세에 은퇴하여 국민연금으로 매월 1백만 원물가연동 상승분이 없다고 가정을 받게 되었는데, 그때까지 들어 두었던 퇴직연금과 개인연금을 합한 금액 2억 4천만 원을 자신이 앞으로 평균적인 수명을 살 것이라고 생각하고 20년 동안 연금으로 나누어 받기로 하였다. 계산의 편의를 위해 이자를 고려하지 않으면, 최장수 씨는 85세까지 매월 국민연금 1백만 원과 사적연금 1백만 원을 합한 2백만 원을 받게 된다.

그런데 막상 예상했던 20년을 살았는데도 10년을 더 장수하여 95세까지 산다고 가정해 보자. 그렇게 되면 생존기간 내내 받는 국민연금은 매월 1백만 원씩 계좌에 입금될 것이나, 사적연금은 20년에 걸쳐 모두 인출했기 때문에 더 이상 연금이 지급되지 않는다.

결국 국민연금 외에는 소득원이 없어져 갑자기 월 소득이 2백만 원에서 1백만 원으로 크게 낮아지는 소득절벽이 생기게 되고 노후생활이 곤궁해진다. 물론 85세 이후에 월 1백만 원물가 연동 상승분이 없다고 가정을 가지고 살 수 있느냐 없느냐의 문제는 논외로 하고, 소득이 급격히 줄어들거나 없어지는 리스크가 생길 수 있음을 간단한 예시로 설명한 것이다.

설명의 편의를 위해 한 개인을 예로 보인 것이나, 연령대별로 장수 리스크 는 다르게 나타날 수 있다. 장수 리스크 지수를 2014년을 기준으로 추정했을 때 젊은층이 고령층60세 이상보다 높게 나타났다. 또한 1차 베이비붐 세대1955~1963년생의 장수 리스크 지수는 남자의 경우 0.66, 여자는 0.68로 나타난 반면 에코 세대1979~1992년생는 남자는 0.72, 여자는 0.75로 1차 베이비붐 세대보다 높게 분석되었다.19 이러한 결과는 시간이 지날수록 평균수명이 예상보다 더 길어지게 됨을 반영한 것으로 보인다. 이렇게 연령이 젊을수록 장수 리스크에 더 크게 노출될 가능성이 있다는 것은 젊을수록 은퇴자산을 더 충분하게 준비하지 않으면 안 된다는 점을 시사한다.

지금까지 설명한 장수 리스크는 나이가 들어간다는 생물학적 측면만 고려하여 살펴본 것으로, 만약 자산 및 소득관리를 적절히 하지 못할 경우 장수 리스크는 더 커질 수 있다. 예를 들어 리스크를 고려하지 않고 수익률을 높이기 위해 무리한 투자를 하여 퇴직연금이나 개인연금에서 큰 규모의 손실을 입거나, 은퇴자산을 사기 당했을 경우에는 목표금액에 크게 미달하여 장수 리스크를 더 확대시킬 수 있다. 따라서 노후설계를 할 때는 신체적 측면과 재무적 측면의 장수 리스크를 동시에 고려하는 것이 필요하다.

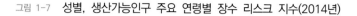

그림 1-7 **성별, 생산가능인구 주요 연령별 장수 리스크 지수(2014년)**

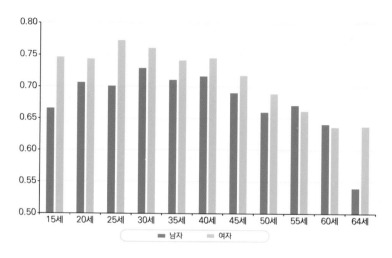

주: 장수 리스크 지수는 은퇴인구와 은퇴시점의 기대여명보다 오래 생존하는 생존인구의 비중
자료: 오진호, 제2장 고령화시대에 개인맞춤형 장수리스크지수 계량화와 활용방안, 통계개발원, 「2015년 하반기 연구보고서 제VI권」, 2015.

급격히 높아지는 치매 위험

젊은 시절 영화배우로 활동하다 캘리포니아주 주지사를 거쳐 미국 제40대 대통령을 지낸 로널드 레이건Ronald Reagan은 알츠하이머병을 앓다가 93세에 타계하였다. 그는 말년에는 기억력이 점점 쇠퇴해 50년을 함께 산 부인 낸시Nancy Reagan 여사도 알아보지 못했다고 한다.

국내에서도 이름을 대면 대부분의 사람이 바로 알 만한 유명인사들도 치매를 앓고 있다는 뉴스를 자주 접하게 된다. 치매는 사회적 지위가 높았다거나 사회적으로 유명했다고 하여 피해갈 수 있는 것이 아니고, 나이를 먹으면서 누구나 걸릴 가능성이 있는 질병이다.

우리나라에서 2020년 기준으로 노인 인구 100명당 치매환자 수를 나타내는 치매유병률을 보면 60~64세는 0.61%, 65~69세는 1.39%, 70~74세는 3.86%, 75~79세는 11.83%, 80~84세는 20.96%, 85세 이상에서는 38.71%로 연

그림 1-8 **연령대별 치매유병률(2015년, 2020년)**

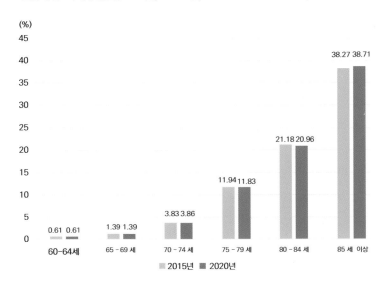

자료: 중앙치매센터, www.nid.or.kr

령이 증가함에 따라 급격하게 증가하였다. 이러한 수치를 2015년 수치와 비교해 보면 60~69세 연령구간은 동일하나, 70~74세와 85세 이상 연령구간은 약간 높아졌고, 75~84세 연령구간에서는 더 낮아진 것으로 나타났다.[20]

2019년 기준으로 치매사망률을 보면 전체 인구는 10만 명 중 20.2명으로 나타나고 있다. 연령대별로는 40대 0.1명, 50대 0.6명, 60대 4.7명으로 나타나고 있으나, 70대 37.5명, 80대 285.9명, 90세 이상 1,873.9명으로 70세부터 연령이 올라갈수록 치매사망률이 급격히 높아지고 있다.[21]

우리나라의 경우 2019년 기준으로 65세 이상 노인 인구 중 치매환자는 84만 명으로 추정되며, 치매유병률은 10.3%로 나타났다.[22] 그런데 향후 치매환자 수는 지속적으로 증가하여, 2025년에는 108만 명, 2040년에 217만 명, 2050년에 302만 명이 될 것으로 추정된다.[23] 따라서 향후 초고령사회가 심화되면 치매는 일부에게만 해당하는 질병이 아니라 노인의 상당수에게 일반화된 질병이 될 것으로 전망된다.

03 축복이자 재앙으로 다가온 백세시대

우리는 백세시대를 살게 되었는데, 과연 백세 이상 살게 된 것이 축복일까? 결국은 준비하기에 달렸고 마음먹기에 달려 있다. 준비 안 된 장수, 백세시대는 재앙이자 불행이 될 수도 있다.

개인적으로 나이가 80세 정도 된 노인을 만나 보면 듣는 얘기가 있다. "내가 이렇게 오래 살 줄 알았다면 60세부터 인생계획을 다시 세워 보다 보람있고 의미있게 살았을 것이다." 한편, 로또에 당첨된 일본의 100세 노인에게 "이 큰 돈을 어디에 쓸 계획이냐." 물으니 "노후를 대비할 것"이란 답변도 나왔다고 한다.

그동안 인간의 꿈은 오래 사는 것이었다. 중국의 진시황은 불로초를 구하기 위해 전 세계로 사람을 보내 찾도록 했으나 결국 50세까지밖에 살지 못했다. 장수를 축하해 주기 위해 칠순, 팔순, 구순 잔치에 온 가족 친지가 모인다. 그러나 최근에는 오래 사는 것이 축복의 대상이기도 하지만 공포와 두려움의 대상이 되기도 한다.

건강하지 않은 장수는 재앙

영어권 최고의 문학상으로 꼽히는 맨부커상의 2011년 수상작 「예감은 틀리지 않는다The sense of an ending」에 보면, 늙어 버린 한 노인이 지루한 아침에 신문을 보며 라디오를 틀었을 때 나오는 대목이 있다. "영국의 한 조사에 따르면 95%의 응답자가 본인이 평균 이상의 운전 실력을 가진 것으로 인식한다. 하지만 평균의 법칙에 따르자면 우리노인들은 평균 이상이 아닐 것이다."

노화는 쉽게 받아들이기 어려운 현상이다. 특히 평균적으로는 예전에 비해 같은 연령이라면 훨씬 더 건강하게 살고 있기 때문이다. 따라서 65세 이상이어도 특별히 몸이 불편하지 않으면 기존처럼 계속해서 운전해도 문제가 없다고 생각하기 쉽다. 오랫동안 택시 운전을 해 온 고령자는 일반적으로 더 자신만만하다. "젊은 사람보다 더 잘할 자신 있고, 감각에 의해서 브레이크를 잡는다."

라고 여긴다.

그러나 실제로 20대와 30대, 그리고 60대와 70대를 대상으로 거리·속도· 시공간 등 반응 속도를 측정할 수 있는 인지 검사를 해 본 결과, 고령 운전자 점수가 더 낮았고, 특히 고령 운전자의 특징인 급브레이크 횟수는 젊은 운전자 보다 훨씬 많았다고 한다.[24]

고령자의 운전이 이렇게 문제가 있음에도 불구하고 최근 택시를 타 보면 다른 직종에서 정년을 맞이하거나 또는 업종을 전환하여 택시면허를 사들여 운 전을 하는 고령자가 늘었음을 느낀다. 그들이 고령임에도 근로의욕을 갖고 더 열심히 살겠다고 하는 것은 바람직할 수 있으나 안전 차원에서는 고려해야 할 점들이 많이 있을 것이다.

또한 고령자의 건강문제를 기대수명의 차원에서 살펴보면 심각한 추세가 발견된다. 우리나라는 기대수명이 꾸준히 늘고 있어 2019년에 83.3세까지 증가 했지만, 유병기간을 제외한 기대수명인 건강수명은 측정이 시작된 2012년 65.7 세에서 서서히 하락하기 시작하여 2018년에는 64.4세로 낮아졌다. 무병장수가 아니라 유병장수를 하게 됨으로써 백세시대를 살더라도 병원과 약에 의존하면 서 살아야 하는 상황이 되었다.

그런데 건강을 상실하면 다른 모든 위험의 원인이 되기 때문에 고령자에게 건강이 특히 중요하다. 노후에 계속 일을 해서 돈을 벌겠다고 했는데 아프면 할 수가 없다. 마음이 아프면 스스로 불행하다고 생각하고, 우울해지고, 치매에 이 르고, 최악의 경우 자살의 우려도 있다. 나이 들어 신체의 기능이 저하되는 것 은 어쩔 수 없다고 하더라도 아픈 것을 방지하기 위해 노력하는 것이 무엇보다 중요하다.

그러므로 건강관리를 적절히 꾸준하게 하는 것이 우선이다. 물론 건강은 자신할 수 없는 것이며, 또한 전혀 아프지 않고 늙는 것은 가능하지도 피할 수 도 없으므로, 연령에 따른 기능저하와 건강악화를 어느 정도는 인정하면서 불 편함과 고통을 인내하며 사는 것도 백세시대를 사는 지혜이다.

그림 1-9 **기대수명 및 건강수명 추이**

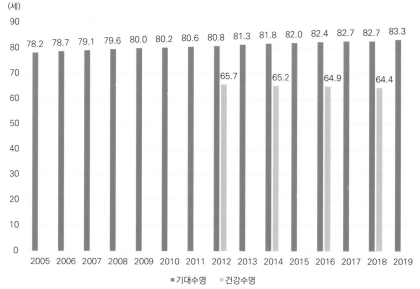

주: 건강수명은 유병기간 제외 기대수명
자료: e-나라지표, index.go.kr

재무적 준비 없는 은퇴, 찾아오는 노후 불행

사전에 체계적으로 장기간 은퇴자산을 준비하지 않으면 은퇴 후에 경제적 어려움을 겪게 된다. 은퇴자산은 예금·적금, 연금, 주식, 채권, 부동산 등 다양한 형태로 존재한다. 이들 자산은 연령대별로 균형이 잡혀 있어야 하며 궁극적으로는 은퇴 후에 안정적인 현금흐름을 유지할 수 있어야 한다. 그중에서도 연금자산 준비에는 비교적 장기간이 소요되므로 가급적 30대부터 준비하는 것이 바람직하다. 만약 연금에 가입하지 않았거나, 가입하였더라도 중도해지할 경우 노후소득의 흐름이 충분하지 않고 불안정해진다.

그런데 우리나라 연금 수령자의 비율은 고령층의 절반에 미치지 못했으며, 월평균 수령액도 52만 원에 불과했다.[25] 이러한 상황에서 우리나라는 특히 은퇴자산 중 부동산에 투자 쏠림이 심하여 60세 이상의 세대에서는 2020년 기준으로 전체 자산의 78.1%를 차지하고 있다. 그간 안정적이라고 믿고 있던 부동산 가격이 인구 감소, 경기침체 등으로 하락하면 노후보장이 위험에 처할 수 있다.

한편 은퇴자산을 모았다 하더라도 자녀의 교육비용, 결혼비용, 사업자금 등으로 사용하게 되면 그 또한 노후 위험요인이 된다. 미국 아이비리그 대학의 한 한국계 학생은 부모가 등록금을 지원해 주지 않아, 대학 졸업 후 직장을 다니면서 융자금을 모두 갚은 다음 다시 대학원에 입학해서 공부를 계속하였다. 당시에는 왜 부모가 대학 등록금을 지원해 주지 않을까 의문이 들었는데, 부모가 오래 살게 되면 등록금은 물론이고 결혼 자금까지 지원해 줄 수 있는 여력이 없어지기 때문이었다.

반면에 경기도 안성에 사는 김 모여성, 40대 씨는 2011년에 70대 아버지를 상대로 부양료 청구 소송을 제기하였다. 대학에 입학하는 김씨 자녀의 등록금을 아버지가 부담해야 한다며 3,900만 원의 부양료를 지급하라고 주장한 것이다. "손자의 양육비를 외할아버지가 부담해야 한다. 매달 400만 원씩 받기로 약속했다."라는 것이 김씨의 주장이었다. 김씨의 아버지가 2009년 3월부터 2011년 4월까지 26개월 동안 250만 원씩 주었지만, 김씨는 그동안 받지 못한 잔액 3,900만 원을 부양료로 청구한 것이다. 그러나 재판부는 "김씨의 아버지가 부양금을 지급할 의무가 있다고 인정하기 부족하고, 달리 이를 인정할 증거가 없으므로 김씨의 주장은 이유가 안 된다."라며 사건을 기각했다.[26]

과거에 높은 소득 수준을 유지하던 고소득층이라고 해서 은퇴 후를 안심할 수는 없다. 오히려 은퇴 전의 생활로 높아진 소비 수준을 은퇴 이후에 쉽게 낮추지 못하고, 그러다 보면 노후자금이 부족해지는 '장수長壽의 덫'에서 빠져 나오기 쉽지 않다. 전문가들은 자녀가 있어도 백세를 사는 장수시대에는 자녀 자신의 노후준비도 쉽지 않아 부모를 돕기 어려울 것이라고 지적한다. 과거처럼 자녀에게 노후를 부탁하기도 힘들뿐더러 경제난으로 취업하지 못하는 자녀들이 독립하지 못하고 부모의 집에서 용돈까지 받으며 같이 생활하면서 오히려 노후 파산을 초래하는 경우도 종종 있기 때문이다.

베이비붐 세대의 노후준비가 미흡하다는 지적에도 주목할 필요가 있다. 대체로 노후준비를 충분히 하고 있지 않다는 조사분석 결과를 내놓은 연구들[27]이 주류를 이루는 가운데, 일부 연구[28]에서는 최저생계비로 생활할 경우 기대수명까지 자산이 고갈되지 않으나 실제 생활비로 생활할 경우 기대수명까지 필요한 생활비를 충당하지 못할 것으로 예측하였다. 결국 베이비붐 세대는 노후준비가 미흡하며, 특단의 대책을 세우지 않는 한 노후빈곤에 처할 가능성이 높을 것으로 예상된다.

베이비붐 세대는 다양한 사유에 의해서 노후에 은퇴자산이 충분하지 않을 가능성이 상존하는데, 은퇴자산이 충분하지 않으면 은퇴 후 소득흐름이 불안정해진다. 따라서 표준적인 수준의 생활을 할 수 있도록 안정적인 은퇴 후 소득흐름을 먼저 만들어 두고, 나머지 은퇴자산을 안전하게 관리할 수 있는 방안을 강구해야 한다.

심각한 노인빈곤

2017년에 「하류노인」, 「노후파산」 등과 같은 일본의 고령사회 관련 저서가 우리나라에 소개되어 베스트셀러가 되면서 많은 사람들이 백세시대가 마냥 축복만은 아니라고 생각하게 되었다. 책을 읽어 보면 과연 일본이 선진국이 맞는가라는 생각이 들 정도이다.

많은 노인들이 매월 연금지급일이 오기 4~5일 전부터 생활비가 떨어져 1,000원짜리 소면으로 끼니를 때우고, 찾아오는 사람은 사회복지사가 유일하며, 결국 고독사하는 경우가 많다는 우울한 얘기다. 일본은 우리나라보다 선진국이고, 비교적 노후에 대한 대비도 잘되어 있음에도 노후파산과 같은 불행한 상황이 종종 벌어진다는 것이다.

우리나라의 노인빈곤은 훨씬 더 심각한 상황이다. 우리나라 66세 이상 노인의 상대빈곤율은 2018년 기준으로 43.4%로 OECD 국가 중 가장 높은 수준이다.[29] 이는 우리나라의 공적연금 도입 시기가 선진국보다 늦은 반면, 평균수명

일본에서의 노후파산 패턴, 남의 일이 아니다

최근 일본 주간지 「현대 비즈니스」는 "평균수명이 길어진 현대 사회에선 오래 사는 것이 오히려 리스크가 됐다."라고 밝히기에 이른다. 평균수명이 길어지는 바람에 수십 년간 성실하게 일했던 중산층이 노후에 갑자기 빈곤 계층으로 전락해 버리고 마는 것이 이른바 '노후파산老後破産'이다.

이는 초고령화사회로 접어든 일본의 심각한 사회문제로 부각되고 있다. 2014년 9월 NHK가 '노인들이 표류하는 사회'라는 제목으로 이 문제를 다룬 이후 '노후파산' 및 이로 인해 빈곤층이 된 '하류下流노인'이 유행어가 됐다.[30]

노후파산을 맞이하는 노인 대다수는 착실하게 일하며 노후준비를 해 온 평범한 소시민들이다. 문제는 고령화가 빠른 속도로 진행되는 바람에 이런 현상은 앞으로 더욱 심각해지리라는 것이다. 현재 65세 이상 일본의 남성의 30%는 90세까지 생존할 것으로 예상되며, 의료 기술이 지금과 같은 속도로 발달하면 머지않아 65세 이상 고령 인구 가운데 남성 40%, 여성 60%가 최소 90세 이상 생존하는 '100세 시대'가 도래한다고 내다보고 있다.

그림 1-10 **100세 시대 일본 노후파산의 전형적 패턴**

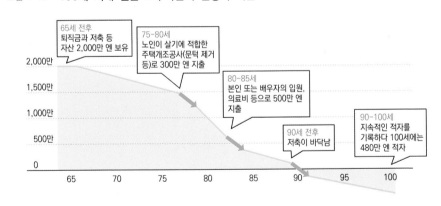

이 빠르게 늘어나 개인이나 국가가 준비할 시간이 부족한 데 기인한다. 이러한 사실을 고려할 때 향후 고령자들의 생활이 앞에서 살펴본 일본의 사례보다 심각한 상황에 처할 가능성이 높다.

또한 개인의 수명은 빠른 속도로 늘어나는데 노후 준비가 되어있지 않다 보니 노후빈곤 등으로 고령자의 자살률이 높게 나타난다. 특히 우리나라의 자살률10만 명 당 자살자 수은 OECD 국가 중에서 가장 높은 수준인데, 연령대별 자살률을 보면 50대가 33.3명, 60대 33.7명, 70대 46.2명, 80세 이상 67.4명으로 연령이 많아질수록 높아진다.[31]

자살을 생각하거나 시도한 경험이 있는 노인들의 이유를 보면, 경제적 어려움27.7%이 가장 높고, 건강문제27.6%, 부부·자녀·친구와의 갈등18.6%, 외로움12.4%, 배우자·가족·친구 등 가까운 사람의 사망8.3%, 배우자와 가족의 건강문제4.9% 등의 순으로 나타난다.[32]

한강에 있는 다리 중에서 투신자살 시도가 가장 많은 마포대교에는 '한번만 더' 동상이 있는데 노인이 청년에게 "여보게 친구야, 한번만 더 생각해 보게" 하고 청년을 설득하고 있다. 그러나 자살률 통계를 보면 오히려 청년이 "할아버지, 한번만 더 생각해 보세요"라고 노인들을 설득해야 하는 상황이다.

활력 없는 은퇴생활, 보람 없는 삶

65세 이후 백세까지 산다고 가정할 경우 활동할 수 있는 시간을 1/3만 계산해도 10만 시간이라는 긴 시간이 주어진다. 이 시간은 체력적인 여건은 달라졌어도 30세부터 경제활동에 진입했다고 할 경우 은퇴 전에 경제활동을 하며 보낸 시간과 동일하다. 그 많은 시간을 TV를 보거나 낮잠을 자거나, 친구를 만나 시간을 보내며 살 수만은 없다. 그렇게 되면 은퇴생활은 보람은커녕 상당히 무료해질 것이다.

은퇴 후 삶의 보람을 위해서는 사회적 활동, 여가활동, 사회적 관계라는 3박자가 중요하다. 건강하고 경제적 여건이 나쁘지 않다면 경제적 목적의 사회적 활동이 아닌 봉사활동, 여가활동, 종교활동 등 다양한 활동을 최대한 오래 유지하는 것이 바람직하다. 물론 '반퇴'를 하여 일과 여가 간 균형이 잡힌 이모작 직업을 가질 수도 있다. 자신의 성향과 지향에 따라 경험을 살리거나 새로운 기능을 배워 다양한 직업을 갖거나 저술과 강연활동을 할 수도 있다.

여유 있는 여가활동이 매우 중요한데, 학습, 독서, 영화감상 등 취미활동, 지역 커뮤니티에 기반한 운동 또는 등산 모임 참여, 국내외 여행 등을 할 수 있다. 각 지역별로 시청, 구청에서 운영하는 교육문화센터에서는 어학교육부터 요가 등 운동, 서예, 캘리그라피, 스피치 등 각종 교육 프로그램을 저렴한 비용으로 제공하고 있다. 다만, 이러한 여가활동으로 어떤 것을 선택할 것인가에 대해 고민이 많을 수 있다. 과거에 시도했던 취미활동, 아니면 완전히 새로운 취미활동을 골라 시작할 수도 있고, 두 가지를 모두 다 할 수도 있다.

은퇴 후에는 은퇴 전과 다른 차원에서 사회적 관계가 필요하다. 은퇴하면 외롭고, 나이가 들수록 더욱 외로움을 느끼게 되기 때문이다. 특히 남성의 경우는 '가장은 건재하나 부재중인 것이 좋다'라며 매번 돈 번다고 밖에서 일하다가 막상 은퇴 후 집에만 있으려면 여간 어색하고 심심한 것이 아니다. 이는 여성이라고 예외가 아니다. 가족이나 친구와 멀어져 혼자 지내다 보면 쉽게 질병에 노출될 위험에 처할 수 있다.

서울의 한 노인요양센터에서 봉사활동을 할 때 본 사례이다. 한 할머니가 보따리를 지닌 채 자동 출입문 앞에서 문이 열릴 때를 기다리고 있었다. 치매를 앓고 있는 할머니는 가족을 찾아간다며 항상 문 앞에서 기다리고 있어 다른 사람이 출입할 때 늘 조심해야 한다고 했다. 또 한 번은 추석 전에 방을 청소하고 있는데 한 할머니가 당신 자녀한테 연락하게 전화 좀 해 달라고 부탁을 했다. 그런데 그 할머니는 만나는 사람마다 똑같은 부탁을 하고 있었다. 이 모두가 가족에 대한 그리움과 외로움의 표현이었다.

은퇴 후에 활력은 고사하고 나이가 많다고 차별까지 받으면 얼마나 서러울 것인가? 실제로 고령자들은 다양한 형태로 차별을 받는다. 2016년 11월을 기점으로 65세 이상 노인이 유소년0~14세보다 많은 '노인 추월 시대'에 접어들었다. 한국보건사회연구원의 노인실태조사2015년 결과 조사대상 노인 중 7.1%가 차별을 경험했다.[33] 아직은 큰 비중이 아니지만, 점차 확산될 기미는 곳곳에 도사리고 있다. 가슴에 비수가 되어 꽂히는 말들은 어떤 것이 있을까?

노인이 상처받기 쉬운 말들

사례1: 택시를 잡을 때 고령자들에게는 잘 잡히지 않는다. 택시 기사에게 왜 서지 않는가라고 물으면, "노인들은 가까운 곳에 가는 경우가 많아 영업에 도움이 되지 않는다. 탑승을 안 시켜도 신고하지 않는다."라고도 한다. 그러다 보니 노인들은 정당하게 요금을 지불하는데도 불구하고 승차가 어려운 상황에 처해 외출이나 이동이 힘들어진다.

사례2: 커피숍에서 고령자들이 모임을 가지는 경우, 주인이나 종업원 모두 반기지 않는 티가 역력하다. 종업원이 귓속말로 "노인이 많으면 젊은 사람이 안 온다."라고 다 들리게 말한다. 심지어 젊은이들의 거리인 강남에서는 종업원이 "노인은 들어오지 마세요. 여기는 젊은 사람만 있어요."라고 막기도 한다. 물론 이렇게 된 데는 여러 이유가 있겠지만, 세대 간 단절이 더욱 커지면 세대 갈등이 촉발될 수 있다.

사례3: 버스를 탈 때 고령자가 천천히 탑승하면, 버스 기사로부터 "집에나 있지 노인네가 뭣하러 다녀요."라는 폭언을 듣는 경우가 있다. 짐을 들고 앞자리에 앉았더니 버스 기사가 "짐을 갖고 저 뒤로 가라."라고 소리를 지르기도 했다고 한다. 고등학생들에게 "어르신께 자리 좀 양보하라."라고 승객이 요청하니 "우리도 돈 주고 탔는데요."라고 따지는 걸 듣기도 한다.

사례4: 식당 가운데 위치에 고령자가 자리를 잡으면 종업원이 와서 옆자리로 가라고 하기도 한다. "식당에서 노인들이 가운데 앉으면 영업에 지장이 있을까 봐 그런다."라는 것이 이유이다.

사례5: 가족에게 차별받는 고령자들도 적지 않다. 가정의 중대사에서 배제되거나 소외되는 경우이다. "엄마(또는 아빠)는 그런 거 몰라도 된다."라는 식이다.

베이비붐
세대의
자화상 02

제2장 베이비붐 세대의 자화상

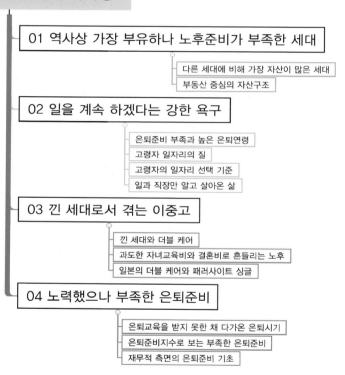

- **01 역사상 가장 부유하나 노후준비가 부족한 세대**
  - 다른 세대에 비해 가장 자산이 많은 세대
  - 부동산 중심의 자산구조

- **02 일을 계속 하겠다는 강한 욕구**
  - 은퇴준비 부족과 높은 은퇴연령
  - 고령자 일자리의 질
  - 고령자의 일자리 선택 기준
  - 일과 직장만 알고 살아온 삶

- **03 긴 세대로서 겪는 이중고**
  - 긴 세대와 더블 케어
  - 과도한 자녀교육비와 결혼비로 흔들리는 노후
  - 일본의 더블 케어와 패러사이트 싱글

- **04 노력했으나 부족한 은퇴준비**
  - 은퇴교육을 받지 못한 채 다가온 은퇴시기
  - 은퇴준비지수로 보는 부족한 은퇴준비
  - 재무적 측면의 은퇴준비 기초

베이비붐 세대의 자화상

01 역사상 가장 부유하나 노후준비가 부족한 세대

다른 세대에 비해 가장 자산이 많은 세대

일제 강점기와 한국전쟁을 겪은 부모들에게서 1955년에서 1963년 사이에 출생한 1차 베이비붐 세대는 경제빈곤기, 정부주도형 경제성장기, 민주화기, 반복되는 경제위기를 경험하였고, 이미 퇴직하였거나 퇴직을 앞두고 있다. 미국 등의 원조를 받아서 연명하던 시대에 대가족의 일원으로 출생해서, 수출 주도의 경제성장을 이끌었고, 핵가족의 핵심이자 대량생산과 대량소비의 주체로서 한국경제를 지탱해 왔다. 그러나 한층 더 심각해지고 있는 저출산 고령화 속에서 장기적으로 기금 고갈이 우려되는 국민연금 소식과 급증하는 향후 의료비 부담으로 인해 베이비붐 세대에 대한 관심이 더욱 높아지고 있다.

1968년에서 1974년 사이에 태어난 2차 베이비붐 세대포스트 베이비붐 세대는 1차 베이비붐 세대에 비해 빈곤을 덜 겪었지만, 오히려 경제활동을 시작한 지 얼마 지나지 않았거나 또는 대학을 다니거나 졸업할 무렵에 IMF 외환위기를 맞아 1차 베이비붐 세대에 비해 순탄하지 않은 사회생활을 시작해야 했다. 이들은 그 후로도 10년을 주기로 다가온다는 경제위기 속에서 항시 불안정한 위치에서 살아야 했다. 물론 1차 베이비붐 세대라고 이를 피할 수 있었다는 의미는 아니다.

표 2-1 **주요 세대의 소득 및 자산 비교** (단위: 만 원)

		전체 세대	베이비붐 이전 세대	1차 베이비붐 세대	2차 베이비붐 세대	에코 세대
소득·지출·자산	연간 총소득	4,553.9	2,612.6	5,823.7	5,851.7	4,301.2
	연간 총지출	3,522.4	1,826.8	4,55.2	5,006.3	3,335.5
	연간 총저축	685.7	310.5	947.1	851.5	827.3
	순자산	23,886.0	25,394.6	31,203.8	25,370.9	7,377.4
	부동산	22,600.2	23,511.6	29,680.4	24,788.4	6,771.7
	금융자산	3,841.4	3,546.8	5,020.2	4,172.9	2,138.2
	기타자산	158.4	133.1	200.7	168.9	94.9
	부채 총액	2,714.1	1,796.9	3,697.4	3,759.3	1,627.4
소득 유형	근로소득	2,893.7	929.6	3,831.3	4,042.3	3,454.6
	사업소득	902.0	507.2	1,267.0	1,363.8	374.2
	부동산임대소득	132.4	155.4	172.9	142.3	16.0
	이자 및 배당소득	20.2	26.5	23.5	22.8	0.4
	이전소득 및 기타	55.9	61.4	86.0	20.7	86.7
	연금/보험소득	89.3	218.0	40.7	17.8	9.7

주: 소득, 지출, 저축은 모두 응답자가 기술한 내용에 따라 작성되므로 조사치가 정확하지 않을 수 있음
저축과 투자의 개념이 정확하게 구분되지 않아 소득과 지출의 차이가 반드시 저축과 일치하지 않음
자료: 조현승 외, 2015년 8차 연도 재정패널 조사, 우리나라 각 세대의 특징 및 소비구조 분석, 산업연구원, 2017.

이러한 어려움을 겪으면서도 국가경제가 성장한 혜택을 받아 1차 베이비붐 세대와 2차 베이비붐 세대는 2015년 기준으로 다른 세대에 비해 순자산이 가장 많은 세대이다. 특히 1차 베이비붐 세대는 이전 세대는 물론 2차 베이비붐 세대에 비해서도 확실하게 순자산이 많은데, 이는 경제가 확장되는 시기에 경제활동을 시작하였고, 이후 부동산 가격이 급등하여 상대적으로 혜택을 많이 보았기 때문이다. 그러나 2차 베이비붐 세대들은 IMF 외환위기를 거치면서 상대적으로 불안정해진 직장생활을 해 온 탓에 연간 총소득이 더 많음에도 불구하고

순자산은 1차 베이비붐 세대에 비해 적게 나타난다〈표 2-1〉.

　　2차 베이비붐 세대나 1차 베이비붐 세대의 자녀 세대인 에코 세대가 앞으로 얼마나 순자산을 축적할 수 있을지 예측하기는 쉽지 않으나 저성장이 구조화되고 있는 추세를 고려할 때는 현재의 1차 베이비붐 세대를 쉽게 뛰어넘지 못할 수 있다. 따라서 현재의 베이비붐 세대는 우리나라 역사상 아직까지 가장 부유한 세대라 할 수 있을 것이다.

　　그러나 베이비붐 세대는 시계열적으로 우리나라의 다른 세대와 비교하면 가장 부유한 세대라 할 수 있지만, 앞서 제1장에서 본 바와 같이 OECD 선진국과 비교할 때 노인빈곤율이 가장 높게 나타난다. 이는 국민연금 등 공적연금과 퇴직연금이 선진국에 비해 늦게 도입되고, 개인연금 등을 통해 노후준비를 제대로 못한 상황에서 평균수명이 급속히 증가하였기 때문이다.

부동산 중심의 자산구조

　　통계청, 금융감독원, 한국은행이 연령대별 가구당 자산을 조사한 결과를 보면 연령대가 높아질수록 실물자산이 차지하는 비중이 높다. 특히, 50대와 60

표 2-2　**연령대별 가구당 자산 구성(2020년)**　　　　　(단위: 만 원, %)

구　　　분	자 산	금 융 자 산	저축액	전·월세 보증금		실 물 자 산 구성비	부동산	거주 주택	기타
전　　　체	44,543	10,504	7,632	2,873	34,039	76.4	31,962	18,945	2,076
29세 이하	10,720	6,450	2,428	4,021	4,270	39.8	3,555	1,905	715
30~39세	35,467	11,775	5,848	5,927	23,692	66.8	21,425	14,644	2,268
40~49세	48,686	12,635	8,460	4,175	36,051	74.0	33,421	21,210	2,630
50~59세	50,903	12,694	9,800	2,893	38,209	75.1	35,681	19,822	2,527
60세 이상	42,701	7,840	6,630	1,210	34,861	81.6	33,350	19,261	1,511

자료: 통계청·금융감독원·한국은행, 2020년 가계금융·복지조사 결과, 2020. 12. 17.

대는 자산 중 실물자산이 차지하는 비율이 각각 75.1%와 81.6%로 실물자산의 비중이 절대적으로 높다. 실물자산 중에서 부동산이 차지하는 비율은 50대와 60대가 각각 93.4%와 95.7%로 모두 90%를 넘는다. 결국 베이비붐 세대는 부동산 중심의 편중된 자산구조를 가지고 있다.

베이비붐 세대가 부동산 중심의 자산구조를 가지게 된 것은 가치를 유지하며 증식해 주는 측면에서 다른 자산이 부동산을 대체할 만큼 강력하지 못했기 때문이다. 그러나 앞으로 초고령사회로 전환되고 절대 인구가 줄어드는 시기가 될 때도 부동산이 계속해서 그러한 경쟁우위를 유지할지는 미지수이다.

문제는 부동산 중심의 자산구조를 가지고 있기 때문에 소득을 벌어들이는 경제활동에서 은퇴할 때에 소득흐름이 나빠질 수 있다는 점이다. 더구나 부동산조차도 현재 거주하고 있는 주택이 전부인 경우가 대부분이어서 처분하기도 여의치 않은 상황이다. 이자소득이나 배당소득과 같은 금융소득이 적고, 연금소득이 있다 하더라도 그 역시 적기 때문에 은퇴 후 소득흐름은 좋지 않다.

그렇다고 하여 베이비붐 세대의 이전 세대처럼 자녀들로부터 부양을 받으며 이전소득을 일정 규모로 지속적으로 확보할 가능성도 크지 않다. 결국 베이비붐 세대는 자산의 대부분을 차지하고 있는 부동산을 어떻게든 유동화시켜 소득으로 전환시키는 것이 필요한 상황이다.

02 일을 계속 하겠다는 강한 욕구

은퇴준비 부족과 높은 은퇴연령

우리나라 전체 취업자의 근로시간은 다른 나라에 비해 길기로 유명하다. 우리나라 전체 취업자의 연간 근로시간은 2019년 기준으로 1,967시간으로 OECD 회원국 중 우리나라보다 장시간 근로를 하는 국가는 멕시코가 2,137시간으로 유일하다.[1] 우리나라의 중년층50~64세과 전기 고령층65~74세[2]에 속한 사람들은 장시간 근로가 이루어지는 근로환경에서 지내 왔음에도 불구하고

OECD 회원국들의 동년배들과 달리 계속 일하고 싶어 하는 비율이 훨씬 더 높고, 고용률도 지속적으로 증가하고 있다.

고령층55~79세을 대상으로 한 통계청의 2021년 조사에 따르면 우리나라 고령자들은 72세까지 일을 하고, 73세까지는 일하고 싶어한다. 주된 일자리에서 비자발적으로 은퇴하거나 이직하는 연령이 49.3세인 사실을 감안하면 이후 23년 이상을 노후생활비를 벌기 위해 계속 일하게 된다.

과거에 비해 고령자들의 신체적 건강상태가 지속적으로 향상된 점도 있지만, 기본적으로는 58.7%가 생활비 충당을 위해 일하고 싶어 하는 것을 확인할 수 있다. 우리나라에서는 인생의 보람이나 비경제적 동기보다는 빈약한 노후소득을 보충하기 위해 생계형 취업을 하려고 노동시장에 남아 있는 인구가 증가하는 추세를 보이고 있는 것이다. 그리고 고령층의 고용률은 2010년 51.1%였으나 2021년에는 56.0%로 높아졌다.[3]

2018년 기준으로 우리나라 노인의 상대적 빈곤율은 43.4%로 OECD 평균 14.8%에 비해 크게 높은데, 이는 정년 전에 기업에서 조기 퇴직하거나, 정년까지 근무했더라도 계획적으로 은퇴자산을 축적하지 못한 데서 비롯된다. 특히 50대 중반에 주된 일자리를 그만두는 경우 소득이 절반 이상으로 감소하는 소득절벽을 경험하게 된다. 더구나 이들은 국민연금 등 사회보장제도의 혜택을 제대로 받지 못했기 때문에 사회적 보호나 가족 등의 보호도 충분하지 않은 상황이다.

따라서 20대부터 50대까지는 60대 초중반에 은퇴하기를 희망하지만, 60대는 70세, 70대는 76세로 은퇴시점을 늦추기를 원하고 있다. 자발적이든 비자발적이든 가능한 한 더 오래 일하는 것이 노후대비의 중요한 수단이 되고 있다.

그러나 늘어나는 취업 욕구에도 불구하고 일할 일자리는 충분하지 않고, 이러한 경향은 시간이 흐를수록 심화될 것이다. 또한 4차 산업혁명의 확산에 따라 노동력을 적게 쓰는 기술이 발전하면서 고용수요가 감소하고, 일자리가 생긴다 하더라도 고령층이 신기술을 사용하지 못한다면 채용되기 어려울 것이다.

고령자 일자리의 질

이러한 구조적 변화가 진행되는 와중에서 고령자들의 고용은 많은 퇴직자들로 인해 양적으로도 어려운 상황이지만 질적으로도 매우 취약한 상황이다. 2021년 5월을 기준으로 이들의 취업실태를 보면, 산업별로 사업·개인·공공 서비스업과 음식·숙박업에 55.7%가 종사하고, 직업별로 단순노무, 기능·기계조작, 서비스·판매 종사자가 70%를 넘는다.

직업별 분포를 분석해 보면 단순노무종사자의 비중이 가장 높고25.6% 서비스·판매종사자22.3%, 기능·기계조작종사자22.3%, 농림어업 숙련종사자13.1%의 순으로 높게 나타난다.4

한편 65~79세 고령자는 55~64세에 비해 관리자·전문가, 사무종사자, 기능·기계 조작종사자, 서비스·판매종사자의 비중은 낮아지고 단순노무직과 농림어업 숙련종사자의 비중은 크게 높아지는 추세를 보였다.

임금 수준 등을 기준으로 볼 때 65세를 넘기면 일자리의 질이 좋지 않은 직업에 주로 종사하고 있음을 알 수 있다. 또한, 규모별로 근로자 수 4인 이하 사업장에 절반이 종사하고, 종사자 지위별로 상용직은 적고, 나머지는 임시·일용직, 자영업에 종사한다. 따라서 고령자들은 임금, 근로조건, 고용안정 면에서 상당히 취약한 부문에서 일하고 있다. 이는 근로자가 주된 일자리에서 퇴직하면 연령상으로뿐만 아니라 기업문화상으로도 불리해져 재취업하는 일자리의 근로조건이 더욱 취약해지기 때문이다.

고령자의 일자리 선택 기준

고령층 취업 희망자가 일자리를 선택할 때는 일의 양과 시간대28.4%를 가장 중시했고, 임금수준21.4%, 계속 근로의 가능성17.6% 등의 순으로 중시했다. 고령자들은 과거에는 임금 수준을 더 중시하였으나, 과거에 비해 은퇴자산의 규모가 커지고 연금소득 등이 마련되면서 점차 일의 양과 시간대를 중시하고 있는 것으로 보인다.5 그 결과 고령층 취업자는 49세 이하 근로자에 비해 정규

그림 2-1   55~79세 장래 근로 희망자의 희망 일자리 형태와 희망 임금 수준

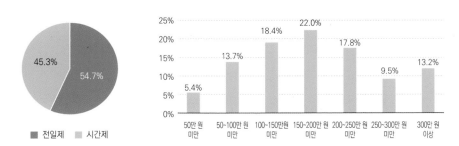

자료: 통계청, 2021년 5월 경제활동인구조사 고령층 부가조사 결과, 2021. 7.

직보다는 임시·일용직의 비중이 높고, 연간 임금 수준도 장기간 근속한 정규직에 비해 낮다.

2021년 통계청의 조사 결과에 따르면, 향후 고령 근로 희망자가 바라는 일자리 형태는 전일제 54.7%, 시간제 45.3%로 나타났는데, 이는 2020년 조사 결과에 비해 전일제는 다소 낮아지고 시간제는 다소 높아진 모습이다. 이러한 흐름을 볼 때 전일제뿐만 아니라 시간제에 대한 희망도 상당 수준 있는 것으로 보인다. 그리고 고령자들이 향후 희망하는 월평균 임금 수준은 150만 원에서 200만 원 사이의 금액이 22.0%로 가장 높았지만, 150만 원 미만도 37.5%나 있었다〈그림 2-1〉.

고령자들에게 제공되는 일자리는 적으며 그나마 원하는 일자리는 더 적다 보니 퇴직 전에 일하던 직장에서 받은 퇴직금 또는 퇴직연금 일시금 등을 활용하여 자영업에 도전하는 경우가 많다. 그 결과 우리나라는 2018년 기준으로 자영업의 비중이 25.1%로 OECD 회원국 중 그리스33.5%, 터키32.0%, 멕시코31.6%, 칠레27.1% 다음으로 높다. 물론 2018년의 자영업 비중은 2000년의 36.9%에 비하면 많이 낮아진 것이다.

일과 직장만 알고 살아온 삶

베이비붐 세대 중 많은 사람들은 사회생활을 하는 동안 회사 전반에 자신의 삶을 전적으로 일치시키는 '회사형 인간'으로 살아왔다. 회사형 인간이란 개인 삶의 많은 부분이 회사생활에 속해 있으며 회사의 일을 가정이나 개인의 일보다 앞세우는 인간상을 말한다. 회사형 인간은 단순히 일에 그치지 않고 그 연장선에서 인간관계까지 일치시켜 생활한다. 장시간 노동이 일상화되어 있고 상사의 눈치를 보아 퇴근하는 기업문화 속에서 바람직한 인간상으로 여겨지기도 했다.

회사형 인간으로 살면서 매일 일찍 출근하고 늦게 퇴근하다 보니 자녀와 제대로 교감할 수 있는 기회가 원천적으로 제한됨은 물론 자녀의 입학식이나 졸업식에 제대로 참석하지 못하는 경우도 많았다. 주말조차도 회사 일의 연장선에서 골프 모임이다 등산 모임이다 하여 회사와 관련된 여러 행사에 참여하면서 가족은 뒷전에 두곤 했다. 때로는 휴가조차도 제대로 챙기지 못하여 가족들과 휴가를 함께 보내지 못하기도 했다.

이러한 인간형이 나타나게 된 것은 회사를 떠나면 회사가 주는 혜택을 쉽게 얻지 못하기 때문에 회사에 최대한 충성하는 모습을 보이고 승진을 하여 더 큰 혜택을 얻고자 했기 때문이다. 또한 전체적으로 회사 일을 중시하는 기업문화 속에서 회사형 인간이 아닐 경우 조직에서 제대로 인정받지 못하여 중도에 탈락할 우려가 있기 때문이었다. 나아가 종신고용을 전제로 한 회사에서 정년을 마칠 때까지 일을 하는 고용관행이 있던 상황에서는 이러한 압박이 더 클 수밖에 없었다.

회사가 인생의 중심이었던 베이비붐 세대에게는 가정의 일을 뒷전으로 미루는 것이 다반사여서 자녀는 물론 배우자에게서 원망을 사는 일이 많았다. 그럴 때마다 자신이 벌어 오는 급여로 생활하는 것을 내세워 자신을 정당화했지만, 자녀가 성장하고 배우자의 목소리가 커지면서 더 이상 통하지 않게 되었다. 또한 그렇게 중시했던 회사를 중심으로 맺어진 인간관계의 대부분이 퇴직을 전후하여 얼마 지나지 않아 옅어지거나 소멸되는 것을 경험하면서 심각한 충격을 받게 된다.

더 심각한 것은 은퇴 후에 가정 내에서 자신이 존재감 없는 '투명인간'임을 발견하고 충격을 받게 된다는 것이다. 자녀들은 더 이상 자신을 대화 상대로 인정하지 않고 배우자조차도 가정에 돌아온 자신을 부담스러워하며 때론 갈등을 일으키기도 한다. 이렇게 되자 자신이 일과 직장만 알고 살아온 것을 후회하지만 돌이키기에는 많이 늦었다는 것을 깨닫게 된다.

한편 베이비붐 세대는 회사형 인간으로 살면서 여가를 사치재로 여겼다. 그리고 직장생활을 하면서 쉴 기회가 있으면 TV 시청으로 보내고, 일이 바쁘다는 이유로 책을 멀리 하며, 자기계발에도 적극적이지 않았다. 그렇다 보니 은퇴한 후에도 자신에게 주어진 많은 시간을 적극적으로 활용하지 못한 채 직장에 다닐 때 보내던 휴일의 연장선에서 TV를 보며 소일하면서 지낸다.

또한 수입이 크게 줄어들면서 돈을 쓰지 않으려는 강박관념에 사로잡혀 집 주변 산에 오르거나 TV 시청을 많이 하게 된다. 물론 베이비붐 세대는 이전 세대에 비해서는 아직 건강상태도 좋고 재무능력도 좋아 훨씬 적극적으로 여가활동을 하지만 취미생활을 맘껏 즐긴다는 비중은 30%를 넘지 못하고 있다. 절반 가까운 사람들, 특히 70대를 넘어서면 50대나 60대에 비해 많은 여유시간을 의미 있게 사용하지 못하고 있는 것으로 나타났다.[6]

시간 여유가 있어 다른 사람들을 만나서 소일을 하려고 해도 이미 직장에 다닐 당시에 맺어진 인간관계는 대부분 사라져서 자신이 다녔던 학교의 선후배나 동기들을 중심으로 만나게 된다. 그러나 오랫동안 교류하지 않은 경우 만남이 겉돌게 되어 결국 사회적 관계를 단절한 채로 고독하게 살아가게 될 수도 있다.

03 낀 세대로서 겪는 이중고

낀 세대와 더블 케어

현재 베이비붐 세대는 낀 세대라고 할 수 있다. 베이비붐 세대 중에서도 특히 1차 베이비붐 세대는 부모 세대가 과거에 비해 오래 살게 되면서 부모를 부양하는 기간이 길어졌고, 자녀 세대가 늦게까지 교육비 부담을 주는 데다 경우에 따라서는 취업이 늦거나 취업을 하지 못하면서 자녀의 독립이 늦어졌다. 이렇게 부모와 자녀를 동시에 부양하면서 부담을 이중으로 지고 있다.

부모 세대가 80세를 넘어까지 사는 경우 60세를 넘긴 자녀가 부모 세대를 계속해서 부양하게 된다. 이미 베이비붐 세대는 은퇴하여 고령자가 되었지만 경제적으로 자립하기 어려운 부모를 부양하는 것이다. 더구나 부모 세대는 베이비붐 세대에 비해 사회보장 혜택도 제한적이고 은퇴자산의 축적도 적기 때문에 독자적으로 살아가기에는 한계가 있다.

이런 와중에 자녀 세대까지 독립을 늦추고 있다. 과거에는 대학을 입학하여 졸업할 때까지 특별한 일이 있지 않는 한 바로 졸업을 한 후 취업을 하였는데, 요즘에는 취업을 위해 졸업을 늦추고 1~2년씩 휴학하는 사례가 많아졌다. 단지 휴학만 하는 것이 아니라 해외 어학연수 등을 하여 예상하지 못한 비용을 부담하거나 대학원에 진학하여 학비는 물론 생활비까지 부담하게 되므로 베이비붐 세대의 경제적 부담이 적지 않은 상황이다.

2017년에 행해진 한 조사7에 따르면, 5060세대는 2가구 중 1가구53.2%가 성인 자녀에게 매월 정기적으로 필요한 생활비를 주거나 학자금, 결혼 자금 등 목돈을 지원하였고, 노부모에게 정기적으로 생활비를 주거나 간병을 하고 있는 경우는 더 많아 62.4%였다. 그리고 부모 부양과 성인 자녀에 대한 경제적 지원을 하고 있는 경우는 34.5%로 3가구 중 1가구가 소위 더블 케어Double Care를 하고 있었다.

응답자를 기준으로 볼 때 더블 케어 가구의 평균 나이가 55.1세로 비더블 케어 가구 평균 나이 58.4세에 비해 3.3세 낮았는데, 이는 자녀가 취업을 하게 되면 자녀를 경제적으로 지원해야 하는 부담에서 벗어날 수 있기 때문인 것으로 보인다. 그런데 자녀가 취업을 하여도 결혼을 하기 전까지는 부모와 동거하는 경우가 대부분이고, 부모가 경제적 지원을 하지 않으나 동거 중인 비경제활동 성인 자녀 수도 가구당 0.4명이나 되었다.

더블 케어 중인 691가구 중 52.0%는 자녀에게 생활비와 목돈 지원 등 경

표 2-3   더블 케어 가구와 비더블 케어 가구 간 특성 비교

	더블 케어 가구 (691가구)	비더블 케어 가구 (1,276가구)
응답자 평균 나이	55.1세	58.4세
성인 자녀 나이	25.4세	30.1세
성인 자녀와 동거 비율	86.5%	66.3%
가구당 동거 성인 자녀 수	1.3명	1.0명
동거 중인 미혼 성인 자녀 수	1.3명	0.9명
동거 중인 비경제활동 성인 자녀 수	1.0명	0.4명

자료: 미래에셋 은퇴연구소, "더블케어 중인 5060, 소득 20%를 성인 자녀·노부모 생활비로 지출", 2018. 3. 14.

제적 지원을 하면서 노부모에게도 생활비를 지원했다. 24.7%는 자녀를 경제적으로 지원하면서 노부모를 간병하였다. 자녀에 대한 경제적 지원과 노부모 생활비 지원 및 간병을 모두 하고 있는 가구도 23.3%나 되었다.

더블 케어 중인 691가구 중 71.1%는 성인 자녀와 노부모 모두에게 매달 생활비를 주고 있다. 그들의 지출 부담을 금액 기준으로 살펴보면, 이들이 성인 자녀에게는 월평균 78만 원을, 노부모에게는 평균 40만 원을 생활비로 주고 있었다. 자녀와 노부모에게 주는 생활비를 모두 합하면 가구당 평균 118만 원으로 이들 가구의 월평균 소득 579만 원 중에서 20.4%를 차지하는 수준이었다.

부모와 자녀에게 매월 생활비를 주면서 노부모를 간병하는 155가구는 자녀 생활비 월 75만 원, 노부모 생활비 월 40만 원, 간병비 월 55만 원을 지출하여 매월 총 170만 원을 부담하고 있었다. 이는 가구소득 평균인 562만 원의 30.2%에 해당하는 금액이다.

과도한 자녀교육비와 결혼비로 흔들리는 노후

한편 보험개발원이 2019년에 발간한 보고서에 따르면, 4050세대 10명 중 6명56.6%은 은퇴 후에도 자녀 부양 부담이 있을 것으로 예상했다. 특히 은퇴 후

자녀교육비로 7,258만 원, 자녀결혼비로 1억 3,952만 원을 부담할 것으로 예상하고 있어 자녀 부양이 노후 준비에 매우 큰 부담 요소로 나타났다.[8] 은퇴 시점에서 자녀가 미혼 상태였다는 응답자는 34%, 미취업 상태였다는 응답자는 22%로 나타난 데서 확인할 수 있듯이, 독립하지 못한 자녀에 대한 부양 부담을 갖고 있기 때문이다.

부모 세대를 부양하는 것은 물론 늦게까지 자녀를 부양하는 베이비붐 세대 중에는 자녀 교육에 대부분의 저축을 사용하고 막상 자신들의 노후를 전혀 준비하지 못하는 경우가 많다. 통계청이 2019년에 60세 이상의 노인을 대상으로 한 조사에 따르면 전체의 29.3%가 자녀와 함께 살고 있는데, 그중에서 자녀의 독립생활이 불가능하기 때문에 동거하는 비중은 31.6%였다. 연령대별로 보면 60~64세가 42.2%로 가장 높았고, 연령이 많아짐에 따라 비율은 낮아져 80세 이상이 되면 11.8%로 크게 낮아졌다. 이를 통해 알 수 있듯이 청년층이 취업하고 결혼하는 연령이 높아져서 자녀의 독립이 늦어지고 있다.[9]

이러한 실태는 2015년 인구주택총조사(20% 표본조사)를 바탕으로 20~44세 미혼 인구의 세대 유형을 조사한 결과에서도 확인된다. 20~44세 미혼 남녀 중 부모와 동거하는 비중은 62.3%였는데, 20~24세가 72.0%로 가장 높았고 40~44세가 44.1%로 가장 낮았다. 부모와 동거할 경우 57.9%는 취업상태에 있으나 42.1%는 비취업상태에 있었다.[10]

우리나라 대졸3년제 이하 포함 청년의 평균 졸업 소요기간 및 최종학교 졸업이나 중퇴 후 첫 취업 평균 소요기간은 2018년에 10년 전 대비 각각 2.9개월, 0.8개월 늘어났고, 청년층의 초혼연령은 10년 전에 비해 남녀 모두 4세 이상 상승한 것으로 나타났기 때문이다.[11] 자녀의 독립은 취업이나 결혼과 밀접하게 관련되는데, 통계상으로는 아직 큰 문제가 아니나 장기간 불황이 이어져 청년 세대의 취업이나 결혼이 늦어지면 일본의 사례가 재현될 우려가 있다.

일본의 더블 케어와 패러사이트 싱글

일본의 경우 50대와 60대 이상이 더블 케어를 하는 비중은 전체 더블 케어 중 남성은 32.9%, 여성은 23.2%로 나타났다. 전체적으로 육아와 간병 모두를 담당하는 자의 비율은 여성이 48.5%, 남성이 32.3%인데, 연령이 높아지면 어린 자녀의 육아를 하지 않기 때문에 남성의 비중이 상대적으로 큰 것으로 나타났다.[12] 이와 관련하여 두 가지 현상이 존재한다. 하나는 노인이 노인을 부양하는 현상이고, 다른 하나는 패러사이트 싱글parasite single의 비중이 늘어나는 현상이다.

먼저 일본에서 노인이 노인을 부양하는 사례를 보면, 70세인 딸이 93세가 된 어머니를 자택에서 돌보는 사례, 81세의 남편이 78세인 아내를 자택에서 돌보는 사례, 86세인 여성이 치매에 걸린 95세인 언니를 요양하는 사례 등 많은 사례가 있다.

일본에서는 고령자가 고령자를 돌보는 노노개호老老介護라는 말이 생긴 지 오래되었다. 그리고 이제는 노노개호에서 초노노개호超老老介護 시대로 옮겨 가고 있다. 일본 후생노동성의 2016년 국민생활기초조사를 보면 65세 이상인 사람이 65세 이상인 사람을 돌보는 노노개호는 54.7%로 과반 이상을 차지하고, 후기고령자인 75세 이상인 사람이 75세 이상의 사람을 돌보는 초노노개호는 30.2%로

병든 부모를 혼자 간호하는 독신자의 고령화 현상

현재 일본에서는 '원거리 개호'라는 말이 사회용어로 정착되어 있다. '개호'는 우리말로 '간호'에 해당한다. 원거리 개호는 1990년대에 처음 등장했는데, 개호가 필요한 부모님을 담당하는 케어 매니저와 수시로 연락하며 개호하는 방법이다. 무엇보다도 담당 케어 매니저와 연계가 잘 되는 것이 중요하다.

'파옷코(www.paokko.org)'라는 관련 비영리단체도 활동 중이다. 비슷한 처지의 사람들이 모인 비영리단체 '쓰도이바 사쿠라짱'이란 것도 있다. 실제로 많은 개호자들이 장기간 수발 생활을 경험하거나 끝낸 이후 상실감으로 고통을 겪는다. 그런 이들에게 동병상련의 마음을 나누는 자조 모임은 큰 도움이 되고 있다.

그림 2-2 '중년 패러사이트 싱글' 수의 추이(일본)

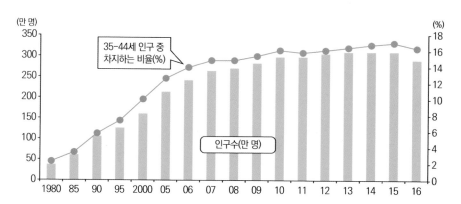

자료: 다이아몬드 온라인, "급증하는 중년 패러사이트 싱글, 장래는 '하류 독거 노인'으로?", 2019. 2. 2.

30%를 넘겼으며 그 비율이 매년 높아지고 있다.[13]

기생동물을 뜻하는 패러사이트parasite와 싱글single의 조합어인 '패러사이트 싱글'도 일본에서는 고령자에 의한 고령자 부양 못지않게 심각한 문제가 되고 있다. 대개는 취업해 독립했어야 할 자녀가 결혼도 하지 않은 채 독립하지 않고 부모에게 의존해 살고 있다. 이들이 처음 조명된 것은 1999년에 일본의 야마다 마사히로山田昌弘 교수가 출판한 「패러사이트 싱글의 시대」였는데, 그로부터 20년이 지난 현재 이들은 중년이 되었을 뿐만 아니라 수적으로도 크게 증가했다. 35~44세 인구 중 부모와 함께 사는 미혼자는 1980년에는 39만 명 정도였으나, 2016년에는 288만 명까지 급증했다. 35~44세 인구에서 차지하는 비율도 2.2%에서 16.3%로 상승했다.

야마다 교수는 이들을 '중년 패러사이트 싱글'이라 부르면서, "앞으로 20년 후 그들이 60대가 되면 그들이 기생하고 있는 부모는 80~90대를 맞이한다. 현재는 부모가 연금을 받고 있으므로 자녀가 수입이 적어도 당장의 생활은 유지하고 있다. 부모의 간병을 동거하는 자녀에게 의지하는 것도 가능하다. 다만 부모가 세상을 뜨는 날은 반드시 온다는 것이다."라며, 언제까지나 부모의 연금과 적금, 자가소유 주택에 의존할 수는 없을 것이라고 우려했다.

'중년 패러사이트 싱글' 중에는 정규직 사원도 있으나 20~30%는 불안정한 비정규직으로 일하고 있으며 약 10%는 실업자이기 때문이다. 결국 2040년에 이르러 부모 세대가 세상을 뜨고 나면 60세를 넘긴 미혼의 자녀들은 더 이상 정사원도 아니며 의지할 친척도 없이 대부분 '하류이면서 고독한 노인'이 될 것이라고 예측했다.[14]

이러한 일본의 경험 및 예측을 고려할 때 우리나라도 장기 불황과 청년 실업이 겹치게 되면서 이와 비슷한 상황에 처할 우려가 있다.

04 노력했으나 부족한 은퇴준비

은퇴교육을 받지 못한 채 다가온 은퇴시기

제1차 베이비붐 세대의 선두에 서 있는 1955년생들은 이미 대부분 은퇴하였고 막내인 1963년생도 은퇴시기가 다가오고 있다. 그러나 기대수명이 빠르게 늘면서 은퇴를 한 후에도 살아갈 날이 많이 남았기 때문에 어떻게 은퇴생활을 하면 좋을지 큰 고민이 될 수 있다. 더구나 베이비붐 세대 중 다수는 은퇴교육을 제대로 받지 못한 채 준비 없이 고령사회를 맞이하고 있다. 따라서 은퇴생활에 대한 이해부터 시작하여 무엇을 언제 어떻게 준비해야 할지를 체계적으로 배울 필요가 있다.

백세시대를 살게 되면서 은퇴를 앞두고 있거나 은퇴를 했거나 또는 은퇴를 한참 남겨 둔 세대에게조차도 은퇴 준비는 생애의 중요한 과제가 되었다. 그러나 무엇을 해야 할 것인가는 사람마다 생각이 다르고 시대별로도 다르다.

2000년대 초만 하더라도 은퇴 준비는 주로 은퇴자산 축적에 초점을 맞추고 안정적 노후소득을 마련할 수 있는 방법을 소개하는 데 치중했다. 그중에서도 공적 연금을 기초로 다양한 사적 연금을 추가하고, 나아가 노후소득 흐름을 안정적으로 유지할 수 있는 은퇴플랜을 마련하는 데 초점을 두었다.

그런데 이를 금융기관이 주도하다 보니 일부에서는 은퇴 자금 규모를 지나치게 부풀린 후에 공포 마케팅을 하는 것 아니냐는 평가도 있었다. 이러한 흐름 하에 재무적 준비와 관련한 대책들이 일정 정도 제시된 후에는 은퇴 후 인생을 어떻게 살아갈지에 대해 생각해보는 비재무적 준비도 강조되기에 이르렀다. 그 결과 현재는 재무적 준비와 비재무적 준비를 균형 있게 해야 한다는 인식이 대세를 이루고 있다.

한편, 은퇴 준비를 위한 은퇴교육은 국민연금공단 노후준비지원센터, 노사발전재단 중장년일자리희망센터, 서울시50플러스재단 등 공공기관에서 제공하고, 금융기관, 개인이 개설한 은퇴학교 등에서 다양하게 실시하고 있다.

이제는 다양한 은퇴교육 프로그램과 정보가 제공되어 예전에 비해 많은 사람들이 은퇴교육을 받고 있으나, 베이비붐 세대가 체계적으로 은퇴교육을 받는 경우는 여전히 많지 않다.

은퇴준비지수로 보는 부족한 은퇴준비

베이비붐 세대는 은퇴교육을 체계적으로 받지 못하다 보니 은퇴준비도 크게 미흡한 실정이다. 은퇴를 얼마나 대비하고 있는지 알려 주는 지표가 은퇴준비지수이다. 은퇴준비지수는 정부의 공식 통계로 제시된 적은 없으며, 일부 금융회사에서 이를 작성하여 제시하기도 한다. 그중 삼성생명 은퇴연구소가 제시하는 은퇴준비지수[15]를 기준으로 은퇴준비 현황을 살펴보기로 한다.

삼성생명 은퇴준비지수는 2012년에 개발되어 2014년부터 격년으로 제시되고 있는데, 2018년에 세 번째 지수가 발표되었다. 그에 따르면 은퇴준비 실행점수는 2014년 56.7점에서 2016년 57.0점으로 근소하게 상승한 후 2018년에는 59.3점으로 꾸준히 상승하는 추세를 보이나, 은퇴준비지수는 2014년 57.2점에서 2016년 55.2점으로 낮아진 후에 2018년에는 54.5점까지 낮아졌다.

그리고 2018년 영역별 은퇴준비 실행점수를 보면, 재무 영역이 67.8점으로 가장 높지만 여전히 '주의' 수준이었으며, 활동 영역은 44.2점으로 4개 영역 중 가장 낮을 뿐만 아니라 준비가 매우 취약한 '위험' 수준이었다. 또한 건강실행

그림 2-3　영역별 은퇴준비 실행점수의 연도별 비교 (단위: 점)

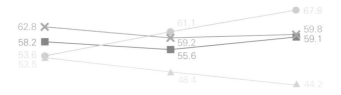

	2014	2016	2018
재무실행점수	53.6	61.1	67.8
건강실행점수	58.2	55.6	59.1
활동실행점수	53.5	48.4	44.2
관계실행점수	62.8	59.2	59.8

자료: 삼성생명 은퇴연구소, 삼성생명 은퇴준비지수 2018, 2018. 3.

점수는 59.1점, 관계실행점수는 59.8점으로 모두 '주의' 수준이었다(그림 2-3).

재무적 측면의 은퇴준비 기초

　　베이비붐 세대는 은퇴를 준비하고 있지만 공무원·군인·교원 등 특수직역에 속하는 사람을 제외하고는 국민연금 위주여서 은퇴 후 소득이 크게 부족할 가능성이 있다. 따라서 우선 국민연금, 퇴직연금, 개인연금으로 중층적 보장체계를 갖추는 것이 필요하다.

　　이와 함께 자산관리가 중요하다. 2020년 기준으로 전체 가계의 자산 구성 비율을 볼 때 우리나라는 실물자산 비율이 76.4%(부동산이 71.8%), 금융자산 비율이 23.6%이다. 그러나 가구주 연령이 60대 이상인 가구를 기준으로 보면 실물자산의 비중이 80%를 넘는다.[16]

　　이처럼 자산의 대부분을 실물자산이 차지하다 보니 정기적인 생활비로 사용해야 할 소득이 발생하지 않을 수 있고, 일본의 경우와 같이 부동산 가격이 폭락할 경우 자산가치가 급락할 수 있으므로 전체 자산의 포트폴리오를 적절히 구성할 필요가 있다.

또한 위험자산과 비위험자산 비율과 관련하여 위험자산의 비율을 낮추되 적정한 수익을 낼 수 있도록 해야 한다. 젊었을 때는 손실을 만회할 수 있는 기회와 시간이 있으므로 주식이나 주식형 펀드 등 위험도가 높은 자산에 투자할 필요가 있으나, 나이가 들수록 손실을 만회하기 쉽지 않으므로 위험자산 비율을 낮추는 것이 필요하다.

베이비붐 세대의 투자자들 중에는 위험자산에 투자했다 손절매를 한 경우도 있고, 손실을 현실화시킬 용기가 없어 그대로 갖고 있는 경우도 많을 것이다. 결국 은퇴기의 자산관리에 대해서는 여러 책을 읽고 전문가의 조언을 들으면서 장기간 실전을 통해 경험을 쌓아야 한다.

내가
직접 해 보는
생애설계의 기초

03

제3장 내가 직접 해 보는 생애설계의 기초

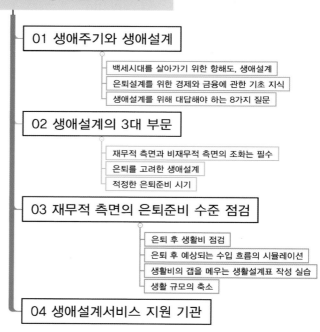

01 생애주기와 생애설계

- 백세시대를 살아가기 위한 항해도, 생애설계
- 은퇴설계를 위한 경제와 금융에 관한 기초 지식
- 생애설계를 위해 대답해야 하는 8가지 질문

02 생애설계의 3대 부문

- 재무적 측면과 비재무적 측면의 조화는 필수
- 은퇴를 고려한 생애설계
- 적정한 은퇴준비 시기

03 재무적 측면의 은퇴준비 수준 점검

- 은퇴 후 생활비 점검
- 은퇴 후 예상되는 수입 흐름의 시뮬레이션
- 생활비의 갭을 메우는 생활설계표 작성 실습
- 생활 규모의 축소

04 생애설계서비스 지원 기관

제 3 장

내가 직접 해 보는 생애설계의 기초

01 생애주기와 생애설계

백세시대를 살아가기 위한 항해도, 생애설계

모든 사람은 태어나서 성장하고 늙고 병이 들기도 하며 최종적으로는 세상을 떠나게 된다生老病死. 이러한 과정은 자연의 이치와 비슷한데, 인간은 시간 개념을 가지고 있고 합목적적으로 살아가는 능력이 있기 때문에 계획을 세워서 살려고 한다. 인간이 장수를 하게 되면서 청장년기에서 노년기에 이르기까지 전 생애에 걸쳐 자신의 인생에 관해 청사진을 그리는 생애설계를 해야 할 필요성이 커지게 되었다.

생애설계는 전 생애에 걸쳐 보다 만족스럽고 행복한 삶을 추구하기 위해 삶의 각 영역별로 생애목표를 설정하고 구체적인 실행계획을 종합적으로 수립하여 실천하는 것이다.

따라서 생애설계는 직업, 재무, 건강, 사회적 관계, 여가활동 등 인생의 다양한 측면에 대해 대안과 함께 실행계획을 담게 된다. 그러므로 한번 설계했다고 하여 평생 사용하는 것이 아니고 인생의 단계마다 큰 틀을 점검하여 재설계하고, 세부 실행계획을 마련해야 한다.

그중에서도 재무와 관련한 부분은 다른 영역에 비해 시간도 많이 필요하고 세심한 주의가 필요하다. 이는 대개의 경우 경제활동을 특정한 연령대에서만 할

인생주기론

영국의 사회철학자 피터 라스렛Peter Laslett은 1989년 「신선한 인생지도」란 책에서 인생주기를 4단계로 구분하였다. 1기는 출생해서 24~25세까지 교육을 받는 시기, 2기는 60~65세까지 직장생활을 하면서 가족을 돌봐야 하는 시기, 3기는 퇴직한 후부터 건강하게 삶을 사는 시기, 4기는 건강이 나빠져서 다른 사람에게 의존해서 살아야 하는 시기이다. 백세시대에 그 중요성이 커진 시기가 바로 제3기 인생으로 60세 이상의 나이에서 맞이하는 30년에서 40년 정도를 말한다. 이 시기는 그냥 버리는 시간 또는 남아 있는 시간이 아니라 인생의 성숙기이자 원숙기이다.

제3기 인생은 번식이라는 자연의 의무로부터 해방되고, 번식능력이 없어져 자연이 더 이상 관심을 두지 않으니 자신만을 위한 시간을 가질 수 있다. 그리고 자녀교육의 의무나 직장에 대한 의무에서 벗어나 오롯이 개인과 가족, 더 나아가 사회를 위해 보낼 수 있는 시간이다.

자료: Peter Laslett, *A Fresh Map of Life: The Emergence of Third Age*, Orion Publishing Co., 1989.

수 있어 자산을 축적하고 관리한 후에 경제활동을 할 수 없는 인생단계에서 쓸 수 있도록 해야 하기 때문이다. 그러한 의미에서 생애설계는 인생의 전 단계를 모두 고려해야 하지만, 궁극적으로는 은퇴 후 생활을 잘 보낼 수 있게 하기 위한 실행계획이라 할 수 있다.

따라서 생애설계는 긴 인생이라는 바다에서 안전하게 살아가기 위한 항해도라고 할 수 있다. 즉, 우리가 생애설계를 하는 것은 선장이 망망대해에서 정해진 목적지를 가기 위해서 항해도를 보는 것과 같다. 항해도 없이 넓은 바다를 항해하다 보면 전혀 엉뚱한 방향으로 가거나 암초를 만날 수도 있다. 따라서 은퇴를 향한 항해에서 항해도에 해당하는 생애설계를 기초로 자산관리를 하는 것이 필요하다.

생애설계는 연령대별로 다르게 접근해야 하는데, 은퇴에 초점을 맞출 경우 은퇴설계라 할 수 있다. 생애설계의 일부인 은퇴설계는 백세시대를 살면서 자녀의 부양을 받지 않고 스스로 독자적인 은퇴생활을 영위해야 하는 상황에서 절대적으로 필요하다. 은퇴 후에도 큰 변화 없이 어느 정도 생활비 지출을 유지하려면 일정한 소득흐름을 유지해야 한다. 은퇴 후에 쓸 은퇴소득을 준비하기 위해서는 연금이 필수적이지만 일반적으로는 연금 이외에도 다양한 원천의 소득을 마련할 필요가 있다.

은퇴설계를 위한 경제와 금융에 관한 기초 지식

자신의 은퇴소득의 흐름을 알기 위해서는 막연하게 생각하지 말고 현재의 자산과 부채 모두를 구체적으로 분석하고 그것이 장기적으로 어떻게 전개될지를 살펴야 한다. 자산과 부채를 장기적 관점에서 관리하기 위해서는 청사진이 필요하다. 또한 사회보장제도가 불안정해질 경우 은퇴소득의 안정성을 확보하기 위한 설계가 필요하다.

아울러 자신이 근무하던 직장에서 은퇴할 때 많은 사람들이 일시금으로 퇴직연금 또는 퇴직금을 받지만, 그것만으로는 노후생활에 불충분하며 그조차도 은퇴생활을 위해 쓰지 않는 경우도 있다. 따라서 은퇴설계는 은퇴소득이 충분하지 않을 경우 이를 보충하고, 아울러 소득흐름의 안정성을 확보하기 위해 필

그림 3-1　2015년 1인당 국민이전계정 생애주기 적자 및 경제적 자원 흐름(예시)

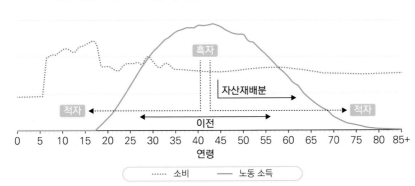

자료: 통계청, 2015년 국민이전계정 개발 결과, 2019. 1. 22.

요하다.

　이와 관련하여 연령별로 소득흐름이 어떻게 나타나는지에 대해 통계청이 2019년 1월에 발표한 「2015년 국민이전계정 개발 결과」를 통해 살펴본다. 이에 따르면, 총량 기준으로 유년층0~14세과 노년층65세 이상은 각각 118.1조 원과 81.6조 원의 생애주기 적자[1]가, 노동연령층15~64세에서는 87조 원의 생애주기 흑자가 발생하는 것으로 나타났다. 1인 기준의 생애주기 적자·흑자 구조는 연령이 증가하면서 적자, 흑자, 적자가 차례로 발생하는 것으로 나타났다.

　즉, 0세부터 28세까지는 생애주기 적자가 발생하며, 해당 연령대에서는 16세에 2,460만 원으로 적자 규모가 가장 컸다. 29세부터 57세까지는 생애주기 흑자가 발생하며, 해당 연령대에서는 43세에서 1,306만 원으로 흑자 규모가 가장 컸다. 58세부터는 연령이 증가하면서 1인당 생애주기 적자가 계속적으로 증가한다. 따라서 노동연령기의 흑자를 노년기에 잘 활용할 수 있도록 체계적인 재무설계를 할 필요가 있다.

　또한 개인이 인생을 살아가면서 장기간에 걸쳐 금융 및 비금융 자산을 축적하게 되는데, 다양한 경제적 불확실성에 대비하여 자산관리 차원의 은퇴설계가 필요하다. 경제의 불확실성을 크게 하는 변수로는 물가상승, 이자율 변동, 주가의 등락, 경기불황, 기타 코로나19 팬데믹과 같은 경제외적 변수 등을 꼽을 수 있다. 이들 변수는 개인이 통제하기도 어렵고 예측하여 대비하기도 어려우므로 전문가의 조언을 받아 관리해야 한다. 전문가의 조언을 받는다 하더라도 개인이 경제와 금융에 대한 지식과 견해를 갖고 있어야 하므로 기본적인 학습이 필요하다.

　그런데 2021년 3월에 금융감독원과 한국은행이 발표한 「2020 전 국민 금융이해력 조사 결과」를 보면, 연령대별로는 60대와 70대 노년층의 금융이해력 점수가 각각 65.8점, 56.9점으로 전체 평균66.8점보다 낮았다. 이는 2018년 조사 결과에 비해 개선된 것이지만 상대적으로 금융지식이 취약한 수준인 것으로 나타났다. 이들 연령층의 평균 학력이 높지 않은 데다 경제와 금융을 체계적으로 공부할 기회를 갖지 못한 사람들이 많고, 여러 가지 경제 및 금융환경의 변화로 인해 생긴 새로운 경제 및 금융 개념을 이해하기 어려웠던 것으로 보인다.

그럼에도 불구하고 60대와 70대의 노년층은 금융·경제 교육을 받은 경험이 있는 사람의 비중이 16.2%에 불과하다. 그러나 금융·경제 교육을 받은 경험이 있는 사람은 금융이해력이 상대적으로 높고 금융지식도 더 많은 것으로 나타난 점을 고려할 때 금융·경제 교육에 적극적으로 참여할 필요가 있다.

또한 금융지식이 높을수록 노후대비를 적극적으로 할 수 있다. 다만 노년층은 새로운 재산을 축적할 기회가 많지 않으므로 현재 가지고 있는 재산을 총동원하여 남은 생애를 잘 살 수 있는 방법을 찾는 노력을 해야 한다.

생애설계를 위해 대답해야 하는 8가지 질문

생애설계는 전 생애에 걸쳐 체계적으로 계획을 세워 인생을 살아가도록 설계하는 과정이므로 장기적 목표하에 단기적으로는 사회경제적 환경변화에 적절히 대응할 수 있도록 준비되어야 한다.

먼저 생애설계를 하려면 자신이 살아갈 세계에 대한 이해가 깊어야 한다. 인간은 홀로 살지 않고 사회 속에서 사는데, 사회가 발전과 후퇴를 거듭하며 변화하면서 미치는 영향을 받기 때문이다.

또한 최근의 4차 산업혁명의 영향으로 인한 변화는 과거 어느 시기에 비해 굉장히 빠르고 복잡하여 잠시라도 변화의 흐름에 발맞추지 못하면 뒤떨어지기 쉽다. 따라서 생애설계를 하기 위해서는 자신이 살아갈 사회가 앞으로 어떻게 변화할지 이해해 둘 필요가 있다. 물론 이러한 변화는 미래학자조차도 정확하게 예측하기 어렵지만, 많은 독서와 대화를 통해 자신이 겪을 미래에 대한 이해를 높여야 한다.

그리고 이러한 과정을 준비하기 위해서 다양한 강좌나 세미나 등에 참석하여 전문가들의 논의나 설명을 경청하는 것도 중요하다. 책이나 유튜브 등 다양한 매체가 많은 정보를 전해주지만 혼자서 이해하는 데는 한계가 있기 때문에 책의 저자 또는 전문가의 강의를 듣거나 교육 프로그램에 참여하며 의견을 나누어보는 것이 보다 유익하다. 혼자서 준비하다 보면 자신의 생각을 객관화하거나 검증받기가 쉽지 않은데, 자신의 생각을 나눌 수 있는 곳에서 여러 사람들과 의견을 교환하다 보면 그러한 약점을 극복하고 객관화할 수 있는 방법을 찾을 수 있게 된다.

자신이 살아갈 사회에 대한 이해는 경제 영역에 관련된 분야로 국한되지 않는다. 자신의 자산을 관리하고 소득흐름을 유지하기 위해서는 경제나 금융 영역뿐만 아니라 사회변화의 큰 흐름도 함께 이해하는 것이 중요하다. 그리고 좀 더 여유가 있다면 철학, 역사, 문화, 정치, 과학, 기술 등 다양한 분야에 대한 식견을 높이는 노력이 필요하다.

이러한 변화요인을 이해하려고 지속적으로 노력하는 것은 단지 지식을 쌓아두는 것이 아니라 변화에 효과적으로 대처할 수 있는 능력을 갖는 데 목적이 있다. 따라서 독서를 통해 지식을 쌓기만 할 것이 아니라 실생활에서 어떻게 그 지식을 활용할 수 있을지 확인해 가는 것도 필요하다. 이러한 노력이 있어야 시대의 흐름에서 뒤처지지 않을 뿐만 아니라 지적 능력이 향상되어 정신적·신체적 건강이 지속될 수 있을 것이다.

은퇴를 하려 할 때는 장기적 관점에서 자신이 살아갈 세상을 이해하는 것과 더불어 〈그림 3-2〉의 절차를 따라 다음의 몇 가지 질문에 대답할 수 있어야 한다.

첫째, 은퇴할 때 얼마나 많은 노후소득을 필요로 하는가? 대개의 사람들은 은퇴 전 소득의 75~80%가 필요하다고 알려져 있다. 그렇지만 총액으로 계산하기보다는 은퇴 전 지출을 기준으로 은퇴 후에 얼마를 지출하는 것이 좋을지를 계산해 보는 것이 중요하다. 교통비, 통신비 등은 사회적 활동의 축소에 맞추어 줄어들 것이나, 진료비, 약품비 등은 건강이 나빠지기 시작하며 더 늘어날 것이다. 세금, 건강보험료 등은 자신의 자산 규모에 따라 달라질 것이다.

둘째, 은퇴 후의 지출을 충분히 감당할 수입의 흐름이 유지되는가? 그리고 자신이 사망한 후에도 배우자가 자립적으로 살기에 소득이 충분한가? 여성이 남성보다 기대여명이 평균 6세 정도 길기 때문에 남편 위주의 은퇴설계는 부인

그림 3-2 은퇴준비 현황 점검 절차

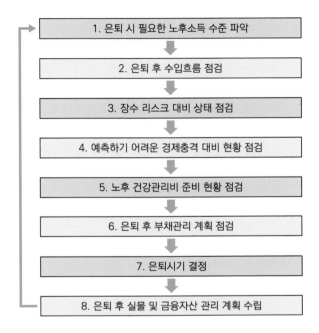

에게 생계상의 어려움을 초래할 수 있다. 따라서 남편이 사망하더라도 부부가 영위하던 소득수준의 70~75%는 유지할 수 있도록 하는 것이 필요하다.

셋째, 자신이 예상보다 장수할 수도 있는 상황에 대비하고 있는가? 지금까지도 기대수명이 증가했지만, 생명과학과 의학의 빠른 발전으로 향후 기대수명이 더욱 길어지고 현재 은퇴자의 기대여명도 예상보다 더 길어질 수 있다. 기대여명이 길어지면 길어지는 만큼 필요한 총수입의 크기는 커진다.

넷째, 큰 규모의 경제충격이나 코로나19 팬데믹과 같은 감염병 유행 또는 대재해가 발생할 가능성에 대비하고 있는가? 경제충격의 발생 가능성은 예측하기 어려운데, 더구나 장기예측은 불가능에 가깝다. 투자계획 시 어려움을 주는 요소가 상황의 예측 불가능성이다. 경제충격은 애써 모아 놓은 금융자산을 보잘 것 없는 것으로 만들 수도 있다. 따라서 갑작스러운 경제충격에도 가치가 유

기대수명, 평균수명과 건강수명에 관한 용어 해설

- 기대수명: 0세 출생자가 향후 생존할 것으로 기대되는 평균 생존연수로서 '0세의 기대여명'을 말함
- 기대여명: 특정연령의 사람이 향후 생존할 것으로 기대되는 평균 생존연수
- 평균수명 = 기대수명 = 출생 시 기대여명
- 건강수명: 유병기간 제외 기대수명, 기대수명 중 질병이나 사고로 인하여 아프지 않은 기간

자료: e-나라지표(index.go.kr)

지될 수 있는 금과 같은 안전자산을 일정 정도 보유하는 대안을 만들어 두어야 한다. 또한 감염병 유행이나 대재해의 발생은 예측이 어렵지만 최소 3~6개월을 지낼 수 있는 생활비를 준비하는 등 최소한의 대비책은 마련할 필요가 있다.

다섯째, 건강관리비를 충분히 고려하고 있는가? 퇴직 후 건강이 급격히 나빠질 수 있으며, 예상외로 많은 의료비가 들 수 있다. 또한 자녀의 부양을 받지 못하는 경우가 많으므로 이에 대해서도 충분히 고려하여 준비해야 한다.

여섯째, 현재 부채를 가지고 있다면 어떻게 할 것인가? 부채를 가지고 있다 하더라도 요즘과 같이 금리가 높지 않은 상황에서는 웬만큼 규모가 크지 않은 한 큰 부담이 되지 않을 수 있다. 그러나 노후 소득원이 제한되어 있고 특별히 보충할 방법이 없는 상황에서는 작은 금액도 매월 고정적으로 지출된다면 부담이 될 수 있다. 그렇기 때문에 가능하면 은퇴 전에 부채를 정리하는 것이 바람직하나 그렇지 못하다면 〈표 3-1〉과 같은 원칙을 세워야 할 것이다. 이러한 원칙하에 은퇴 전에 최대한 부채 규모를 줄이는 것이 필요하다.

일곱째, 언제 은퇴하는 것이 바람직할 것인가? 앞에서 열거한 여섯 가지 요소들을 종합하여 판단한 후 은퇴시기를 정하는 것이 중요하다. 백세시대라고 하여도 평생 일을 하며 지내는 것이 바람직하지 않고 가능하지도 않기 때문이다. 적절한 시점에 은퇴하여 여생을 여유롭게 즐기며 자신이 정리한 버킷리스트를 하나씩 실천해 볼 필요가 있다. 그러나 은퇴를 늦추면 그만큼 소득을 더

벌어들일 수 있을 뿐만 아니라 은퇴 후 더 많은 연금을 받을 수 있고 부채를 상환할 능력도 커지게 된다. 따라서 가능한 한 국민연금 등 공적연금을 받을 수 있는 시기보다 3~5년 더 경제활동을 하는 것이 바람직하다.

여덟째, 은퇴 시 보유하고 있는 금융 및 실물자산을 관리할 방안을 마련해 두고 있는가? 이는 퇴직 후 생존기간 동안 소득의 흐름을 일정하게 유지시켜 줄 수 있어야 하기 때문이다.

표 3-1   **은퇴 전 부채 관리 원칙**

① 부채 등으로 인해 노후에 재무적으로 취약한 상태*에 있는지 여부를 살핀다.
② 부채를 이자율이 높은 것부터 상환하여 이자 부담을 낮춘다.
③ 저축 또는 투자를 하는 금액에 대한 수익률이 부채의 이자율보다 낮다면 저축 또는 투자를 중단하고 부채를 먼저 상환하되, 최종적으로는 중단에 따른 위약금이 어떻게 부과되는지를 같이 살펴 부채 상환 여부를 결정한다.
④ 보유 중인 금융자산의 수익률이 부채의 이자율보다 낮다면 그 금융자산을 처분하여 부채를 먼저 상환하는 것이 바람직하다.

주: * 다음과 같이 네 가지 경우 속할 경우 재무적으로 취약하다고 할 수 있다. i) 자산 대비 총 부채의 비율이 0.5를 넘는 경우, ii) 주택가치 대비 주택담보대출의 비율이 0.5를 넘는 경우, iii) 유동성 자산 대비 추가 부채의 비율이 0.5를 넘는 경우, iv) 순자산(net worth)이 2만 5천 달러 미만인 경우; Annamaria Lusardi, Olivia S. Mitchell, and Noemi Oggero, The Changing Face of Debt and Financial Fragility at Older Ages, AEA Papers and Proceedings, vol. 108, 2018.

02 생애설계의 3대 부문

재무적 측면과 비재무적 측면의 조화는 필수

은퇴에 초점을 맞추어 생애설계를 살펴보면 크게 노후 경제, 노후 건강, 삶의 보람이라는 3대 부문으로 나뉜다. 이들 3대 부문 중 노후 경제는 재무적 측면이고, 나머지 노후 건강과 삶의 보람은 비재무적 측면이다. 그리고 이들 3대 부문을 다시 7개 영역으로 나누어 각각에 대해 세부적인 계획을 세우게 되는데,

표 3-2 생애설계 3대 부문 7개 영역의 주요 내용

3대 부문	생애설계 영역	주요 내용	재무/비재무 측면
노후 경제	일을 통한 복지	재취업, 전직, 창직 및 창업, 전문자격증 취득	재무적 측면 (경제적 차원)
	다층 연금소득 마련하기	공적 연금, 퇴직 연금, 개인 연금, 연금자산의 축적과 연금소득화, 실물자산의 연금소득화	
	안전하고 든든한 자산관리	은퇴 후 투자활동, 보험 포트폴리오 재구성, 증여와 상속, 각종 사기 대비	
노후 건강	행복한 마음	긍정적 마음, 몰입, 긍정적 관계, 의미, 성취	비재무적 측면 (비경제적 차원)
	건강한 몸	적절한 운동, 건강한 식습관, 충분한 수면, 금연, 웰다잉	
삶의 보람	풍성한 사회적 관계 (대인관계)	가족관계(부부, 자녀, 노부모 등), 친구관계, 동호회 활동, 지역공동체에 기반한 사회관계	
	삶의 의미를 키우는 다양한 활동	여가활동, 자원봉사활동, 학습활동	

이때 재무적 측면과 비재무적 측면이 상호 간에 영향을 미치며 보완 역할을 할 수도 있다. 예를 들어 노후소득이 충분하지 않더라도 사회적 관계나 다양한 활동 등을 통해 삶의 보람을 찾을 수 있다.

재무적 측면은 주로 노후소득의 안정적 흐름을 유지할 수 있는 방법과 함께 노후 재테크 및 세테크, 나아가 상속 및 증여와 관련한 사항들을 준비하는 것이 된다. 노후소득이 안정되지 않으면 결국 독립적으로 생활하기 어렵게 되어 자녀 등 가족에 의존하게 되며 본인뿐만 아니라 자녀도 어려워지는 상황을 맞이하게 되므로 은퇴준비에서 가장 중요한 요소이다.

또한 재무적 준비는 마음을 바꾸어 먹거나 습관을 바꾼다고 갑자기 좋아지는 것이 아니라 일정한 준비 기간이 필요하다. 따라서 재무적 준비는 장기간에 걸쳐 전략적으로 해야 하며, 현재를 살아가기 위한 소비, 저축 및 투자 등과 조화를 이룰 필요가 있다.

　　기본적으로는 표준화된 틀을 제시할 수 있고, 그에 기초하여 다른 사항들을 추가로 맞춤형으로 설계하고 실행하는 절차를 거친다. 결국 재무적 준비란 은퇴 후에 경제적으로 누구에게도 의존하지 않고 독립적으로 생활할 수 있는 기반을 마련하는 것이다.

　　비재무적 측면은 재무적 측면 이외에 은퇴 후에 생활하기 위해 준비해야 할 모든 것을 포괄한 것으로 재무적 준비에 비하여 표준화된 준비사항을 제시하기가 쉽지 않다. 비재무적 준비는 당사자의 생활철학이나 인생관이 반영되어야 하고, 은퇴 전과 은퇴 후의 생활방식이 완전히 바뀌어야 하는지에 대해서도 정답이 없기 때문이다. 다만 은퇴한 후에는 경제적 활동을 위해 쓰던 시간을 다른 활동을 위해 쓸 수 있게 되므로 그 시간을 활용하여 무엇을 할 수 있을지를 생각해야 한다.

　　때로는 그 활동이 은퇴 전부터 하는 활동의 연장선에 있을 수도 있으나, 그렇지 않다면 그 활동을 위해 은퇴 전부터 조금씩 준비해 두는 것이 필요하다. 그리고 재무적 준비와 마찬가지로 일정한 목표를 세워 달성해 가면 그만큼 행복도 커질 수 있다.

　　그런데 비재무적 준비에서 중요한 것은 은퇴 전에는 남들을 의식하며 경쟁적으로 살던 것에서 벗어나 자신에 집중하여 내면의 자아와 대화를 하면서 자아를 완성시키는 데 있다. 은퇴 후에는 봉사활동이나 여가활동을 해야 한다는 생각에 앞서 왜 그러한 활동을 하는가를 생각해 봐야 한다. 은퇴 전에는 경제활동으로 인해 자신에 대해 깊이 살펴보며 돌아볼 시간이 없었다면 은퇴 후에는 자신에 대해 살펴본 다음 봉사활동이나 여가활동을 할 수 있는 여유가 생긴다.

　　또한 사회적 관계도 자아를 재발견하는 과정에서 소중하다고 생각되는 관계를 중심으로 재정립할 필요가 있다. 비재무적 준비는 경제적 활동을 하지 않더라도 자신을 재발견하고 그에 맞추어 살아갈 생활을 준비하는 과정이라 할 수 있다.

　　따라서 은퇴에 대비하여 재무적 준비와 비재무적 준비 모두가 제대로 이루어져야 한다. 그리고 은퇴준비는 은퇴를 앞둔 일정 시점부터는 하나씩 점검하

여 미흡한 영역이 있으면 집중적으로 준비할 시간적 여유를 가질 수 있어야 한
다. 또한 그렇게 노력했는데도 재무적 준비가 미흡하다면 이를 극복할 수 있는
비재무적 준비를 더 강화해야 할 것이다. 그를 통해 심리적 위축을 극복하면서
새로운 행복에 도달할 수 있는 방안을 찾을 수 있다.

은퇴를 고려한 생애설계

인생에는 여러 단계가 있지만 궁극적으로는 최종 단계인 은퇴 후 노년기
생활의 행복에 초점이 맞추어질 수밖에 없다. 그런 의미에서 생애설계는 은퇴
를 고려해야 하고, 은퇴가 인생에서 무엇인지를 충분히 이해하는 것이 선행되
어야 한다.

은퇴는 근로소득 또는 사업소득을 벌기 위한 경제적 활동에서 물러나는 것을
말한다. 일반인들에게 은퇴라는 현상이 생겨난 것은 산업혁명이 시작된 이후이며,
이를 법률에 반영한 것은 사회보장제도가 도입된 이후이다. 과거 농경사회에서는
노인이 되었다 해도 일에서 완전히 손을 떼지는 않았다. 자신의 노동능력이 허용
하는 범위에서 지속적으로 가족 근로 또는 공동체 근로에 참여하였다.

그러나 산업혁명이 시작되고 대량생산 시스템하에서 근로하게 되면서 노
동자로서 개인이 그 시스템에 적합한지 여부가 중시되자 은퇴 이슈가 생겼다.
즉, 나이가 많아짐에 따라 생산 시스템에 맞추어 노동할 수 있는 능력이 저하된
다고 생각하여 더 이상 노동자로서 일을 할 수 없으니 은퇴시켰던 것이다. 기본
적으로 고령이 되면 근로능력이 저하되어 지급하는 임금의 가치에 비해 낮은
생산성을 보인다고 보기 때문에 고용을 유지할 유인이 없다고 판단한 것이다.

은퇴는 가장 먼저 신체적 측면과 관련된다. 인간은 일반적으로 태어나서
청년기를 지나면서 노화를 경험하게 된다. 노화는 질병을 불러일으키고 여러
신체 부분의 능력을 저하시킨다. 우선 시력이 약화되고 청력도 좋지 않게 되며
근골격계가 문제를 일으킨다. 또한 뇌의 기능도 저하되어 기억력이 떨어지고
심지어는 치매로도 발전할 수 있다.

이와 같이 인간은 나이가 많아지면서 육체노동을 하기에 적절하지 않은 상태에 접어들게 되며, 정신노동을 하기에도 적절하지 않게 된다. 노동능력이 저하되면 생산성을 중시하는 경제 시스템하에서는 노동을 지속할 수 없게 된다. 더구나 근로를 계속할지 여부는 자신이 결정하기도 하지만, 사용자에게 고용된 노동자의 생산성이 사용자가 지불해야 할 임금 수준보다 낮으면 사용자는 고용 지속 여부를 심각하게 고민하게 된다.

은퇴는 지식 측면과도 관련 있는데, 노화는 인간을 보수적으로 만들어 새로운 지식을 받아들이는 것을 더디게 하거나 거부하게 하기 때문이다. 또한 4차 산업혁명의 발전에서 볼 수 있듯이 지식의 발전 경로에 따라 노인이 갖고 있는 지혜나 지식이 쓸모없어 지기도 한다. 더 이상 지식을 이용하여 사회경제적으로 기여할 역할이 없어지면 결국 자신의 일에서 물러나게 된다.

이러한 과정과 함께 당사자가 처한 경제적 상황에 따라 은퇴가 결정된다. 만약 은퇴를 하여 일을 하지 않아도 일상의 생활을 영위하기에 충분한 경제적 능력이 있다면 일반적인 은퇴연령보다 빠르게 은퇴할 수 있을 것이다. 그렇지 않다면 일반적인 은퇴연령이 지났음에도 계속해서 수입을 얻기 위해 일을 해야 한다. 그러한 의미에서 보면 은퇴라는 용어는 정년과 구별될 필요가 있다. 정년은 일반적으로 한 조직에서 계속해서 일할 수 있는 연령의 상한으로, 한 조직에서 정년을 맞이했더라도 다른 조직에 고용되거나 자영업을 시작하면 노동시장에서 은퇴를 했다고 말할 수 없다.

은퇴는 또한 공적 연금을 수급할 수 있는 연령과도 관련된다. 공적 연금을 수급하여 적정한 수준의 생활을 영위할 수 있게 된다면 은퇴하여 연금 생활자로서 살아갈 것이나, 그렇지 못하다면 연금 이외의 추가 수입을 위해 일을 더해야 하기 때문에 완전한 은퇴가 미루어질 것이다. 그리고 설사 일을 더하고 싶다 하더라도 그것이 가능할지 여부는 일자리가 제공되는지에 달려 있다. 물론 연금을 수급할 수 있는 연령이 되었는데도 부족한 소득을 보충하기 위해서가 아니라 경제활동 참여 자체에 의미를 두는 경우도 있을 수 있다.

결국 개인이 은퇴를 어떻게 받아들일지는 주관적으로 결정된다고 볼 수 있다. 은퇴준비를 일찍 마치면 조기에 은퇴하기가 용이해지나 그렇지 못하면 은퇴를 하고 싶어도 하지 못할 수 있다. 물론 최종적인 은퇴결정은 객관적 상황을 고려하여 주관적으로 이루어질 수밖에 없을 것이다. 따라서 가급적 젊은 시절부터 생애설계를 시작하여 자신의 생애에서 은퇴시점을 설정하고 그에 맞추어 은퇴준비를 시작하는 것이 바람직하다.

은퇴준비의 핵심인 노후소득은 장기간에 걸쳐 자산으로 축적된 후 장기간에 걸쳐 고르게 인출될 수 있도록 마련되어야 하므로 리스크 관리와 유동성 관리가 필수적이다. 따라서 다양한 소득원을 통해 리스크를 분산시켜 관리함으로써 노후소득의 안전성을 확보해야 한다. 그리고 은퇴 후에는 노후소득 흐름이 일정 수준에서 생애 마지막까지 유지될 수 있게 해야 한다. 정년을 맞이하여 직장을 떠날 때나 자영업을 영위하다 경제활동을 그만두고 은퇴할 때가 되면 누구나 이러한 측면을 충분히 고려하여 중요한 재정적 결정을 내려야 할 것이다.

당장에 드는 걱정은 노후가 짧든 길든 간에 직접적 경제활동을 통해 벌어들이는 수입이 없을 것이므로, 줄어든 소득으로 살아갈 수 있을 것인가에 모아진다. 대개의 경우 사람들은 퇴직연금이나 퇴직금 또는 그에 더해서 퇴직위로금 등을 받게 되는데, 그것을 어떻게 관리하는 것이 가장 현명한 방법일까?

성공적인 미래는 자신의 인생목표를 새롭게 세워 실행하는 데서 비롯된다. 그러한 인생목표를 이루기 위해서는 경제적으로 지장을 받지 않도록 세심한 재정계획을 수립해야 한다. 자신의 인생목표를 새롭게 세울 때는 이전과는 달리 진정한 자신을 찾아 그에 맞추어 살 수 있도록 해야 한다. 재정계획을 수립할 때는 자신의 여건이 다양하게 변할 수 있다고 가정하여 시나리오를 세운 후 소득과 지출을 조정해가며 적자를 내지 않고 살아갈 방안을 검토해 보는 것이 매우 중요하다.

적정한 은퇴준비 시기

그렇다면 은퇴준비를 언제 시작하는 것이 좋을 것인가? 먼저 이러한 질문에 대해서 정답은 없다.

그보다 더 흥미로운 사실은 사람들이 자신이 이상적이라 생각한 시기에 제대로 노후준비를 시작하지 못한다는 점이다. 조사에 응답한 사람들의 25.3%는 취업 직후 은퇴준비를 시작하는 것이 이상적이라 생각하나 실제로는 5.5%에 그치고 있고, 31.5%에 이르는 많은 사람들이 자녀 결혼 후에야 은퇴준비를 시작하고 있다는 점이다.

이와 같이 각자가 처한 상황이 다르기 때문에 은퇴준비를 언제 시작하는 것이 최적이라고 일률적으로 말하기 어렵다. 그럼에도 불구하고 일반적으로 노후준비에는 분야별 특성에 따라 준비를 위해 필요한 최소한의 시간이 들게 되고 노후준비를 위해 정부가 제공하는 각종 제도와 인센티브가 있기 때문에 이를 잘 활용하기 위해서는 분야별로 어느 시기에 준비를 하는 것이 좋을지 정리해 볼 수는 있을 것이다. 이때 분야는 ① 노후소득, ② 일, ③ 사회봉사와 여가

그림 3-3 **은퇴준비 시기에 대한 이상과 현실의 괴리**

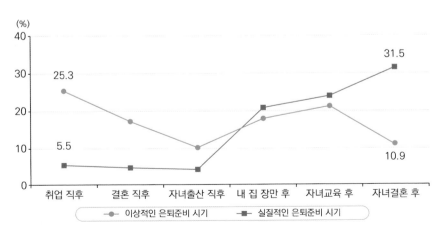

자료: 삼성생명 은퇴연구소, 한국인의 은퇴준비 2014, 2014.

활동, ④ 사회적 관계, ⑤ 건강 관련 생활습관, 건강 리스크의 재무적 관리 등으로 나누어 볼 수 있다.

첫째, 노후소득은 길어진 노년기 동안 왕성한 활동을 하며 지내기 위해서 필요하며 예상보다 더 오래 사는 장수 리스크에 대비할 수 있어야 한다. 따라서 노후소득은 일반적으로 국민연금, 공무원연금이나 사학연금 등 특수직역연금, 퇴직연금, 개인연금 등 다층연금소득을 기반으로 하는 것이 필요하다. 이를 위해서는 최소 10년 이상의 시간이 필요하며, 늦었다고 생각되더라도 일을 더 할 수 있으면 이러한 연금소득 체계를 갖출 수 있다.

노후소득의 중심이 되는 연금 분야는 일찍 준비를 시작해야 하고, 가급적 직장생활을 시작하면서 바로 시작하는 것이 좋다. 일단 직장생활을 시작하면 의무적으로 가입하는 국민연금 또는 특수직역연금공무원연금, 군인연금, 사학연금과 퇴직연금 이외에 세제혜택과 연계하여 자신의 능력에 맞게 연금저축, 개인형 IRP Individual Retirement Pension, 개인형 퇴직연금제도, 보험차익 비과세 저축보험에 가입할 필요도 있다.

또한 수명이 길어진 인생 백세시대의 장수 리스크에 대비하기 위해서는 체계적인 자산관리 서비스를 활용하는 것이 필요하다. 국민연금, 퇴직연금, 개인연금을 기본적으로 활용함은 물론 각종 예·적금 및 투자상품, 부동산 등을 활용하는 자산관리가 체계적으로 이루어져야 한다. 자산관리 서비스는 자산의 규모가 어느 정도는 되어야 하나, 그에 앞서 동일한 개념하에 체계적 자금관리를 하여 목돈을 모을 수 있어야 한다. 따라서 자산관리 서비스도 가급적 경제활동을 시작하는 시점부터 활용하는 것이 바람직하다자세한 내용은 제6장 참조.

둘째, 60세를 넘겨서도 건강상태가 좋아서 일을 계속할 수 있다면 가급적 은퇴를 늦추어 일을 해야 한다. 일을 한다는 것은 단지 생계를 위한 수단을 넘어 사회적 관계를 유지하고 규칙적 생활을 통해 건강을 유지시키는 효과가 있기 때문이다. 노년기에도 일을 한다는 것은 노후를 위한 자금을 만드는 기간을 늘려서 충분한 생활자금을 마련하는 데도 필요하다.

일을 언제 그만둘지 여부는 노후준비와 함께 고려해야 하지만 언제까지 어떻게 일할지에 대해서는 40대 이후에 검토할 필요가 있다. 이는 단순히 은퇴 여부 결정을 넘어 변화하는 고용환경에 적응하여 일을 지속할 수 있는 능력을 유지하기 위해서도 필요하다. 특히 앞으로는 4차 산업혁명이 확산되면서 인공지능을 장착한 로봇이 노동력을 대체하여 일자리가 불안해지는 한편 새로운 일자리도 생겨나고 있으므로 이에 적응하는 것이 중요하다_{제4장 참조}.

한편 4차 산업혁명이 가져온 기술혁명은 사회를 근본적으로 바꾸고 있다. 인터넷 혁명에서 모바일 혁명으로 이어지면서 생활을 편리하게 하는 각종 서비스가 개인들에게 제공되고 있다. 이에 따라 과거의 노인 이미지와는 달리 젊고 스마트하며 독립적인 생활을 영위하는 노인층이 늘고 있다.

스마트폰을 이용하여 해외 여행지의 호텔이나 교통편을 예약하여 단체관광이 아닌 자유여행을 즐기는 노인들도 많아졌다. 과거와 단절된 발전 양태를 보일 미래사회는 분명 개인의 선호와 관계없이 맞이해야 하는 삶의 여건이다. 이러한 생활상의 문제는 언제라고 시기를 정해서 대응해야 하는 것이 아니라 상시 사회변화의 흐름을 수용하여 따라가야 하는 것이다.

셋째, 은퇴 후 주어지는 제2의 인생을 어떻게 보람 있게 살아갈 것인가에 대한 대안을 찾아야 할 것이다. 60세 또는 65세에 은퇴한다 하더라도 20년 내지 25년간의 인생을 유익하고 의미 있게 보내야 한다. 그러한 일은 봉사활동일 수도 있고, 자신이 꿈꾸었던 일 중 여러 가지 사정으로 인해 하지 못했던 일을 한다거나 새로운 일에 도전하기 위한 학업을 시작할 수도 있는데, 이처럼 제2의 인생기에도 새롭게 도전할 일이 기다리고 있다.

사회의 뒷전에 밀려서 격리된 국외자의 입장에 있지 않고 세상의 흐름과 함께 호흡하면서 자신의 인생에 대한 보람을 찾는 일이 될 것이다. 이 모든 일이 자신의 미래에 닥쳐올 사회적 흐름을 파악하고 적절한 인생의 모델을 찾아 준비하는 것부터 시작된다. 이러한 준비는 자신이 은퇴를 해야겠다고 정한 시기에 앞서 준비하는 것이 좋다. 몇 년 전이 적절하다고 얘기하기는 쉽지 않지만 너무 늦지 않게 준비하여 은퇴 후에 심리적으로 방황하지 않도록 하여야 한다.

넷째, 제2의 인생을 위해 든든한 사회적 관계를 유지하는 것도 중요하다.

이를 위해 개인의 적극적 노력뿐만 아니라 사회적 지원이 필요하다. 풍부한 사회적 관계를 통해 사회 속에서 개인의 자존감을 유지할 수 있을 뿐만 아니라 치매 등 각종의 질병으로부터 자신을 지킬 수 있다. 따라서 가급적 노후에도 기존의 관계를 잘 유지하는 것이 필요하며, 은퇴 후에는 자신이 거주하는 지역사회 공동체와 교류하는 시간이 많아지는 점을 고려하여 평상시에 지역사회 공동체와 좋은 관계를 만들어 두어야 한다.

다섯째, 건강과 관련해서는 좋은 생활습관을 갖는 것이 중요하므로 젊은 시절부터 이를 실천해 나가야 한다. 건강하지 않고서는 어떠한 일도 추진하여 달성하기 어려우며 건강이 좋지 않으면 많은 비용이 들기 때문에 건강을 유지하기 위한 좋은 습관을 들이는 것은 중요하다. 그런데 건강관리를 철저히 하더라도 질병으로부터 완벽하게 자유로울 수는 없다. 갑작스러운 질병에 걸렸을 때를 대비하여 국민건강보험과 함께 민영 실손의료보험을 적절히 활용하면 커다란 재무적 손실에 대비할 수 있다.

의무적으로 가입하는 국민건강보험 외에 자발적으로 가입하는 민영 실손의료보험을 언제 가입하는 것이 좋을지는 각자의 사정에 맞추어서 판단해야 한다. 일반적으로 60대까지는 의료비가 그다지 크게 들지 않으나 60대 이후 급격히 증가한다. 그러나 암 등 중대질병에 걸릴 경우에는 국민건강보험만으로 보장이 충분하지 않을 수 있으니 다른 보완수단이 필요하다. 이때 다른 어떤 수단보다 민영 실손의료보험이 적절한데, 자신의 건강에 대한 우려 정도나 위험회피 성향 등을 종합적으로 판단하여 가입하는 것이 좋다.

다만 가입연령이 늦어지면 저연령부터 가입했던 것에 비해 그만큼 보험료 수준이 높을 수 있다. 그러나 노후 실손의료보험은 일반 실손의료보험에 비해 보장수준을 낮추었기 때문에 보험료도 낮으며 나이가 50세 이상이더라도 75세까지는 가입할 수 있다. 또한 연령이 높아질수록 고혈압, 당뇨병 등 질병이 발생할 가능성이 높아지므로 유병자 실손보험에 가입할 수 있으나 보험료가 높아지며, 암, 간경화 등이 발생한 후에는 보험 가입이 제한될 수 있다. 따라서 건강과 관련한 보험은 다양한 선택지가 있으므로 자신의 필요와 재정여건 및 건강상황 등을 고려하여 가입시기를 결정하는 것이 좋다.

한편 치매 등 노인성질환으로 인한 수발 등에 필요한 비용을 보장하는 상품으로 간병보험이 있는데, 현재는 실제 소요된 비용을 보상하는 실손형이 아니라 약정한 일정 금액을 제공하는 정액형 간병보험이 나와 있다. 또한 최근에는 치매를 집중적으로 보장하는 치매보험도 나와 있다. 이들 보험은 일반적으로는 40대 이후에 가입을 하는데, 요즘은 드물게 젊은 연령에서도 장기간병을 요하는 상황에 처할 수 있다고 40대 이전에 가입을 권유하는 경우도 있다.

이 또한 자신의 종합적 상황을 고려하여 가입 시기를 결정할 필요가 있을 것이나, 그보다 중요한 것은 가입할 때 가급적 보장기간을 길게 하는 것이다. 연령별 치매유병률은 연령대가 높아질수록 급격하게 높아지므로 가급적 보장기간을 80세를 넘겨 길게 하는 것이 중요하다.

⑱ 재무적 측면의 은퇴준비 수준 점검

은퇴 후 생활비 점검

은퇴설계를 할 때 가장 중요한 것은 자신의 생활패턴이 크게 흔들리지 않도록 소비지출을 정확하게 아는 것부터 출발해야 한다는 점이다. 일정 기간 동안 자신의 소비 항목을 관찰한 후 그 중에서 일부 항목은 제외시키고, 일부 항목은 금액을 조정하는 과정을 거쳐야 한다. 이러한 과정을 거치게 되면 은퇴 전에 비해서 필요한 금액이 산출된다.

국민연금공단의 조사[2]에 따르면 중고령자가 2019년 기준으로 노후에 표준적 생활을 유지하기 위해 필요로 하는 적정수준의 월 생활비는 부부 기준 267만 8천 원, 개인 기준 164만 5천 원으로 나타났다. 연령대별로는 50대가 각각 296만 1천 원과 182만 3천 원으로 가장 많았고, 연령이 많아지면서 점점 줄어들어 80대 이상은 213만 5천 원과 130만 3천 원으로 가장 낮게 나타났다⟨표 3-3⟩.

이러한 수치는 면접조사에 따른 평균개념이므로 개인의 생활비와는 차이

그림 3-4 나의 은퇴생활비 추정(예시)

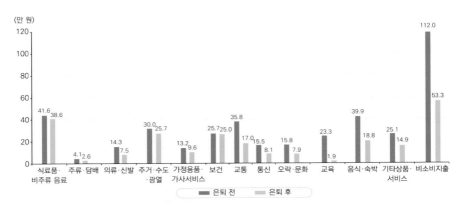

자료: 통계청, 가구주 연령별 월평균 가계지출(도시, 1인 이상), 가계동향조사, 2019. 4.

가 있을 수 있다. 따라서 자신의 은퇴 후 생활비를 정확하게 산출하기 위해서는 자신이 오랫동안 생활비를 기록해 둔 가계부 등을 이용한다.

자신의 은퇴생활비를 산출하는 과정은 〈그림 3-4〉와 같이 은퇴 전에 가계부에 기록된 생활비를 기준으로 항목별로 가감하는 방법이 좋다. 그리고 60세를 기준으로 하더라도 기대여명이 대개는 20년 이상 남아 있기 때문에 생활

표 3-3 노후에 필요로 하는 월평균 최소생활비 및 적정생활비

	부부 기준(만 원)		개인 기준(만 원)	
	최소	적정	최소	적정
50대 미만	210.4	283.0	128.8	179.6
50대	215.4	296.1	129.7	182.3
60대	199.3	275.4	118.4	167.3
70대	172.4	235.5	104.2	146.8
80대 이상	155.2	213.5	91.3	103.3
전체	194.7	267.8	116.6	164.5

자료: 안서연 외, 중고령자의 경제생활 및 노후준비 실태 - 제8차(2019년도) 국민노후보장패널조사(KRelS) 기초분석보고서 -, 국민연금연구원, 2020.

비를 연령대별로 나누어 계산하는 것이 적정하다. 일반적으로 자녀의 결혼비용이 큰 항목인데, 자녀가 결혼했다면 무시해도 좋지만 결혼하지 않았다면 예상금액을 별도로 고려하는 것이 좋다.

소비지출 항목 중 교통·통신비의 경우 은퇴했거나 65세 이상 연령층은 평균 연령층보다 줄어들 것이므로 낮추어 계산한다. 주거비의 경우에도 이들 연령층은 자가보유 비율이 높아 크게 소요되지 않으나 자신의 구체적 사정에 맞추어 조정한다. 반면 보건위생비 항목은 평균 연령층 이상으로 지출할 것이 예상되므로 연령이 높아질수록 더 큰 금액으로 상향조정하여 계산한다.

그리고 비소비지출의 경우 국민연금은 60세까지만 내면 되므로 제외시키고,[3] 은퇴 후의 국민건강보험료는 자산 등에 기초하여 부과되므로 자신의 자산 등의 상황에 맞추어 재산정해야 한다. 또한 국민건강보험을 보충하기 위해 민영 실손의료보험을 가입한 경우에는 연령 증가에 따른 보험료 증가를 고려해야 한다.

마지막으로 세금과 기타 비소비 항목 등은 변동이 없을 것으로 보아 동일한 수준으로 산출한다. 이러한 과정을 거치면 은퇴생활에 소요될 매월 생활비 규모가 산출된다. 이렇게 생활비가 산출되면 소비자 물가상승률을 고려해야 현실적인 금액이 산출될 수 있다.

물가상승까지 고려하여 산출된 매월의 생활비에 12를 곱하면 매년의 생활비가 산출되는데, 은퇴 시의 기대여명에 대해 동 금액을 매년 구하여 합하면 총 예상 노후생활비가 계산된다.[4]

여기에서 은퇴 시의 기대여명은 통계청에서 매년 작성하여 발표하는 「생명표」에 연령별, 성별로 구분하여 나타난다. 일반적으로는 여성의 기대여명이 남성의 기대여명보다 긴 것으로 나타나지만 점차 그 차이가 줄어들고 있다. 이러한 경향이 노인가구의 유형을 결정하는 데 기여하고 있다. 즉, 2015년 기준으로 60세 이상 고령인구의 혼인상태를 보면 배우자가 있는 경우가 64.1%, 사별한 경우가 29.4%, 이혼은 5.0%, 미혼은 1.5%순으로 나타난다. 또한 연령이 많아질수록 유배우자 및 이혼은 감소하고 사별은 증가하고 있다.[5] 따라서 정확한 계산을 위해서는 사별 후 남은 배우자의 기대여명을 고려해야 할 것이다.

2017년 기준 60세로 동갑인 부부의 경우 기대여명이 남성은 22.8년, 여성은 27.4년으로, 여성의 기대여명이 4.6년이 더 길다. 따라서 부부가 함께 살아 있을 경우에 소요된 생활비 수준의 일정 비율로 5년간 지출이 더 있어야 한다는 점을 고려하고 여성의 연령이 2~3세 낮은 경우 그에 맞게 총예상 노후생활비를 산출해야 한다.

은퇴 후 예상되는 수입 흐름의 시뮬레이션

앞에서 총 예상 은퇴 후 생활비를 산출했으므로, 이제는 은퇴 후 예상되는 수입흐름을 추정해 보아야 한다. 이를 위해서는 먼저 기초연금, 국민연금 등의 공적연금제도와 퇴직연금 또는 개인연금과 같은 민영연금을 통해 확보되는 연금액을 확인하고, 현재의 수준에서 자신이 가지고 있는 금융 및 실물자산의 가치를 확인해야 한다.

특히 퇴직연금이나 퇴직금을 일시금으로 받으면 은퇴 후 소득흐름을 원활하게 유지하는 데 한계가 있기 때문에 이를 적절히 관리할 방법을 찾아야 한다. 직접 관리하면서 그로부터 얻는 이자 또는 투자수익도 있을 것이고, 아니면 이를 연금화하여 소득흐름을 일정하게 유지하는 방법도 생각할 수 있다.

퇴직연금을 어떻게 수령할지는 자금 용도 이외에 절세도 고려할 필요가 있다. 퇴직연금을 일시금으로 수령하지 않고 연금으로 수령하면 30%의 세액 감경 효과가 발생하여 절세를 할 수 있기 때문이다. 더구나 연금계좌에서 일부 금액을 인출하는 경우 인출순서에 따라 소득세가 달라지기 때문에 인출 순서를 확정하는 것이 중요하다.

〈표 3-4〉의 순서에 따라 인출된 금액이 연금수령 한도를 초과하는 경우에는 연금수령분이 먼저 인출되고 그다음으로 연금 외 수령분이 인출된 것으로 본다. 만약, 연금계좌의 운용에 따라 연금계좌에 있는 금액이 원금에 미달하는 경우 위 인출 순서와 반대의 순서로 차감된 후의 금액으로 본다. 즉, 원금손실이 있는 경우에는 손실의 반영은 (3)-(2)-(1)의 순서로 한다.

표 3-4 **연금계좌의 인출 순서**

순서	인출 금액	과세 여부
(1)-①	인출된 날이 속하는 과세기간에 해당 연금계좌에 납입한 연금보험료	과세 제외 금액
(1)-②	해당 연금계좌만 있다고 가정할 때 해당 연금계좌에 납입된 연금보험료로서 연금계좌 세액공제 한도액을 초과하는 금액이 있는 경우 그 초과하는 금액	
(1)-③	위 (1)-①과 (1)-② 외에 해당 연금계좌에 납입한 연금보험료 중 연금계좌 세액공제를 받지 아니한 금액*	
(2)	이연퇴직소득	과세 대상 소득
(3)	세액공제를 받은 연금계좌 납입액**	
	연금계좌의 운용실적에 따라 증가된 금액(연금계좌운용 수익)	
	그 밖에 연금계좌에 이체/입금되어 해당 금액에 대한 소득세가 이연된 소득으로서 대통령령으로 정하는 소득(현재 없음)	

주: * (1)-③은 연금보험료 등 소득·세액공제확인서에 의해 확인되는 금액만 해당하며, 확인되는 날부터 과세제외금액으로 본다.
   ** 연금계좌에 납입한 연금보험료 중 연금계좌세액공제 한도액 이내의 연금보험료는 납입일이 속하는 과세기간의 다음 과세기간 개시일(납입일이 속하는 과세기간에 연금수령 개시를 신청한 날이 속하는 경우에는 연금수령 개시를 신청한 날)부터 연금계좌 세액공제를 받은 것으로 본다.
자료: 고용노동부·근로복지공단, 퇴직연금 세무안내서, 2017. 6.

표 3-5 **연금지급 형태별 월 예상 연금액(예시)**

가입 형태		내용	연금 월액
종신형 (10년 보증)	기본형	피보험자가 계약일부터 살아 있는 기간 지급	37만 원
	부부형	주피보험자 사망 후 종피보험자에게도 지급	32만 원
	집중형(2배)	특정기간에 연금을 2배 지급	52만 원
확정기간형(10년 만기)		생존 여부 관계 없이 특정기간 연금지급	87만 원
상속형(10년 만기)		매월 이자 지급, 원금 보존	15만 원

주: 60세 남성이 퇴직금 1억 원으로 즉시연금을 가입하는 경우
자료: 서울신문, 같은 즉시연금도 받는 방법 따라 수령액 천차만별, 2018. 6. 20.

    퇴직연금 일시금이나 퇴직금 등을 포함한 개인의 자산을 직접 관리할 경우 자신의 여명이 다할 때까지 수입의 흐름이 끊기지 않도록 해야 한다. 경제활동에서 은퇴한 이후에 자산으로부터 얻는 수입 이외에는 추가적인 수입이 없어 수입의

흐름이 끊기는 것을 막을 수 있어야 하기 때문이다. 대체로 최대초기인출률은 총 자산의 5.1~7.6%의 범위에서 결정되는 것이 바람직하다는 연구결과도 있다.[6]

퇴직연금 일시금과 퇴직금을 연금화할 수 있는 중요한 방법인 즉시연금은 한꺼번에 보험료를 내고서 생존한 기간 동안 계약자가 약정한 연금을 수령할 수 있도록 한 상품이다. 현재 생명보험회사들에서 판매하고 있는 즉시연금은 종신형, 확정기간형, 상속형으로 나뉜다〈표 3-5〉. 이들 유형에 따라 각각 연금 월 액의 차이가 있지만, 자신이 연금화하는 목적을 먼저 명확하게 정하는 것이 중요하다.

일반적으로 특별히 사망 위험이 높지 않다면 종신연금을 수령하는 것이 장기 간에 걸쳐 소득흐름을 유지하기에 좋다. 확정기간형은 연금액을 높이기에는 좋으 나 계약 만기 후에는 소득이 끊기기 때문에 문제가 생길 수 있다. 상속형은 이자로 연금을 받다가 원금을 상속하는 데 장점이 있어 상속 목적으로 활용하는 것이 좋 다. 물론 즉시연금은 부모가 계약자로 일시납 연금보험료를 납부하고 자녀를 수익 자로 하여 사전증여를 하면 세금을 줄일 수 있어 절세 목적으로도 활용할 수 있다.

또한 퇴직연금 일시금이나 퇴직금을 배당주, 채권, 리츠 등 일정한 현금흐 름을 창출하는 인컴형 자산에 투자하여 그 수익을 재원으로 노후소득을 창출하 는 방법을 고려할 수 있다. 이 방법은 원본원금을 지키기에는 좋으나 수익이 낮 거나 발생하지 않는 경우 소득흐름이 유지되기 어려우므로 기본적인 수입이 적 정선에서 유지될 때 활용할 수 있는 방법이라고 할 수 있다. 그리고 경우에 따 라서는 원본의 가치가 훼손되는 경우도 발생할 수 있으므로 세심한 리스크 관 리도 필요하다.

다층 연금으로 노후소득 흐름을 구성하여 소득흐름이 적정해진다면 추가 적인 수입 수단을 고려할 필요는 없을 것이다. 그러나 평균적으로 보면 대부분 의 사람들은 국민연금, 퇴직연금, 개인연금으로 적정한 수준의 노후소득 흐름을 만들지 못한다. 따라서 지출에 비해 부족한 소득의 흐름을 어떻게 만들어 낼지 대안을 마련해야 한다.

물론 이러한 개인의 자조노력 이외에도 가구 간 이전이 노후의 중요한 소득원이 될 수 있다. 통계청의 「2015년 국민이전계정 개발 결과」에 따르면, 가구 간 이전은 67세 이상의 연령대에서 순유입이 주로 집중적으로 발생하고 있으며, 1인당 최대 순유입은 78세에서 559만 원인 것으로 나타났다. 그러나 향후 부모를 부양하겠다는 의식이 약해질 뿐만 아니라 자녀 세대의 경제적 어려움으로 인하여 이러한 가구 간 이전은 앞으로 점차 축소될 것으로 예상된다. 따라서 노후설계를 할 때 이러한 이전소득은 수입으로 산정하지 않는 것이 바람직하다.

생활비의 갭을 메우는 생활설계표 작성 실습

은퇴 후에 예상되는 생활비와 소득흐름을 계산해 보면 사람에 따라 충분하기도 하고, 부족하기도 할 것이다. 특히 미래의 생활비와 소득흐름이 충분하지 못할 경우 그에 대비하는 것이 바로 생애주기life cycle에 맞춘 은퇴설계이다.

재무적 측면의 은퇴설계는 노후생활을 위한 자금을 축적하고 운용하기 위한 총체적 금융활동이라고 할 수 있다. 이것은 사회보장제도, 민영보험, 저축 및 투자를 포괄하는 개념으로서, 다양한 개인의 금융 및 비금융 자산을 관리하는 활동이라고 할 수 있다. 은퇴설계는 은퇴하기 전에 충분한 시간을 두고 이루어져야 하는데, 대개는 보통 40대 이후에 시작된다.

문제는 생애주기상 40대, 50대의 시기가 주택비용, 자녀교육비, 결혼비용 등으로 지출이 수입을 초과한다는 점이다. 특히 교육비의 경우 자녀의 대학 입학 전에는 공교육비보다 사교육비의 규모가 크며, 대학 입학 후에도 해외연수 등으로 많은 규모의 교육비가 든다. 공교육비와 사교육비를 많이 들여 자녀를 양육하지만 자녀가 부모를 모시겠다고 하는 비율은 갈수록 줄어들고 있다. 따라서 노후에 자녀에 의존하지 않고 자립적으로 살기 위해서는 노후설계를 통해서 준비를 철저히 해 두어야 한다.

은퇴설계의 기본은 생애 전 기간에 걸쳐 필요한 자금소요를 예측하고 그 규모를 정하는 일이다. 이를 위해서는 〈표 3-6〉과 같은 생활설계표를 활용하는 것이 중요하다. 남편의 외벌이를 가정한 이 사례에서 확인할 수 있는 것은

표 3-6 **생활설계표 사례**

남편의 연령	40	41	42	43	44	45	46	47	48	49	50	51	52	53	54	55
아내의 연령	37	38	39	40	41	42	43	44	45	46	47	48	49	50	51	52
자녀1(남)의 연령	13	14	15	16	17	18	19	20	21	22	23	24	25	26	27	28
자녀2(여)의 연령	11	12	13	14	15	16	17	18	19	20	21	22	23	24	25	26
주요 생활 이벤트	자녀1 중학교 입학		자녀2 중학교 입학	자녀1 고등학교 입학		자녀2 고등학교 입학	자녀1 대학교 입학	자녀1 군 입대	자녀2 대학교 입학 / 자녀1 군 제대					자녀2 대학 졸업·취업	자녀1 대학 졸업·취업	

남편의 연령	56	57	58	59	60	61	62	63	64	65	66	67	68	69	70	71
아내의 연령	53	54	55	56	57	58	59	60	61	62	63	64	65	66	67	68
자녀1(남)의 연령	29	30	31	32	33	34	35	36	37	38	39	40	41	42	43	44
자녀2(여)의 연령	27	28	29	30	31	32	33	34	35	36	37	38	39	40	41	42
주요 생활 이벤트				자녀2 결혼	남편 정년퇴직	자녀1 결혼			국민연금 수급 개시							

주: 만 나이 기준임

남편의 정년퇴직을 전후할 때까지 자녀의 교육비와 결혼비용이 집중되어 40대 후반에서 50대 후반에 지출이 집중된다는 점이다.

물론 이러한 과정에서 자녀들이 어떠한 태도를 취하는가에 따라서 지출 규모는 조정될 수 있다. 예를 들어 성적이 우수하여 장학금을 받고서 대학교를 다니거나 취직하여 본인이 결혼자금을 마련한 후에 결혼하는 것이다. 그렇게 될 경우에는 목돈지출이 줄어들어 은퇴준비를 위한 여유자금이 생길 수 있는데, 그러한 여유자금을 바로 노후를 위한 저축과 투자로 연결시키는 것이 중요하다.

예상되는 노후생활비에 갭이 생긴다 하더라도 40대 이후부터 재테크 계획을 세워 꾸준히 실천하고 수입을 늘려 해결하는 방법도 있다. 물론 여기에는 단순한 저축부터 시작하여 주식투자, 부동산투자 등 다양한 재테크 수단이 동원된다. 그러나 모든 투자가 수익으로만 연결되는 것이 아니라 손실도 가져올 수 있으므로 적절한 수준의 투자 능력뿐만 아니라 리스크 관리 능력도 갖추어야 할 것이다.

생활 규모의 축소

그런데 이미 은퇴했거나 은퇴를 앞두고 있어 수입을 더 특별히 늘릴 방법이 없다면 생활의 규모를 줄이고 지출항목을 조정하는 것이 가장 효과적인 방법이다. 단순히 현재 상태에서 규모만 줄이는 것이 아니라 생활양식 전반을 새롭게 디자인해야 한다. 이를 위해 먼저 현재의 주택규모 또는 주택가치가 적절한지를 살펴서 규모를 조정해야 한다. 자녀가 독립할 때까지는 함께 생활해야 했기 때문에 넓은 집 또는 고가의 집이 필요했으나, 자녀가 독립한 후에도 그러한 집이 필요한지 냉정하게 평가해야 한다.

사실 체면을 중시하고 남과 비교하면서 살아가는 경향이 강한 우리나라에서는 특히 집과 자동차는 줄이면 안 되는 것으로 생각하기 쉽다. 더구나 집은 오랫동안 익숙한 환경에서 생활하는 것이 좋기도 하고 경제적 가치를 유지하거나 키우기 위한 수단으로 활용하고 있기 때문에 그에 관한 의사결정이 쉽지 않다.

그러나 소득의 흐름이 좋지 않은 상황에서 큰 규모 또는 고가의 집을 그대로 유지하는 것이 좋을지는 재고해 보아야 한다. 무엇보다도 매년 납부하게 될 재산세 또는 종합부동산세, 나아가 국민건강보험료가 부담이 될 것이기 때문이다. 또한 집이 넓으면 집 청소 등 관리하기도 어렵고 주거·관리비 등도 부담이 될 수 있다.

따라서 여러 측면을 고려하여 집의 규모를 줄이거나 또는 가격이 낮은 집으로 이사하면서 여유자금을 마련하여 길어진 여생에 대비할 필요도 있다. 물론 이사할 때는 단지 경제적 측면만 고려하는 것이 아니므로 자녀, 친구 등 기존에 맺은 사회적 관계를 잘 유지하면서 기존의 다양한 활동을 원활히 할 수 있는 지역으로 가야 할 것이다.

현재 사는 집을 줄이면서 같이 해야 할 일이 생활용품을 정리하는 일이다. 한곳에서 오랜 기간을 살다 보면 버리지 못한 채 집안의 여기저기에 방치하고 있는 물품들이 많다. 대부분은 유행에 뒤처지거나 체형에 맞지 않아서 입지 못하지만 버리기 아까워 옷장 속에 남겨 둔 옷들이다.

또한 신발, 주방용품, 과거에 취미생활을 즐기기 위해 사 두었던 물품, 오랜 기간 동안 한 번도 펼쳐 보지 않았던 책 등이 대표적으로 정리해야 할 물품이다. 물론 이사를 앞두고만 해야 할 일은 아니고 평상시에도 주기적으로 정리할 필요가 있으며, 이사 후에도 불필요한 생활용품이 늘지 않도록 관리하는 것이 중요하다.

생활규모를 줄이면서 생활비 지출항목을 줄이는 것도 필요하다. 그러나 생활비 지출항목을 줄이는 것은 생활수준의 질적 저하를 의미하기 때문에 쉽지 않다. 또한 절대적으로 필요한 음식료비, 주거비, 의료비 등 지출항목의 경우에는 줄이는 데 한계가 있다. 그렇지만 음식료비의 경우에도 외식 등을 삼가고 직접 요리를 하여 식사하게 될 경우 많은 비용을 줄일 수 있으며, 물건을 적절히 공동구매할 경우 비용을 줄일 수 있다.

또한 주택의 규모가 필요 이상으로 클 경우 이를 줄이게 되면 많은 비용을 절약할 수 있다. 즉, 주택을 소유하는 데서 발생하는 각종 세금과 냉난방비 등의 주거비를 줄일 수 있게 된다. 삶의 질을 지나치게 낮추지 않으면서 생활비를 낮출 수 있는 현명한 방법을 모색할 필요가 있다.

물질적 소비를 줄이는 것이 반드시 행복을 감소시키는 것은 아니므로 자기 스스로 삶에 대한 태도를 바꾸어 정신적 행복을 키우는 방안을 고민해야 한다.

행복은 물질에 대한 소유 및 지배의 크기에 반드시 비례하지는 않는다. 따라서 비록 수입이 작아서 풍족한 소비생활을 할 수 없더라도 스스로 만족하여 마음의 행복을 키울 수 있는 방법을 찾도록 해야 한다. 이를 위해서는 기준을 자신의 내면에 두고 자신만의 생활양식을 만들어 행복을 찾는 것이 필요하다. 먼저 자신의 마음이 이러한 상황을 받아들일 수 있도록 새롭게 바뀌지 않으면 안 된다.

04 생애설계서비스 지원 기관

제2의 인생을 어떻게 살 것인가에 대해 설계하는 것이 막막하다면 우선 정부기관에서 운영하고 있는 생애설계서비스를 이용할 수 있다.

고용노동부의 지원을 받아 노사발전재단의 중장년일자리희망센터에서는 '생애경력설계서비스'를 제공하고 있다. 생애경력설계서비스는 40세 이상자를 대상으로 미래에 대한 준비를 위하여 경력을 진단하고, 제2의 인생에 대한 계획 수립과 경력 설계, 능력개발과 재취업 활동을 할 수 있도록 지원하는 서비스이다.[7]

'50＋경력확장프로그램'은 삶의 6대 영역 균형 진단, 개인의 강점 역량 도출, 경력설계 방법 등에 대한 학습을 통해 인생 3모작을 위한 생애설계 계획을 수립하도록 지원한다. 주요 교육내용으로는 나의 생애 조망, 직업역량 도출, 경력대안 개발, 평생경력계획 수립 등이 있다.

'60＋경력공유프로그램'은 일과 삶이 균형감을 갖도록 하고 자신에게 잠재된 가능성을 활용하면서 긍정적인 인생 3모작을 준비하고 실행할 수 있도록 지원한다. 주요 교육 프로그램으로는 숨고르기, 발견하기, 균형잡기, 뛰어들기 등이 있다.

국민연금공단은 고령화에 대비하여 국민이 체계적으로 노후준비를 할 수 있도록 '노후준비서비스'를 제공하고 있다. 전국의 국민연금공단 지사의 지역노후준비지원센터에서는 노후준비를 위한 재무, 건강, 여가, 대인관계 등 다양한 분야에 대해 진단과 상담을 하고 관계기관과 연계하여 교육과 서비스를 제공하며 주기적으로 상담 후 실천 여부 점검 등 사후관리서비스도 지원한다.[8]

'내 연금' 사이트csa.nps.or.kr에서 온라인으로 노후준비 수준과 유형을 진단할 수 있으며, 건강, 재무설계, 생활설계, 국민연금제도 등에 대한 다양한 강의를 제공하고 있다.

공무원연금공단에서도 공무원연금 대상자를 중심으로 은퇴설계 지원을 하고 있다. 공무원이 은퇴생활을 설계할 수 있도록 퇴직준비 교육을 하고 있고, 퇴직 후에도 공직 과정에서 축적한 다양한 경험과 전문성을 활용하여 사회에 기여할 수 있도록 지원하고 있다.

재직자나 퇴직 예정 공무원을 대상으로 미래설계, 사회공헌, 은퇴설계 등에 대한 은퇴지원 교육을 하고, 퇴직공무원을 대상으로는 사회공헌, 아카데미, 자원봉사와 여가 등에 대한 맞춤형 은퇴생활 지원 교육을 실시한다. 그리고 퇴직 전후에 단계별 맞춤형 교육과 상담도 실시하고 있다.[9]

그림 3-5 **국민연금공단 노후준비서비스 '내 연금' 홈페이지**

자료: 국민연금공단 '내 연금' 홈페이지, csa.nps.or.kr

한편, 서울시에서도 주요 지역에 설치된 50플러스캠퍼스의 50＋인생학교를 통해 인생의 전환기를 맞이하는 50세 이후 세대를 위하여 인생 재설계를 위한 다양한 서비스를 운영하고 있다. 50＋생애설계상담소에서는 전문 컨설턴트가 일, 사회공헌, 가족, 사회적 관계, 여가, 재무, 건강 등 7대 영역에 대해 원스톱 상담을 지원하고 있다.

그리고 '생애전환과정'에서는 지나간 삶을 돌아보고 미래에 대한 인식을 전환하고 행동을 바꿀 수 있도록 인생설계와 경력개발에 대한 다양한 교육과정을 운영하고 있다. 부산시에서는 일부 대학에 위탁하여 50＋생애재설계 대학을 운영하고 있다.[10]

그 외에도 많은 금융회사들이 은퇴 관련 정보를 제공한다. 일부 은행의 경우 정보 제공에 그치지 않고 직접 30대와 40대를 겨냥한 은퇴교육 강좌 '3040 퇴근 후 100분' 등의 프로그램을 제공하기도 한다.

또한 일부 대기업에서도 사원을 대상으로 은퇴교육을 실시한다. 포스코에서는 직원 대상 퇴직프로그램인 그린 라이프Green Life를 포스코인재창조원에 위탁하여 운영하고 있는데, 직원들이 퇴직 이후를 대비할 수 있도록 생애관리, 재취업, 자산관리, 창업 등을 지원한다.[11]

생애경력설계 및 노후준비 지원 인프라 현황을 정리하면 〈표 3-7〉과 같다.

표 3-7 **생애경력설계 및 노후준비 지원 인프라 현황**

주관 부처	주관 기관	서비스 내용	홈페이지
고용노동부	노사발전재단 중장년일자리희망센터	생애설계서비스	nosa.or.kr
보건복지부	국민연금공단 지역 노후준비지원센터	노후준비서비스	csa.nps.or.kr (내 연금)
인사혁신처	공무원연금공단	은퇴설계 지원	geps.or.kr
서울특별시	서울시50플러스재단	인생설계 교육과 상담	50plus.or.kr
민간 기관	금융기관 은퇴연구소	은퇴설계 정보제공과 교육	

백세시대의
일을 통한
복지

04

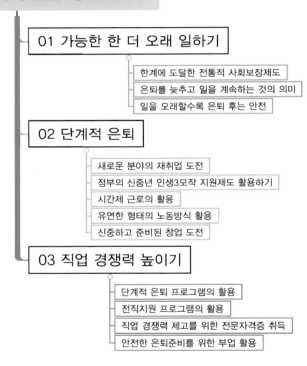

제4장 백세시대의 일을 통한 복지

01 가능한 한 더 오래 일하기

한계에 도달한 전통적 사회보장제도

은퇴를 늦추고 일을 계속하는 것의 의미

일을 오래할수록 은퇴 후는 안전

02 단계적 은퇴

새로운 분야의 재취업 도전

정부의 신중년 인생3모작 지원제도 활용하기

시간제 근로의 활용

유연한 형태의 노동방식 활용

신중하고 준비된 창업 도전

03 직업 경쟁력 높이기

단계적 은퇴 프로그램의 활용

전직지원 프로그램의 활용

직업 경쟁력 제고를 위한 전문자격증 취득

안전한 은퇴준비를 위한 부업 활용

백세시대의 일을 통한 복지

01 가능한 한 더 오래 일하기

한계에 도달한 전통적 사회보장제도

전 세계적으로 수명연장과 함께 저출산이 진행되고 인구구조의 고령화가 심화되면서 기존의 사회보장체제는 더 이상 안전한 제도로 작동할 수 없게 되었다. 결국 급여를 줄이거나 보험료를 올려서, 또는 두 가지 방법을 동시에 사용하여 위기에 대응할 수밖에 없는 상황이 되었다. 그러나 보험료를 올리는 것이 여의치 않게 되자 급여를 낮추거나 수급자격을 강화하여 대응하는 것이 일반적인 트렌드가 되었다.

우리나라는 다른 나라에 비해 인구 고령화가 급속하게 진행되면서 사회보장, 특히 연금제도의 위기가 더 빠르게 다가오고 있다. 인구구조가 고령화되고 평균수명이 증가하는 상황에서 재정이 감당할 수 없는 상황이 발생하고 있는 것이다. 특히 보험료를 인상하지 않은 채 급여를 조정하려는 정책을 택하면 재정위기는 더 빠르게 다가올 수 있다. 기술적으로 보험료 납부 기준이 되는 기준소득월액 상한액이라는 제도를 없애고 지금 더 많은 금액을 국민연금에 불입한다고 하여도, 연금을 지급하는 산식에 따라 더 많은 급여가 지급되는 경우 재정위기를 완전하게 극복하기 어렵다.

국민연금이 적절한 노후소득보장 장치로서 한계를 보이게 되자 결국 퇴직연금이나 개인형 퇴직연금IRP 또는 개인연금과 같은 사적연금에 대한 관심이 높아지고 있다. 그러나 경제적 여력이 충분하지 않아 사적연금도 적극적으로 가입하지 못하게 되면서 다른 대안을 모색하게 되었다.

이와 같은 상황 속에 다른 대안으로서 은퇴를 늦추고 가급적 늦게까지 일하는 것이 바람직하다는 인식이 확산되었다. 물론 이러한 사고는 우리나라에서만 고유하게 존재하는 것은 아니지만 국민연금 등 사회보장제도가 다른 서구 선진국에 비해 취약하기 때문에 강한 설득력을 얻고 있다. 결국 노후소득을 확보하기 위하여 전통적 연금제도로는 한계가 있으므로 사적연금으로 보완하고 아울러 고령이라도 체력이 허락하는 한 가능하면 오래도록 경제활동에 참여하여야 하는 상황이 되었다. 그 결과 우리나라의 고령자들은 서구 선진국들에 비해 늦게까지 일하고 있다.

서유럽 국가들에서는 일찍부터 마련된 사회보장체계에 의존해서 정해진 연령에 은퇴하더라도 노후생계를 크게 걱정하지 않고 살아 왔다. 미국에서는 가능한 한 빨리 은퇴해서 자신들의 인생을 즐기고자 하는 경향도 나타났다. 미국에서는 자신의 가치를 알아주는 기업에서 열심히 근로하는 한편 은퇴를 준비하면서 직장생활을 할 수 있었다. 그러나 서구 사회보장제도가 위기를 맞이하고 기업의 수명도 짧아지면서 사회보장에만 의존하여 노후를 준비하는 것은 과거의 패러다임이 되었다.

이러한 트렌드에서 확인할 수 있는 것은 사회보장제도가 잘 작동되지는 않는다는 것이다. 우리가 손꼽는 복지국가들인 스웨덴, 노르웨이, 덴마크 등은 고율의 소득세와 사회보장세를 내고 노후에 사회보장 혜택을 받는다. 그렇다 하더라도 경기침체가 반복되면서 사회보장제도도 재정위기를 반복하게 되어 이들 국가에서도 고령자의 노후가 안정되어 있다고 보기는 어렵다.

그런데 우리나라는 상대적으로 낮은 세율의 세금과 사회보험료로 사회보장제도를 유지하고 있어 다른 선진국의 고령자가 누리는 복지혜택을 누리기 어렵다. 더구나 이들 국가와 달리 그러한 사회보장제도를 마련하는 데 대해 견해차가 크고 그를 극복할 수 있는 사회적 논의의 틀조차 부족한 상황이다. 따라서 서유럽 국가들에서 보았던 전통적 복지국가 모형은 이제 한계를 맞이했다고 보고 새로운 접근법을 모색해야 할 때이다.

고령화에 따른 사회보장의 한계를 정부 재정으로 대응하게 되면 국가 경제에 부담이 누적된다. 국채의 발행이나 통화팽창 정책으로 적자재정을 보완할 수 있지만 이 또한 단기적인 처방에 불과할 뿐이다. 결국 사회보장의 부담은 해결되지 않은 채 문제해결의 기회를 잃게 된다.

은퇴를 늦추고 일을 계속하는 것의 의미

한계를 맞이한 전통적 사회보장제도에 대한 대안으로 인정되는 새로운 접근법은 수명이 늘어 장수하는 만큼 은퇴시기를 늦추어 노동을 하며 자신의 생계를 직접 책임지고 사회보장제도를 통한 노후보장 기간은 최소화하는 것이다. 이러한 방법은 우리나라보다 앞서 많은 선진국들에서 시도되어 왔다.

영국 정부는 2003년 사상 처음으로 근로자들의 의무 근로기간을 70세로 규정한 새로운 정년퇴직제를 도입한 후, 2011년에는 '고용평등 규칙'을 제정하여 정년을 폐지하고 나이를 기준으로 강제퇴직시키는 것을 금지하였다. 이는 고령화사회에 대비하고 위기에 빠진 연금제도를 살리기 위한 조치였다.

미국도 정년제도가 존재하지 않는다. 루즈벨트 대통령이 1935년에 65세를 표준 은퇴연령으로 정했다[1]가 1967년에 고용연령차별금지법Age Discrimination in Employment Act of 1967을 제정하여 40세 이상의 종업원에 대한 고용차별을 금지하였다. 고용연령차별금지법은 1986년에 한 차례 수정을 거친 후, 40세 이상 종업원에 대해 연령을 기준으로 해고하거나 직업수당을 차별화하는 것을 금지한 1990년 고령근로자급여보호법Older Workers Benefit Protection Act of 1990 제정을 통해 수정되었다.

프랑스는 1955년생 이후 세대의 경우 법정 정년 연령이 62세이며 완전노령연금을 받으려면 67세가 되어야 한다. 독일은 2008년에 연금 수급연령을 2012년부터 2031년까지 65세에서 67세로 점진적으로 연장하기로 결정하여 이를 시행하고 있으며, 조기은퇴제도를 폐지하였다. 이와 같이 많은 국가들에서는 정년을 공적연금 수급연령과 연계해서 운영하고 있다.

일본은 1994년 60세 이상 정년 의무화를 위해 고령자 법을 개정한 후 1998년에 해당 법을 시행하였다. 또한 65세 이상 고령자 고용확보 조치 시행 의무화를 위해 2004년에 법을 개정한 다음 2006년부터 2013년까지 단계적으로 도입하였다.

그런데 정년이 없어지더라도 기업은 치열한 글로벌 경쟁에 대응하여 효율성을 추구해야 하므로 노동비용이 비싼 고연령층 노동자보다 젊은 노동자층을 선호한다. 이에 따라 현재까지도 보편화되어 있는 연공서열에 기반한 임금제도의 역할은 축소되고 생산성에 비례하는 임금제도가 부각될 것이다.

또한 고용된 노동자들도 생물학적 수명이 늘어나고 있는 추세에 맞추어 '평생직장'보다는 '평생직업'을 찾아 나설 것이다. 결국 노동시장의 유연성이 높아지면서 다양한 형태의 노동방식이 생겨나서 파트타임 노동, 긱gig 노동배달, 대리운전 등이 늘어나고, 1인 기업 또는 극소규모의 기업이 생겨나고 있다.

이러한 변화는 지금까지 연금과 같은 금융수단에 의존하여 노후를 준비하는 3층 보장 시대가 끝나고 개인의 노동에 의해 스스로의 노후를 준비하는 4층 보장 시대가 도래하고 있음을 알려 준다. 4층 보장이라는 개념은 3층 보장과 마찬가지로 일찍이 사회보장시스템을 잘 확립시켜 개인들을 보호해 온 유럽에서부터 발달되었다.

유럽의 제네바협회Geneva Association는 1987년부터 국가, 기업 및 개인이 책임을 맡는 3층 사회보장제도에 더해 파트타임으로 퇴직 후에도 일을 함으로써 4층 사회보장제도를 갖추는 것이 인구 고령화 시대에 적절하다고 주장해 왔다.[2]

그들은 이러한 패러다임을 제시하는 한편 인구 고령화를 극복하기 위한 연금개혁에 착수할 수밖에 없었고, 그 결과는 퇴직연령의 상향조정, 은퇴 후 근로의 장려 등과 같은 정책 프로그램으로 나타났다. 따라서 정부와 기업은 고령자들에게도 일자리를 적극적으로 제공하고 개인들은 이를 활용하여 적극적으로 경제활동에 참여하게 되었다.

우리나라에서 노동시장 유연성 관련 제도와 관행은 1997년 외환위기 때부터 도입되어 2008년 글로벌 금융위기를 거치면서 확대되었다. 그에 따라 구조조정 등으로 근로자가 조기에 직장을 그만두는 일도 많아졌다.

　이러한 상황에서 정부는 인구의 고령화에 대비하기 위해 2016년부터 300인 이상 사업장과 공기업에 대해, 그리고 2017년부터는 300인 이하의 사업장과 정부기관, 지방자치단체에 대해 60세 이상 정년 의무화를 시행하였다. 정년연장에 따른 임금체계 개편도 진행되었는데 일부 기업에서는 청년들에게 일자리를 제공하고 근로자의 생산성에 부합한 임금을 지급한다는 목표하에 임금피크제가 도입되어, 55세 이후에 사실상 부분적으로 근로를 하는 상황도 발생하였다.

　기업에서 명예퇴직 등으로 인한 조기퇴직이 발생하고 있지만 2018년 기준으로 우리나라의 실질 은퇴 연령은 남자 72.3세, 여자 72.3세로 OECD평균 남자 65.4세, 여자 63.7세에 비해 크게 높은 것으로 나타났다. 우리나라 남자 기준 실질은퇴연령은 일본70.8세보다는 약간 높고, 미국67.9세, 영국64.7세, 독일64.0세, 프랑스60.8세, 이탈리아63.3세 등 주요 선진국보다는 크게 높은 것으로 나타났다.[3] 이러한 현상이 나타나는 것은 주요 OECD 국가들처럼 사회보장제도가 충분하지 않은 상황에서 개인들의 노후준비가 부족하기 때문인 것으로 분석된다. 따라서 일을 계속해야 한다고 강조하지 않더라도 노후소득이 불충분한 사람들은 불가피하게 일을 할 수밖에 없는 상황이다.

　더구나 국민연금을 받을 수 있는 연령이 60세에서 2012년부터 5년 단위로 1년씩 늦추어짐으로써 2037년부터는 65세가 되어야 국민연금을 받을 수 있게 된다. 정년연장 의무화에 의해 60세까지 직장생활을 한다 하더라도 직장을 그만두는 시점과 국민연금을 받게 되는 시점 간의 간격은 더욱 벌어질 것이기 때문에 완전히 은퇴하기보다는 어떠한 형태로든 일을 할 수밖에 없다.

　만약 60세에 은퇴하여 30~40년 동안 하는 일 없이 지낸다는 것은 무료하고 고통스러울 것이다. 따라서 평균수명을 고려할 때 완전한 은퇴를 하기에는 이른 시기에 직장을 그만두게 되면서 많은 사람들이 재취업을 하거나 창업에 도전할 수밖에 없게 되었다.

일을 오래할수록 은퇴 후는 안전

우리나라는 국민연금1988년과 개인연금1994년의 도입에 이어 2005년에 퇴직연금을 도입하여 형식상 3층 보장시스템이 확립되어 있다. 그러나 국민연금은 보장수준도 낮고 사각지대도 광범위하게 존재하며, 사적연금은 급여를 연금으로 수령하는 비중이 미미하여 길어진 노후를 보내기에 충분한 노후소득 확보가 쉽지 않다.

국민연금은 재정안정화를 위해 소득대체율이 2028년부터는 40년 가입한 평균소득자 기준으로 40%로 낮아지는데, 평균가입기간이 17년인 것을 고려하면 더 낮아진다. 이러한 수준으로는 국민연금공단이 조사하여 발표한 최소생활수준을 유지하기에도 충분하지 않으며, 더구나 평균적인 생활수준을 유지하기에는 크게 부족할 것이다.[4]

이러한 상황에서 정부는 정년을 60세 이상으로 의무적으로 정하도록 한 '고령자고용법'을 2016년 1월부터 단계적으로 적용한 데 이어, 2019년 9월에는 '범정부인구종합대책'을 발표하면서 2022년에 정년연장 대책을 마련하기로 했다. 정부는 ① 재고용퇴직 후 재고용, ② 정년연장65세로 정년연장, ③ 정년폐지정년 없이 계속 고용이라는 세 가지 선택지를 기업에게 부여한 일본의 사례를 참조할 것으로 보인다.

결국 이러한 사실을 냉철하게 직시할 때 건강이 허락하는 한 근로기간을 연장할 필요가 있다. 근로기간을 연장하면 연금 가입기간이 길어져 연금급여가 커지며, 소득을 늘릴 뿐만 아니라 국민건강보험료 등의 지출을 줄임으로써 저축의 효과가 커질 수 있다.

즉, 가능한 한 더 오래 일을 해야 안정된 노후소득을 확보하고, 삶의 의미와 보람을 찾을 수 있으며, 사회적 관계를 지속할 수 있고, 규칙적 활동으로 건강을 유지함으로써 활력있는 노후생활을 할 수 있다.

따라서 앞으로는 사회보장제도에만 의존하고 막연히 정년을 채우는 것을 전제로 은퇴계획을 세우기보다는 새로운 일과 금융제도를 적절히 활용하는 것이 필요하다. 바뀌는 세상을 고려하지 않고 은퇴하면서 자신이 세웠던 은퇴계획이 부적절한 것이었음을 확인하면 그때는 너무 늦다.

그리고 일찍부터 준비하면 그에 반비례하여 들이는 노력도 경감된다. 이제는 은퇴계획을 수립할 경우 일을 완전히 그만두고 국민연금 등 사회보장제도에 의존하여 살기보다는 '단계적 은퇴'를 전제로 하는 것이 바람직하다. 그럼에도 단계적·점진적 은퇴를 위한 고용환경과 제도가 충분하지 못하므로 그에 대해 근본적 제도개선과 정부의 정책지원이 필요하다.

02 단계적 은퇴

새로운 분야의 재취업 도전

앞으로 인생 100세 시대를 살아갈 30대, 40대가 현재의 법정 정년인 60세에 정년퇴직을 하면 상당히 오랜 기간 은퇴생활을 하게 된다. 따라서 기존에 다니던 직장에서 정년퇴직을 한 후에 새로운 일에 도전하는 것도 앞으로는 일반화될 것이다.

그런데 기존에 자신이 하던 일의 연장선에서 재취업을 할 경우 기존 직장에서 겪었던 것과 동일하게 머지않아 일을 그만두어야 하는 상황이 발생할 수 있다. 이는 그 직장이 유사한 환경에 처해 있을 것이기 때문이다.

따라서 재취업을 할 경우 새로운 경제 및 사회 환경 변화를 고려하여 새로운 분야로 진출하는 것을 고려해 볼 수 있다. 물론 이 경우도 완전히 새로운 분야보다는 자신의 강점을 미래의 기회에 연결시킬 수 있는 분야가 더욱 좋을 것이다. 새로운 분야에 도전하는 것은 어려움도 있겠지만 이루어 냈을 때 얻는 성취감은 더욱 크게 된다.

30년간 굴지의 통신사에서 재직한 L씨는 가구품질관리 전문가로 제2의 인생을 펼치고 있다. 그는 퇴직 후 번번이 재취업에 실패하다 바리스타 일과 건축, 목공 등 다양한 기술을 배운 후 경기도 일자리 플랫폼 '잡아바'를 통해 재취업에 성공했다. 중견 가구 기업의 AS/품질 관리부 과장으로 재직 중인데, 동

표 4-1   주요 신중년 적합 직무 예시

직무 분야	세부 직업(예시)
경영/사무	인사·노무 전문가, 회계 사무원, 법률 사무원
정보통신/방송	컴퓨터 하드웨어 기술자 및 연구원, 웹 운영자, 정보보안 전문가, 컴퓨터 설치·수리원
의료/보건	간호사, 영양사, 위생사, 간호조무사
사회복지/교육	사회복지사, 상담 전문가, 직업상담사, 문리·기술·예능 강사
영업/서비스/음식	결혼상담원 및 웨딩플래너, 여행 안내원 및 해설사, 조리사
기계/금속	승강기 설치·정비원, 건설·광업 기계 설치·정비원, 금속 공작기계 조작원, 자동차 조립원
공학 관련 기술	금속 재료공학 기술자 및 연구원, 금속 재료공학 시험원, 화학공학 시험원
공학 관련 신기술	3D프린팅운영전문가, 빅데이터전문가, 드론전문가, 연구장비전문가
디지털 분야 신직업	스마트시티 운영·관리자, 스마트팜 운영·관리자, 스마트공장 운영자, 인공지능 학습교육자, 디지털금융강사
환경 분야 신직업	신재생에너지차정비원, 귀농귀촌 전문가, 나무의사, 바이오 진단 전문가
기타 분야 직무	반려동물 미용사, 방역모니터링 요원 및 방역원, 건설현장 안전관리자, 은퇴설계 전문강사

자료: 고용노동부, 2021년 신중년 적합직무 고용장려금 지원 안내, 2021. 1., moel.go.kr

료들 사이에서 인재로 꼽히고 있다. 그는 "중장년 구직자는 자신의 능력을 정확히 파악한 후 잘할 수 있는 분야에 도전하는 것이 좋습니다. 그래야 재취업 성공률을 높일 수 있습니다."라고 조언한다.[5]

고용노동부는 만 50세 이상의 신중년에게 적합한 직무를 2021년에 74개 분야로 정하고, 이들 분야의 구직자를 정규직으로 채용할 경우 인건비의 일부를 지원하는 신중년 적합직무 고용장려금 제도를 운영하고 있다.[6]

신중년 적합직무는 신중년의 경력과 전문성을 활용할 수 있는 직무, 앞으로 새로운 일자리 수요가 예상되는 분야에서 신중년이 도전할 수 있는 직무, 직업훈련 등을 받아 신중년이 다시 진입하기 쉬운 직무인지 여부를 기준으로 선정한다.

고용노동부는 이에 앞서 2016년에 한국고용정보원과 함께 베이비붐 세대가 퇴직하여 재취업할 때 도전할 만한 직업 30개를 '틈새도전형', '사회공헌·취미형', '미래준비형'으로 구분하여 선정했다.7

'틈새도전형'은 베이비 붐 세대의 가장 큰 장점인 직장생활 경력과 풍부한 인생 경험, 이를 통해 구축한 인적·물적 네트워크를 활용해 도전할 수 있는 직종이다. 이 유형에는 협동조합 운영자, 스마트팜 운영자, 오픈마켓 판매자, 흙집 건축가, 기술경영 컨설턴트, 도시민박 운영자, 투자 심사역, 창업보육 매니저, 1인 출판 기획자, 귀농귀촌 플래너, 유품 정리인이 추천되었다. 이 유형은 특정 분야 전문지식이나 경력이 매우 중요하기 때문에 진입장벽이 다소 높을 수 있지만, 중단기 교육과정을 통해 업무 지식을 쌓으면 재취업이나 창업이 가능한 장점이 있다.

'사회공헌·취미형'은 그동안 쌓은 경력과 경험을 활용해 사회에 기여하거나 취미 삼아 일할 수 있는 직업들이다. 이 유형에는 청소년 유해환경 감시원, 청년창업 지원가, 인성교육 강사, 마을재생 활동가, 도시농업 활동가, 목공 기술자, 손글씨 작가, 숲 해설가, 문화재 해설사, 웃음 치료사가 추천되었다. 직장생활, 내 집 마련, 자녀교육, 부모봉양 등으로 앞만 보고 달려오느라 그동안 놓쳤던 다른 의미의 직업을 찾고자 하는 베이비붐 세대에게 추천할 만한 직업이다. 젊은 세대나 내가 사는 마을과 이웃을 위한 일, 자연과 벗할 수 있는 일 등 여생을 의미 있게 보내는 데 도움이 될 만한 직업들로 평가된다. 다만, 대개 시간제나 프리랜서로 일하거나 지자체 등에서 운영하는 사업의 하나이기 때문에 안정적인 수익 측면에서는 만족스럽지 못할 수도 있다.

'미래준비형'은 앞으로 활성화가 기대되는 새로운 직업들로, 현재 교육과정을 준비 중이거나 관련 자격증을 새로 만들고 있다. 이 유형에는 생활코치라이프코치, 노년 플래너, 전직지원 전문가, 이혼상담사, 산림치유지도사, 기업재난관리자, 주택임대관리사, 3D프린팅운영전문가가 추천되었다. 이들 직업은 아직 국내에 제대로 정착되지 않았지만 미래 일자리 수요가 있는 직업들로, 법·제도의 정비 등 활성화 방안을 통해 일자리 창출이 가능한 직업들에 해당한다. '미래준비형' 직업들은 아직까지 노동시장에 정착하기에는 시간이 걸리기 때문에 이 점을 유의해서 도전하는 것이 바람직하다. 때로는 자신의 경험을 새로운 환경에 적용하여 새로운 직업을 만들어 내는 '창직'에 도전할 수도 있다.

정부의 신중년 인생3모작 지원제도 활용하기

1 직업훈련 지원

퇴직을 앞두고 있거나 퇴직한 고령자가 재취업을 하려고 할 경우에는 직업훈련을 통해 자신만의 직무능력과 경쟁력을 갖추는 것이 중요하다. 실업자, 재직자, 자영업자 모두 국민내일배움카드를 발급받고 개인당 300~500만 원의 훈련비용을 지원받을 수 있다. 훈련 참여자에게 일부 자부담이 있지만, 국가기간·전략산업직종 훈련이나 4차 산업혁명 선도인력 양성훈련에 참여하는 구직자는 훈련비 전액과 훈련장려금을 지원 받을 수 있다.[8]

그리고 공공기관인 한국폴리텍대학에서도 고령자에 특화된 맞춤형 직업훈련을 제공하고 있다. 만 40세 이상의 미취업자를 대상으로 5~6개월 과정의 신중년 특화과정자동차복원, 공조냉동 등을 운영하고 있고, 만 40세 이상 65세 이하의 실업자나 영세자영업자에 대해 3~6개월 과정의 중장년재취업과정전기설비시공관리, 냉난방시스템 등을 운영하고 있다. 교육훈련비는 전액 국비지원되고, 훈련수당도 지급된다. 그리고 민간훈련기관이나 대한상공회의소의 직업훈련에 참여할 수도 있다.[9]

고용보험 가입자 중에서 재직자가 직업능력개발 훈련을 수강하는 경우 수강비용이 지원되며, 실업자에게는 훈련비와 훈련수당이 지원된다. 이들 지원제도는 새로운 분야에 대한 전문성을 확보하거나 또는 자격증을 취득하여 취직하려 할 경우에도 도움이 된다.

그림 4-1 장년 워크넷 홈페이지

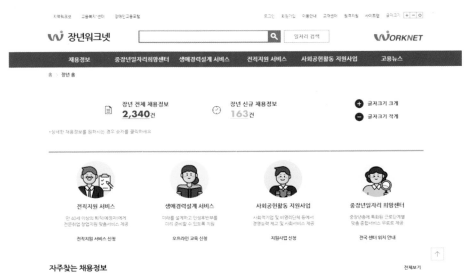

자료: 장년 워크넷, work.go.kr/senior

2 재취업 지원

구직자가 재취업을 할 경우 대개 자신의 기존 인맥을 활용하게 되나, 고용노동부의 고용복지플러스센터http://www.workplus.go.kr와 워크넷http://www.work.go.kr을 활용하는 것도 좋은 방법이다. 고용복지플러스센터는 고용센터고용노동부, 일자리센터자치단체, 여성새로일하기센터여성가족부, 제대군인지원센터보훈처 등 다양한 기관이 참여하여 고용, 복지 등의 서비스를 원스톱으로 제공하는 기관이다.

고용노동부는 워크넷을 통해 일반 구직자를 대상으로 취업정보를 제공하고 있으며, 만 40세 이상 중장년을 대상으로 하는 '장년워크넷' 코너에서는 장년 채용정보, 전직지원 서비스, 사회공헌활동 지원사업, 중장년일자리희망센터에 대해 소개하고 있다.

그리고 고용노동부에서 지원하는 중장년일자리희망센터는 노사발전재단, 지역경영자총협회, 상공회의소 등 비영리법인과 공익단체에서 운영하고 있으며, 중장년에 대한 취업알선, 생애경력설계, 전직 등에 대한 서비스를 제공하고 있다.

또한, 고용노동부는 민간의 무료직업소개 사업을 하는 비영리법인이나 공익단체를 고령자인재은행으로 지정하여 재취업상담, 취업알선, 직무능력향상교육 등의 사업을 하도록 하고 있다. 각 지역의 여성발전센터, 여성인력개발센터, 사회복지관, YWCA 등에서 주로 조리사, 사회복지사, 경리회계사무원 등 과정의 훈련을 제공한 후 관련 분야에 취업을 알선한다.[10]

그 이외에 지방자치단체도 고령자를 대상으로 취업알선기관을 운영하고 있다. 예를 들어 서울시 어르신취업지원센터goldenjob.or.kr, 경기도 노인일자리지원센터gg.go.kr/oldman_job 등이 지방정부가 설치한 대표적 기관들이다. 또한 많은 민간기업들이 소정의 비용을 받고서 직장을 소개하고 있으므로 이들 기업에 등록하여 재취업에 도전하는 것도 한 방법이다.

한편 고용노동부가 매년 인증하는 민간위탁고용 서비스기관들과 다양한 형태의 취업지원서비스를 제공하는 민간회사들도 이용할 수 있다.

재취업을 할 때는 몇 가지 팁을 가지고 임하는 것도 유용하다. 먼저 기업이 자신의 이력서에 대해 관심을 갖고 매력 있게 받아들이도록 작성해야 한다. 과거에 자신이 무엇을 해 왔는가보다는 취업을 원하는 분야에서 자신이 어떻게 기여하거나 도움이 될 수 있는지를 기준으로 호소력 있게, 그리고 내용이 한눈에 들어오게 작성해야 한다. 다음으로 가능한 한 경력의 공백을 줄이도록 해야 한다. 경력의 공백이 길면 능력이 없어 취업을 하지 못한 인상을 줄 수 있기 때문이다. 그리고 면접에 임할 때는 가급적 젊고 활기 있는 인상을 주고 아직도 업무와 관련한 네트워크가 잘 유지되고 있음을 알릴 필요가 있다.

중장년일자리희망센터에서는 1:1 맞춤 재취업전직 지원 컨설팅을 제공하고 있는데, 취업활동계획 수립, 이력서와 자기소개서 코칭, 면접전략, 취업알선 등에 대한 종합적인 서비스를 지원하므로 이러한 서비스를 이용해 체계적으로 재취업을 준비할 수 있다.

시간제 근로의 활용

우리나라에서도 1990년대 중반 이후 노동시장 유연화가 진행되면서 시간제 근로가 늘어나는 추세에 있다. 시간제 근로자1주 36시간 미만는 2003년 92만 9천 명에서 2020년 325만 2천 명까지 늘었고, 전체 근로자 중 비중도 2003년 6.6%에서 2020년에는 15.9%로 높아졌다. 최근에는 청년층과 고령층이 시간제 근로의 변화를 주도하는데, 2018년 기준으로 50대의 시간제 근로의 비중은 12.2%, 60세 이상은 40.2%인 것으로 나타나고 있다. 특히 65세 이상의 고령자는 시간제 근로의 비중이 2003년 20% 수준에서 2018년에는 50%를 초과하였다.

이는 기업들이 경제의 불확실성이 커지는 상황에서 심화되는 경쟁에 대응하기 위해 고용을 탄력적으로 유지하고 인건비를 낮추기를 원하여 계약직, 임시직의 비중을 늘리고자 했기 때문이다. 또한 인구 고령화로 인해 젊은 취업인구가 상대적으로 부족해지면서 고령층 근로에 대한 수요도 커지고, 기업들은 시간제로 고용하기를 원하는 경우가 점차 많아질 것이다.

다른 한편으로 개인적인 차원에서 육아나 학업 또는 점진적 은퇴준비 등을 위해 시간제 근로를 선택하기도 한다. 2018년 기준으로 "전일제 일자리를 구할 수 없어서" 비자발적으로 시간제 근로에 종사하는 비율은 60세 이상일 경우 남성은 32.0%, 여성은 19.9%로 나타나, 60세 이후의 시간제 근로는 자발적 측면이 큼을 알 수 있다.

그런데 시간제 근로가 활성화되어 있는 유럽과 달리 우리나라는 고용문화가 다르고 제도적 측면에서도 준비가 미흡하여 아직 활성화되기 어려운 여건에 처해 있다. 더구나 고령자를 대상으로 시간제 근로를 활성화시키기에는 인건비 관리, 적합직무 개발, 생산성 저하, 업무의 연속성 보장 문제 등이 주요 애로사항인 것으로 나타났다.[11] 따라서 고령자를 대상으로 시간제 근로를 활성화하기 위해서는 이들 장애를 극복할 방법을 시급히 찾아야 할 것이다.

또한 우리나라에서 시간제 근로는 한국 IBM[12]이나 효성 ITX처럼 정규직인 경우도 있지만, 대부분은 비정규직이다.[13] 비정규직으로 근무하게 되면 대개의 경우 낮은 직장 안정성과 임금수준 등의 단점이 있으나 기존에 전일 근무하던 것에 비해 시간의 여유를 가질 수 있다는 장점이 있다.

국제적으로 비교하면 우리나라의 시간제 취업자 비중은 2019년 기준 14.0%로 영국 23.1%, 독일 22.0%, 이탈리아 18.0% 등 선진국보다 크게 낮다.[14] 그러나 앞서 통계에서 보듯이 증가 추세를 나타내고 있고, 정규직과의 차별성이 점차로 개선되면 시간제 근로는 더 증가할 것을 전망되며, 특히 자발적인 시간제 일자리를 많이 늘려나갈 필요가 있다.

따라서 적절한 노동능력만 소유하고 있다면 시간제 근로를 활용하는 방안을 고려할 필요가 있다. 노동과 여가를 적절히 조화시키면서 일정 수준의 수입을 벌어들일 수 있을 뿐만 아니라 여가를 활용하여 자신의 꿈을 실현할 수 있는 기회가 생기기 때문이다.

이러한 가능성은 30년 가까이 다니던 금융회사에서 임원으로 퇴직한 후에 문화재 해설사로 활동하고 있는 H씨남성. 57세에게서 확인된다. 그는 본래 역사와 문화재에 관심이 많았기 때문에 문화재 해설사에 도전했는데, 기존에 했던 일과는 다른 보람을 느낄 수 있어 만족하고 있다. 더구나 매일 전일제로 근무하는 것이 아니라 주 2일, 1일 4시간 근무와 같이 시간제로 일을 하는 것이어서 일에 대한 부담도 적고 나머지 시간을 자유롭게 활용할 수 있어 좋다고 한다.

시간제 고용에 대하여 관심이 있는 경우 고용노동부의 워크넷 채용정보시간선택제나 민간기관의 채용정보를 활용할 수 있다.

유연한 형태의 노동방식 활용

기존에 다니던 직장에서 단계적 은퇴 프로그램이나 전직 프로그램을 활용하여 새로운 일을 준비할 때는 고용 유연성이 높은 노동시장에서 일을 할 가능성이 크다. 현재의 40대, 50대가 맞이할 제2의 인생기에는 4차 산업혁명으로 인해 산업구조의 변화와 함께 일하는 방식이 크게 바뀔 것이기 때문이다. 또한 고용의 유연성이 높아진다는 것은 안정된 직장은 아니지만 필요에 따라 일자리가 생길 기회가 많아질 수 있음을 의미한다.

그런데 산업구조와 일하는 방식을 변화시키는 요인들 중에서 가장 영향력이 큰 것은 바로 경제의 디지털화이다. 경제의 디지털화는 서비스 경제를 더욱 확장시키는데, 서비스 경제의 활성화는 과거 전통적인 서비스 산업의 개념을 바꾸고 있다.15

다른 한편으로는 경제조직을 수평적 네트워크화하게 되며 그에 따라 노동의 유연성이 한층 강화된 형태로 나타나게 된다. 네트워크화를 동반하는 경제의 디지털화와 함께 업무효율을 높이기 위해 내부 서비스 업무를 외부에서 조달하는 아웃소싱이 확산되고 있기 때문이다.

경제의 디지털화 및 서비스화가 빠르게 진행되고 노동의 유연성이 강화되는 긱 경제gig economy16 상황에서 노동자들의 고용상 지위는 더욱 불안정해지고 약해져서 저임금·저숙련 노동에 시달리는 프레카리아트precariat17가 될 것이다.

이들 자유계약 노동자군은 자신의 노동과정을 스스로 지휘하고 그로부터 발생하는 수입을 취한다는 점에서는 개인사업자와 같으나, 그들이 커다란 전체 노동과정에 일부로서 참여한다는 점에서는 노동자와 같은 위치에 있다고 할 수 있다.18 그들은 새로운 사회로 변화해 가는 과정에서 나타나는 이중적 위치의 노동자라 할 수 있을 것이다.

그러나 이들은 네트워크를 형성하여 그 속에서 스스로 자생력을 찾아간다는 점에서는 과거에 존재하지 않았던 새로운 유형의 노동방식을 보여 준다. 즉 이들은 네트워크를 형성해서 일을 시작하고 그 일이 끝나면 정보를 교환할 수 있을 정도의 느슨한 네트워크를 남겨 둔 채 네트워크를 해체한다. 이에 따라 미래에는 안정적이거나 영구적인 경영조직이 아닌, 일시적으로만 존재하는 초탄력적인 조직이 다수 등장할 것으로 보인다.

또한 이들의 작업장이 대부분 자택인 경우가 많아서 재택근무를 확산시키는 역할을 할 것이다. 재택근무는 정보통신기술이 발달하기 시작하면서 환경이 좋아지고 최근 코로나19 상황으로 인해 더욱 확산되었는데, 그보다 중요한 것은 일의 추진과정이 공간적 제약을 받지 않게 분리될 수 있다는 점이다. 이에 따라 근무지로서의 주거지에는 첨단의 통신시설을 기반으로 한 사무실이 마련되어야 한다.

그런데 재택근무는 업무의 공간과 생활의 공간이 분리되지 않는 데 따른 문제점이 생겨날 수 있기 때문에, 일부 사람은 자신의 집이 아닌 공유 사무실과 같은 공간을 근무지로 활용하게 된다. 공유 사무실은 사무공간을 공유할 뿐만 아니라 회의실, 가구, 비품, 전화 및 우편 등의 서비스를 제공받는다. 이를 통해 개인사업자로서 자유계약 노동자는 비용을 효율화할 수 있게 된다.

이러한 점들을 고려할 때 제2의 인생기에서는 유연성이 강화된 노동시장 환경이 기회가 될 수 있다. 이는 육체적으로 약화된 생산력을 전문분야에서 쌓아온 지식을 기반으로 극복할 수 있기 때문이다. 향후 지식경제가 확산될수록 전문지식을 갖고 있는 중고령층의 위력이 더욱 크게 드러날 수 있다.

지식경제는 인터넷이나 모바일에 기반한 네트워크를 통해 확산된다. 따라서 개인적으로 최신의 전문지식을 축적하는 한편으로 든든한 네트워크를 잘 활용할 능력을 갖출 필요가 있다. 이러한 경우 은퇴 후에도 자신을 활용할 고용처를 갖게 되므로 급격한 은퇴에서 벗어나 은퇴시기를 늦출 수 있다.

물론 모든 사람이 이러한 방식으로 은퇴시기를 늦출 수 있는 것은 아니다. 육체적 측면이 강조되는 직종에 종사하는 사람은 일정한 연령을 넘어서는 순간에 바로 은퇴할 수밖에 없기도 한다. 이는 육체 이외에 노동과정에서 중요하게 대두되는 기술 또는 지식을 충분히 갖고 있지 못하기 때문이다.

때로는 개인이 직장에서 습득한 기술과 지식을 가지고 있다 하더라도 당해 기업이 소유하고 있는 특허로 인해 퇴직 후 활용하기 어렵거나 해당 지식과 기술이 특정한 사업장에서만 활용되기 때문이다.

그리고 빠르게 변화하는 세상에서 진부한 경험과 시대에 뒤진 기능만을 가지고 있을 경우에는 40대 이후 회사를 옮긴다는 것은 매우 힘든 일이며, 50대 이후에는 더욱 어려운 일이 될 것이다. 비록 정부가 고령자 취업을 장려한다고 하여도 고령 근로자들에게 제대로 된 일자리를 제공하는 데는 한계가 있다.

따라서 미래형 일자리가 요구하는 높은 수준의 전문성과 강한 네트워크가 필요하다. 그러한 능력을 가지고 있는 한 고용의 형태가 계약직이든 임시직이든 자신의 소득흐름을 기존의 정규직 상태에 비해서 크게 손상시키지 않고 유지할 수 있게 되고,[19] 또한 계속해서 자기실현을 해 나갈 수 있을 것이다.

한편 프레카리아트로서 자유계약노동자는 대부분 단독으로 일을 완성해야 하는 데 따른 정신적 외로움이 크며, 주어진 일을 잘 마무리해야 다음의 일을 수주할 수 있게 되는 데 따른 스트레스도 강하게 받는다.

이와 같은 상황을 극복하기 위해서는 지역사회 내에서 같은 종류의 일을 하는 사람들의 커뮤니티에 적극 참여하여 단독 근로의 취약점을 보완해야 한다. 이러한 커뮤니티는 온라인과 오프라인 모두 가능한 방식으로 유지되면서 업무상의 정보 교류만이 아니라 정서적 교감도 함께할 수 있는 공간이기 때문이다.

신중하고 준비된 창업 도전

직장에서 정년퇴직을 한 후에 그간의 경험과 인맥을 살려 창업을 할 수 있다. 또는 일자리를 알아보지만 취업이 쉽지 않게 되면 창업을 생각하게 된다. 그렇지만 창업을 실제 실행에 옮기는 데는 여러 단계를 거쳐야 한다. 대부분의 사람들은 사업을 시작할 경우 실패하지 않으려고 신중하게 접근한다.

미래에셋은퇴연구소가 2016년에 서울 및 6대 광역시 50~60대 남녀 은퇴자 1,044명을 대상으로 조사한 결과 은퇴자 중 59.6%는 창업했거나 창업을 고민해 본 적 있거나 창업을 계획 중인 것으로 나타났다. 은퇴자의 28.8%는 실제 은퇴 후 창업에 도전했지만, 창업자 중 65.1%는 휴·폐업하였다. 창업 실패로 인해 평균 7,023만 원의 자산 손실을 본 것으로 나타났다.[20]

그리고 영세자영업자가 많은 음식·숙박업의 기업 생존율을 보면, 3년 생존율이 34.2%, 5년 생존율이 20.5%에 불과한데, 창업 이후 3년 후에는 1/3, 5년 후에는 1/5만 살아남게 된다.[21] 노후에는 자산 손실에 대해 만회할 기간이 충분하지 않으므로 결국 준비 없는 창업은 노후 빈곤과 파산의 원인이 될 수 있다.

그러나 목표를 정확하게 세워 창업 준비를 철저히 하고 성공에 대한 의지를 강하게 가지며, 자신이 과거에 일하면서 쌓아 왔던 장점과 네트워크를 최대한 활용할 수 있다면 창업에서 성공할 가능성이 높아진다.

예를 들면 자신이 쌓아온 인맥을 활용하여 보험대리점을 개설하여 성공한 사례라든지, 취미생활에서 얻은 노하우를 활용하거나 취미로 하던 수공예품을 인터넷으로 판매하여 사업체를 낸 사례를 통해서 그런 가능성을 확인할 수 있다. 다만 자신이 잘 알고 강점이 있는 분야가 미래에도 성장 가능성이 높은지, 경쟁이 얼마나 심화될지 등을 고려해야 할 것이다.

창업을 하기 위해서는 자금을 투자해야 하므로 그에 수반되는 위험성을 충분히 검토해야 한다. 그러면 창업을 희망할 경우 어떠한 점을 고려해야 할까?

① 리스크가 큰 사업은 피해야 한다. 중고령자는 이미 나이가 많기 때문에 실패할 경우 그를 만회할 시간적 여유가 충분하지 않다. 그러므로 무모하게 부채를 안고 위험을 감수하면서 사업을 크게 일으키려고 하기보다는 착실하게 위험을 감당할 수 있는 범위 내에서 사업을 벌여 나가는 것이 중요하다.

② 주위의 동의와 협력을 얻어야 한다. 특히 같이 생활을 하는 가족의 동의를 얻어야 한다. 또한 자신의 네트워크를 활용하기 위해서는 실질적으로 도움을 줄 수 있는 지인과 충분히 사전에 상의하고 협력을 구하는 것이 필요하다. 그래야 자신이 살피지 못한 리스크를 찾아내어 대처할 수 있고, 또한 만에 하나 문제가 발생할 경우에 가족과 지인의 도움을 받을 수 있다.

③ 단지 경제적으로 돈을 번다는 것만이 아니라 스스로 삶의 보람을 찾을 수 있는 사업을 시작할 수도 있다.

그리고 퇴직 후 창업을 선택하여 성공으로 이끌기 위해서는 적어도 다음의

그림 4-2 **시니어 창업을 위한 점검 사항**

창업 준비 단계	창업 착수 단계
• 사업의 리스크 감당 가능성 • 가족 등의 동의와 협력 여부 • 삶의 목표와 부합 여부	• 경영자로서 자질 점검 • 사업 목표의 명확화, 경험 및 전문성 점검 • 창업 후 경쟁력 유지 가능성 평가

세 가지 조건을 명확히 해 두지 않으면 안 된다.

① 자영업이든 중소규모의 사업이든 경영을 해야 하므로 스스로 경영자로서 자질은 있는가를 살펴야 한다. 지시를 받아 일을 하는 데 익숙한 사람들은 여러 가지 정보를 기초로 자신이 결정을 내리고 위험을 극복하고 수익을 올리는 사업가로서 역할하는 데 어려움을 겪을 수 있다. 그리고 거래처 관계자나 종업원 등 다양한 사람들과 관계를 잘 유지할 수 있어야 한다.

② 사업 목적이 명확한지, 사업 내용을 잘 알고 있는지 여부도 중요하다. 사업 목적으로부터 경영 방침과 전략, 목표와 계획이 구체화되어 가기 때문에 그 기본이 되는 사업 목적을 명확히 해야 한다. 그리고 창업하려는 사업에 대해 경험이 있어야 성공할 가능성이 높아진다. 해당 사업의 관리직으로서 경험과 기업 내 벤처부문의 경험도 있다면 유리하고, 사업경영 지식의 유무도 중요한 요소이다. 또한 해당 분야의 경험이 없다면 종업원으로 일을 하여 경험을 축적하면서 준비를 한 다음에 창업을 하면 리스크를 줄일 수 있다.

③ 창업 후 경쟁우위를 유지할 수 있는가 등을 객관적으로 평가하여 사회적으로 자신에게 유리한 조건이 갖춰져 있는지 여부를 검토하여야 한다. 경쟁우위를 유지할 수 없다면 결국 누군가에게 휘둘려 사업이 평탄하지 않을 수 있다.

최근에는 1인 기업형태로 창업하는 사례도 늘고 있다. 여기에는 종류가 다양하지만 자신의 경력을 살린 전문직형 사업이 대표적이다. 인터넷에 각종의 동영상을 올리는 크리에이터, 소점포들을 위한 POP구매시점광고 제작대행업, 각종 컨설팅 사업은 대표적인 1인 기업형 업종이다. 1인형 사업에 도전할 경우 다음 사항에 유의하여야 한다.[22]

① 해당 업종의 전문성과 차별성을 충분히 갖추어야 한다. 해당 분야에 대한 구체적 전문지식과 차별성에 기반을 둔 사업은 독자적인 노하우를 기반으로 안정적으로 사업을 운영할 수 있으나, 그렇지 못할 경우 쉽게 경쟁자가 생겨날 수 있음에 유의해야 한다. 아울러 사업환경이 끊임없이 변화하기 때문에 자기계발과 연구를 통하여 전문성을 갖추기 위해 지속적으로 노력해야 한다.

② 영업력을 갖추어야 한다. 아무리 좋은 아이템을 잡았다 하더라도 시장에

서 구현되지 않는다면 아무런 의미도 없게 된다. 따라서 적극성과 원만한 대인 관계, 성실성, 치밀함, 사전준비 등과 같은 소양을 갖추도록 노력해야 할 것이다.

③ 고객만족도를 높여 입소문을 통해 홍보하도록 한다. 1인 기업의 경우 규모가 작기 때문에 대대적 홍보를 하기는 쉽지 않다. 따라서 한 번 고객은 영원한 고객이 될 수 있도록 만족도를 높여야 하며, 이를 바탕으로 기존 고객이 신규 고객을 소개할 수 있도록 하는 것이 중요하다. 더구나 이러한 업종은 인터넷이나 모바일에 기반하여 사업을 하므로 소셜 네트워크를 적극적으로 활용하는 홍보전략을 마련해야 한다.

그리고 창업을 하는 경우 여유 있는 마음 자세를 갖추어야 한다. 대개의 경우 사업 초기에는 홍보에 어려움도 있고 아직 사업이 미숙하여 매출이 저조할 수 있다. 그렇다고 너무 실망할 경우 사업 의욕을 잃을 우려가 있으므로 사업에 대한 확신을 갖고서 꾸준히 노력하는 자세가 필요하다.

창업을 원하지만 관련 분야의 지식과 경험이 없거나 부족하다면 창업 관련 교육을 미리 받아 둘 것을 권한다. 창업교육은 직장을 다니면서도 병행할 수 있고 온라인 교육도 가능하므로 일정 기간 교육을 받아 자신의 안목도 넓히고 경쟁력도 높일 수 있어야 할 것이다.

그리고 창업에 도전할 경우 창업컨설팅 회사의 도움을 받는 것도 한 방법이다. 창업은 어디까지나 사업을 벌이는 것이므로 자본조달, 입지선정 등 다양한 측면의 경영적 요소가 고려되어야 하기 때문이다. 섣부르게 자신의 경험과 기술만 믿고 도전했다가 실패하기보다는 적절한 비용을 지불하고 지원을 받는 것이 성공 가능성을 높일 수 있다.

예비창업자나 소상공인은 소상공인시장진흥공단semas.or.kr에서 운영하는 신사업창업사관학교 프로그램이나 소상공인 경영교육에 참여할 수 있고, 소상공인 사이버평생교육원edu.sbiz.or.kr을 통해 온라인으로 교육을 받을 수도 있다.

그리고 상권정보시스템sg.sbiz.or.kr을 통해 상권·입지·경쟁 분석등에 대한 정보를 얻을 수 있고, 중장년 기술창업센터k-startup.go.kr를 활용하여 원스톱 형태의 창업지원 서비스를 받을 수 있으며, 한국사회적기업진흥원으로부터 사회적

기업 창업 지원도 제공받을 수 있다.[23]

또한 창업에는 시대적 흐름에 맞춘 새로운 아이디어가 필요하다. 그러한 의미에서 기존에 없던 직업을 새로 만들어 창업에 도전하는 '창직'도 많이 시도되고 있다.

웨딩카 운전원을 창직한 N씨[68세] 사례가 이에 해당된다.[24] N씨는 호텔리어, 대리운전기사 경험 등을 살려 웨딩카를 운전하기 시작했다. 그는 "아들의 결혼식에서 신랑 신부 이동 서비스에 영감을 받아 창직했다."고 한다. 이 사례 이외에도 창직에 성공한 사례는 많은데, 무엇보다 경험과 새롭게 부상하는 틈새시장을 결부시키는 능력이 중요하다. 의지를 갖고 새롭게 접근하면 틈새시장을 많이 찾을 수 있다.

03 직업 경쟁력 높이기

단계적 은퇴 프로그램의 활용

고령화가 빠르게 진행되는데도 불구하고 구조조정으로 인해 비자발적 조기퇴직의 확대에 대한 부작용을 염려하는 목소리가 높아지고 있다.

첫째, 노후준비가 충분히 되지 않은 상황에서 소득단절로 인한 사회적 문제를 우려한다. 국민연금을 받기에는 아직 자격을 갖추지 못했는데 조기퇴직으로 인한 소득상실로 인해 퇴직금 또는 퇴직연금이나 개인연금을 조기에 일시금으로 받아 소진하는 경우 노후소득이 불안정해질 수 있다.

둘째, 노동능력이 제대로 활용되지 못한 채 사장되어 국가적 차원의 인적 자원 낭비가 발생한다. 개인의 능력이나 일할 의지 여부에 상관없이 연령을 기준으로 구조조정이 단행되어 유능한 인재가 적재적소에 활용되지 못하게 된다.

셋째, 조기퇴직이 단순히 소득상실로 그치지 않고 이혼 등 가정파탄으로 이어질 수 있다는 점에서 사회 문제가 커질 수 있다.

이에 따라 일부 기업에서는 단계적 은퇴 프로그램을 시행하고 있다. 단계적 은퇴 프로그램의 유형에는 일정한 연령이 되면 급여 수준을 줄이는 임금피크제가 있으며, 일단 퇴직시킨 후 다시 계약직 또는 파트타임으로 고용하는 방법이 있다.

임금피크제를 이용하면 고용주의 입장에서 임금 부담을 낮추면서도 경험 있고 능력이 검증된 인력의 고용을 유지할 수 있게 되며, 근로자의 입장에서 일정한 임금 삭감을 감수함으로써 고용기간을 연장할 수 있게 되어 총소득을 유지할 수 있는 장점이 있다. 이러한 장점에도 불구하고 연령을 기준으로 획일적으로 적용하여 개별적인 능력 여부에 관계없이 급여를 일방적으로 삭감하는 폐해가 일부 생겨나고 있다. 임금피크제는 향후 60세 정년 이후 정년 또는 고용이 연장될 경우 활용될 수 있다.

퇴직 후 재고용의 방법은 자신이 다니던 직장에서 일을 다시 하게 됨으로써 심리적 안정을 되찾을 수 있는 장점이 있다. 반면에 자신이 기존에 가졌던 지위와 권위 등에 집착할 경우 오히려 심리적 갈등을 겪을 우려가 존재한다. 그리고 기업 내에서 이러한 단계적 은퇴 프로그램이 시행되지 않으면 기존에 관계를 맺어 온 기업 또는 단체로 전직하여 은퇴시기를 늦추는 방안도 있다.

이상과 같은 선택지를 전제할 때 은퇴를 늦추고 싶을 경우에는 자신의 상황에 맞는 단계적 은퇴 프로그램을 선택해야 할 것이다. 많은 사람들은 나이 들어 일을 더하기를 원하면서도 급여 인하를 받아들이기를 꺼릴 수 있는데, 단순하게 단기적인 급여 액수만을 고려하기보다 일의 보람이라든지 일하는 기간을 연장하여 얻는 수입 증대도 같이 고려할 필요가 있다.

일을 더 하기를 원한다 하더라도 일과 여가의 균형을 잡는 것이 필요하다. 물론 경우에 따라서는 가정 내 지출에 맞추어 수입을 확보해야 하거나 아직 미흡한 은퇴준비를 위해 다른 요소들보다 급여 액수가 중요할 수도 있다. 그러므로 자신에게 가장 중요한 요소를 중심으로 단계적 은퇴에 대한 의사결정을 내리고 체계적으로 준비할 필요가 있다.

전직지원 프로그램의 활용

단계적 은퇴 프로그램과 함께 전직지원outplacement 프로그램도 은퇴를 준비하기 위한 좋은 기회로 활용될 수 있다. 기업에서는 1990년대 말부터 명예퇴직자를 대상으로 운영하는 전직지원 프로그램을 운영해 왔다. 전직지원 프로그램이란 구조조정 또는 다운사이징 기업의 명예퇴직 대상자가 정신적 안정감을 찾을 수 있도록 사무공간 및 편의시설을 제공하고 그의 업무능력과 핵심능력, 선호도 등을 파악해 재취업 또는 창업 등 새로운 진로를 효과적으로 개척할 수 있도록 도와주는 전문적인 컨설팅 서비스이다.

이러한 서비스를 이제 중견기업들에서는 많이 활용하고 있지만, 우리나라에 최초로 도입된 사례는 1999년 포항제철의 자회사인 포스틸에서 구조조정 차원에서 15명의 직원을 퇴직시키기 위해서 실시한 것이다. 전직지원 프로그램은 향후 직업의 전망, 건강관리, 재정관리 등 교양강좌와 함께 개인별 맞춤형 재취업 또는 창업을 지원하는 것이 일반적이다.

이러한 제도의 시행은 당시에도 성공적이었다고 평가되었는데, 최근의 한 연구에서도 고용가능성의 제고와 심리적 안정, 일과 삶의 균형에 기여한 것으로 분석되었다.[25] 즉, 전직지원 프로그램에서 학습한 내용을 적용하여 전직에 성공하고 새로운 조직에 안착하였다는 것이다. 장기적으로는 미래에 대한 경력과 제2의 인생에 대한 실질적인 준비를 하는 효과가 있었던 것으로 나타났다.

따라서 기업에서 일정 규모 이상의 구조조정이 단행될 경우 해당자들이 전직지원 프로그램에 참여하는 것이 전직 또는 창업 등에 유리하다. 또한 고용보험의 지원을 받을 수 있어 상대적으로 저렴하게 전직 또는 창업을 위한 교육을 받을 수 있으므로 개인적 차원의 접근에 비해 훨씬 효율적일 수 있다.

정부는 2020년 5월부터 사업주에게 퇴직예정자 등에 대한 재취업지원서비스를 제공하도록 노력할 의무를 부과하였으며, 특히 근로자 수 1,000인 이상인 대기업을 대상으로 근로자가 비자발적인 사유로 이직하는 경우 진로상담과 진로설계, 직업훈련, 취업알선 등 서비스를 제공하도록 의무화하였다.

표 4-2 **정부 부처별 전직지원 서비스 운영기관 현황**

부처	센터명	참여 대상 및 주요 서비스 내용
고용 노동부	고용복지 플러스센터	• 실업자 및 구직자 • 구직자에게 심층상담 및 직업진로 프로그램 운영 등을 통해 맞춤형 취업알선 실시
	중장년일자리 희망센터	• 40세 이상 중장년 퇴직(예정)자 • 재취업 및 창업, 생애설계 지원, 취업알선, 사회참여 기회 제공 등의 종합 전직지원 서비스
보건 복지부	행복노후 설계센터	• 국민연금 가입자 및 전 가입자, 수급자 • 노후생활 6대 영역인 재무, 건강, 일, 주거, 여가, 대인관계에 대한 종합적인 정보와 서비스를 부가적으로 제공 • 노후설계에 대한 1:1 온·오프라인 상담 서비스 제공
	대한노인회 취업지원센터	• 65세 이상(일자리 유형에 따라 만 60세 이상 가능) • 구직희망 노인의 취업상담·알선·취업·연계조정·사후관리
	한국노인 인력개발원	• 노인일자리 사업 운영 • 노인일자리 기반조성을 위한 교육사업, 노인일자리 정책연구
국가 보훈처	제대군인 지원센터	• 5년 이상 중장기복무 제대군인 • 취업지원, 교육지원, 의료지원, 전직지원금 지급
국방부	국방전직 교육원	• 전역(예정) 군인 전원 • 전역(예정) 간부들을 대상으로 구인처 개발, 취업정보 제공, 취업상담, 취업추천 등 취업지원 및 맞춤형 취업교육

자료: STARTUP4, [취업 가이드] 100세 시대, 인생 이모작 성공하기, 2018. 3.에서 일부 내용 수정

　　한편 정부 차원에서도 다양한 전직지원 프로그램을 운영하고 있다. 먼저 고용노동부는 고용복지플러스센터, 중장년일자리희망센터 등을 운영하고 있다. 보건복지부는 국민연금공단의 노후준비지원센터, 한국노인인력개발원의 시니어인턴십 프로그램, 대한노인회의 취업지원센터를 지원하고 있다. 교육부는 전국의 시·도에 다모아 평생교육 정보망을 구축하여 40대와 50대를 대상으로 창업·전직 지원 프로그램 등을 통해 취업 기회를 확대시키는 노력을 기울이고 있다.

　　그리고 국가보훈처와 국방부가 각각 제대군인지원센터와 국방전직교육원을 운영하고 있다. 서울시 등 지방자치단체들도 일부 전직지원 서비스를 제공

하고 있으나 활성화되어 있지는 않다. 오히려 민간부문에서는 20년 가까이 전직지원 프로그램을 전문적으로 운영해 온 회사들이 다수 있다.

따라서 전직이나 창업을 고려 중인 사람들은 자신의 상황을 상담한 후에 적절한 서비스를 받아 재취업 또는 창업에 도전할 수 있다.

직업 경쟁력 제고를 위한 전문자격증 취득

중장년층이 재취업 또는 창업을 하기 위해서 전직지원 프로그램을 활용하는 것이 적절한 방법이 될 수 있는 것과 마찬가지로 전문자격증 취득 또한 재취업이나 창업을 위한 적절한 방법이 될 수 있다. 그런데 자격증을 취득하기 위해서 어떠한 목적으로 자격증을 취득하려 하는가를 먼저 고려해야 한다.

일반적으로 자격증 취득은 직업상 자신의 전문화된 분야에 대한 최소한의 능력이 있음을 보여 주는 좋은 증거가 될 수 있으며, 아울러 창업을 위한 좋은 수단도 될 수 있다. 만약 자격증을 취득하여 적절한 시기에 독립하고자 한다면 경영능력과 영업능력도 키워야 한다.

자격취득의 노하우를 소개하면 다음과 같다. 첫째, 적절한 계획을 세워서 도전해야 한다. 인기가 있는 자격시험일수록 합격률은 낮다. 특히 1차, 2차를 모두 합격해야 자격이 주어지는 시험일 경우 한 번에 합격하는 일은 쉽지 않다. 따라서 체계적인 학습계획을 수립하여 도전하는 것이 바람직하다. 또한 직장을 다니면서 자격시험을 준비해야 하기 때문에 근무 후의 생활에 대해 적절히 통제하면서 꾸준히 공부할 수 있는 여건을 만들어야 한다.

둘째, 독학은 금물이다. 자격시험에 도전하는 방법에는 관련 서적을 구입해서 독학하거나, 전문학원 또는 온라인 학원에서 수강하는 방법 등이 있다. 그런데 이들 중에서 독학으로 하는 방법은 되도록 피하는 것이 좋다. 물론 불가능한 것은 아니지만 학습의 노하우 또는 정보를 습득하는 데서 불리하기 때문이다.

특히 처음 시작할 때 중요한 포인트가 무엇인지 제대로 알지 못할 경우 시간과 노력의 소모가 클 것이다. 또한 최종 시험을 볼 때까지 속도 조절이 쉽지 않다. 물론 전문학원에 등록하기 위해서는 수강료가 들지만 미래를 위한 투자라고 생각해야 하며, 또한 고용보험에서 지원을 받을 수도 있다.

셋째, 공통의 목표를 가진 사람들과 교류한다. 같은 자격을 취득하려는 사람들을 가능한 한 주위에 많이 두게 되면 정보도 교환할 수 있고, 서로에게 자극이 될 수 있다. 또한 시험 합격 후에는 정보를 교환하며 업무상의 중요한 동료가 될 수 있다는 점에서도 시험준비를 다른 사람들과 같이 하는 것이 좋다.

그리고 자격증 취득은 되도록 빨리 마쳐야 한다. 자격증을 취득한다고 해서 바로 재취업 또는 창업에서 성공할 수 있는 것이 아니기 때문이다. 즉, 자격증을 취득한 후 그것을 도구로 전직하여 경험을 쌓거나, 아니면 창업과 관련한 충분한 정보 및 방법을 획득해 두어야 한다.

중고령자가 기술력이 핵심이 되는 분야에 취업하려면 경력에 자격증이 더해질 때 그 가능성이 높아진다. 건설·중공업·기계·화학 분야처럼 기술력이 중요한 분야에서는 '기술사' 자격증이 우대받고 실제로 기술사 취득 시 연봉 상승으로 이어지는 곳이 많다.

정보기술IT 분야에서는 국제공인정보시스템감사사CISA, 국제공인정보시스템보안전문가CISSP 등이 유망하며, 전 세계적으로 정보보안이 중요시되면서 이와 관련된 국제 공인 자격증이 있으면 좋다.

금융 분야에서는 국제공인재무설계사CFP, 국제재무분석사CFA, 국제재무위험관리사FRM 등이 도움이 된다.[26] 그러나 자격 시험이 어렵고 시간도 많이 걸리므로 관련 분야에 근무할 때부터 체계적으로 준비해야 한다.

그 외에도 단기 기술교육으로 자격을 취득할 수 있는 자격증으로는 오래전부터 인기를 끌어 온 주택관리사와 공인중개사가 있고, 최근 들어서는 한식조리기능사, 지게차운전기능사, 굴삭기운전기능사, 노인스포츠지도사, 정리수납코디네이터, 조경기능사, 숲생태해설가, 자연관찰지도사, 자연환경지도사, 방문간호사, 바리스타, 제과제빵사, 평생교육사, 사회복지사, 노인복지사, 직업상담사, 경비지도사, 외국어자격증 등도 추천되고 있다.

다만 이러한 자격증을 취득할 때 본인의 적성과 잘 맞는가도 중요하지만 재취업이나 창업을 목적으로 하는 것이라면 실제로 일자리를 구하는 데 얼마나 도움이 되는지 구체적으로 살펴보아야 한다. 현실적으로는 많은 비용을 들여 어렵게 자격증을 취득했으나 그다지 도움이 되지 않는 경우가 많기 때문이다. 따라서 국가공인자격증이 아닌 민간자격증은 단순히 광고나 홍보에만 의존하여 판단해서는 안되고 신중히 의사결정을 하여 실행에 옮겨야 한다.

안전한 은퇴준비를 위한 부업 활용

우리나라도 오래전부터 주 5일 근무시대가 정착되어 있고, 2018년 7월부터 기업규모 등에 따라 단계적으로 주 52시간 이내로 근무하도록 의무화되어 있다. 이러한 상황을 잘 활용하여 제2의 인생을 위한 직업활동을 준비할 수 있다.

특히 40대 중반에서 50대 초반이 되면 대부분의 사람들은 직장에서 자신이 직원으로서 오를 수 있는 최고의 직위에 도달하여 조기퇴직을 하게 되는 상황에 처하기도 한다. 그렇다면 나머지 인생에 대해서 어떻게 대응해 갈 것인가 하는 문제에 부딪힐 수밖에 없는데, 직장인들 중에는 부업을 하는 경우가 늘고 있다.

벼룩시장 구인구직이 2018년 동안 가장 많이 검색된 인기 키워드를 집계한 결과, 전체 키워드 가운데 '야간'과 '아르바이트'가 나란히 1위와 2위를 차지한 것으로 나타났다. 이는 생계비 조달이 어려워진 단기 일자리 취업자들이 야간 일자리와 함께 추가 아르바이트 일자리를 많이 검색한 것으로 보이며, 또한 최저임금이 인상되고 평생직장의 개념이 사라지면서 퇴근 이후 시간에 아르바이트를 병행하는 직장인이 증가한 것도 원인으로 해석된다.[27]

직장인들이 부업을 많이 하게 되면서 어떤 부업을 해야 좋을지 고민을 하게 될 것이다. 앞으로 직장인들의 가장 일반적인 부업형태로는 자신의 업무상 강점과 경험을 활용한 콘텐츠 제작자가 되는 것이다. 또한 이와 아울러 자신의 취미생활인 등산, 여행, 낚시, 음악 등 다양한 분야에서 전문적인 콘텐츠를 만들어 낼 수도 있다.

콘텐츠 제작자는 인터넷이나 이동통신 등에 필요한 전문지식, 오락, 정보 등을 제작하므로, 콘텐츠가 미흡한 우리나라 상황에서 향후 잠재적 성장성이 뛰어난 사업분야라 할 수 있다. 최근에는 유튜브 등 다양한 플랫폼이 개발되어 제공됨으로써 온라인상에서 부업을 할 수 있는 기회가 크게 늘고 있다.

이 사업 또한 전문적으로 부업이 아니라 전업으로 하는 것이 바람직하나, 직장인들이 근무시간 이후에 자신만의 시간을 활용하여 쉽게 참여할 수 있다는 점에서 최적의 부업이라 할 수 있다. 또한 이들 콘텐츠에 어느 정도 자신이 생기고 전자상거래와 연결시킬 수 있는 분야일 경우 쇼핑몰을 개설하여 운영하는 것도 가능하다.

이 외에도 e-랜서[28]로 통칭되는 직업을 부업으로 갖는 것도 도전할 만하다. 지금까지 e-랜서는 웹디자인이나 프로그램 개발, 시스템 분석, 테크니컬 라이터technical writer 분야에 적합하다고 알려져 왔으나, 활동분야는 번역, 사업계획서 작성, 시장조사 등 다양한 분야로 확대되고 있다.[29]

그러나 부업의 부작용도 만만치 않은 점은 유의해야 한다. 부업을 하는 직장인들 대부분이 제대로 휴식을 취하지 못하여 직장에서 졸거나, 지각 또는 결근하는 경우도 생기기 때문이다. 이러한 경우 부업으로 인해 직장에서 문제가 야기되어 미래가 아닌 현재의 안정성이 흔들릴 수 있다. 특히 직장에서 부업 활동을 병행하는 경우 근로계약을 위반하지 않도록 해야 한다. 따라서 부업을 통해 미래를 준비하려 할 경우에도 본래의 일에 지장을 줄 정도가 되지 않아야 하며, 어디까지나 중요한 것은 부업이 아닌 본업임을 잊지 말아야 한다.

퇴직 후에도 부업을 계속하려면 프리랜서가 되거나 창업을 하는 방법이 있다. 프리랜서가 되는 것은 퇴직을 했기 때문에 이전에 비해 자유롭게 더 많은 시간을 사용하여 일을 한다는 점에서 연속성이 있어 안정적이나, 창업을 한다는 것은 퇴직 전에 상당한 정도로 자신이 서지 않는다면 쉬운 일이 아니고 그만큼 리스크를 감수해야 한다.

「내 가게로 퇴근합니다」를 출간한 이정훈 사장의 사례는 부업을 연매출 5억 원의 사업으로 성공적으로 연결시킨 사례이다.[30] 그는 금융회사를 13년간

다닌 후 퇴직했는데, 퇴직 전에 사장이 없는 음식점이라는 사업모델을 구상하여 부업으로 사업을 시작했다. 그는 일반적인 창업 순서를 따르지 않고 음식점을 열기 3개월 전에 같이 일할 직원을 먼저 구했고, 그 직원을 단순한 종업원이 아니라 창업 파트너로 여겼으며, 이익 발생 후에는 직원들과 3개월 단위로 성과를 공유하였다.

물론 그 자신이 퇴근 후나 주말에 창업 준비나 음식점 운영을 위해 많은 시간을 할애했으며, 아내도 창업 단계에서부터 같이 도왔다. 그는 인테리어 비용 절감을 위해 좋은 사례를 벤치마킹하여 직접 공사를 진행했고, 자신이 가진 장점을 잘 활용하여 마케팅에 중점을 두고 외국인을 대상으로 시장을 넓혀 갔다. 음식점 창업 2년 만에 다니던 금융회사에서 퇴직을 결심하게 된 것은 음식점이 잘 되어서가 아니라 새로운 세계를 많이 접할 수 있어 적극적으로 다양한 일을 해 보고 싶다는 의지 때문이었다고 한다.

그는 퇴직 후에 음식점 운영과 함께 '주체적 삶 연구소'를 설립하여 자신의 경험을 전수하는 강의와 저술 활동을 활발하게 하고 있다. 이와 같은 사례에서 보듯이 체계적으로 계획을 잘 세우고 가족 등의 도움을 받을 수 있다면 직장을 다니면서도 먼저 창업하여 일을 병행할 수 있고, 퇴사 후에는 자신의 사업에 전념할 수 있을 것이다.

＊　＊　＊

제4장에서는 백세시대 노후 경제의 출발점이자 주춧돌이 되는 일을 통한 복지에 대해 설명했다. 단계적 은퇴를 위해 새로운 분야의 재취업에 도전하고, 정부의 신중년 3모작 지원제도를 활용하며, 시간제 근로를 하거나 창업에 도전할 수도 있다.

또한 든든한 노후 경제를 위해서는 국민연금 등 공적연금, 퇴직연금, 개인연금 등 중층적 연금 체계를 갖춰야 하고, 주택연금이나 농지연금 등도 활용할 수 있다. 그리고 다층화된 연금소득 설계를 통해 노후소득의 안정성을 확보해야 한다. 이에 대해서는 '제5장 다층 연금소득 마련하기'에서 상세히 설명한다.

한편 은퇴 후에는 자산을 안전하게 지키는 것이 중요하다. 투자 마인드를 갖추고, 안전성, 수익성, 유동성 등을 고려하여 투자하여야 한다. 그리고 종신보험, 실손의료보험 등 보험 포트폴리오를 재구성하고, 각종 금융사기와 고위험 금융상품에 주의를 기울여야 한다. 이에 대해서는 '제6장 은퇴자산을 안전하게 지키는 자산관리'에서 구체적으로 설명한다.

    종합적으로 백세시대에 든든한 노후 경제를 위하여 준비하고 실천해야 하는 일을 통한 복지, 다층 연금소득 마련, 안전한 자산관리에 대해 정리하면 <그림 4-3>과 같다.

그림 4-3   백세시대의 노후 경제

백세시대의 노후 경제

일을 통한 복지	다층 연금 소득 마련	안전한 자산관리
• 더 오래 일하기 • 단계적 은퇴 • 준비된 창업 도전 • 직업 경쟁력 높이기	• 공적연금 • 퇴직연금 • 개인연금 • 주택연금·농지연금 • 다층 연금소득 설계	• 투자 마인드 갖추기 • 보험 포트폴리오 구성 • 증여와 상속의 노하우 • 금융사기 대비 • 고위험 금융상품 대비

든든한 노후 경제는 준비하고 만들어 나가는 것이다

다층
연금소득
마련하기
05

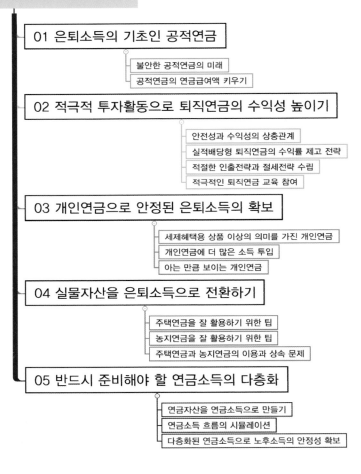

제5장 다층 연금소득 마련하기

01 은퇴소득의 기초인 공적연금
- 불안한 공적연금의 미래
- 공적연금의 연금급여액 키우기

02 적극적 투자활동으로 퇴직연금의 수익성 높이기
- 안전성과 수익성의 상충관계
- 실적배당형 퇴직연금의 수익률 제고 전략
- 적절한 인출전략과 절세전략 수립
- 적극적인 퇴직연금 교육 참여

03 개인연금으로 안정된 은퇴소득의 확보
- 세제혜택용 상품 이상의 의미를 가진 개인연금
- 개인연금에 더 많은 소득 투입
- 아는 만큼 보이는 개인연금

04 실물자산을 은퇴소득으로 전환하기
- 주택연금을 잘 활용하기 위한 팁
- 농지연금을 잘 활용하기 위한 팁
- 주택연금과 농지연금의 이용과 상속 문제

05 반드시 준비해야 할 연금소득의 다층화
- 연금자산을 연금소득으로 만들기
- 연금소득 흐름의 시뮬레이션
- 다층화된 연금소득으로 노후소득의 안정성 확보

제5장

다층 연금소득 마련하기

제2의 인생기에 어떠한 삶의 방향을 지향하든 경제적 기초는 든든히 해 두어야 한다. 제2의 인생기도 어디까지나 생활의 과정이기 때문에 각종의 지출을 위한 경제적 기초가 필요하다.

현재의 국민건강보험제도인 의료보험제도가 1977년에 도입된 이후 국민연금제도가 1988년에 도입될 때 많은 사람들이 이제는 노후를 국가 차원에서 확실하게 보장할 수 있으리라 생각하였다. 그러나 제도 도입 후 30년이 지난 현재 국민연금으로 노후소득을 제대로 준비할 수 있을 것이라고 생각하는 국민은 그다지 많지 않다. 많은 국민들은 이미 우리나라 노후보장 시스템의 근간을 이루고 있는 국민연금 등 공적연금이 장기적으로 재정위기에 직면할 것이라고 보고 있다.

물론 이러한 상황은 우리나라만이 아니라 인구 고령화가 빠르게 진전되고 있는 대부분의 국가에서 일어나고 있는 현상이다. 서구 선진국 중에서도 이러한 변화가 미칠 파장을 미리 예측하고 사전에 대비해 온 국가들은 고령화로 인한 사회보장제도의 위기에서 다소라도 벗어날 수 있게 되었다. 그러나 별다른 대책을 취하지 않은 국가들은 고령화에 따른 후유증을 심각하게 앓고 있는 상황이다.

이러한 점을 고려할 때 사회보장제도의 개혁은 우리나라만의 과제가 아니라 인구의 고령화와 경제의 저성장을 겪고 있는 다른 선진국들의 과제이기도

그림 5-1 다층 연금 체계

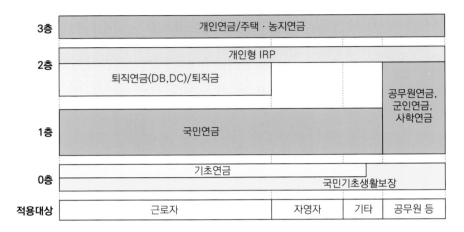

3층	개인연금/주택·농지연금			
2층	개인형 IRP			
	퇴직연금(DB,DC)/퇴직금			공무원연금, 군인연금, 사학연금
1층	국민연금			
0층	기초연금			
		국민기초생활보장		
적용대상	근로자	자영자	기타	공무원 등

하다. 선진국은 이미 1970년대부터 사회보장제도의 개혁을 추진해 왔다. 우리
나라도 현재 진행되고 있는 경제적·사회적 발전과 인구 고령화 추세하에서 서
구 선진국과 다른 경로를 갈 수 있을 것으로 예상되지는 않는다. 우리나라 노후
소득보장 제도의 향후 발전방향을 고려할 때 개인의 노후소득을 안정적으로 유
지하기 위해서는 기초연금0층, 국민연금1층, 퇴직연금2층, 개인연금3층 등 다층 연
금을 중심으로 다양한 소득원을 마련하는 것이 중요하다〈그림 5-1〉.

01 은퇴소득의 기초인 공적연금

불안한 공적연금의 미래

1988년에 도입된 국민연금제도에서는 특수직역공무원, 군인, 사립학교교직원에 속
하지 않는 사람을 제외하고 모두 국민연금에 가입하도록 의무화하고 있다. 국
민연금제도는 도입 당시 평균소득자를 기준으로 40년 가입할 경우 생애평균소
득의 70%를 급여로 제공하도록 설계되어 있었으나, 몇 차례의 개혁을 통해 낮
아져 현재는 40%를 보장하도록 되어 있다.[1] 그런데 실제로 대부분의 사람들은

30년 정도를 가입하는 것도 어려울 것이므로 생애평균소득의 30%를 급여로 제공받는 것도 쉽지 않을 것으로 보인다.

국민연금은 지금까지의 수차례의 제도개선에도 불구하고 2018년의 재정추계 결과를 볼 때 재정위기 상황이 더 악화되었다. 즉 2042년에 재정적자가 발생하기 시작하여 2057년에는 기금이 완전히 고갈됨으로써 제3차 재정계산 결과에 비해 재정수지 적자 및 기금고갈 시점이 각각 2년과 3년 더 빨라질 것으로 예측된다〈표 5-1〉.[2]

이러한 상황이 발생하게 된 것은 국민연금제도 설계 당시부터 보험료 납부액 대비 급여액의 비율이 높아 수지균형을 맞추지 못하여 구조적으로 적자를 발생시킬 수밖에 없도록 되어 있기 때문이다. 이러한 상황에서 합계출산율 급락 및 수명 연장으로 인구 고령화가 예상보다 빠르게 진행되고 기금운용 수익률도 예상에 미치지 못하여 국민연금의 재정고갈이 빠르게 진행될 것으로 추정하고 있다〈표 5-1〉.

표 5-1 제4차 국민연금 재정계산 장기재정 전망 결과

구 분	최대적립기금 시점	수지적자 시점*	기금소진 시점
4차	2041년(1,778조 원)	2042년	2057년(△124조 원)
3차	2043년(2,561조 원)	2044년	2060년(△281조 원)

주: * 총수입(보험료 수입+기금투자 수익) < 총지출(연금급여 지출 등)이 되는 시점
자료: 국민연금재정추계위원회, 제4차 국민연금 재정계산 장기재정 전망 결과, 2018.

만약 급여수준에 맞추어 요율을 적절히 인상하지 않아 기금이 소진될 경우 재정방식이 기금을 적립하지 않고 매년 연금지급에 필요한 소요액을 후세대가 부담하는 부과방식[3]으로 전환될 우려가 있다. 국민연금이 부과방식으로 전환될 경우 현재 9% 수준인 보험료율이 22%까지 인상되어야 재정균형을 이룰 것으로 추정된다.[4] 그러므로 국민연금제도의 재정방식을 부과방식으로 전환할 경우 후세대의 부담은 세대를 거듭할수록 커질 것으로 예상된다.

따라서 세대 간에 재정부담을 이전시키지 않고 재정을 안정시키기 위해서

는 연금제도의 근본적 개혁이 이루어져야 할 것이다. 즉, 급여를 낮추거나 보험료 부담을 높이면 국민연금제도의 큰 틀을 바꾸지 않고도 연금재정위기를 개선할 수 있을 것이다.

이에 대해 경제사회노동위원회의 연금개혁 특위는 2019년 8월 ① 소득대체율을 45%로 올리는 경우 보험료율을 10년에 걸쳐 12%로 인상하는 방안 ② 소득대체율 40%2028년까지, 보험료율 9% ③ 소득대체율 40%2028년까지, 보험료율 10%즉시 등 3개의 대안을 제시하였으나 단일안을 도출하지는 못했다. 물론 향후 다소간 보장수준이 높아지겠지만 궁극적으로 제대로 노후소득 보장을 받을 수 있는 수준에는 이르기는 어려우므로 노후경제에 대한 불안감은 커질 수밖에 없다.

공적연금의 연금급여액 키우기

공적연금은 개인의 노후소득에서 가장 기초적 역할을 하게 되므로 가능한 한 연금액을 최대로 확보해야 한다. 국민연금의 급여산출식을 보면 소득수준을 높이거나 가입기간을 최대한 연장해서 가입하는 것이 중요하다. 국민연금 급여액은 자신의 소득수준도 중요하지만 가입기간이 크게 영향을 미치기 때문이다.

그런데 국민연금 가입자는 중간에 실업 등으로 보험료가 납부되지 않을 경우5 가입기간 산정에서 제외되고 그만큼 연금급여액 산정 시 불이익이 작용할 수 있으므로 유의해야 한다. 국민연금 가입기간 중에 연금보험료를 납부할 수 없었던 납부예외 기간에 대해 납부 능력이 있을 때 연금보험료를 납부하여 가입 기간을 늘릴 수 있다.

반면에 국민연금 의무가입 연령인 60세를 넘겨서 계속해서 보험료를 납부할 수 있게 하는 임의 계속가입제도는 가입기간을 늘려 연금액을 크게 하는 효과를 갖는다. 또한 국민연금의 수령연령이 되었다 하더라도 연금수령 시기를 늦추면 그만큼 큰 금액의 연금을 받을 수 있으므로 취업 등의 경제활동을 하여 생활비를 충당할 수입이 있으면 연금수령 시기를 늦추는 것도 대안이 될 수 있다.

국민연금 수령 나이가 되어 받을 수 있는 노령연금을 5년 조기 수령해 57세에 노령연금을 개시하고 5년이 경과한 시점62세의 월 연금액은 62세에 개시한 노령연금 월 연금액의 64% 수준에 불과했다. 반면에 5년 연기해 67세에 개시한 노령연금의 개시 시점 월 연금액은 62세에 노령연금을 개시하고 5년 경과한 시점67세 월 연금액의 148% 수준이었다.[6]

국민연금 임의 계속가입제도와 연기연금제도는 수익비를 기준으로 할 때 연기연금제도의 효과가 더 큰 것으로 나타났다. 이는 임의 계속가입을 하면 연금액이 늘어나서 수익비는 동일하나, 연기연금을 신청하면 임의 계속가입을 하는 경우에 비해 수익비는 더 높았다.[7] 따라서 60세가 되었는데 가입기간이 10년 미만이면 임의 계속가입을 하여 연금수급 자격을 반드시 얻는 게 중요하고, 10년 이상이면 자신의 상황을 종합적으로 고려하여 국민연금공단과 상담을 거쳐 임의 계속가입과 연기연금을 선택할 수 있다.

국민연금은 임의가입제도가 있어 부부 중 한 사람만 국민연금에 가입되어 있을 경우 다른 한 사람이 가입하면 연금액을 늘릴 수 있는 방법이 있다. 국내에 거주하는 18세 이상 60세 미만의 국민으로, 사업장 가입자나 지역 가입자가 될 수 없는 사람도 국민연금에 가입할 수 있다. 그러나 타 공적연금 가입자, 조기노령연금 수급권을 취득한 자, 노령연금수급권을 취득한 60세 미만의 특수직 종근로자, 외국인은 가입할 수 없다.

임의가입자는 일정한 소득이 없기에 '지역가입자 중위수 기준소득월액'을 기준으로 보험료를 부과하는데, 2021년 4월부터 2022년 3월까지 적용되는 2021년 중위수 기준 소득월액은 1백만 원으로 정해졌다. 다만 일정 자격을 갖춘 농민은 임의가입 시 기준소득금액이 1백만 원 이하라면 보험료의 50%를, 1백만 원이 넘는다면 월 최대 4만 5천 원을 정부 국고로부터 보조받는다.[8]

임의가입자라 하더라도 보험료를 10년 이상 납부하면 노령연금급여를 출생연도에 따른 지급개시연령부터 사망 시까지 받을 수 있게 되는데, 보통은 총 납입 보험료의 1.1~7.1배까지 총 연금급여를 받을 수 있다. 다만 기초연금과 중복하여 급여가 지급될 수 있을지 여부는 개인의 다른 여건 등을 종합적으로 고려하여 결정된다.

공무원연금 등 특수직역연금의 경우에는 2016년부터 소득재분배 요소가 도입되었다 하더라도 소득의 크기가 국민연금에 비해 더 중요하며 가입기간도 중요하다. 따라서 국민연금이든 특수직역연금이든 모두 소득수준을 높게 유지하면서 가입기간도 길게 유지하는 것이 필요하다.

이와 함께 특수직역연금과 관련해서는 통산제도를 잘 확인해야 한다. 공무원연금법 시행 전의 공무원 및 군인 경력과 연금제도 시행 이후 이 제도의 적용을 받지 못하고 있다가 새로이 적용을 받게 된 잡급 및 전문직원의 경우 법 적용 이전 경력을 현재의 재직기간에 소급하여 가산할 수 있으므로 자신의 경력과 연금의 관계를 잘 살펴야 한다.

그리고 합산제도의 적용도 고려해야 할 것이다. 퇴직한 공무원·군인 또는 사립학교 교직원_{공무원연금법·군인연금법 또는 사립학교 교직원연금법의 적용을 받지 아니하였던 자는 제외}이 공무원으로 임용된 때에 본인이 원하는 바에 따라 종전의 해당 연금법에 의한 재직기간 또는 복무기간을 기본 재직기간에 포함시킬 수 있다.

한편 특수직역연금에서 국민연금으로 이동하는 경우 특수직역연금을 최소 10년 이상 가입했으면 수급자격이 생기므로 국민연금에 새로 가입하여 최소 10년 이상 유지함으로써 국민연금을 추가적으로 받을 수 있도록 해야 한다. 그리고 국민연금에서 특수직역연금으로 이동하는 경우에도 연금 가입기간을 잘 확인하여 최소 가입기간을 충족한 경우 두 종류의 연금을 받을 수 있도록 해야 할 것이다.

마지막으로 자신이 얼마를 받게 될지를 확인해 두어야 한다. 각 연금을 관리하는 공단 홈페이지나 금융감독원 통합연금포털 홈페이지[9]를 방문하면 된다. 자신이 받을 예상연금액을 알려 주므로 노후소득을 확인하고 부족한 금액을 채울 방안을 찾아 나가야 한다.

02 적극적 투자활동으로 퇴직연금의 수익성 높이기

안전성과 수익성의 상충관계

우리나라에는 다른 나라와 달리 퇴직금 제도가 있어 정년 후의 노후 생활 자금으로 사용되어 왔을 뿐만 아니라 다른 직장을 구하는 동안의 생활비로도 사용되는 등 다양한 역할을 해 왔다. 퇴직금 제도는 퇴직자에 대한 소득보장 목적으로 도입되었으나,[10] 노후보장 수단으로서 실효성이 낮거나 수급권 보호에 한계가 있어서 2005년 12월부터 퇴직연금제도가 도입되었다.

2019년 말 현재 도입 대상 사업장 140만 3천 개소 중 38만 5천 개소에서 도입되어 도입률은 아직도 27.5%에 머무르고 있다. 반면에 가입자 기준 도입률은 51.5%로서 가입 대상 근로자 1,150만 9천 명 중 592만 9천 명이 가입하고 있고, 사업장의 종사자 규모가 클수록 도입률이 높은 것으로 파악된다. 즉, 5인 미만 사업장은 10.7%, 10~29인 사업장은 56.5%, 100~299인 사업장은 84.8%, 300인 이상 사업장은 90.0%로 나타났다.[11]

산업별로도 큰 차이를 보이고 있는데, 2019년 기준으로 금융보험업의 도입률이 가장 높은 59.2%인 데 반해, 숙박음식업은 6.5%로 가장 낮았다. 근로자들의 가입률도 금융보험업이 67.4%로 가장 높고 숙박음식업은 24.8%로 가장 낮았다.

그림 5-2 **주요 산업별 퇴직연금 사업장 도입 및 근로자 가입 현황**

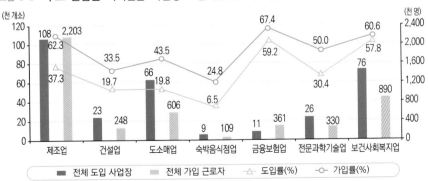

자료: 통계청, 2019년 퇴직연금 통계, 2020. 12. 24.

그림 5-3   제도유형별 및 운용방법별 연간수익율 추이

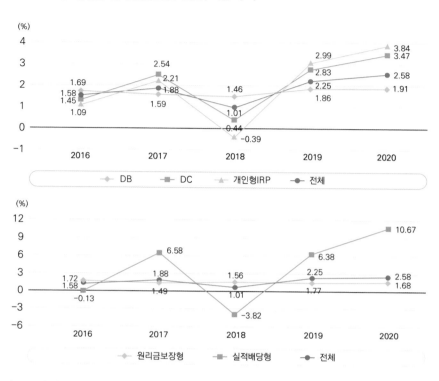

자료: 금융감독원, 2020년 퇴직연금 적립금 운용 현황 통계, 2021. 4. 4.

기존 사업장에서 퇴직금 제도로부터 퇴직연금제도로 전환이 더딘 이유는 노사합의가 있어야 전환이 가능한 데다 강제조항이 없기 때문이다. 또한 사업장 규모가 영세한 중소기업에서는 확정급여형DB보다는 확정기여형DC 퇴직연금에 가입하게 되는데, 퇴직연금의 수익률이 임금상승률보다 높지 않아 퇴직연금에 가입하면 급여 측면에서 손실이 발생하기 때문이다.

퇴직연금의 도입이 저조한 상황에서 연간 운용수익률 또한 낮은데, 2020년의 경우 2.58%이며, 최근 5년 및 10년간 연환산율은 각각 1.85%와 2.56%에 머물렀다.[12] 이는 퇴직연금 전체 적립금의 89.3%를 차지하고 있는 원리금보장형의 경우 예·적금이 43.2%를 차지하고 보험상품이 41.9%를 차지할 정도로 수익

표 5-2 제도유형별 및 운용방법별 장기수익률 현황 (단위: %)

권 역	구 분	DB	DC·기업형IRP	개인형IRP	전체
전체	5년	1.70	2.14	1.92	1.85
	10년	2.48	2.76	2.55	2.56
원리금보장형	5년	1.64	1.78	1.32	1.64
	10년	2.45	2.63	2.26	2.47
실적배당형	5년	2.96	4.17	3.89	3.77
	10년	2.81	3.59	3.43	3.34

주: '20년 기준 과거 5년, 10년 동안의 수수료 차감 후 연환산 수익률이며, 원리금보장형에는 대기성자금 포함

자료: 금융감독원, 2020년도 퇴직연금 적립금 운용현황 통계, 2021. 4. 4.

을 내는 것과는 거리가 먼 적립금으로 구성되었기 때문이다.

퇴직연금 적립금의 10.7%를 차지하고 있는 실적배당형의 경우에도 집합투자증권의 비중이 89.1%를 차지하고 있으나 그중에서도 채권형과 채권혼합형이 57.0%를 차지하여 안정을 중시하는 운용행태를 보였기 때문이다. 5년과 10년 수익률을 보면 원리금보장형은 각각 1.64%와 2.47%, 실적배당형은 각각 3.77%와 3.34%를 시현하여 5년과 10년 수익률 모두 실적배당형이 더 높은 것으로 나타났다.

이는 초저금리 기조로 인해 원리금보장형의 수익은 하락한데 비해, 실적배당형의 경우 코로나19의 상황에서도 주식시장이 빠르게 회복하면서 주식 투자의 비중이 늘어 수익률이 높아졌기 때문이다. 다만 실적배당형의 경우에도 10년 수익률은 2018년에 비해 하락한 것으로 나타났다.

실적배당형의 수익률이 원리금보장형보다 더 높음에도 불구하고 원리금보장형이 선호되는 이유는 아무래도 실적배당형의 수익률은 편차가 크고 원금을 보전하지 못할 수 있다는 잠재적 리스크를 우려하기 때문으로 보인다.

이에 반해 전체 근로자의 명목 임금상승률은 2.4%에 머물렀던 2014년을 제외하고는 매년 3.0% 이상 상승하였고 원리금보장형의 5년 및 10년 기준 퇴직

표 5-3　연금계좌(연금저축과 IRP) 세액공제 한도 및 공제율　　　　(단위: 만 원, %)

연간 소득구간		세액공제 한도			세액 공제율
총급여(근로자)	종합소득금액	전체	연금저축	IRP	
5,500만 원 이하	4,000만 원 이하	700	400	700	16.5
5,500만~1억 2,000만 이하	4,000만~1억 원 이하	700	400	700	13.2
1억 2,000만 원 초과	1억 원 초과	700	300[1]	700	13.2

주: 1) 2017년 귀속 근로소득 연말정산 시부터 기존 400만 원에서 300만 원으로 한도 축소
　　2) 50세 이상일 경우 2020년 귀속 근로소득 연말정산 시부터 2022년까지 200만 원 추가 세액공제를 받을 수 있으나, 종합소득금액 1억 원 또는 총급여액 1억 2,000만 원 초과자, 금융소득 종합과세 대상자는 적용 예외임

자료: 금융감독원, 금융꿀팁 200선-66IRP(개인형 퇴직연금) 절세 꿀팁, 2017. 9. 15.

연금 장기수익률보다 훨씬 높았다. 명목 임금상승률이 퇴직연금 수익률보다 높으면 평균임금에 기초하여 받게 되는 퇴직금이 수익 측면에서는 퇴직연금보다 훨씬 높아지므로 수급권 보장이 미비함에도 불구하고 퇴직금을 선호했던 것이다. 따라서 아직 퇴직연금에 가입하지 않은 근로자들은 수급권의 불안정에도 불구하고 퇴직금을 선호하는 현상이 나타나고 있다.

　한편 직장을 퇴직하게 될 경우 받은 퇴직금 또는 퇴직연금을 바로 사용하지 않고 은퇴 시까지 보관하며 운용할 수 있는 개인형 퇴직연금으로 IRPIndividual Retirement Pension가 있다. IRP는 기존에 확정급여형이나 확정기여형 퇴직연금을 가입한 근로자나 공무원, 사립학교 교직원, 군인과 같은 특수직역연금 가입자뿐만 아니라 자영업자도 가입할 수 있다. IRP 계좌에는 개인연금저축과 합산하여 개인자금을 연간 1,800만 원까지 불입할 수 있으나, 세액공제는 개인연금저축의 최대 400만 원 한도와 합산하여 연간 불입분 중에서 700만 원까지만 인정된다. 다만 가입자가 50세 이상일 경우 200만 원의 세액공제한도가 추가되어 연간 최대 900만 원까지 세액공제를 받을 수 있다.

　또한 연간 세액공제 한도를 초과한 납입액에 대해서는 다음 연도 이후 연금 납입금으로 전환해 세액공제 신청도 가능하다. 다만 총급여가 1억 2천만 원

임금피크제를 앞둔 퇴직연금 가입자의 대응 전략

60세 정년제도 도입과 함께 임금이 퇴직 시까지 단계적으로 줄어드는 임금피크제가 많은 직장에서 적용되고 있다. 임금피크제가 도입될 때는 근로시간 단축 시와 마찬가지로 퇴직금 중간정산이 가능하나, 퇴직연금의 경우에는 중간정산이 가능하지 않으므로 근로자가 가입한 퇴직연금 유형 간 차이를 고려하여 대응전략을 마련해야 한다.

먼저 확정기여형의 경우에는 회사가 매년 연간 임금총액의 1/12 이상에 해당하는 금액을 퇴직연금 보험료로 납입하기 때문에 퇴직 전에 중간정산을 하거나 근로시간 단축으로 임금이 낮아져도 퇴직연금 급여의 손실이 생기지 않는다.

그러나 확정급여형 퇴직연금에 가입되어 있을 경우에는 퇴직연금 급여가 평균임금에 연동하여 산출되므로, 임금피크제로 임금이 줄어들게 되면 평균임금이 줄어들고 결국 퇴직연금 급여가 줄어들게 된다. 따라서 확정급여형 퇴직연금 가입자는 상당한 손실을 입게 되므로 임금피크제가 시행되기 최소 3개월 전에는 확정기여형으로 전환하는 것이 필요하다.

평균임금은 퇴직하기 직전 3개월 동안 수령한 총급여를 근무 일수로 나눠 산출되기 때문이다. 이에 따라 확정급여형에서 확정기여형으로 전환하게 되면 전환 시까지 근무한 기간을 고려하여 산출된 퇴직급여 전액이 확정기여형 계좌에 입금되어 운용된다.

이렇게 확정급여형에서 확정기여형으로 전환하게 되면 퇴직소득세를 원천징수하지 않기 때문에 퇴직금 중간정산에 비해 세제상 유리하다. 물론 퇴직금도 중간정산된 금액을 IRP 계좌에 적립하면 납부한 퇴직소득세를 환급받을 수 있다.

을 초과하거나 종합소득금액이 1억 원을 초과하면 연금저축의 세액공제 한도는 4백만 원에서 3백만 원으로 낮아진다. 그리고 퇴직금을 일시금으로 받은 경우에는 규모와 근속기간에 따라 최대 28.6%의 퇴직소득세를 납부해야 하지만 IRP 계좌에 넣어 두었다가 55세 이후에 연금으로 받을 경우에는 퇴직소득세율의 70%만 연금소득세로 납부하면 되어 IRP를 절세용으로도 활용할 수 있다.

그 결과 IRP는 가입 대상 확대 등에 힘입어 적립금의 증가 폭이 2017년

23.2%, 2018년 25.6%, 2019년 32.4%에 이어 2020년에는 35.5%까지 커졌다. 이러한 증가 폭은 개인형 IRP의 2019년과 2020년 수익률이 각각 2.99%와 3.84%로 시중은행 정기적금 금리에 비해서 높았기 때문이다.

특히 실적배당형 IRP의 경우에는 2019년과 2020년의 수익률이 각각 7.51%와 11.95%로 저축은행 정기적금 금리에 비해서도 훨씬 높았다. 이에 추가하여 IRP는 세액공제 혜택을 받으므로 실질수익률 측면에서 정기적금 금리에 비해서는 더 높게 평가된다.

실적배당형 퇴직연금의 수익률 제고 전략

이러한 현황 및 추세 속에서 실적배당형 퇴직연금 가입자들은 어떻게 대응하는 것이 좋을까? 과거와 달리 최근 들어 다음과 같이 달라진 점들은 직접 투자하기에 좋은 여건을 만들고 있다.

첫째, 퇴직연금이나 IRP를 겨냥하여 ETFExchange Traded Fund나 TDFTarget Date Fund와 같은 상품이 출시되어 수익률을 높이면서도 위험을 낮출 수 있게 되었다. 더구나 이들 상품은 운용에 드는 비용을 낮추어 실질 수익률 제고에도 도움이 되고 있다.

둘째, 투자를 도울 수 있는 양질의 정보를 쉽게 얻을 수 있는 환경이 갖춰졌다. 과거와 달리 증권회사의 리서치센터장이나 애널리스트들이 직접 투자자들을 대상으로 적극적으로 정보를 전달하며 투자를 지원하고 있다. 물론 자칫 주식 리딩방 등 무허가의 불건전한 행태도 존재하지만 정보에 대한 접근성이 좋아져 투자자가 기본적인 지식과 소양을 갖고 노력하면 투자 정보를 쉽게 얻을 수 있다.

셋째, 국내에 국한되지 않고 미국, 유럽, 중국, 인도, 아세안 등 다양한 지역에 투자할 수 있게 되어 포트폴리오를 훨씬 더 다양하게 구성할 수 있게 되면서 수익성과 위험관리를 동시에 추구할 수 있다.

넷째, 4차 산업혁명과 기후위기 대응 등으로 경제의 큰 틀이 바뀌고 장기적으로 성장할 산업을 예상할 수 있어 장기투자를 하기에 적절한 시점이다.

ETF와 TDF

ETF는 지수, 섹터, 상품 또는 기타 자산을 추종하는 증권으로 일반 주식처럼 거래소에서 사고팔 수 있다. ETF는 주식, 상품, 채권, 혼합투자유형을 포함한 여러 유형의 투자를 담을 수 있다. 사고 파는 상태에 따라 즉각적으로 영향을 받으므로 ETF 주가는 거래하는 내내 변동하는 모습을 보인다. ETF는 낮은 비용으로 거래할 수 있는 것이 장점이나, 패시브 방식으로 지수를 추종하지 않을 경우에는 비용이 반드시 낮다고 할 수는 없다.

퇴직연금, IRP, 연금저축 모두 인버스 ETF나 레버리지 ETF를 제외한 국내 증시에 상장된 ETF에는 투자할 수 있으나 해외 증시에 상장된 ETF에는 투자할 수 없다. 그리고 퇴직연금과 IRP는 파생상품 위험평가액이 40% 이내가 되도록 투자해야 하고, 위험자산의 비중이 70%를 초과할 수 없다.

TDF는 목표 시점을 정해두고 그 시점까지의 투자 기간에 최적화된 방식으로 자산을 운용하도록 구조화된 펀드 또는 ETF이다. 은퇴 목적에만 특화되지는 않고 자녀 학자금처럼 시점을 비교적 명확하게 예측할 수 있는 이벤트를 위한 자금을 운용하기 위해 활용될 수도 있다. 리스크와 수익을 동시에 고려하며 포트폴리오를 정기적으로 조정하며 수익을 최적화하므로 투자자 입장에서는 안정적으로 장기투자를 할 수 있다.

상품명은 예를 들어 TDF2050과 같이 TDF임과 목표시점을 동시에 알 수 있게 정하고 있다. 기금의 운용은 패시브 전략뿐만 아니라 액티브 전략도 가능한데, 목표 시점까지 남은 기간이 짧을수록 리스크를 줄여서 포트폴리오를 구성한다. TDF는 장기에 걸쳐 투자하기에 적합한데, 확정기여형(DC) 퇴직연금 및 IRP와 연금저축에 한하여 100%까지 편입할 수 있다. 다만 원금을 보장하지는 않고, 중도 해지 시 해지 수수료가 발생하며, 액티브 전략으로 운용하는 TDF는 수수료가 높을 수 있다.

이러한 환경에서 수익률을 높이기 위해서는 먼저 투자를 위한 기본 지식을 갖추고 위험관리를 하는 자세가 필요하다. 수익성과 위험은 서로 비례관계에 있으므로 수익성을 높이려고 하다 자칫 큰 손실을 볼 가능성이 있다. 더구나 퇴직연금이나 IRP는 장기에 걸쳐 투자하게 되므로 일반적인 투자와 다른 접근방식이 필요하다. 물론 특정한 금융상품을 무조건 장기간 보유하는 것이 수익성을 보장하는 것이 아니므로 적절한 상품을 선택하여 금융시장의 흐름을 관찰하며 관리하는 것이 필요하다.

자신에게 적절한 금융상품을 하기 위해서는 먼저 퇴직연금과 IRP에 대한 상품규제를 살펴 투자가능한 상품 범위를 확인한 후, 다음과 같은 몇 가지 기준을 가지고 결정하고 운용해야 할 것이다.

첫째, 펀드 등 퇴직연금상품 운용관리 전문인력의 운용능력이 중요하므로 이를 검증하기 위해 운용 이력을 살펴야 한다. 퇴직연금을 관리하는 퇴직연금사업자는 운용관리기관과 운용관리기관의 지시를 받아 그를 이행하는 자산관리기관으로 나뉜다. 실제 운용 관리를 담당하는 자산관리기관에 소속된 전문인력의 과거 성과를 담은 이력에 대해서 꼼꼼히 살펴보는 것이 필요하다.

둘째, 상품 포트폴리오가 경제의 흐름에 맞게 구성되었는지를 잘 살펴야 한다. 퇴직연금은 장기적으로 운용하는 상품이므로 포트폴리오를 구성하고 있는 내역이 국내외 경제흐름에 비추어 장기적으로 유망한지 여부를 판단할 필요가 있다. 상품 포트폴리오는 국내 기업만이 아니라 해외 기업을 대상으로 구성된 국내 펀드나 ETF 및 TDF도 지역적으로 안배하여 포함시킴으로써 특정 상품이나 지역에 쏠리지 않게 하는 것이 중요하다. 이를 위해 경제에 대한 안목을 갖도록 부단히 관심을 기울이고 공부해야 하며, 굳이 하나의 펀드가 아닌 다수의 펀드로 분산하도록 한다. 그렇다 하더라도 펀드의 수가 지나치게 많으면 관리상의 어려움이 있으므로 너무 방만하지 않도록 주의해야 한다.

셋째, 퇴직연금 운용과 관련한 비용은 수익률에 영향을 미칠 수 있으므로 비용을 최소화할 수 있어야 한다. 퇴직연금 총비용부담률은 '연간 총비용운용관리수수료+자산관리수수료+펀드총비용/기말적립금'으로 계산되며, 적립금 운용방법 제시, 퇴직급여 지급능력 확인, 적립금 보관 및 관리, 펀드운용 및 관리 등의 서비스를 제공한 대가이다. 퇴직연금 운용 관련 비용이 증가하면 연금수령액이 감소한다. 저금리 환경에서는 수익률을 높이는 것이 쉽지 않으므로 수수료 등 총비용을 낮추는 것이 오히려 실질 수익률을 높이는 중요한 방법이다.

그림 5-4   근로복지공단 퇴직연금 홈페이지

자료: 근로복지공단 퇴직연금 홈페이지, pension.kcomwel.or.kr

넷째, 운용시장의 상황에 따라 적절히 대응할 수 있는 능력을 갖추어야 한다. 포트폴리오를 적절히 구성해 두었다 하더라도 자신이 가입한 상품이 경제 흐름에 비추어 적절하지 않을 때는 포트폴리오를 바꿀 필요가 있다. 포트폴리오 바꾸기는 가입자가 연금 사업자 사이트에서 직접 하거나 가입한 금융기관에 방문하여 조언을 받아 하면 된다.

그리고 중도인출을 가급적 하지 않는 것이 좋다. 중도인출은 무주택자인 가입자가 주택을 구입하거나 주거를 목적으로 전세자금 또는 보증금을 부담하는 경우, 가입자 또는 그 부양가족이 6개월 이상 요양을 하는 경우, 천재지변 등으로 피해를 입는 등 고용노동부장관이 정하는 경우에 가능하다.

그러나 확정급여형DB은 중도인출이 가능하지 않으며, 확정기여형DC 및 IRP는 중도인출이 가능하다. 다만 담보대출은 적립금의 50%에 한하여 확정급여형과 확정기여형 및 IRP에 대해서 가능한데, 확정기여형 및 IRP의 중도인출 사유에 추가하여 가입자가 담보를 제공하는 날로부터 역산하여 5년 이내에 파산선고를 받거나 개인회생절차개시 결정을 받은 경우에 가능하다. 또한 IRP의 경우 중도해지를 하면 세제혜택을 받은 납입금액과 운용수익에 대해 16.5%의 기타소득세지방세 포함를 부담해야 하므로 특별한 사유가 없다면 중도해지를 가급적 하지 않는 것이 좋다.

적절한 인출전략과 절세전략 수립

퇴직연금을 수령하는 단계에서는 적절한 인출전략과 절세전략을 함께 세워야 한다. 2020년에 만 55세 이상으로 퇴직급여 수급자격이 생긴 37만 4,357계좌에서 연금수령을 선택한 비율은 계좌 수 기준으로는 3.3%, 금액 기준으로는 28.4%2조 3,565억 원에 불과할 정도로 일시금 수령 비중이 절대적으로 높다. 이러한 결과는 상대적으로 적립금이 적은 소액 계좌의 경우 연금보다는 일시금 수령을 선호하는 경향을 보였기 때문이다. 또한 부동산 가격이 급등하는 상황에서 부동산 구입을 통해 얻을 수 있는 수익이 연금화를 통해 얻을 수 있는 편익보다 더 컸기 때문에 일시금을 선호했을 수 있다.

그러나 퇴직연금을 연금으로 받지 않고 대부분이 일시금으로 받는 것은 노후소득보장 수단으로서 의미를 약화시키는 것이다. 더구나 퇴직연금을 일시금으로 받게 되면 사업주의 부담분인 이연퇴직소득 전액과 운용수익에 대해 퇴직소득세가 적용되어 세제혜택을 받지 못하고, 소득공제 또는 세액공제를 받은 본인부담분과 운용수익에 대해서는 기타소득세가 적용되어 16.5%의 세율이 적용된다.

연금으로 받게 되면 사업주의 부담분과 운용수익에는 퇴직소득세의 70%가 적용되어 분리과세되며, 소득공제 또는 세액공제를 받은 본인부담분과 운용수익에 대해서는 연금소득세가 적용되어 연간 1,200만 원 이하일 경우에는 3.3~5.5%의 세율지방세 포함13이 적용되고 1,200만 원을 초과할 경우에는 전액 종합과세된다. 또한 세액공제를 받지 않은 납입금은 일시금으로 수령하든 연금으로 수령하든 이중과세 방지 차원에서 과세에서 제외된다.

일시금으로 받는 것과 연금으로 받는 것 간에는 세금효과가 차이가 나므로 개인의 다른 재무적 여건을 고려하여 인출전략을 잘 세울 필요가 있다. 다만 연금수령은 일반적으로는 다음과 같은 요건을 갖추어야 인정된다. 즉 ① 가입자가 55세 이후 연금계좌 취급자에게 연금수령 개시를 신청한 후 인출할 것, ② 연금계좌 가입일로부터 5년 경과 후 인출할 것, ③ 과세기간 개시일[14] 현재 연금수령한도[연금계좌의 평가액/(11−연금수령연차)]×120% 이내에서 인출할 것 등이다.

따라서 세제혜택을 받으려면 연금수령 기간을 10년 이상으로 해야 하고, 특정 연도에 1년 연금의 120%를 초과해서 수령해서는 안 된다. 만약 120%를 초과해서 수령할 경우에는 초과된 금액이 연금 외 소득으로 분류되어 16.5%의 기타소득세율이 적용된다. 그리고 연금수령 나이가 많을수록 낮은 세율이 적용되므로 가능하면 늦게 수령하고, 80세 이상의 나이에도 연금을 받을 수 있도록 하는 것이 좋다.

적극적인 퇴직연금 교육 참여

퇴직연금 교육은 제도 가입자가 퇴직연금을 적절히 이해하고 은퇴 이후에 활용할 수 있게 하기 위한 중요한 절차이다. 그렇기 때문에 '근로자퇴직급여보장법'에 따르면 퇴직연금을 운용 중인 사업장은 사업주가 퇴직연금 가입자에게 연간 1회 이상의 교육을 실시하도록 하되, 퇴직연금 사업자에게 교육을 위탁할 수 있도록 규정하고 있다제32조. 또한 사업주가 퇴직연금 가입자에게 연간 1회 이상의 교육을 실시하지 않았을 경우 1천만 원 이하의 과태료를 부과하도록 하고 있다제48조.

이에 따라 퇴직연금 가입기업의 87.7%는 사업자에게 위탁하여 교육을 실시하지만, 제도 가입 후 계속교육을 받은 근로자는 14.3%에 불과하고, 중소기업의 경우 대면교육의 비중이 매우 낮은 수준이다. 교육내용의 측면에서도 초보적인 퇴직연금제도 일반교육이 40.2%를 차지하고 있고, 투자교육을 받은 근로자는 21.7%에 불과하였다. 다만 투자교육의 경험은 소득이 높은 대기업일수록 높은 수준이었는데, 투자교육 이후 가입자의 42.4%가 투자상품에 대한 이해도가 향상되고, 실적배당형 중심으로 투자상품 포트폴리오를 변경하여 68.8%의 가입자가 1~3%의 운용수익률을 상승시킨 것으로 나타났다.

그리고 가입 근로자들은 기업이 개선할 사항으로 적립금 운용에 필요한 투자교육의 추가28.2%, 언제든지 교육받을 수 있는 환경 조성19.3%, 근로자 눈높이에 맞는 교육 제공18.0%을 꼽았고, 투자교육 추가사항으로는 투자수익률 및 위험정도49.0%, 투자상품 수수료48.7%, 금융투자정보43.0% 등이 필요하다고 지적했다.[15]

이러한 점들을 고려할 때 퇴직연금 교육이 퇴직연금 수익률에 상당히 중요한 역할을 하기 때문에 가입 근로자들은 퇴직연금 교육에 적극적으로 참여할 필요가 있다. 또한 정부와 사업주에게 제도적 개선을 요구함과 더불어, 제도개선 이전이라도 개인적으로 투자 관련 공부를 하여 수익률을 높일 수 있도록 해야 한다.

그리고 투자 관련 공부를 한다고 바로 투자를 할 수 있는 것은 아니므로 적은 금액을 가지고 투자하여 수익률을 높이는 경험을 하는 것이 중요하다. 그리고 실적배당형으로 전환하여 투자할 때는 해당 투자 관련 리스크를 충분히 이해하고 고려해야 한다.

03 개인연금으로 안정된 은퇴소득의 확보

세제혜택용 상품 이상의 의미를 가진 개인연금

1988년 국민연금의 도입에 이어 1994년에는 세제적격형税制適格型 개인연금이 퇴직연금제도에 앞서 도입되었다. 세제적격형 개인연금은 국민연금과 같은 제도라기보다는 상품의 형태이다. 세제적격형 개인연금이 도입되기 전에도 별도의 세제혜택이 부여되지는 않았지만 개인연금이 판매되고 있었다.

세제적격형 개인연금도 1994년에 도입된 개인연금저축과 2001년에 도입된 연금저축, 그리고 2013년 도입된 연금저축계좌신연금저축이라고도 함로 바뀌어 왔다.

개인연금저축 상품은 2000년 12월에 판매가 중단되었고, 연금저축은 2013년 소득세법 개정으로 연금저축계좌로 통합되었기 때문에 현재는 연금저축계좌 상품만 판매되고 있다.

연금저축계좌 상품은 연간 4백만 원 한도 내에서 낸 보험료의 13.2%에 해당하는 금액을 세액공제 받을 수 있다. 다만 총급여액이 1억 2천만 원 또는 종합소득이 1억 원을 초과하면 3백만 원 한도가 적용된다. 그런데 총 급여액이 5,500만 원 또는 종합소득이 4천만 원 이하인 경우에는 납입액의 16.5%를 세액공제받을 수 있다. 연금저축계좌에 대한 세액공제는 5년간 의무납입을 해야 하며 10년 이상 연금을 의무적으로 수령해야 한다. 그렇지 않고 중도해지하거나[16] 일시금으로 수령할 경우 세율 16.5%의 기타소득세가 부과된다.

별도의 세제혜택이 부여되지 않는 일반연금 상품도 있는데, 이 상품들은 소득세법상의 세액공제 대상이 되지 않기에 세제비적격稅制非適格 상품이라고 한다. 다만 10년 이상 계약을 유지할 경우 이자소득에 대한 과세가 면제된다. 금융소득 종합과세의 대상이 되지 않으므로 절세 차원에서 많이 이용하기도 한다.

금융감독원에 따르면 개인연금의 적립금은 2020년 말 기준으로 364조 9천억 원이며, 공적·사적연금 전체국민연금. 퇴직연금. 개인연금 적립금 1,454조 1천억 원의 25.1%를 차지하고 있다. 개인연금 중 세제적격 연금의 적립금은 151조 7천억 원으로 41.6%를 차지하고 있고 세제비적격 연금의 적립금은 213조 2천억 원으로 전체 개인연금의 58.4%를 차지하고 있다.[17]

개인연금에 가입할 때는 가입하려는 상품의 특성을 잘 알고 가입하여야 한다. 먼저 세제적격 개인연금은 금융기관별로 상품의 명칭이 다른데, 은행에서 판매되는 상품은 신연금저축신탁, 보험회사의 상품은 신연금저축보험, 그리고 금융투자회사의 상품은 신연금저축펀드라 한다.

이들 상품은 본질적인 구조는 같지만 신연금저축보험은 연금수령 개시일 이전에 사망이나 장애 등의 사고발생 시 보험금 지급 등의 보장기능이 추가되어 있다. 신연금저축펀드는 가입자의 납입액이 펀드에 투자되어 수익의 변동성이 클 수 있다. 신연금저축보험과 신연금저축펀드 간에는 계약을 관리하는 데

드는 비용을 공제하는 방식에 차이가 있는 점도 유의할 필요가 있다.

신연금저축보험은 계약체결비용 이외에 계약관리비용으로 매월 보험료의 일정 비율을 공제한 후에 투자하므로 계약자가 납입한 보험료보다 적은 원금으로 투자하는 구조를 가지고 있다. 이에 반해 신연금저축신탁과 신연금저축펀드는 판매보수는 선취 또는 후취로 이루어지며 운용보수는 매 기말에 투자성과를 반영한 금액에 수수료율을 적용하여 공제된다.

따라서 신연금저축보험은 신연금저축펀드에 비해 초기에는 수수료율이 높고 투자원금이 작으나 기간이 경과하면 수수료율이 낮아지는 경향을 보이며, 신연금저축신탁과 신연금저축펀드는 기간이 경과하면 적립금의 규모가 커지면서 수수료로 지급하는 금액도 커지게 된다.

이러한 상품의 특징을 잘 알고 가입해야 하며 중도해지 시에는 손실을 입을 수 있는 점도 고려해야 한다. 만약 가입한 세제적격 개인연금이 계약기간 중 가입한 금융회사의 재무건전성, 운용수익률 성과 등의 측면에서 만족스럽지 못할 경우 계약이전제도를 활용하여 일부 예외적인 경우를 제외하고는 금융회사를 바꿀 수 있다.

세제적격 개인연금 상품의 적립금 기준으로 금융권역별 판매 비중을 보면 2020년 말 기준으로 보험이 109조 7천억 원72.3%, 신탁은 17조 6천억 원11.6%, 펀드가 18조 9천억 원12.5%, 우체국예금보험 등 기타가 5조 5천억 원3.6%을 차지하고 있다.

그리고 세제비적격 연금보험 상품은 거의 모든 생명보험회사에서 다양한 이름으로 판매하고 있다. 세제비적격 연금보험 상품의 이자지급 방식에 따라 확정금리형, 변동금리형, 변액·신탁형으로 분류되기도 한다. 세제비적격 연금의 적립금을 기준으로 금융권역별 판매 비중을 보면 2020년 말 기준으로 보험이 213조 2천억 원이다.[18]

현재 대부분의 사람들은 개인연금을 세제 혜택을 목적으로 가입하고 있는데, 가입률이 그다지 높지 않은 편이다. 〈그림 5-5〉에서 보듯이 2019년 말 기준으로 세제적격 연금저축의 소득계층별 가입률을 근로소득 연말정산 신고자

그림 5-5 **근로소득자의 연금저축계좌 가입 인원 및 가입률**

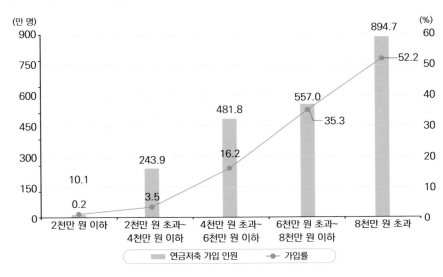

주: 가로 축은 근로소득 금액
자료: 국세청, 국세통계연보 2020, 2021.

대상으로 살펴보면, 총급여 2천만 원 이하 0.2%, 2천만 원 초과 4천만 원 이하 3.5%, 4천만 원 초과 6천만 원 이하 16.2%, 6천만 원 초과 8천만 원 이하 35.3%, 8천만 원 초과 52.2%로 나타났으며, 전체 평균 가입률은 11.4%이었다.

연금저축계좌 가입자 수를 과세대상 근로소득 구간별로 살펴보면, 총급여 2천만 원 이하 0.5%, 2천만 원 초과 4천만 원 이하 11.1%, 4천만 원 초과 6천만 원 이하 22.0%, 6천만 원 초과 8천만 원 이하 25.5%, 8천만 원 초과 40.9%로 나타났다.

연금저축은 저소득층일수록 가입률이 낮고 고소득층일수록 가입률이 높다. 이러한 점은 개인이 개인연금을 가입할 소득여력이 충분하지 않고, 세제 혜택만으로는 저소득층이 개인연금을 가입하게 하는 유인으로서 충분하지 않기 때문이다. 그리고 연금저축을 가입했다 하더라도 저소득층보다는 고소득층일수록 가입금액이 큰 경향을 보였으며, 총 급여가 4천만 원을 초과하면 최소한 2백만 원 이상의 금액을 납입하였다.

또한 개인연금저축의 2020년 평균 수익률은 가입 상품별로 큰 차이를 보여 1.65~17.25% 수준으로 나타났는데, 17.25%의 수익률을 보인 연금펀드를 제외한 모든 연금저축상품의 평균 수익률이 1.65~1.77%로 나타났다. 이러한 결과는 2020년 6월 기준 79개 저축은행의 12개월 정기예금 금리 평균 연 1.91%와 12개월 적금 금리 평균 연 2.50%를 밑돌았다. 그러나 납입금액에 대한 세액공제 효과와 연금소득세를 고려할 경우 모든 연금저축상품의 평균 수익률이 적금 수익률을 상회한다. 그렇다 하더라도 매년 연금펀드와 수익률이 크게 차이가 나는 것을 고려하여 위험관리를 할 수 있는 범위에서 투자성을 강화할 필요가 있다.

개인연금에 더 많은 소득 투입

개인연금은 국민연금과 퇴직연금에 추가하여 충분한 노후소득을 마련하기 위한 것이므로 자신의 소득 중에서 일정 비율을 개인연금에 가입할 필요가 있다. 국민연금과 퇴직연금만으로 노후소득이 충분하게 확보되지 않기 때문이다. 개인별로 자신이 받게 될 국민연금과 퇴직연금 금액을 확인해 보면 노후소득의 현금 흐름이 적절한지 여부를 확인할 수 있으므로 부족할 경우 개인연금으로 보충해야 한다. 물론 가계의 재정수지가 적자인 상황에서 무리할 수는 없지만 그렇지 않다면 저축금액의 일부를 개인연금에 가입하는 것이 필요하다.

2018년 중 계약당 연간 납입 금액은 235만 원으로 연간 연금저축 세액공제 한도인 400만 원 이하 납입계약이 대부분90.0%을 차지하고, 400만 원 초과 납입계약은 10.0%에 불과하였다.[19]

한편 2018년 5월에 일반인 1,500명을 대상으로 설문조사를 행한 결과에 따르면, 개인연금 가입자의 절반 이상이 1개 이상의 연금상품에 중복해서 가입하고 있었는데, 개인형 IRP 가입자가 다른 개인연금 상품에 중복해 가입하고 있는 비중이 가장 높게 나타났다.[20]

물론 당장에 지출해야 할 곳이 많은데 미래를 위해 저축할 만한 여력이 되

그림 5-6 연금저축 납입액별 분포(2017년, 2018년)

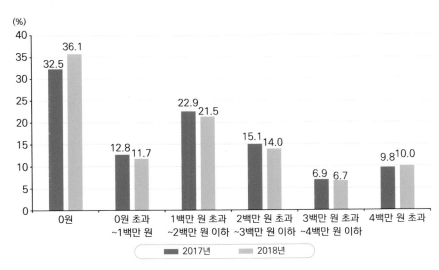

주: 가로 축은 납입금액
자료: 금융감독원, 2018년 연금저축 현황 분석 결과, 2019. 4. 10.

지 않아서, 또는 세제혜택이 줄어들어 실망했기 때문에 납입금액이 적을 수도 있다. 다만 납입금액이 적으면 그만큼 연금액도 적어 노후소득이 부족할 수밖에 없으므로 개인연금을 늘려 나가는 노력을 해야 한다.

아는 만큼 보이는 개인연금

연금펀드의 수익률이 연금신탁이나 연금보험에 비해서는 높은 것으로 나타났으므로 수익률을 높이려면 연금펀드를 활용하는 것이 적절하다. 다만 연금펀드의 경우 수익률의 변동성이 크고 경우에 따라서는 원금손실 가능성이 있으므로 위험관리를 적절히 하면서 운용해야 한다.

연금저축에 가입했다 하더라도 해지하는 비율이 낮지는 않다. 2020년의 경우 연금저축 해지계약 건수는 총 27만 9천 건으로 2019년에 비해서는 3천 건이 늘었으나 2017년의 32만 6천 건에 비해서는 크게 감소하였다. 해지 사유를 보면 일시금 수령 등 임의해지가 96.7%를 차지하고 소득세법상 부득이한 사유로 인한 해지는 3.3%였다.

그런데 중도해지를 하면 세제혜택을 받은 납입금액과 운용수익에 대해 16.5%의 기타소득세_{지방세 포함}를 부담해야[21] 하므로 특별한 사유가 없으면 중도해지를 하지 않는 것이 좋다. 다만 천재지변, 가입자의 사망, 가입자의 개인회생 또는 파산선고, 가입자의 해외이주, 가입자 및 그 부양가족의 3개월 이상의 요양, 금융기관의 영업정지, 파산 등 부득이한 사유로 해지 시에는 사유확인_{발생}일로부터 6개월 이내 신청할 경우 연금수령 시 과세와 동일하게 3.3~5.5%의 세율이 적용된다.

연금저축을 만기까지 잘 유지했다 하더라도 퇴직연금과 마찬가지로 적절한 인출전략을 갖는 것이 필요하다. 2020년의 경우 수령형태를 기준으로는 확정기간형이 전체의 62.6%를 차지하며, 이어 종신형_{34.0%}, 확정금액형_{3.0%}, 기타_{0.4%} 등의 순이었다. 수령기간을 기준으로는 확정기간형 계약 중 연금개시 계약의 대부분인 88.6%가 10년 이하를 선택한 가운데 연금수령 최소기간인 5년을 선택한 계약도 54.1%를 차지하였다.[22]

2018년을 기준으로 확정기간형을 선택한 연금의 평균 연금수령 기간은 6.8년으로 2017년과 동일했으나 수령기간이 10년이 넘는 계약의 비중은 9.8%로 2017년의 9.1%에 비해 높아졌다. 연금저축 가입자의 계약당 연금수령액은 연간 308만 원_{월평균 26만 원}으로 전년의 299만 원_{월평균 25만 원} 대비 3.2%인 9만 원이 증가하였다. 연간 수령액의 분포를 보면 200만 원 이하 및 200~500만 원인 계약이 각각 51.3%, 29.3%에 해당하는 등 500만 원 이하가 대부분_{80.5%}을 차지하는 반면, 1,200만 원 초과 계약은 2.4%에 불과하였다.[23]

그런데 연금을 받더라도 확정형으로 받느냐 종신형으로 받느냐에 따라 적용되는 세율이 다르다. 확정형의 경우에는 연금수령일 기준 55~69세 동안은 5.5%, 70~79세 동안은 4.4%, 80세 이상이면 3.3%가 적용된다. 종신형의 경우에는 55~79세 동안은 4.4%, 80세 이상이면 3.3%가 적용된다. 그리고 공적연금을 제외한 사적연금 수령액이 1,200만 원을 초과할 경우에는 종합과세된다. 따라서 세제상으로는 종신형을 우대하는 것을 알 수 있으므로 자신의 다른 조건을 고려하여 특별히 다른 이슈가 없다면 종신형을 선택하는 것이 나을 수 있으나 각 유형별로 연금 수령 기간 중 사망할 경우 상속에 대해서도 고려해야 한다.

04 실물자산을 은퇴소득으로 전환하기

우리나라 고령자들은 자산 포트폴리오가 부동산에 많이 쏠려 있어 자산을 쉽게 현금화하기 어려우므로 경제력을 갖춘 사람들이라고 해서 고민이 없는 것은 아니다. 예를 들면, "나도 오래 살 텐데 언제 집을 물려주어야 하나?"[24]와 같은 것이다. 수명이 길어지면서 자녀 등 후손에게 집을 물려주는 데 있어 주저하는 현상이 확산되고 있는데, 집을 물려주지 않겠다는 고령자가 갈수록 늘고 있다.

주택금융공사가 2017년에 주택을 소유한 55~84세의 3천 가구와 주택연금을 받는 1천 200가구를 대상으로 한 「주택연금 수요실태조사」의 결과에 따르면, '예비 노년가구'로 표현한 55~59세 300가구에서 44.7%가 노후에 집을 물려주지 않겠다는 응답을 보였다. 이는 한 해 전 39.1%에 비해 크게 높아진 수치이다.

주택연금과 농지연금은 국민연금 수급액이 적거나 기존에 사적연금에 가입한 금액이 적어 노후소득이 충분하지 않은데 주택이나 농지를 소유하고 있을 경우 활용할 수 있다. 주택연금과 농지연금은 자산을 유동화시켜 소득을 발생시키는 제도이면서 여러 가지 혜택이 있기 때문에 매각하여 소득을 얻는 것에 비해 장점이 있다.

주택연금을 잘 활용하기 위한 팁

우리나라에서 정부 보증이 제공되는 주택연금 제도가 도입된 것은 2007년이다.25 주택연금은 근저당권 신청일 현재 주택소유자 또는 배우자가 만 55세 이상인 대한민국 국민이 자신이 소유한 공시가격 등26 기준 9억 원 이하의 주택27을 담보로 제공하고 한국주택금융공사가 발급한 보증서를 가지고 금융기관으로부터 일정 금액을 일정 기간 또는 종신토록 받다가, 사망 시 담보자산을 매각하여 그동안 지급받은 연금과 이자를 일괄 상환하는 제도이다.

평생 동안 가입자 및 배우자 모두 주택연금 가입 주택에서 종신토록 거주할 수 있는데, 주택 소유자가 중도에 사망할 경우 그 배우자가 채무인수를 하여야 계속하여 주택연금을 지급받을 수 있다.28 주택연금을 이용하려면 주택연금 가입 주택을 가입자 또는 배우자가 실제로 거주지로 이용하고 있어야 한다.29

다만 ① 오피스텔주거 목적 오피스텔 제외, 상가, 판매 및 영업시설, 전답, ② 자녀, 형제 등 제3자가 소유한 주택, ③ 기타 부동산전답, 임야, 나대지, 잡종지 등 또는 분양권, ④ 등기되지 않았거나 대지와 건물의 소유주가 다른 주택, ⑤ 경매, 압류, 가압류, 가처분 등 권리 침해가 있는 주택은 주택연금 가입이 불가능하다.

금융기관에서 주택소유자 등에게 지급하는 주택연금에 대해 적용되는 대출 기준금리는 고객과 금융기관이 협의하여 3개월 CD금리와 신규취급액 COFIX 금리 중 한 가지를 선택할 수 있다. 적용금리는 기준금리+가산금리이며, 이자는 매월 연금지급총액대출잔액에 가산되므로 가입자가 직접 현금으로 납부할 필요가 없다.

대출상환방식의 경우 대출 가산금리가 0.1%p 인하되며, 가입 이후에는 대출 기준금리 변경이 불가능하다. 따라서 금리가 인하 또는 인상될지 여부를 충분히 고려해야 하며, 매월 이자를 상환하지 않고 가입자 사후에 정산하는 경우 매월 상환하는 것에 비해 이자부담이 커질 수 있음에 유의해야 한다.

주택연금의 월지급금 지급방식으로는 종신방식, 확정기간방식, 대출상환방식, 우대방식이 있다. ① 종신방식은 월지급금을 금액 변동 없이 종신토록 지급받는 방식인데, 인출한도 설정 없이 월지급금을 종신토록 지급받는 종신지급방식과 인출한도대출한도의 50% 이내 설정 후 나머지 부분을 월지급금으로 종신까지 지급받는 종신혼합방식이 있다.

② 확정기간방식은 고객이 선택한 일정 기간만 월지급금을 지급받는 방식

인데, 수시인출한도 설정 후 나머지 부분을 월지급금으로 일정 기간만 지급받는 방식은 확정기간혼합방식이라 한다.

③ 대출상환방식은 주택담보대출 상환용으로 인출한도대출한도의 50% 초과 90% 이내 범위 안에서 일시에 찾아 쓰고 나머지 부분을 월지급금으로 종신까지 지급받는 방식이다.

④ 우대방식은 주택소유자 또는 배우자가 기초연금 수급자이고 부부 기준 1.5억 원 미만 1주택 보유자가 종신방식정액형보다 월지급금을 최대 23% 우대하여 지급받는 방식이다. 인출한도를 설정하지 않고 우대받은 월지급금을 종신토록 지급받는 우대지급방식과 인출한도대출한도의 45% 이내를 설정한 후 나머지 부분을 우대받은 월지급금으로 종신토록 지급받는 우대혼합방식이 있다. 이용기간 중에 종신지급과 종신혼합 간, 우대지급과 우대혼합 간, 그리고 우대형 전환 요건30을 모두 충족한 경우 종신지급혼합에서 우대지급혼합으로 변경가능하다.

한편 월지급금 지급유형은 종신 방식의 경우 정액형과 전후후박형 중에서 선택할 수 있고, 확정기간방식, 대출상환방식, 우대방식은 정액형만 선택할 수 있다. 정액형은 집값이 하락해도 평생 동안 월지급금의 변화가 없는 방식인데, 전후후박형은 월지급금을 가입 후 10년간 많이 받다가 11년이 되는 해부터 최초 월지급금의 70%만 받는 방식이다. 이러한 연금을 받기 위해 주택연금 가입자는 가입 당시 초기 보증료로 주택가격의 1.0%와 연보증료로 연금지급총액의 연 1.0%를 지불한다.

주택연금액은 가입자의 연령부부의 경우 나이가 적은 사람 기준과 주택가격의 크기에 따라 달라진다. 따라서 나이가 많을수록, 주택가격이 높을수록 더 많은 연금을 받을 수 있다. 한국주택금융공사의 예시 자료에 의하면 2021년 2월 기준으로 나이가 70세로 같은 부부가 가격이 6억 원으로 평가되는 일반주택을 담보로 종신지급방식 '정액형' 주택연금에 가입하면 생존하는 배우자가 이 아파트에서 거주하며 사망할 때까지 매월 184만 3천 원을 지급받을 수 있다. 또 10년이라는 기간 동안 확정기간형으로 주택연금을 받기로 한다면 매월 318만 2천 원을 받는다.

표 5-4 **주택연금 유형별 비교**

구분	일반 주택연금	내집연금 3종 세트		사전예약 보금자리론
		주택담보대출 상환용 주택연금	우대형 주택연금	
보유주택수 및 자격 (부부기준)	공시가격 등이 9억 원 이하 1주택자 또는 공시가격 등의 합산가격 9억 원 이하 다주택자 ※ 9억 원 초과 2주택자는 3년 이내 비거주 1주택을 처분하는 조건으로 가입 가능		주택소유자 또는 배우자가 기초연금 수급자, 1주택자	부부 중 1명이만 40세 이상
주택가격	공시가격 등이 9억 원 이하		1억 5천만 원 미만	
지급방식	종신지급/종신혼합/확정혼합방식	대출상환방식	우대지급/우대혼합방식	u-보금자리론을 신청하면서 주택연금 가입을 사전예약하고, 주택연금 가입 연령에 도달 시 주택연금으로 전환(55세 이후 전환 희망하는 경우)
지급유형	정액형/전후후박형 (지급유형 변경 가능)	종신 정액형만 가능 (지급유형 변경 불가)		
인출한도	연금지급한도의 50% 이내 수시인출	연금지급한도의 50% 초과 90% 이내 일시인출	연금지급한도의 45% 이내 수시인출	
인출한도 용도	대부분의 노후 생활비 용도 단, 확정기간혼합방식 의무설정한도는 주택관리비, 의료비 용도로만 사용	주택담보대출 상환용으로만 사용 가능	대부분의 노후생활비 용도	
보증료율	초기보증료 1.5% 연보증료 0.75%	초기보증료 1.0% 연보증료 1.0%	초기보증료 1.5% 연보증료 0.75%	주택연금으로 전환 시 우대금리(0.15%p 또는 0.3%p) 누적액을 전환장려금으로 일시에 지급
고객 인센티브	-	대출금리 0.1%p인하	일반 주택연금 대비 월지급금 최대 23% 증가	
중도상환 수수료	주택연금과 주택담보대출 은행이 동일한 경우, 대출상환금액에 대한 중도상환수수료 면제		-	
SGI 연계 신용상품	-	인출한도 전액 사용 시 가입가능	-	

자료: 한국주택금융공사 홈페이지, hf.go.kr

재건축, 재개발, 리모델링 시에도 주택연금을 계속해서 받을 수 있으며, 이를 위해서는 재건축 참여 입증 서류 제출 등 주택금융공사의 요구사항을 따라야 한다.

주택연금 이용자에게 제공되는 세제 혜택으로는 저당권 설정 시 등록면허세설정금액의 0.2%를 ① 주택공시가격 등이 5억 원 이하인 1가구 1주택자 75% 감면하고, ② 위의 ①에 해당하지 않는 자에 대해 등록면허세액이 400만 원 이하인 경우 75% 감면, 400만 원 초과하는 경우 300만 원을 공제한다. 또한 농어촌특별세등록세액의 20% 면제, 국민주택채권설정금액의 1% 매입 의무 면제가 있다. 이용 시에는 주택연금 대출이자비용의 소득공제연간 200만 원 한도 내와 재산세본세의 25% 감면이 있다.

한편 연금을 지급하는 동안 거래 금융회사가 파산할 경우 정부는 남은 기간 동안의 연금지급을 책임진다. 나중에 부부 모두 사망하게 되면 주택을 처분해서 정산하는데, 주택연금 담보주택의 가격 평가는 ① 한국부동산원의 인터넷 시세, ② KB국민은행 인터넷 부동산 시세, ③ 국토교통부에서 제공하는 주택공시가격, ④ 주택금융공사와 협약을 체결한 감정평가기관의 최근 6개월 이내 감정평가액을 순차적으로 적용한다.[31] 이러한 절차를 거쳐 결정된 주택처분금액이 연금지급총액[32]보다 적더라도 상속인에게 청구하지 않으며, 반대로 주택처분금액이 연금지급총액보다 크면 상속인에게 돌려준다.

그리고 주택연금을 이용하다 중도해지하는 경우에는 해지자는 별도의 중도상환 수수료를 내지는 않으나 초기보증료담보주택가격의 1~2%는 환급되지 않으며, 연보증료보증잔액의 0.5~1%는 잔여기간 확인 후 돌려받는데 월 수령액, 대출이자를 모두 상환해야 한다. 또한 해지일로부터 3년 동안 동일한 주택을 담보로 다시 가입할 수 없는 점에 유의해야 한다. 다만, 같은 주택이라 하더라도 재가입 시점의 주택 평가액이 직전 가입시점의 주택 평가액에 직전 가입시점의 주택가격 상승률을 적용한 가액보다 낮거나 같은 경우와 다른 주택일 경우에도 바로 재가입이 가능하다.

이러한 불이익에도 불구하고 주택가격 급상승과 함께 해지건수가 급격히

그림 5-7 **주택연금 연간 누적 가입자 수**

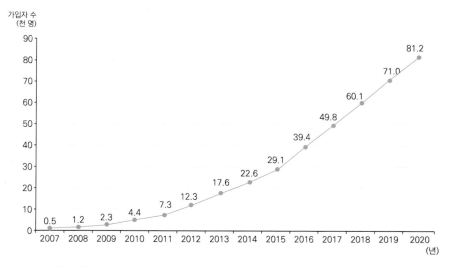

주: 최초 가입시점 기준
자료: 한국주택금융공사 홈페이지, hf.go.kr

증가하여 2020년에 3,826건으로 최고치를 기록하였는데, 2019년 2,287건 대비 67.3%의 증가율을 기록했다. 자신의 주택이 담보가치를 낮게 평가받았다고 생각했기 때문인데, 해지를 하려면 주택가격 상승 가능성과 함께 해지 시 부담해야 할 불이익을 종합적으로 고려하여 판단해야 한다.

주택연금 제도는 공적 보증, 낮은 대출금리, 세제 지원 등의 다양한 혜택이 있기에 주택자산의 비중이 높고 고정소득이 미흡한 은퇴자들의 노후복지에 유용할 것으로 기대된다. 제도 시행 초기에는 활용도가 미미하였지만 고령인구의 빠른 증가세, 은퇴부부 중심의 생활 및 노년부양에 대한 가치관의 변화 등 사회적 변화와 적극적인 홍보에 힘입어 괄목할 만한 성장세를 보여 2020년 기준으로 누적 가입자 수가 8만 명을 넘겼다. 이에 따라 연금지급액은 2007년 44억 원, 2008년 230억 원에 불과하였으나 신규 계약의 증가에 따라 2020년에는 1조 2,105억 원으로 급속히 증가하였다주택금융공사 주택금융통계.

그런데 주택연금이 연금의 형태로 지급되기는 하지만 나중에 연금지급총액을 상환해야 하는 대출이라는 점을 고려할 때 주택담보대출이나 매각 후 민간 개인연금 가입과 비교하여 선택할 수 있다. 두 상품이 같은 대출이라 하더라도 담보대출은 일시금으로 지급되는 반면에 주택연금은 매월 분할지급되고, 대출기간도 담보대출은 유기한인 반면에 주택연금은 평생 동안으로 기간이 확정되지 않고 가변적이다.

상환방법으로 담보대출이 원리금을 분할상환하는 등 다양한 방법이 있는 것과는 달리 주택연금은 수령자가 사망 시 일시에 상환된다.[33] 계약이 종료되면 담보대출은 상환이 완료되어 주택을 처분할 필요가 없지만, 주택연금은 원칙적으로 주택을 처분하여 상환하게 되어 있다.

물론 주택연금도 주택을 처분하지 않고 별도의 자금으로 직접 상환하면 근저당권이 말소되므로 담보주택은 상속인에게 상속된다. 주택금융공사의 자료에 따르면 주택연금 가입이 주택을 매도하거나 월세로 전환하여 발생하는 자금으로 생활하는 경우에 비교하여 유리하다고 예시하고 있다.[34]

주택을 상속하지 않고 주택연금을 가입할지 여부를 결정할 때는 주택소유자의 자산구성과 노후소득 흐름이 중요한 요소이다. 주택이 한국사회에서 갖는 의미와 주거공간이라는 점을 고려할 때 아무리 주택연금에서 거주를 보장해 준다 하더라도 처분의 우선순위가 높지는 않을 것이며 다른 금융자산을 먼저 처분하려 할 것이기 때문이다. 실증적 연구에 따르면 자산규모가 큰 고령자는 주택을 상속할 유인이 높고, 직업을 갖고 있지 않거나 주택대출이 있는 고령자는 주택을 상속하지 않으려는 경향이 있는 것으로 나타났다.[35]

주택연금을 가입하기로 결정하더라도 가입 당시 주택가격도 고려하게 되는데, 이는 주택연금이 다른 대안에 비해 경제적으로 자신에게 유리한지 여부를 판단하기 때문이다. 이 경우 현재의 주택가격이 높으면 연금 가입에 긍정적 영향을 미치는 반면에, 오히려 가입자에게 유리한 상황인 미래에 주택가격이 하락할 것으로 예상하는 것은 주택연금 가입에 유의미한 영향을 미치지 않는 것으로 나타났다. 이는 미래에 주택가격이 떨어져 수령한 연금지급총액이 주택가격보다 커서 결과적으로 이익을 볼 수 있을 것이라는 것에 대한 판단보다는 연금 가입

시 주택연금의 필요성과 연금액을 더 중시한다고 볼 수 있다.

한편 주택연금과는 달리 연금형 희망나눔 주택이 2018년 11월부터 시범사업으로 시작하여 2019년 8월부터는 본사업으로 실시되고 있다. 연금형 희망나눔 주택은 고령자가 주택을 한국토지주택공사에 매도하여 매각 대금을 매월 연금방식으로 지급받고, 필요시 한국토지주택공사가 제공하는 매입임대공공리모델링 포함 및 전세임대주택에 입주할 수 있도록 하는 제도이다.36

이 제도는 주택연금과 달리 주택의 소유권이 한국토지주택공사에 이전되므로 주택가격의 상승 가능성이 클 때는 신중하게 결정해야 한다. 그리고 새로운 거주지를 구해서 이사를 해야 하므로 관련 비용 등을 종합적으로 고려해야한다. 최근에는 주택가격이 급등한 지역이 많았기 때문에 실적이 지지부진한 것으로 알려졌다.37

한국토지주택공사는 고령자로부터 매입한 도심 내 노후 주택 한 채를 리모델링·재건축 후에 저소득층 청년 및 고령자 등에게 8~12호의 공공임대주택으로 공급한다. 신청자격은 감정평가 기준 9억 원 이하의 단독주택 또는 다가구 주택을 보유한 1주택자부부 중 1명이 65세 이상로 한정되는데, 한국토지주택공사는 해당 주택의 입지 등 공공임대주택으로 공급가능성을 검토하여 매입 여부를 결정한다. 이때, 주택 가격은 공인감정평가기관 2곳에서 감정평가한 평가액의 산술평균액으로 결정한다.

그리고 주택을 매각하는 고령자는 주택대금의 원리금 균등분할 지급기간을 10~30년 사이에서 선택할 수 있다.38 이때 이자는 해당 시점의 잔금에 대해 복리로 계산되며, 금리는 1년 단위로 재산정된다.39 연금을 매월 지급받지만 목돈이 필요할 경우 연 2회에 한하여 일부 금액을 중도에 지급받을 수 있는데, 중도지급이 가능한 금액은 신청 시점 미지급 잔금의 50% 이내이다.40

70세인 고령자가 3억 원의 주택을 소유하고 있는데 이를 연금형 희망나눔 주택으로 매각하여 10년 동안 연금을 수령하려고 할 경우 2018년 말 기준으로 매월 약 276만 원을 받게 되어한국토지주택공사 예시 금액, 주택연금에 비해서는 더 많은 금액을 받을 수 있다. 그러나 연금액을 계산할 때 금융투자협회에서 고시한 5년 만기 국고채 최종 호가 수익률의 전년도 12월 평균금리를 기준으로 1년마다 변동하여 적용하므로 금리 하락기에는 연금액이 줄어들 수 있다.

따라서 은퇴설계를 할 때는 이러한 점들과 함께 자신의 다른 경제적 상황과 재무 목표를 같이 고려하여 적합한 방식을 선택하여야 한다.

농지연금을 잘 활용하기 위한 팁

주택연금과 유사한 개념의 농지연금제도는 농촌지역의 고령 농업인을 위해 2011년에 도입되었다. 농지연금은 농지자산을 유동화하여 노후생활자금이 부족한 고령 농업인의 노후생활 안정을 지원하고자 하는 목적이 있다.

농지연금을 받을 수 있는 자격은 부부 모두 만 65세 이상이고, 영농 경력 5년 이상의 농업인이어야 한다. 지원 대상자로 선정되면 농업인은 한국농어촌공사에 농지를 담보로 제공하고, 공사는 농지에 저당권을 설정하여 농지관리기금을 재원으로 고령 농업인에게 농지연금을 매달 지급하게 된다. 농지연금제도는 농지가격이 떨어져도 약정 시 정한 월지급금을 평생 동안 지급하는데, 약정 시 산정된 월지급금은 이미 농지가격 하락위험을 감안하여 설계되었으므로 가입자는 이에 대하여 추가로 담보농지를 제공할 의무가 없다.

농지연금 지급방식은 살아 있는 동안 지급받는 '종신형', 일정 기간5년/10년/15년 동안 지급받는 '기간형', 가입 초기 10년 동안 더 많은 월지급금 지급하는 '전후후박형', 대출한도액의 30%까지 인출할 수 있는 '일시인출형', 지급기간 만료 후 담보농지를 공사에 매도할 것을 약정하고 일반형보다 최고 약 27% 더 많은 월지급금을 수령하는 '경영이양형'이 있다.

월지급금의 상한액은 3백만 원으로, 농지가격, 가입연령, 지급방식 등에 따라 결정된다. 담보물의 평가율은 개별 공시지가의 100% 또는 감정평가의 90%이다. 담보농지는 직접 경작 또는 임대를 통해 연금 이외 추가적인 소득을 창출하는 것이 허용된다. 농지연금을 가입하면 6억 원 이하 농지에 대해서는 재산세가 전액 감면되며, 6억 원 초과 농지는 6억 원까지는 재산세가 감면된다.

대출이자율은 2%의 고정금리와 농업정책자금 변동금리대출의 적용금리인 변동금리 중에서 선택할 수 있는데, 변동금리는 최초 월지급금 지급일로부터 매 6개월 단위로 재산정된다. 따라서 두 가지 중 무엇을 선택할지는 금리의 장기적 변화를 고려해야 한다. 언제든지 채무_{월지급금 총액+위험부담금+이자}를 상환한 후 약정을 해지할 수 있는데, 수급자 또는 상속인이 연금채무를 임의상환하면 담보농지의 근저당권은 말소된다.

그러나 채무 미상환 시에는 담보농지에 대한 임의 경매를 실시한다.[41] 임의 경매 시에는 담보농지 처분금액으로 연금 채무를 회수하고 잔여금액은 가입자 _{또는 상속인}에게 상환한다. 연금채무 상환 시 담보 농지 처분으로 상환하고 남은 금액이 있으면 상속인에게 돌려주고, 부족하더라도 더 이상 청구하지 않는다. 또한 농지연금을 받던 농업인이 사망한 경우 배우자가 담보 농지의 소유권 이전등기와 농지연금 채무의 인수를 마치면 농지연금을 승계해 받을 수 있다.

농지연금은 2011년 출시 후 2020년 말까지 1만 7,098건이 가입되었다. 2020년 기준으로 가입자가 수령하는 평균 월지급액은 107만 8천 원으로, 종신형은 1백만 3천 원, 기간형은 119만 1천 원으로 나타났다. 그리고 담보농지의 평균가격은 2억 3,200만 원이고, 담보농지 평균면적은 3,635㎡인 것으로 나타났다.[42]

주택연금과 농지연금의 이용과 상속 문제

주택연금과 농지연금을 이용할 때는 경제적 요소 이외에도 주택 또는 농지의 상속을 둘러싼 비경제적 요소도 같이 고려해야 한다. 사실 재산은 부모의 소유이지만 자녀들이 이를 상속받을 것을 기대하고 있다면 주택연금이나 농지연금에 가입하는 것을 계기로 부모와 자녀의 관계가 멀어질 가능성이 있기 때문이다.

주택금융공사가 2017년에 주택을 소유한 55~84세 3천 가구와 주택연금을 받는 1,200가구를 조사한 결과 60세 이상의 27.5%는 자신의 집을 물려주지 않겠다고 답했는데, 이러한 '보유주택 비상속 의향' 비중은 지난 2015년 24.3%, 2016년 25.2%에 이어 상승하는 추세를 보였다. 또한 55~59세 가구 역시 집을 물려주지 않겠다는 비중은 2016년 39.1%에서 2017년에 44.7%로 높아졌다.

그리고 2019년에 가구주 또는 배우자의 연령이 만 20세 이상인 5천 가구유주택 3,104가구, 무주택 1,896가구를 대상으로 설문조사를 한 결과에 따르면, 주택상속 의향이 없는 가구는 17.9%로 2017년의 조사결과21.5%와 2018년의 조사결과 21.6%에 비해 낮아졌다. 주택상속의향이 없는 가구를 세분하여 보면 유주택자는 15.3%인 반면에 무주택자는 22.2%였다.

보유주택 비상속 의향의 비중이 낮아지고 있는 이유가 조사되지 않아 정확한 이유는 확인하기 어렵지만, 주택가격의 급등으로 자녀들의 주택 마련의 어려움을 고려한 것으로 추측된다. 실제로 부모들 중에는 자녀와의 관계를 고려하여 주택연금이나 농지연금에 가입하기를 꺼리는 경우도 여전히 많이 있다.[43] 농지연금의 경우 가입했다 하더라도 중도에 해지하는 경우가 많이 발생하는데, 2018년 8월 말 기준 누적가입자 1만 579명 중 3,468명32.8%이 연금을 포기한 것으로 나타났다.

해지한 사유 가운데 가장 높은 비율을 차지하는 것은 '자녀문제'였는데, 연금을 해지한 사람의 27.9%967명가 자녀의 연금 가입 반대745명나 자녀상속222명을 이유로 연금을 해지했다.[44] 또한 주택연금의 경우에는 자녀에게 상속하지는 않더라도 배우자가 어리면 배우자의 생계를 고려하여 상속의향이 낮은 것으로 나타났다.

따라서 주택연금이나 농지연금을 이용하기 전에 가족들과 다양한 대안을 두고 충분히 검토하고 상의하는 것이 불화를 줄일 수 있는 방법이 될 수 있다.

05 반드시 준비해야 할 연금소득의 다층화

연금자산을 연금소득으로 만들기

세계 각국은 인구의 고령화가 진전됨에 따라 대대적인 연금개혁을 시행했거나 준비하고 있다. 그러나 이들 개혁안은 각국이 처하고 있는 정치·경제·사회적 상황과 역사적 경험이 상이하기 때문에 다양하게 마련되고 있다. 그렇다 하더라도 공통점은 공적연금과 사적연금 간 상호 보충 및 보완을 통해 연금소득의 흐름을 탄탄하게 만들려고 한다는 것이다.

사회적 연대를 강조하는 연금정책을 지지하는 국제노동기구ILO나 연금제도의 효율성과 자본시장의 활력을 강조하는 연금정책을 지지하는 세계은행World Bank이나 모두 다층 연금제도를 제시하고 있다.[45]

우리나라 연금제도를 보면 근로자의 경우 0층에는 기초연금, 1층에는 국민연금제도, 2층에는 퇴직연금, 3층에는 개인연금제도가 존재한다.[46] 자영자의 경우에는 근로자와 달리 퇴직연금 대신에 IRP가 적용되는 것이 다르다. 그리고 공무원, 사립학교 교직원, 군인에 대해서는 국민연금과 퇴직연금 대신에 각각 공무원연금, 사립학교 교직원연금, 군인연금이 적용되며, 임의가입 제도로 IRP를 이용할 수 있다〈그림 5-1〉 참조.

향후 연금개혁이 어떻게 이루어지든 이러한 구조가 바뀌기는 쉽지 않을 것이다. 따라서 이들 각각의 제도에 가입하면 자연스럽게 연금소득도 다층화된다. 연금소득이 다층화되면 각각 연금의 특성이 반영되어 상호 보완되는 긍정적 효과가 생긴다.

문제는 다른 나라에 비해서 자영자의 비율이 높은 우리나라에서 2층인 IRP의 가입이 임의제도이므로 자영자의 노후소득보장 장치로 충분하지 않다는 점이다. 또한 2층 연금인 퇴직연금 또는 IRP와 3층 연금인 개인연금은 대개의 경우 종신연금으로 수령하기보다는 기한이 있는 연금의 형태로 인출되기 때문에 실제의 종신연금소득은 기초연금과 국민연금으로만 구성될 수 있다.

실제로 2020년 기준으로 개인연금저축은 종신형을 선택한 비중은 34.0%이었고, 확정기간형과 확정금액형의 비중은 각각 62.6%와 3.0%이었다. 확정기간형 계약 중 연금개시 계약의 대부분88.6%이 10년 이하를 선택하였는데, 그 중에는 연금수령 최소기간인 5년을 선택한 계약도 54.1%를 차지하였다.

또한 계약당 연금수령액은 연간 293만 원월평균 24.4만 원으로 전년302만 원, 월평균 25.2만 원 대비 9만 원 감소-3.0%하였다. 그리고 연간 수령액 200만 원 이하

그림 5-8　**연금저축 연금수령 상세 내역**

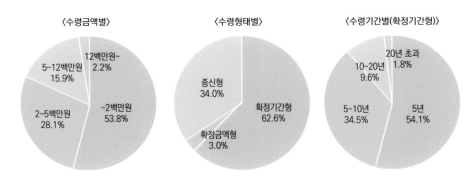

〈수령금액별〉

- 5~12백만원 15.9%
- 12백만원~ 2.2%
- ~2백만원 53.8%
- 2~5백만원 28.1%

〈수령형태별〉

- 종신형 34.0%
- 확정기간형 62.6%
- 확정금액형 3.0%

〈수령기간별(확정기간형)〉

- 20년 초과 1.8%
- 10~20년 9.6%
- 5~10년 34.5%
- 5년 54.1%

자료: 금융감독원, 2020년 연금저축 현황 분석, 2021. 4. 6.

및 200~500만 원인 계약이 각각 53.8%, 28.1%에 해당하는 등 500만 원 이하가 대부분81.9%을 차지하는 반면, 1,200만 원 초과 계약은 2.2%에 불과하였다〈그림 5-8〉.

연금으로 받는 기간도 짧고 금액도 크지 않아 고령이 되면 될수록 연금소 득의 부족이 크게 문제가 될 것으로 예상된다.

연금소득 흐름의 시뮬레이션

2014년 7월부터 시행된 기초연금제도에 따라 2018년 9월부터 소득하위 70%의 고령자에게 기초연금 25만 원을 지급하였고, 2019년 4월 25일부터는 소 득하위 20%에 속하는 고령자에게 30만 원을 지급하기 시작했다. 2020년 1월부 터는 소득하위 20~40%에 속하는 고령자에게도 30만 원을 지급했으며, 2021년 1월부터는 소득하위 40~70%에 속하는 고령자에게도 30만 원을 지급하고 있다.

그리고 국민연금은 2020년 12월 현재 국민연금 20년 이상 가입자의 연금 수령액이 월평균 93만 890원이고, 전체 노령연금 수급자의 월평균 연금액은 54 만 원 수준인 것으로 나타났다.[47]

보건복지부가 국민연금 개혁을 위해 2018년에 발표한 자료[48]에 따르면, 현행의 제도하에 기초연금과 국민연금을 합하여 연금급여를 받으면 연금액이 86만 7천 원으로 실질 소득대체율은 34.7%에 불과하다.[49] 그러나 1인 가구 기준 은퇴 후 최소생활비가 약 95~108만 원, 적정생활비가 약 137~154만 원인 점[50]을 고려하면 두 연금만으로는 최소 생활비조차도 마련하지 못함을 알 수 있다. 따라서 퇴직연금과 개인연금으로 이를 보충해야 한다.

현재의 연금 가입이력을 고려할 때 국민연금, 퇴직연금, 개인연금으로 충당할 수 있는 수준은 중산층 소비수준 반영을 기준으로 28.4연금 수급자와 비수급자 모두 고려~38.6%연금 수급자만 고려인 것으로 분석되었으며,[51] 여기에 연금 외의 근로소득, 사업소득, 재산소득, 사적 이전소득 등으로 구성되는 기타소득을 포함하게 되면 66.5연금 수급자와 비수급자 모두 고려~67.6%연금 수급자만 고려로 높아지는 것으로 추정되었다. 소득계층별 충족률은 저소득층일수록 낮게 나타나 현행 제도의 개선이 없는 경우 연금에 의한 소득 격차는 더 심화될 수 있다.

그리고 2017년 기준으로 조사된 금융감독원의 자료에 따르면 국민연금과 연금저축에 모두 가입한 경우에도 월평균 수령액은 61만 원으로 1인 기준 최소 노후생활비104만 원의 59% 수준에 지나지 않는 것으로 나타나 심각한 상황에 있음을 알 수 있다.[52]

이러한 연구들과 자료를 보면 현행의 공적연금 제도와 사적연금 가입 행태 하에서 연금만으로는 필요한 수준의 노후소득을 확보하지 못한다. 자신의 연금 수령액이 얼마가 될지를 시뮬레이션해 볼 수 있는데, 국민연금공단의 NPS 내 연금 사이트나 금융감독원 연금포털100lifeplan.fss.or.kr을 방문하면 쉽게 확인할 수 있다.

회원 가입 후 로그인을 하면 국민연금을 포함하여 현재 가입되어 있는 퇴직연금, 개인연금 등 모든 사적연금의 가입 현황을 볼 수 있다. 그리고 예상연금액을 조회하면 본인의 가정에 따라 연령별로 연간 받을 수 있는 연금액이 예시로 제공된다. 예시된 금액이 자신이 상정하는 생활비와 비교하여 얼마나 적절한지 여부를 판단하면 된다.

만약 생활비에 비해 예상 연금액이 적다면 결국 상당기간 경제활동을 더

해야 하고, 주택이나 농지 소유자의 경우 주택연금이나 농지연금을 활용할 수 있다.

다층화된 연금소득으로 노후소득의 안정성 확보

자신이 받게 될 연금액을 시뮬레이션해 보면 결국 종신연금으로 제공되는 기초연금과 국민연금이 기본적인 연금소득을 구성한다. 나머지 퇴직연금과 개인연금은 공적연금과 달리 자신의 상황에 맞게 선택하여 설계할 수 있는 장점이 있다.

일반적으로 노후 의료비 요소를 제외하면 아무래도 활동이 많아 지출이 많은 시기에 연금소득이 많이 생길 수 있도록 설계하면 좋을 것이다. 퇴직연금이든 개인연금이든 일정 연령까지는 많이 받을 수 있게 하고 그 이후로는 적게 받도록 하면 연금소득 흐름이 안정적으로 유지될 수 있다.

자신의 노후소득을 연금소득만으로 구성할 경우 어떻게 소득을 구성하는 것이 좋을지 시뮬레이션해 볼 수 있다. 이를 위해서는 먼저 자신이 어떠한 연금을 받을 자격이 있는지 확인해야 한다. 예를 들어 소득수준이 전체의 상위 30% 이내의 사람들은 기초연금을 받을 수 없으며, 개인연금에 가입하지 않은 사람들은 개인연금을 받을 수 없다.

이를 구체적으로 살피기 위해 1963년생인 남편과 1966년생 아내로 구성된 부부가 국민연금을 만 64세부터 받을 수 있고, 매년 2%씩 물가상승을 반영하여 연금액이 증액된다고 가정하자. 그리고 자신이 근로하는 기간 동안 적립된 퇴직연금 1억 원 외에, 세금 감면과 노후소득 준비를 위해 임의로 가입한 IRP, 개인연금에 각각 3천만 원과 4천만 원을 적립했는데 이를 10년 확정기간형 연금으로 받는다고 하자. 또한 감정평가 가격 4억 원의 아파트가 있는데, 이를 기초로 주택연금에 가입하여 만 61세부터 20년 동안 확정기간형으로 정액연금 급부를 받는다고 하자.

이러한 가정하에 표를 작성하면 〈표 5-5〉와 같이 연령대별 소득흐름이

표 5-5 **다층연금소득 설계(1안)** (단위: 천 원)

	61세	64세	65세	70세	75세	80세	81세	85세	90세
기초연금	-	-	0	0	7,680	7,680	7,680	7,680	7,680
국민연금	-	8,880	9,058	10,000	11,041	12,190	12,434	13,195	14,860
퇴직연금	10,000	10,000	10,000	10,000	0	0	0	0	0
IRP	3,000	3,000	3,000	3,000	0	0	0	0	0
개인연금	4,000	4,000	4,000	4,000	0	0	0	0	0
주택연금	10,056	10,056	10,056	10,056	10,056	10,056	0	0	0
연금소득	27,056	35,936	36,113	37,056	28,777	29,926	0	21,139	22,540
근로소득 등	24,000	24,000	18,000	18,000	0	0	0	0	0
연소득 총계1	27,056	35,936	36,113	37,056	28,777	29,926	20,114	21,139	22,540
월소득1	2,255	2,995	3,009	3,088	2,398	2,494	1,676	1,762	1,878
연소득 총계2	51,056	59,936	54,113	55,056	28,777	29,926	20,114	21,139	22,540
월소득2	4,255	4,995	5,149	5,228	2,398	2,494	1,676	1,762	1,878

주: 1) 연소득 총계1은 연금소득만으로 구성된 연소득이며, 연소득 총계2는 연금소득과 근로소득 등의 합
　　이고, 월소득1과 월소득2는 각각의 연소득을 월소득으로 나타낸 것임
　 2) 모두 현가처리하지 않은 금액임

예상된다. 즉, 61세부터 63세까지는 매월 225만 5천 원의 연금을 받고, 국민연금 수급자격이 생기는 64세에는 국민연금이 합해져 299만 5천 원을 받기 시작하여 70세까지는 308만 8천 원까지 상승한 후, 71세부터는 퇴직연금, IRP 및 개인연금이 소진되어 월소득이 168만 8천 원으로 줄어들어 기초연금 수급자격이 생긴다.

　이에 따라 71세부터는 부부합산 기초연금이 매월 64만 원 추가되어 232만 8천 원에서 시작하여 그 후 다시 국민연금의 상승 추세에 맞추어 증가하여 80세에는 249만 4천 원까지 늘어나나, 81세에는 확정기간형으로 설계한 주택연금이 소진되어 167만 6천 원으로 줄어든 후 다시 국민연금의 상승 추세에 맞추어 증가하여 90세에는 187만 8천 원이 된다.

　그런데 국민연금을 받을 때까지 기존의 소득수준에 비해 낮다고 생각되어

표 5-6 **다층연금소득 설계(2안)**   (단위: 천 원)

	61세	64세	65세	70세	75세	80세	81세	85세	90세
기초연금	-	-	0	0	7,680	7,680	7,680	7,680	7,680
국민연금	-	8,880	9,058	10,000	11,041	12,190	12,434	13,195	14,860
퇴직연금	10,000	10,000	10,000	10,000	0	0	0	0	0
IRP	3,000	3,000	3,000	3,000	0	0	0	0	0
개인연금	4,000	4,000	4,000	4,000	0	0	0	0	0
주택연금	0	0	0	10,308	10,308	10,308	10,308	10,308	10,308
연금소득	17,000	25,880	26,058	37,309	29,030	30,179	30,423	31,184	32,848
근로소득 등	36,000	36,000	36,000	18,000	0	0	0	0	0
연소득 총계1	17,000	25,880	26,058	37,309	29,030	30,179	30,423	31,184	32,848
월소득1	1,417	2,157	2,171	3,109	2,419	2,515	2,535	2,599	2,737
연소득 총계2	53,000	61,880	62,058	55,309	29,030	30,179	30,423	31,184	32,848
월소득2	4,417	5,157	5,171	4,609	2,419	2,515	2,535	2,599	2,737

주: 1) 연소득 총계1은 연금소득만으로 구성된 연소득이며, 연소득 총계2는 연금소득과 근로소득 등의 합이고, 월소득1과 월소득2는 각각의 연소득을 월소득으로 나타낸 것임
2) 모두 현가 처리하지 않은 금액임

월 3백만 원을 받을 수 있는 일자리를 구해 65세까지 일을 하고, 66세부터는 일하는 시간을 조금 줄여 월 150만 원의 소득을 얻을 수 있는 일을 70세까지 한다고 가정하자. 그러면 61세에서 70세까지의 소득은 그만큼 늘어나 최저 422만 5천 원에서 최고 522만 8천 원까지 될 수 있다.

또 다른 설계2안에서는 1안에서 81세 이후의 소득이 다소 적다는 판단하에 주택연금을 66세부터 종신형으로 받고, 근로소득은 1안에 비해 다소 높여 65세까지는 월 3백만 원의 수입을 얻는 일을 하고 66세부터 70세까지는 월 150만 원의 수입을 얻는 일을 한다고 가정한다. 그리고 퇴직연금, IRP, 개인연금과 관련한 가정은 동일하게 둔다.

이렇게 가정을 바꾸면 〈표 5-6〉에서와 같이 전체 연령에 걸쳐서 월소득 금액이 더 커지고, 특히 81세 이후의 소득이 현저하게 개선되는 효과를 누리게

되었다. 즉 1안은 81세에 167만 6천 원의 소득을 얻으나 2안은 81세에 253만 5천 원의 소득을 얻어 85만 9천 원 더 큰 효과를 거둘 수 있었다. 물론 여기에서는 61세에서 65세까지 3백만 원의 소득을 얻을 수 있는 직장을 갖는다고 가정했는데, 그것이 실현되지 않으면 65세까지의 소득은 낮아진다.

　이러한 다층 연금소득 체계를 구축하기 위해서는 지출수준을 어떻게 관리할 것인지에 대한 계획을 먼저 세우고 그에 맞추어 연금소득 흐름을 대응시키고 적절한 연령까지는 일을 할 필요가 있다. 또한 장수 리스크를 고려하여 종신연금을 적극 활용하되 일부는 기한이 있는 유기한 연금을 활용하여 연금액을 키울 필요도 있다.

은퇴자산을 안전하게 지키는 자산관리

06

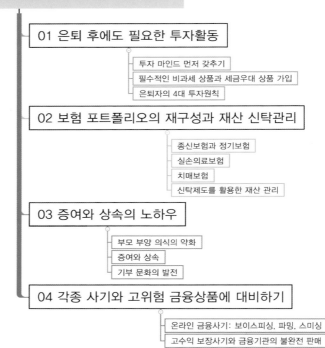

제6장 은퇴자산을 안전하게 지키는 자산관리

01 은퇴 후에도 필요한 투자활동

투자 마인드 먼저 갖추기

필수적인 비과세 상품과 세금우대 상품 가입

은퇴자의 4대 투자원칙

02 보험 포트폴리오의 재구성과 재산 신탁관리

종신보험과 정기보험

실손의료보험

치매보험

신탁제도를 활용한 재산 관리

03 증여와 상속의 노하우

부모 부양 의식의 약화

증여와 상속

기부 문화의 발전

04 각종 사기와 고위험 금융상품에 대비하기

온라인 금융사기: 보이스피싱, 파밍, 스미싱

고수익 보장사기와 금융기관의 불완전 판매

은퇴자산을 안전하게 지키는 자산관리

01 은퇴 후에도 필요한 투자활동

투자 마인드 먼저 갖추기

은퇴설계를 한 결과 노후에 필요한 지출에 비해 수입의 규모가 작아 마이너스의 갭이 발생했다면 적극적으로 투자 등의 재테크 방법을 동원하여 수입을 늘릴 수 있는 방법을 찾아야 한다. 그런데 많은 경우 재테크를 하기 위해서는 어디에 투자해야 높은 투자수익을 얻을 수 있을 것인가 하는 것에만 관심을 갖는다. 그러나 많은 전문가들은 구체적인 투자 이전에 마인드를 바꾸는 것이 중요하다고 지적한다. 이는 투자 마인드가 제대로 되어 있지 않으면 투자활동에서 실패로 이어질 확률이 높기 때문이다.

재테크를 하려는 사람들에게 '투자의 목적은 무엇입니까?'라고 물으면 대부분의 사람들은 재산을 증식하기 위해서라고 답한다. 즉, 대부분의 경우 즉각적인 대답은 종종 '재산을 최대한 증식시키기 위해서' 또는 '최대의 소득을 올리기 위해서'이나, 투자의 목적이 좀 더 명확히 결정되어야 하며 목적에 따른 목표를 달성하는 데도 기한을 정해 두어야 한다.

이는 은퇴설계를 한 결과 지출에 비해 수입이 적어 추가 소득이 필요할 경우 정해진 수입 흐름을 만들어야 하기 때문이다. 물론 당장에 추가 소득이 필요하지 않다면 자본가치를 보존 또는 증가시키는 방안을 찾아야 한다.

필수적인 비과세 상품과 세금우대 상품 가입

그렇다면 40대, 50대에 어떻게 저축을 하고 투자를 해야 할까? 기본적으로는 절세형 상품인 비과세상품과 세금우대상품에 가입하는 것이 중요하다. 비과세상품에는 세금이 전혀 부과되지 않기 때문에 세금을 내지 않는 만큼 수익성을 높이는 효과가 있다. 그러나 절세상품이 점점 줄어들고 있으므로 가급적 빨리 가입하는 것이 좋다.

비과세상품에는 대표적으로 세제비적격 연금보험, 개인종합자산관리계좌, 비과세종합저축, 상호금융기관의 예탁금 및 출자금 등이 있다.

① 세제비적격 연금보험상품의 경우 10년 이상 상품을 가입할 경우 납입보험료 1억 원을 한도로 이자소득에 대해 완전히 비과세된다.[1]

② 개인종합자산관리계좌ISA: Individual Savings Account는 가입자[2]가 예·적금, 펀드 등 다양한 금융상품을 선택하여 포트폴리오를 구성하고 통합 관리할 수 있는 계좌로서,[3] 인출 시 순소득 기준으로 200만 원서민형, 농어민형은 400만 원 한도로 비과세되며 200만 원서민형, 농어민형은 400만 원을 초과할 경우 9%지방소득세 포함 시 9.9%의 세율로 분리과세된다.

종합자산관리계좌는 세제혜택이 단절되지 않으면서 시장상황 및 자산관리 목표에 따라 다양한 상품을 자유롭게 편입과 교체가 가능하며, 계좌 내 여러 상품에서 발생한 손익 간 통산 후 순이익에 과세한다. 세제혜택을 받기 위해서는 최소 3년간 계좌를 유지해야 하는데, 납입원금의 범위 내에서 중도인출도 가능하다.[4]

③ 비과세종합저축의 경우 만 65세 이상인 사람이 금융기관과 6대 공제기관군인공제회, 한국교직원공제회, 행정공제회, 경찰공제회, 대한소방공제회, 과학기술인공제회의 적립식 또는 거치식 상품에 가입할 수 있는데, 예금, 보험, 공제, 펀드, 채권에 운용할 수 있다. 이자와 배당에 대해 비과세가 적용되는 한도는 5천만 원이다. 저축기간 제한이 없지만 아쉬운 점은 2022년 말 가입분까지만 비과세혜택이 제공된다는 점이다. 다만, 2020년 1월부터 직전 3개 과세기간 내에 1회 이상 금융소득

종합과세 대상자에 해당하는 경우에는 가입할 수 없다.

④ 상호금융기관 예탁금·출자금의 이자·배당소득에 대한 비과세 혜택은 1976년부터 시행되어 왔는데 조합원과 준조합원 모두에 대해 2022년까지 일괄 연장되어 시행된다. 다만, 2023년 1월부터 2023년 12월까지 받는 배당소득 등에는 5%의 세율이 적용되고, 2024년 1월 이후 받는 배당소득 등에는 9%의 세율이 적용된다.

한편, 비과세상품과 달리 세액공제 또는 소득공제 혜택이 주어지는 상품으로는 세제적격 개인연금저축 및 개인형 퇴직연금과 주택청약종합저축이 있다.

① 세제적격 개인연금저축의 경우 연간 400만 원 한도에서 연간 불입액의 100%에 대해 12%지방세 포함 13.2%의 세액공제가 적용된다. 다만 종합소득금액이 1억 원근로소득급여 1억 2천만 원 초과 시에는 한도가 300만 원으로 축소되며, 4천만 원 이하총급여 5천 5백만 원인 경우에는 연간 400만 원 한도에서 연간 불입액의 100%에 대해 15%지방세 포함 16.5%의 세액공제가 적용된다. 그리고 총급여가 1억 2천만 원을 초과하지 않고 이자 및 배당소득이 2천만 원을 초과하지 않는 50세 이상일 경우에는 추가로 200만 원에 대해 세액공제를 받을 수 있다.

또한 연금수령 단계에서는 연금으로 받을 경우 연금소득세율이 적용되는데, 연금소득이 1년에 1,200만 원을 넘으면 연금소득세 대신 종합소득세가 합산부과된다.

② IRP개인형 퇴직연금는 연금저축과 합산하여 연간 1,800만 원까지 불입할 수 있고 연간 700만 원까지 세액공제 혜택을 받을 수 있다. 즉, 연금저축에서 400만 원까지 세액공제를 받는다면 그를 초과하는 금액은 IRP를 가입하여 300만 원까지 세액공제를 받을 수 있다. 연금저축과 마찬가지로 총급여가 1억 2천만 원을 초과하지 않고 이자 및 배당소득이 2천만 원을 초과하지 않는 50세 이상일 경우에는 추가로 200만 원에 대해 세액공제를 받을 수 있다. 즉, 900만 원까지 세액공제 혜택이 가능하다. 세액공제율은 연금저축과 마찬가지로 연봉이 5,500만 원 이하인 경우 15%지방세 포함 16.5%, 5,500만 원을 넘으면 12%지방세 포함 13.2%가 적용된다. 그리고 연금수령 단계에서 연금으로 수령할 경우 세제적격 개인연금저축과 같이 연금소득세율이 적용되고 1년에 1,200만 원을 초과하면

종합소득세가 합산 부과된다.[5]

③ 주택청약종합저축은 연간 총급여액이 7천만 원 이하의 근로자일용근로자 제외로 무주택 세대주에 한해 납입금액에 대해 40%의 소득공제를 받을 수 있다. 다만, 주택법에 따른 청약저축에 대해서는 연 납입액이 240만 원 이하, 근로자 주택마련저축에 대해서는 월 납입액이 15만 원 이하, 주택청약종합저축 연 납입액이 240만 원 이하일 때, 소득공제가 제공된다.

은퇴자의 4대 투자원칙

은퇴한 후에 생활비에 충당되어야 하는 수입은 안정적인 흐름을 유지해야 한다. 따라서 그에 해당하는 금액의 현금흐름은 국민연금 등 공적연금과 종신 연금 등으로 구성하도록 한다. 그런 연후에 여유자금이 있을 경우 중장기의 자금 소요를 고려하여 자산을 관리해야 한다. 이러한 저축은 안전성이 높지만 수익성이 낮으며, 특히 향후 저금리가 지속되는 상황에서는 더욱 그럴 것이다. 따라서 많은 사람들이 투자형 금융상품 및 실물자산에 투자하게 되지만 리스크가 수반되기 때문에 다음과 같은 투자원칙을 준수해야 한다.

첫째, 투자에서 큰 손실이 발생할 경우 노후에는 손실을 만회할 수 있는 기회와 여력이 주어지지 않을 수 있으므로 안전성에 유의해야 한다. 모든 투자는 어떤 형태든 위험을 내포하기 때문에 투자에 따른 리스크를 적절히 분산시켜서 관리할 수 있는 방안을 강구해야 한다. 물론 일반적으로 위험과 수익은 비례하므로 높은 수익을 얻기 위해서는 높은 위험을 감수해야 하지만 노후자금 마련을 위한 투자에서는 지나친 투기적 모험을 배제해야 한다.

따라서 어느 투자대상이 유망하다고 하여 몰아서 투자하는 것은 위험하므로 피해야 한다. 즉, 달걀을 한 바구니에 담지 말아야 한다. 따라서 투자의 안전성 확보를 위해서 투자기간의 장단기를 고려하면서 리스크의 크기를 적절히 혼합한 투자 포트폴리오를 만들고 경기 흐름에 맞추어 개선해 가는 노력을 기울여야 한다.

둘째, 수익성을 중시하되 과세조건을 고려하는 지혜가 필요하다. 물론 과세조건은 제도 변화 여부에 따라 그대로 유지될 수도 있고 공제한도나 적용되는 세율이 바뀔 수도 있다. 그러한 변화들을 잘 알아야 하고, 투자의 수익성에 미치는 영향을 점검하여야 한다. 특히 향후 초저금리의 상황에서는 절세가 가능한 투자수단이 수익성에 중요한 영향을 미친다.

셋째, 유동성을 고려해야 한다. 노후자금을 위한 투자는 장기간에 걸쳐서 운용되는 것이 일반적이나 단기적 또는 긴급한 목적의 자금을 고려하여 어느 정도의 유동성을 확보할 수 있어야 한다. 이를 위해서는 왜 입금 또는 출금을 필요로 하는지, 개인의 자본 중 어느 시기에 얼마나 원하는지, 한꺼번에 가진 돈의 모두를 인출하기를 원할 것 같은지 등을 고려하여야 한다.

많은 투자 선택이 가능하며, 일부 투자에서는 현금을 즉각적으로 출금할 수 있도록 하고, 다른 투자에서는 장기간 현금을 묻어 놓을 수도 있는 것이다. 어떤 경우에는 이자수익의 일부를 포기해야 인출할 수 있고, 다른 경우에는 투자기간이 종결되기 이전에는 제시된 수익률이 확보되지 않을 수 있다. 자본을 필요시에 출금할 수 있는 것이 중요한데, 그것은 단순히 비상시에 돈이 필요할 때 인출해야 하기 때문만이 아니라 투자 여건이나 과세규칙이 바뀔 수 있기 때문이다. 본래 최상의 투자라고 여겨졌던 것이 투자 환경이 달라지면서 매력이 떨어질 수 있으므로 모든 투자는 정기적으로 유동성의 관점에서도 검토할 필요가 있다.

넷째, 원금손실 없이 수익이 나더라도 인플레이션으로 인해 수익의 실질적 크기가 줄어들 수 있음을 고려해야 한다. 통상의 수익률에서 물가상승률을 빼더라도 자본이 증식될 수 있어야 실질소득이 유지될 수 있다. 최근에는 코로나19 팬데믹으로부터 경기가 회복되는 과정에서 인플레이션을 우려해야 하는 상황이다. 그렇지만 상황이 바뀌어 디플레이션이 예상되면 주식 등 위험자산의 비중을 줄이고, 포트폴리오 중 일부는 재산가치를 유지할 수 있는 현금, 금 또는 은, 달러 등 상대적으로 안전한 자산으로 바꾸어 대비해야 한다.

그리고 이러한 투자원칙에 입각한 투자경험은 은퇴 후에도 적정한 수준의 투자를 위해 중요하므로 잘 쌓아 둘 필요가 있다. 은퇴 후에 맞이할 물가상승과 장수에 따른 리스크에 대처하기 위해서는 자산을 현금 또는 금리가 낮은 적금에만 묶어 두어서는 한계가 있으므로 투자에 대해 잘 이해하고, 현명하게 투자를 활용해야 하며, 금융 전문가의 도움을 받을 필요도 있다.

02 보험 포트폴리오의 재구성과 재산 신탁관리

보험은 리스크, 즉 위험을 분산하기 위한 수단이다. 개인적 차원에서 나타나는 리스크는 실로 다양하다. 따라서 노후설계를 할 때는 사망, 상해, 질병, 화재 및 자연재해 등으로 인한 재산손실, 배상책임 등 우리가 일상생활을 하면서 부딪치는 리스크에 대해 고려해야 한다. 보험에 가입하여 적절히 리스크를 관리하는 것이 어떠한 투자보다 앞서 이루어져야 한다. 다만 은퇴 후에는 자신을 둘러싼 리스크가 달라지므로 이 점을 고려하여 보험을 재점검해야 한다. 즉 필요성이 낮은 보험은 정리하고 필요한 보험은 추가로 가입해야 한다.

종신보험과 정기보험

가장이 사망할 경우 발생하는 가계의 재정적 리스크는 보장성 보험인 종신보험이나 정기보험에 가입함으로써 분산될 수 있다. 종신보험은 한 번의 보험가입으로 사망 시까지 평생 동안 보장받을 수 있는 보험인데, 사망의 원인과 상관없이 보장을 받으며, 일정 기간 후에는 저축의 효과도 누릴 수 있다는 장점이 있다. 따라서 60세가 넘었다 하여 무조건 보험을 해지하기보다는 저축의 효과 등을 잘 살펴 계약을 관리할 필요가 있다.

정기보험은 기본적으로는 종신보험처럼 사망으로 인한 리스크를 보장하나, 종신이 아니라 정해진 기간 동안 보장되며 보험료가 저렴하다는 점에서 종신보험과 차이가 있다. 과거에는 정기보험의 보장기간을 60세까지만 하는 경우가 많았는데, 요즘에는 60세 이상으로 하여 경제활동을 하는 동안 사망할 리스크

에 대해 보장하는 상품이 있다. 또한 맞벌이가 늘어나고 있으므로 남편 이외에
도 아내의 사망 리스크에 대해서도 일정액의 보험을 가입하여 준비하는 것이
바람직하다. 특히 아내의 소득 등이 매월 수입으로 들어오는 것을 전제로 하여
가계경제가 운영되고 있으면 그 필요성은 더욱 커진다.

이러한 사망보험과는 다른 차원에서 신용보험에 가입하여 사고나 질병으
로 장해를 입거나 사망하여 대출금을 갚지 못하게 됐을 때 대출금 잔액을 보험
회사에서 대신 갚도록 하는 방법도 고려할 필요가 있다. 만약 가장의 유고로 인
해 채무를 갚지 못하게 되면 채무가 상속되어 가족이 대출금 부담을 안게 되거
나 담보로 제공한 주택이 경매처리될 수 있으므로 만약 큰 규모의 대출을 받게
될 경우에는 신용보험에 가입하여 리스크를 줄일 수 있도록 해야 한다.

그러나 사망을 보장하는 보험 중 종신보험은 은퇴한 후에 은퇴자산이 부족
할 경우 해지하여 활용하는 방법도 검토할 필요가 있다. 즉, 은퇴를 했으므로
가장의 사망 리스크를 적극적으로 보장할 필요가 낮고 대개는 납입한 보험료에
비해 해약환급금이 크므로 해약환급금을 저축해 둔 목돈처럼 활용하면 된다.

실손의료보험

백세시대를 살게 되면서 많은 사람들은 사망으로 인한 리스크보다는 소위
'장수 리스크'를 더 중요하게 인식하게 되었고, 그에 따라 건강에 더 많은 관심
을 기울인다. 그럼에도 불구하고 여전히 질병의 위험은 줄어들지 않고 있으며,
예방과 치료에 많은 비용이 든다.

건강 상실로 인한 리스크에 대비하기 위해 실손의료보험을 가입하는 것이
안전하다. 실손의료보험은 단독형상품과 특약형상품, 그리고 노후 실손의료보
험이 있으며, 개인의 사정에 맞추어 선택할 수 있다.

단독형은 실손의료보험만으로 구성되기 때문에 사망, 후유장해 등을 보장
하는 주계약에 특약으로 부가되는 특약형에 비해 보험료가 저렴하다. 따라서
이미 종신보험을 가입하고 있는 경우에는 중복보장을 피하기 위해 단독형을 가

입하는 것이 보험료 측면에서 유리하다.

노후실손의료비보험은 50세 이상인 사람이 단독형으로 가입할 수 있는 실손의료비보험인데 75세까지 가입할 수 있다. 노후실손의료비보험은 3년 동안 매년 자동갱신되며, 3년마다 재가입을 통해 100세까지 보장을 받는데, 재가입 시에는 보장내용이 변경될 수 있다. 또한 자기부담비율을 높여 보험료 부담을 낮추었는데, 기존 실손의료비보험에 비해 70~80% 수준으로 낮다. 보장금액은 입·통원 구분 없이 연간 1억 원으로 높였는데, 통원은 횟수 제한 없이 회당 1백만 원 한도로 보장된다.

특히 국민건강보험은 2019년 기준으로 의료비의 64.2%4대 중증질환 82.7%, 중증·고액 30위 질환은 81.3% 수준 정도밖에 보장해 주고 있지 않으며, 법정 본인부담률은 19.7%, 비급여 본인부담률은 16.1%이다. 이와 같이 비급여 본인부담률이 높으므로 민영보험회사의 실손의료보험상품으로 보완하여 건강악화로 인한 리스크를 분산시켜야 한다. 현재 보험회사들은 국민건강보험에서 보장하지 않는 비급여 부분 등 본인이 부담하는 의료비를 대상으로 하는 보충형 건강보험인 실손의료보험을 판매하고 있으므로 이들 상품에 가입하여 예측하지 못한 막대한 의료비 지출로 인해 가계 재무상태가 악화되는 것을 막아야 한다.

치매보험

실손의료비보험과 함께 장기간병보험상품 또는 치매보험을 가입해 두는 것도 노후생활보장을 위해 필요하다. 고령이 될수록 치매발병 확률이 높아지는데, 우리나라는 2016년에 치매유병률이 9.76%였고, 2018년에 10.16%로 높아져 10%를 처음으로 넘어섰다. 2038년에는 12%를 넘어서고 그 뒤로는 가파르게 높아져 2050년에는 16.09%에 이를 것으로 전망되고 있다. 이에 따라 치매환자 수는 2016년 66만 명에서 2039년에 2백만 명을 넘어서고 2050년에는 3백만 명을 넘어설 것으로 전망된다〈그림 6-1〉.

정부가 치매국가 책임제를 시행함에 따라 개인의 부담은 크게 경감되었다. 그러나 직접 치료비 이외에 직접 비치료비가 연간 평균 678만 원이 소요될 수 있으므로 이를 보충하는 차원에서 민영 장기간병보험이나 치매보험에 가입하는 것이 필요할 수 있다.

또한 2018년 기준으로 치매환자 1인당 연간 관리비용은 약 2,042만 원으로 추정되었으며〈표 6-1〉, 65세 이상 치매환자 1인당 연간 진료비는 약 337만 원 수준인 것으로 나타났다.[6]

민영 장기간병보험 또는 치매보험은 일반적으로는 정액으로 보장하는데, 최근에 개발된 치매보험은 중증의 치매뿐만 아니라 경증의 치매까지 포함하고, 간병비는 물론 생활비까지 보장하고 있다. 따라서 여러 보험회사의 상품을 잘 비교하여 자신에 맞는 적절한 보험에 가입하면 된다. 실제 치매 발생은 65세 이후로 증가하는데, 80세를 넘으면서는 급격히 유병률이 높아진다. 따라서 가급적 100세까지 보장하는지 여부와 함께 치매보험금의 지급조건 등을 잘 따져서 가입하는 것이 중요하다.

그리고 치매보험은 주로 치매로 인한 리스크를 집중 보장하나 다른 질병으로 인해 장기간병이 필요한 상황에는 대응하기 어려울 수 있으므로 장기간병보

그림 6-1 **치매환자 수 및 치매유병률 전망**

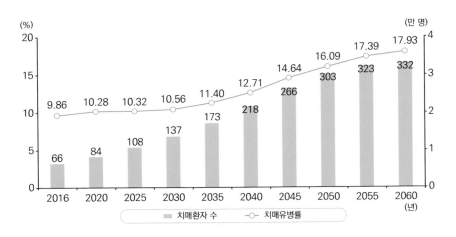

자료: 보건복지부·중앙치매센터, 대한민국 치매 현황 2018, 2018.

표 6-1 치매환자 1인당 연간 관리비용 구성(2018)

항목	금액(원)	비중(%)
합계	20,424,917	100.0
직접의료비	10,899,011	53.4
• 의료비	9,496,479	46.5
• 본인부담약제비	1,402,532	6.9
직접비의료비	6,678,206	32.7
• 간병비용	4,701,580	23.0
- 유료 간병인 비용	765,375	3.7
- 비공식 간병비	3,936,205	19.3
• 교통비	1,070,216	5.2
• 보조용품교육비	636,520	3.1
• 시간비용	269,890	1.3
- 환자 시간비용	33,840	0.2
- 보호자 시간비용	236,050	1.2
장기요양비용	2,647,399	13.0
간접비	200,301	1.0
• 환자생산성손실비용	200,301	1.0

주: 1) 치매노인실태조사(보건복지부·분당서울대병원, 2011)를 바탕으로 중앙치매센터 재산출
    2) 치매 치료를 위한 비용으로 국민건강보험급여(진료비)와 환자의 비급여 본인부담금, 본인부담약제비
       로 구성
자료: 보건복지부·중앙치매센터, 대한민국 치매 현황 2019, 2020.

험의 가입도 고려해야 한다. 이들 상품들은 일반적으로 40대부터 가입할 수 있
도록 설계되어 있으므로 다른 보험의 만기 등을 고려하여 가급적 부부가 함께
가입하는 것이 좋다.

한편 생활을 하면서 발생할 수 있는 각종 리스크에 대비하기 위해서는 가
정종합보험과 같은 손해보험상품을 활용할 수 있다. 이 보험은 가정에서 발생
할 수 있는 화재, 도난, 가족상해, 배상책임 등을 종합적으로 보장하는 상품으
로 선진국에서는 많이 가입하는 상품이다. 그리고 자동차가 현대 생활의 필수
품이 되어 있으므로 그로 인한 리스크를 분산시키기 위해서 자동차보험 가입
이외에도 운전자보험 등에 가입해 두는 것이 바람직하다.

문제는 보장금액을 얼마로 하는 것이 적절할 것인가 하는 점이다. 일반적으로는 보장범위가 넓고 보장금액이 클수록 좋지만 보험료를 그만큼 더 많이 내야 하므로 적정하게 결정하여야 하며, 아울러 단기적 목적의 저축 또는 투자에 필요한 만큼의 자금을 확보하는 데 지장을 주지 않아야 한다. 또한 같은 보장범위와 보장금액이라 하더라도 보험회사별로 보험료가 차이가 있으므로 비교해 보고 가입할 필요가 있다.

신탁제도를 활용한 재산 관리

노년의 어느 시점에는 제대로 된 의사결정을 내리기 어려운 때를 맞이하게 된다. 예금을 인출하거나 재산을 활용하려면 본인의 의사가 중요하나, 본인이 의사결정을 내리기 어려운 상황에 처할 수 있다. 또한 본인이 의사결정을 내리기 어려운 상황을 이용하여 가족이나 친척 등이 본인의 의사에 반하게 재산을 가져가는 경우까지도 발생하게 된다.

이러한 상황에 대비하여 신탁제도를 활용하는 방안도 검토할 필요가 있다. 신탁제도는 우리나라에서는 아직 익숙한 제도가 아니지만, 만약의 상황을 대비하여 활용하면 재산을 안전하게 지킬 수 있다. 신탁은 신뢰와 계약을 기반으로 하는데, 고객의 다양한 수요와 상황에 맞추어 유연하게 운용 및 관리할 수 있다는 장점이 있다. 현재 노후에 활용할 수 있는 신탁제도로는 유언대용신탁, 성년후견지원신탁, 치매안심신탁 등이 있다.

① 유언대용신탁은 고객(위탁자)이 신탁금융기관(수탁자)에 금전, 유가증권, 부동산 등의 자산에 맡기면 사후에 미리 지정된 수익자(배우자 또는 자녀) 등에게 자산을 상속·배분하는 상품이다. 일반적인 유언장과 달리 여러 세대에 걸쳐 상속하는 것도 가능하다. 수탁자는 수탁받은 금전·유가증권·부동산을 개별 신탁 계약서에서 정한 위탁자의 운용 지시에 따라 다양한 방법으로 운용하고 관리하게 된다.

② 성년후견지원신탁은 성년후견제도와 연계하여 운영된다. 2013년에 도입된 성년후견제도는 정신적 제약으로 사무처리 능력이 부족한 피후견인의 복

리를 위하여 법원이 후견인을 선임하여 피후견인의 신상과 재산을 보호하는 제도이다. 성년후견지원신탁은 피후견인과 수탁자_{은행}가 신탁계약을 체결하여 피후견인의 금전 및 부동산 등 재산을 객관적이고 투명하게 관리하며, 피후견인에게 필요한 병원비, 요양비, 생활비 등을 안정적으로 지급한다. 피후견인이 정신적인 제약이 있을 경우에는 후견인만 성년후견지원신탁을 이용할 수 있다. 후견인은 법원의 감독을 받으면서 수탁자를 통해 재산을 관리하게 된다.

③ 치매안심신탁은 치매에 걸리기 이전에 혹시라도 발생할 수 있는 치매에 대비하는 상품이다. 가입한 고객이 치매 등이 발병하면 병원비, 간병비, 생활비 등을 지급하고 자산관리 플랜 설계 및 상속을 지원하는 상품이다. 치매발병 초기부터 중증에 이르기까지 치매 단계별로 종합적인 맞춤형 자산관리 프로그램도 제공한다.

이들 신탁상품은 아직은 우리나라에서는 활성화되어 있지 않다. 아직 제도적으로 미흡한 부분도 있지만 그동안 우리나라 금융소비자들이 신탁상품에 익숙하지 않기 때문이기도 하다. 그렇지만 자신의 상황에 맞추어 적절하게 활용한다면 재산을 안전하게 지켜 증여 또는 상속까지 가능하게 할 수 있는 유용한 방법이다.[7]

이들 상품을 이해하기 어렵다면 신탁을 취급하는 금융기관에 직접 방문하여 상담을 해 보는 것이 좋다. 금융기관에서 PB_{Private Banker}는 물론 변호사, 회계사, 세무사, 부동산전문가 등 다양한 분야의 전문가가 협업으로 최적의 대안을 찾아 주므로 도움이 될 수 있다.

신탁 상품에 대해 상담을 받았다 하여 바로 신탁에 가입하는 것이 아니므로 비전문가들에게 조언을 구하여 잘못된 정보를 얻는 것보다는 방문 상담을 받아 보는 것이 좋다. 다만 방문할 때는 자신의 전체 재산 상황뿐만 아니라 자신이 처한 여러 사정을 종합적으로 상의해야 좋은 대안을 찾을 수 있다.

⑬ 증여와 상속의 노하우

부모 부양 의식의 약화

증여 또는 상속은 자신이 가지고 있는 재산을 자녀 등에게 물려주는 행위이다. 증여는 생존 기간에 이루어지는 데 반해, 상속은 피상속자가 사망했을 경우 이루어진다는 데 차이가 있을 뿐이다. 우리 사회의 전통에는 자식들에게 많은 재산을 증여하거나 상속하는 것이 부모로서의 미덕인 것으로 여겨 왔다. 그러나 최근 자녀들은 부모를 봉양하겠다는 생각을 진지하게 하지 않는다.

2020년 통계청의 조사에서 알 수 있듯이 '가족과 정부 및 사회'가 함께 돌보아야 한다는 견해가 61.6%로 가장 많고, 다음은 '가족'이 22.0%로 많았다. 연도별 추세를 보면 2018년까지는 '정부와 사회가 책임져야 한다'와 '부모 스스로 해결해야 한다'라는 견해를 가진 사람의 수가 많아지는 반면에 '가족이 책임져야 한다'라는 견해를 가진 사람의 수는 적어지는 추세를 보였다. 그러나 2020년 조사에서는 '가족과 정부·사회'가 함께 돌보아야 한다는 견해가 급격히 높은 비중을 차지하면서 다른 견해의 비중은 모두 감소하였다〈그림 6-2〉.

사회 변화에 따라 부모에 대한 부양의식은 희박해지고, 오히려 노인세대 부양을 둘러싼 세대 간 갈등의 문제가 대두되고 있는 실정이다. 이러한 상황에

그림 6-2 **부모 부양에 대한 견해**

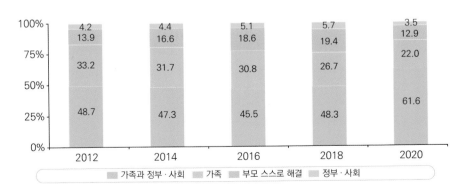

자료: 통계청, 2020년 사회조사 결과, 2020. 11.

서 자녀에 대한 증여 또는 상속은 어떠한 의미를 가질까? 이는 자녀에게 빈곤을 물려주지 않고 더 나은 삶의 기회를 주겠다는 부모의 의지일 수 있다.

그러나 자신의 노후생활에 대한 준비가 충분하지 않은 상황이라면 자식에 대한 경제적 지원을 재고할 필요가 있다. 특히 지나친 사교육비와 결혼비용 지출로 인해 노후를 위한 준비가 부족한 상황에서 자식으로부터도 부양받지 못하는 미래를 맞이할 수 있기 때문이다. 따라서 적절한 수준의 자녀 교육비, 양육비와 결혼비용을 지출하면서 자신의 노후를 위한 투자에 노력을 기울이는 것이 바람직하다.

증여와 상속

증여나 상속을 고려하고 있다면 갑작스럽게 사망하거나 의사결정을 스스로 내릴 수 없는 상황을 대비하여 미리 계획을 세우는 것이 바람직하다. 보통은 상속재산이 크지 않아서 세금 문제도 걱정하지 않고 상속을 받는 상속인들 간에 다툼이 없을 것으로 생각한다. 그러나 서울의 아파트 가격이 크게 올라 10억 원이 넘는 경우가 많아지고, 생각 외로 많은 복잡한 문제들이 있어 적절히 대비해야 한다.

세금은 과세표준을 정하기 전에 상속재산의 범위와 상속재산에 대한 평가 및 상속공제 등을 잘 적용해야 하고, 과세표준이 정해지더라도 누가 상속을 받는가에 따라 세액이 달라지므로 쉽지 않은 문제이다.

상속세의 경우 상속재산가액에서 채무, 장례비, 공과금을 제외하고 사전증여재산상속인 10년을 합산하여 상속세 과세가액을 결정한 다음 배우자공제, 자녀공제 등 각종의 공제액을 제외하고서 과세표준을 결정한다. 과세표준 금액이 1억 원까지는 10%의 세율로 과세되나, 30억 원을 넘는 과세표준 구간에는 50%의 최고세율이 적용된다. 증여세도 증여재산가액에서 공제액을 제외한 과세표준에 대해 동일한 세율이 적용된다.

표 6-2 상속세와 증여세의 세율

과세 표준	세율	누진 공제액
1억 원 이하	10%	없음
1억 원 초과 ~ 5억 원 이하	20%	1천만 원
5억 원 초과 ~ 10억 원 이하	30%	5천만 원
10억 원 초과 ~ 30억 원 이하	40%	1억 6천만 원
30억 원 초과	50%	4억 6천만 원

그런데 부부 중 한 사람이 사망할 경우에는 일괄공제 5억 원자녀공제 포함과 배우자 상속공제 최소금액 5억 원을 포함하여 10억 원까지는 공제되기 때문에 재산가액이 10억 원을 넘지 않으면 과세표준이 0이 되어 상속세가 부과되지 않는다. 또한 생존한 부부 중 나머지 한 사람이 사망할 경우에는 5억 원까지 공제되므로 피상속인의 재산이 5억 원을 넘지 않으면 마찬가지로 상속세가 부과되지 않는다.

그렇다 보니 2019년의 경우 295,100명이 사망했고, 상속세를 신고한 피상속인사망한 사람 수는 9,555명이었다. 최근 5년간을 보면 상속세 납부 대상이 되는 피상속인 수는 2015년 5,452명에서 2019년 9,555명으로 매년 늘고 있는데, 상속세 실효세율은 상속재산가액 기준 평균 17.1%2019년였다. 상속세 납부대상이 된 상속재산으로는 2019년의 경우 건물이 32.1%로 가장 비중이 높았고 다음으로 토지가 31.2%, 금융자산이 16.5%였다.

또한 피상속인은 살아오면서 자신의 재산을 누구에게 어떻게 물려줄지를 생각하게 되는데, 상속인들에게 법률상 상속비율에 따라 상속하지 않고 특정 상속인에게 더 많이 상속하고자 할 경우 다른 상속인들이 수용하지 않으면 분쟁이 발생한다.

사망한 사람이 유언으로 상속인을 지정한 때에는 유언상속이 우선하고, 유언을 남기지 않은 경우에는 민법에서 정한 순위에 의한다. 유언으로 상속지분을 정하지 않은 경우에는 법정 상속분에 의해 상속재산을 나눈다. 법정 상속분의 예시를 보면, 배우자와 장남만 있는 경우 장남의 상속분은 1이고 배우자는 1.5할을 가산가 되어 배우자는 3/5$_{1.5/(1.5+1.0)}$이 되고, 장남은 2/5가 된다.[8]

한편, 사망한 사람의 유언에 의해서만 재산을 상속하게 되면 특정 상속인에게만 재산을 상속하거나 타인에게 재산을 증여하는 상황이 발생할 수 있으므로 상속인이 받을 수 있는 최소한도의 상속분을 민법에서 정하고 있는데 이를 '유류분遺留分'이라 한다. 피상속인의 배우자와 직계 비속은 법정 상속분의 1/2, 피상속인의 직계존속과 형제자매는 1/3이 유류분이 된다.[9]

이러한 문제들로 인해 상속은 단순히 유언으로만 남겨 두면 분쟁이 많이 생긴다. 따라서 유언대용신탁을 이용하면 피상속인의 의사가 충분히 반영되고 상속인들 간의 분쟁도 해소할 수 있으므로 적극 이용하는 것도 좋은 방법이 될 수 있다.

이와 같이 분쟁예방적 접근 이외에 절세를 할 수 있는 다양한 방법들이 있는데, 10년 이상 장기적인 계획을 세워서 실행하는 것이 필요하다. 그런데 불의의 사고로 피상속인이 갑자기 사망하였거나 별거하고 있다가 사망한 경우와 상속인이 피상속인의 재산에 대해서 정확히 알 수 없는 경우에는 행정안전부에서 제공하는 '안심상속 원스톱 서비스'를 이용하면 편리하다. 상속인이 피상속인의 보험계약을 포함한 금융거래, 토지, 자동차, 세금 등을 개별기관을 일일이 방문하여 확인하지 않아도 한 번의 통합신청으로 문자·온라인·우편 등 수단을 통해 결과를 확인할 수 있다.

또한 상속재산을 파악하는 것과 아울러 피상속인의 채무액을 파악하는 것이 필요하다. 두 액수를 비교하여 만약 채무액이 상속재산가액보다 큰 경우에는 상속을 포기하는 것이 바람직하다. 여기에는 상속 자체를 포기하는 상속포기와 한정적으로 포기하는 한정승인이 있으므로 상황에 맞게 적절한 방법을 선택하여 상속개시가 있음을 안 날로부터 3개월 이내에 신고하도록 한다.

이와 함께 피상속인이 사망일 전에 처분한 재산 중 사용처를 밝히지 못하는 부분도 상속재산에 포함될 수도 있으므로 사망일 전 2년 이내에 5억 원 이상, 1년 이내에 2억 원 이상의 부동산을 처분 또는 예금을 인출하게 된 경우에는 그 처분인출가액의 사용처를 밝혀야 한다. 따라서 사용처의 증빙을 잘 갖추어 두어야 한다.

　상속재산가액이 채무액보다 크면 합법적으로 절세할 수 있는 방법을 찾아서 세금액을 줄이도록 한다. 상속세 절세를 위해 흔히 사용되는 방법으로는 피상속인 재산으로 피상속인의 병원비 납부하기, 배우자 상속 공제 활용, 종신보험 활용, 사전 증여 등이 있다. 아울러 건물을 상속할 경우에는 월세보다는 전세로 상속하면 전세금이 부채로 인정되어 상속 계산 시 공제를 받을 수 있다.

　피상속인 재산으로 피상속인의 병원비를 납부하는 방법은 피상속인이 치료를 위해 많은 병원비를 지출해야 하는 경우에 활용할 수 있다. 병원비는 피상속인의 채무로 간주되어 공제를 받을 수 있으므로 상속 전에 피상속인의 병원비를 상속할 재산으로부터 지출하면 재산가액이 줄어 상속세 부담을 줄이는 효과가 있다. 따라서 피상속인의 병원비는 가급적 피상속인의 사망 후에 내는 것이 바람직하며, 꼭 그 전에 내야 하는 경우에는 피상속인의 재산에서 내는 것이 유리하다.

　상속세는 증여세에 비해 공제사항이 많으므로 상속공제제도를 잘 활용할 필요가 있다. 상속공제제도에는 인적공제제도와 물적공제제도가 있다.

　우선 인적공제제도에는 기초공제와 기타 인적공제가 있지만 이 두 가지를 합친 금액이 5억 원에 미달하는 경우 일괄적으로 5억 원을 공제해주는 '일괄공제'가 있다. 또한 배우자가 재산형성에 기여한 공로를 고려하여 '배우자 상속 공제'가 있다. 최소공제액은 5억 원이고, 최대 공제액은 5억 원 이상의 경우 배우자의 법정 상속금액이 되며, 최대 30억 원까지 공제해준다. 다만, 상속세 신고기한부터 6개월째 되는 날까지 배우자의 상속재산을 분할한 경우에 한정된다.

　물적공제제도에는 금융재산 상속공제, 동거주택 상속공제 제도 등이 있다. 금융재산 상속공제의 경우 금융재산에서 금융부채를 제외한 순금융재산이 2천만 원이면 전액을 공제해 준다. 2천만 원을 초과하는 경우 가액의 20% 또는 2천만원 중에서 큰 금액을 공제해 주되, 2억 원을 최대 한도로 한다. 그리고 동거주택 상속공제는 직계비속자녀이 사망한 사람과 10년 이상 함께 산 경우 주택가액의 100%를 6억 원 한도 내에서 공제해 주는 제도이다.

　또한, 종신보험을 활용하는 방법을 보면, 소득이 있는 자녀를 계약자와 수익자로 하고 부모를 피보험자로 정해 종신보험에 가입한다면 부모가 사망했을 때 보험금은 자녀의 자산으로 인정된다. 그런데 보험계약자가 피상속인이 아니더라도 피상속인이 사실상 보험료를 지불하였을 때에는 피상속인을 보험계약자로 보아 보험금을 상속재산으로 본다는 점을 유의해야 한다.

한편, 피상속인의 사망 전에 증여를 적극 활용하는 것도 상속세의 절세를 위해 검토해 볼 만하다. 증여를 할 때에는 자산이나 현금 중 우선 증여 시 시가 대비 평가금액이 낮은 자산을 먼저 증여하는 것이 좋다. 그리고 증여가 가능한 금액은 10년 기준으로 배우자는 6억 원, 성인 자녀는 5천만 원, 미성년 자녀는 2천만 원, 기타 친족사위, 며느리 등은 1천만 원임을 고려하여 적절히 정한다. 여러 수증자증여를 받는 사람에게 분산하여 증여하면 세금부담을 낮출 수 있다. 다만, 사망하기 전 10년 이내에 피상속인이 상속인에게 증여한 재산의 가액은 상속세 계산 시 이를 합산하므로 증여의 효과가 없다는 데 유의하여야 한다.

마지막으로 자녀를 건너뛰고 손자녀에게 증여하는 세대 생략 증여는 자녀에게 증여하는 경우에 비해 30%상속인이 미성년자이며 상속재산가액이 20억 원을 초과할 경우 40%를 할증하여 세금이 부과된다. 그러나 상속이 개시되기 전에 아들이 사망하여 손자가 아들을 대신하여 상속을 받는 대습상속代襲相續인 경우에는 세대를 건너뛴 상속으로 보지 않기 때문에 할증과세를 하지 않는다. 반면 상속이 개시된 후 10년 이내에 상속인이 사망하여 다시 상속이 개시된 때에는 재상속기간에 따라 100%에서 10%까지 세액공제를 받을 수 있다.

이상에 소개한 방법들 외에도 더 많은 방법과 위 방법들의 자세한 내용을 알고 싶으면 국세청에서 발간하는 「세금절약 가이드」를 참고하면 된다. 또한 재산이 다양하고 많아서 판단이 어려운 경우 세무사나 공인회계사와 상담하는 것이 편리하고 효과적이다.

기부 문화의 발전

한편, 자본주의적 소유개념이 잘 발달된 미국에서는 '책임 있는 부자Responsible

Wealth'라는 단체가 소위 '상속세 폐지 반대, 공평 과세, 최저임금 인상, 기업의 사회적 책임 확대, 최고경영자CEO의 연봉 축소' 등과 같은 주장을 하고 있다. 미국에서 부 또는 소득 기준으로 상위 5%에 속하는 사람들을 회원으로 받고 있는데, 한국인에게도 잘 알려져 있는 조지 소로스 미국 소로스 펀드 매니지먼트 회장, 록펠러가의 후손으로 전前 록펠러 브러더스 펀드Rockefeller Brothers Fund, RBF 의 회장이었던 스티븐 C 록펠러, 월트 디즈니의 손녀이자 영화감독인 아비게일 디즈니 등이 이 단체의 회원이라고 한다.

이들은 부자로서 사회적 공익을 위해 지켜야 할 최소한의 윤리와 의무를 스스로에게 부과하면서 사회의 발전과 공익에 기여할 수 있는 일을 위해 기부를 실천하고 있다. 이제 우리도 사회의 건전한 발전을 위해 상속을 통한 빈부격차의 재생산에 노력하기보다는 함께 살아가는 사회의 건설을 위해 바람직한 기부문화를 발전시키는 것이 중요하다.

04 각종 사기와 고위험 금융상품에 대비하기

노년에 접어들면 판단력이 흐려져 각종 사기를 당함으로써 재산상의 피해를 입는 경우를 많이 볼 수 있다. 또한 일부 노인들은 세상사의 흐름에 둔감할 뿐만 아니라 사회적 교류가 적은 상태에 있어 그럴듯한 남의 말을 믿고 쉽게 넘어가는 경향을 보이기 때문에 사기의 대상이 되기 쉽다. 이와는 달리 과도하게 욕심내다가 고수익을 보장한다는 유혹에 빠져 사기를 당하는 경우도 발생한다.

온라인 금융사기: 보이스피싱, 파밍, 스미싱

과거에는 대면사기가 많았으나 요즘에는 경제가 디지털화됨에 따라 보이스피싱Voice Phishing, 파밍Pharming, 스미싱Smishing 등 다양한 형태의 온라인상의 비대면 금융사기가 많아졌다.[10]

① 보이스피싱은 '음성voice + 개인정보private data + 낚시fishing'를 합성한 신조

어로서 금융 분야에서 속임수나 거짓말로 타인의 재산을 자기 것으로 만드는 특수 사기범죄를 말한다.

② 파밍은 사기범이 먼저 이용자의 컴퓨터를 악성코드에 감염시켜 호스트 파일이나 브라우저 메모리를 변조시킨 후 컴퓨터 이용자가 금융회사 홈페이지로 접속하면 피싱사이트로 연결되도록 하여 이용자의 금융거래정보계좌 비밀번호, 보안카드번호 등를 가로채는 피싱사기를 말한다.

③ 스미싱은 문자 메시지SMS와 피싱phishing의 합성어로 휴대전화의 문자 메시지에 포함된 인터넷 주소를 클릭할 경우 악성코드에 감염되어 소액결제 피해를 일으키는 사기를 말한다.

2020년 보이스피싱 피해액은 전년도보다 65.0% 감소한 2,353억 원으로 2017년 이후 가장 낮은 금액을 기록했다. 피해건수 또한 64.3% 감소한 2만 5,859건으로 2015년 이후 가장 적었다. 최근 5년간의 추이를 보면 2015년에서 2016년 사이 주춤하는 듯 했으나, 2017년에서 2019년 사이 3년간 다시 폭발적으로 증가하는 추세를 보이다 2020년에는 급격히 하락하였다.

피해 유형별로는 신규 대출 또는 저금리 전환대출이 가능하다고 현혹하여 대출금 또는 수수료를 편취하는 '대출빙자형' 피해액이 1,566억 원66.6%이었고, 검찰·경찰·금융감독원 등을 사칭하거나 SNS, 메신저를 통해 지인 등으로 가장

그림 6-3 **국내 보이스피싱 피해 현황**

자료: 금융감독원, 2020년 중 보이스피싱 현황 분석, 2021. 4. 15.

하여 금전을 편취하는 '사칭형' 피해액이 787억 원33.4%이었다.

피해 유형별로 세분해서 보면 전체 메신저 피싱 피해의 85.8%를 50대43.3%와 60대42.5%가 차지하였고, 대출빙자형 사기는 40대와 50대의 비중이 65.0%로 가장 높았으며, 사칭형 사기는 60대 이상이 48.3%로 가장 높았다.11

이러한 와중에 우리나라 최대의 보이스피싱 피해자가 발생하였는데, 2018년 2월에 70대인 A씨가 9억 원을 사기당한 사건이다. A씨는 금융감독원 팀장을 사칭하는 사람에게 걸려들었는데, 자신의 통장이 대포통장으로 사용되었다며 "처벌을 피하려면 범죄에 연루된 피해금을 맡겨야 한다."라는 말에 속아 예금계좌와 보험을 해지하여 9억 원을 송금했다. A씨는 그 과정에서 은행 창구직원이 수상하게 여겨 사연을 물었음에도 사기범이 알려 준 대로 "친척에게 사업자금을 보내는 것이다."라고 말하며 오히려 창구직원을 안심시키고 송금하여 결국은 보이스피싱의 피해자가 되었다.

고령화가 우리보다 훨씬 더 많이 진전된 데다 고령자가 자산을 많이 축적하고 있는 일본에서는 고령자를 대상으로 한 보이스피싱이 2012년부터 2017년까지 6년 연속 증가하여, 6년간 누적 피해액이 406억 엔약 4,005억 원에 이른 것으로 나타났다.12 '오레오레나아 나' 사기가 대표적인데, 고령자에게 전화를 걸어 다급하게 가족 또는 지인인 척하며 "교통사고나 범죄에 연루됐다."면서 거액 입금을 요구하는 방법이다.

사기꾼들은 공포감을 이용하는 경우가 많으며, 친절을 가장하기도 하고, 적극적으로 공감하는 모습을 보이며 접근하기도 한다. 그리고 친척, 친구, 학교동창 등 가까운 사람들이 사기에 나서기도 한다.

미국 뉴욕주에서는 노인이나 장애가 있는 성인이 다음과 같은 경우에는 금전적으로 착취당할 수 있다며 주의를 요하고 있다. 즉, 필요나 재정상태를 고려해 볼 때 방치되었거나 보살핌을 충분히 받지 못한 상태, 다른 가족원이나 지원으로부터 고립된 상태, 큰 액수의 현금을 인출하도록 권장하는 낯선 사람을 동반한 경우, 거래를 하도록 강요하는 듯 보이는 가족 또는 다른 사람을 동반한 경우, 본인의 생각을 말하거나 결정을 내릴 수 없는 상태, 불안해하거나 함께

그림 6-4   금융감독원 보이스피싱 지킴이 홈페이지

자료: 금융감독원 보이스피싱 지킴이 홈페이지, phishing-keeper.fss.or.kr

동반한 사람을 두려워하는 상태, 자신의 돈으로 무엇을 하는지에 대해 의심스러운 설명을 하는 경우 등이다.[13]

　　우리나라에서도 금융감독원이 금융사기를 예방하는 방법[14]과 금융사기 피해를 입었을 경우 대처하는 요령[15]을 제시하고 있다. 무엇보다도 의심스러운 금융거래 요청을 받았을 때는 당황하지 말고 상황을 다각적으로 판단한 후에 금융감독원이나 경찰청에 연락하여 상담을 받거나 신고하는 것이 중요하다. 또한 사기 금융거래의 원천이 될 수 있는 개인정보의 유출에 유의하고 노출 시 즉각적인 보호가 필요하다.

　　이러한 금융사기 예방법과 금융사기 피해 대처 요령은 단지 문서로만 갖고 있어서는 안 된다. 무엇보다도 내용을 충분히 숙지하여 다양한 상황에서 발생할 수 있는 금융사기를 예방할 수 있도록 해야 할 것이다. 이와 관련하여 금융감독원에서 운영하는 '보이스피싱 지킴이'라는 온라인 웹사이트phishing-keeper.fss.or.kr를 방문하여 피해사례, 대처방법 등에 대해 학습하고, 다양한 체험을 통해 실제와 유사한 상황에 대응할 수 있는 능력을 키워 나가는 것이 중요하다〈그림 6-4〉.

고수익 보장사기와 금융기관의 불완전 판매

보이스피싱과 같은 온라인 사기 외에도 고수익으로 유혹하여 사기를 치는 경우도 있다. 대형쇼핑몰에 투자하면 연 30%대 고수익을 보장한다며 투자자를 끌어모았던 시행사가 사기혐의로 몰리면서 경찰에 260여 건의 고소장이 접수되었다. 피해자들의 대다수는 노후자금을 투자한 은퇴자들이었고, 피해금액은 7백억 원에 달하였다고 한다.[16]

또한 금융기관이 불완전판매를 하여 피해를 입는 경우도 있다. 2018년에 고위험 금융상품인 ELS주가지수연동증권 투자액 중 50대와 60대가 투자한 금액의 비중은 56%였는데, 2018년에 남편의 병원비와 가족 생활비로 쓰기 위해 집을 판 돈 10억여 원을 모두 ELS와 쌍둥이 금융상품인 ELT주가지수연동신탁에 투자한 한 고령자는 투자한 지 10달 만에 −20%의 수익률을 기록하였다고 한다. 문제는 ELT상품을 정기예금과 거의 비슷하고 원금손실이 없다고 하며 판매한 점이다.[17]

ELT 상품은 증권사가 발행한 ELS를 은행이 신탁자산에 편입해서 판매하는 상품으로, 주로 주가지수를 기초자산으로 삼는다는 점에서는 ELS보다는 덜 복잡하지만 예·적금에 비해서는 상품 구조가 복잡하고 원금보장이나 예금자보호가 되지 않는다. 그럼에도 불구하고 정기예금과 비슷하다고 판매한 것은 금융회사나 판매자의 이익만 고려하고 고객의 이익은 전혀 고려하지 않은 것이라 할 수 있다. 다양한 금융상품에서 불완전판매가 많이 발생하는 점을 고려할 때 이러한 사례는 빙산의 일각에 불과하다.

2019년에는 독일, 영국, 미국 등 주요 국가의 금리에 연계한 DLF 상품으로 인해 일부 은행의 소비자들이 원금손실 수준의 피해를 입는 사건이 발생했다. 금융감독원이 2019년 10월에 발표한 중간검사 결과에 따르면, 법인투자자를 포함하여 3,243명의 투자자에게 7,950억 원의 DLF 상품이 판매되어 9월 25일 기준으로 3,513억 원의 손실잔액 기준 예상손실율 52.3%이 예상되었다고 한다.[18] 개인투자자 3,021명 중 60대 이상은 48.4%1,462명, 투자금액 3,464억 원이고, 법규상 고령자인 70대 이상은 21.3%643명, 투자금액 1,747억 원였다고 한다.

60대 이상의 개인투자자들은 중도환매·만기상환 과정에서의 손실확정액은 358억 원손실률 52.8%이며, 9월 25일 기준으로 판매잔액2,787억 원 대부분이 손실구간에 진입하여 예상손실액이 1,546억 원이었다. 70대 이상의 개인투자자들은 중도환매·만기상환 과정에서의 손실확정액은 212억 원손실률 49.2%이며, 9월 25일 기준으로 판매잔액1,316억 원 대부분이 손실구간에 진입하여 예상손실액은 735억 원이었다고 한다.

이러한 사고가 발생하는 데는 여러 요인들이 복합되어 있고 특히 은행들이 고객이 오인할 만한 정보 제공을 통한 유인, 고령투자자 보호 절차 위반 등의 책임이 절대적으로 크나, 투자자도 자기책임의 원칙하에 거래를 신중하게 했어야 한다는 아쉬움이 남는다.

따라서 고수익을 내세운 사기에 당하지 않거나 불완전 판매의 피해를 입지 않으려면 무엇보다도 일반적 수준에 비추어 높은 수익을 낼 수 있다고 하면 왜 그런지를 충분히 살펴야 한다. 그리고 위험과 수익률은 비례하므로 수익률이 높으면 그만큼 큰 위험을 부담해야 한다는 사실을 이해해야 한다.

현재 연 0~1% 대의 은행 정기예금 금리를 고려할 때, 원금 대비 연 5% 이상의 수익을 안정적으로 보장한다고 하면 일단 투자를 의심해 봐야 한다. 그렇게 높은 수익률을 안정적으로 보장한다면 투자권유자가 대출을 해서라도 직접 투자하지 타인에게 투자를 권할 이유가 없기 때문이다.

나아가 금융교육을 받아서 금융상품의 기본적 특성을 이해하고 금융거래를 하는 것이 필요하다. 금융교육은 금융감독원 금융교육센터, 금융투자자보호재단, 전국투자자교육협의회, 생명보험사회공헌위원회 등에서 받을 수 있다.

행복이 충만한
제2의
인생 만들기

07

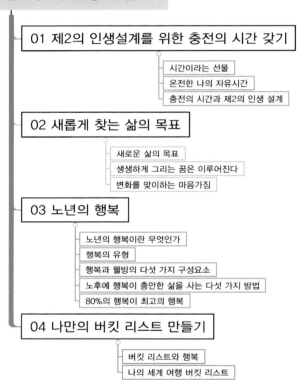

제7장 행복이 충만한 제2의 인생 만들기

01 제2의 인생설계를 위한 충전의 시간 갖기

시간이라는 선물
온전한 나의 자유시간
충전의 시간과 제2의 인생 설계

02 새롭게 찾는 삶의 목표

새로운 삶의 목표
생생하게 그리는 꿈은 이루어진다
변화를 맞이하는 마음가짐

03 노년의 행복

노년의 행복이란 무엇인가
행복의 유형
행복과 웰빙의 다섯 가지 구성요소
노후에 행복이 충만한 삶을 사는 다섯 가지 방법
80%의 행복이 최고의 행복

04 나만의 버킷 리스트 만들기

버킷 리스트와 행복
나의 세계 여행 버킷 리스트

제 7 장

행복이 충만한 제2의 인생 만들기

01 제2의 인생설계를 위한 충전의 시간 갖기

시간이라는 선물

2011년에 개봉된 영화 '인 타임'In Time을 보면 인류는 노화 유전자 통제에 성공하여 25세 이후의 젊음이 그대로 유지되지만 그 이후의 삶의 시간은 노동과 자본 등을 통해 축적한 시간만큼 쓸 수 있다. 그리고 그 시간을 커피 마시는 데 4분, 권총 1정 사는 데 3년 등 화폐 대신 사용한다. 가난한 세계데이톤에 사는 사람들은 노동을 통해 시간을 사거나 다른 사람에게 빌리거나 훔쳐야 한다. 그리고 충전한 시간이 소진되면 그대로 사망한다. 반대로 부자들의 세계뉴 그리니치에서 부자들은 금융소득이나 유산을 통해 시간을 축적하여 몇 세대를 거쳐 살 수 있고 거의 영생도 가능하다.

▶ 인 타임(2011년)

우리나라 사람들의 평균수명은 2019년 현재 83.3세로 1970년 62.1세보다 약 21.2년이 증가하였다. 즉 빈부와 관계없이 별도의 노동을 제공하거나 빌리지 않더라도 1970년보다 약 18만 시간을 추가로 충전받은 것이다. 1970년에 비해 앞으로 90세까지 산다면 약 24만 시간28년, 100세까지 산다면 약 33만 시간38년

193

을 추가로 선물로 받은 것이다.

우리는 삶의 시간이라는 측면에서 부자 세계뉴 그리니치에 사는 부자가 되었다. 그러면 이러한 시간을 행복하게 보낼 것인가, 불행하게 보낼 것인가? 의미있고 보람 있게 보낼 것인가, 무의미하고 무료하게 보낼 것인가? 선택과 준비와 실천의 문제만 남아 있다.

백세시대에 대해 제대로 예측하고 계획을 수립하여 실천하면 장수는 저주가 아니라 선물이 된다. 준비된 100세 인생은 시간이라는 선물과 풍성한 기회로 가득차게 된다.[1]

퇴직 또는 은퇴 후에 어떻게 살 것인가란 질문에 대해서는 일찍부터 대답을 갖고 준비하는 것이 중요하지만, 은퇴 후에 다시 한 번 본격적으로 충전의 시간을 갖고 제2의 인생에 대한 꿈과 비전 그리고 목표를 정하고 생생하게 구체화시켜야 노후의 행복에 더욱 가까이 갈 수 있다.

여기에서 꿈 또는 비전은 소망성을 나타내며 북극성과 같이 다다르기는 어렵지만 가고자 하는 방향을 제시하고, 목표는 실현 가능성을 고려하며 한라산 백록담 등반과 같이 구체적으로 달성할 수 있는 지표를 말한다.

온전한 나의 자유시간

인간의 행복은 자신이 어딘가 속해 있으면서 주변의 다양한 사람들과 관계를 유지하고 자신이 존중받으며 자신 또한 다른 사람들에게 도움이 되고 있다고 생각할 때 크게 느껴진다. 또한 자신이 경제적으로나 신체적으로 안전하고 건강하게 지낼 수 있다면 행복감은 더 커질 수 있다.

따라서 은퇴하여 제2의 인생기를 살아갈 때도 기존에 살아왔던 삶과 비교하여 절벽에서 떨어지는 느낌을 갖지 않게 준비하는 것이 필요하다. 대부분의 사람들은 원하든 원하지 않든 은퇴하여 자연인으로 돌아오게 되면 일상에서 맺는 인간관계가 바뀌고 자신에게 주어진 많은 시간을 무엇을 하며 지내야 좋을지 몰라 혼란을 겪게 되는데 가급적 그러한 혼란을 최소화하는 것이 중요하다.

은퇴 후 가장 큰 변화는 아침에 일어났는데 딱히 갈 곳이 없고 정해진 할 일이 없다는 것이다. 은퇴하기 전에는 직장에서 일하기 위해 정해진 시간에 일어나 식사를 하고 출근하여 일하다 귀가했는데, 은퇴를 하니 출근해야 할 의무도 사라지고 대신 많은 자유시간이 주어진 것이다. 그야말로 원하는 자유를 얻었는데, 충분한 준비가 되지 않으면 하루하루가 무료한 시간의 연속이 될 것이다. 이렇게 무료하게 지내다 보면 만나는 사람들도 폭이 좁아지고, 궁극에는 자신의 존재 의미에 대해 회의를 가질 수도 있다.

또한 일을 하는 동안 기존에 조직이나 사회에서 누렸던 권력이 사라지고 자신의 힘만으로 살아가야 하는 상황에 직면한다. 특히 사회생활을 할 때 높은 지위에 있었거나 권위적으로 지냈을수록 은퇴 후 자신이 맞이하는 현실은 사회생활을 할 때에 비해 차이가 크고 냉엄할 수밖에 없다.

사회생활을 할 때는 높은 지위에 오르거나 성공하여 회사에서 차량을 제공받거나 기사를 두었다면 은퇴 후에는 자신이 손수 운전을 해야 하거나 대중교통을 이용해야 할 것이다. 자신이 속했던 조직에서는 머릿속으로 생각한 일을 지시하여 해결했으나, 은퇴 후에는 지시를 받아 줄 사람이 없고 자신이 직접 정리하고 해결해야 한다.

일상적 생활에서부터 곤란을 겪지 않고 은퇴생활을 잘하려면 평상시에 이러한 상황을 준비할 수 있어야 한다. 예를 들어 직장생활을 할 때 주중에 하루라도 대중교통을 이용하여 출퇴근을 해 보거나 주말에 대중교통을 이용하여 여행을 해 본다든지 하고, 자원봉사 활동에 참여하여 자신이 직접 몸을 사용하여 일을 해 보는 것이다.

따라서 단순히 은퇴절벽에서 떨어지지 않으려는 소극적 대응에서 벗어나 적극적 대응을 할 필요가 있다. 이는 은퇴 후에 할 일을 미리부터 생각해 두고 은퇴 전부터 단계적으로 확대하는 것이다. 제2의 인생기를 그간 시간적 여유가 부족하였거나 가족부양 등을 이유로 실현하지 못했던 자신의 꿈을 실현시키기 위해 도전할 수 있는 좋은 기회로 활용할 수 있다.

충전의 시간과 제2의 인생 설계

제2의 인생은 자신이 왕성하게 활동을 하였던 직장에서 정년 등의 이유로 퇴직을 하면서부터 시작된다고 볼 수 있지만, 미리부터 준비하는 것이 바람직하다. 개인에 따라서 일반적인 정년 연령에 이르기 전에 조기은퇴할 수도 있고, 오히려 정년 연령이 지난 후에도 왕성하게 경제활동을 할 수도 있다. 대개의 경우 60세 전후에 경제적 활동에서 은퇴한다고 하면 90세까지 산다고 하여도 30년이 남게 된다.

이 긴 기간 동안 은둔자와 같은 인생을 보내지 않고 활력 있는 제2의 인생을 살아가려면 은퇴 전부터 미리 노후생활을 설계해야 한다. 제2의 인생기에는 제1의 인생기에 비하여 상대적으로 무거운 책임에서 벗어나게 되므로 개인 차원에서 못다 이룬 꿈을 이룰 수 있는 기간이 되기도 한다.

그런데 제2의 인생을 어떻게 살지 미리 준비하지 못했다면 제2의 인생기를 시작하기 전에는 미리 일종의 안식년을 가져 보는 것이 중요하다. 이를 '갭 이어'Gap Year라고 부르기도 하는데, 수개월 내지는 수년 동안 편안하게 자신의 미래를 위해 충전의 시간을 갖는 것을 말한다. 갭 이어는 영국에서 대학생이 대학에서 학업을 시작하기에 앞서 일정 기간 동안 여행을 하는 것을 의미했는데, 요즘에는 은퇴하면서 새로운 인생을 준비하기에 앞서 충전의 시간을 갖는 것에도 사용된다.

은퇴를 맞이한 많은 사람들은 갭 이어를 여행에 활용하였다. 꼭 해외여행일 필요도 없고 장기간일 필요도 없다. 자신의 목표와 상황에 맞게 여행하되 새로운 인생을 위해 무언가를 얻는 기회로 삼으면 좋을 것이다. 여행을 떠나기 전에 구체적인 목적을 갖지 않고 떠나더라도 여행하면서 하나씩 얻는 교훈이나 깨달음을 제2의 인생을 설계하는 데 활용하면 금상첨화일 것이다.

이렇게 여행을 선택하는 것은 여행이 기존의 일상에서 벗어나 새로운 것을 경험하면서 새로운 자극을 받고 미래를 설계하기에 좋기 때문일 수 있다. 그러나 반드시 여행을 해야만 충전이 되는 것은 아니다. 템플스테이에 참여하여 자신의 내면과의 대화를 통해 진정한 자신을 발견하여 미래의 삶을 위한 기반으로 삼을 수도 있다.

집에서도 매일 운동이나 명상 또는 다양한 독서를 하면서 충전의 시간을 가질 수도 있다. 육체의 단련과 함께 정신적 단련을 하여 자칫 약해지기 쉬운 마음을 가다듬을 수도 있다. 여행이 직접적 경험을 통해 인식을 전환시키는 반면 한정적 경험을 하게 되는 단점이 있으나, 독서는 간접적 경험이긴 하지만 다양한 경험을 할 수 있게 하는 장점이 있다. 아니면 두 가지 방법을 적절히 혼합해 시도해 보는 것도 좋다. 무작정 여행을 떠나는 것도 방법이지만 일정 정도의 간접 경험을 한 다음 방향성을 갖고 떠나면 더 의미가 있을 것이다.

은퇴 후 충전의 시간을 갖는 동안에 해야 할 것은 첫째, 충분한 휴식을 취하는 것이다. 은퇴 전에는 매년 휴가를 떠나거나 주말이나 공휴일을 이용하여 휴식을 취했겠지만 대부분은 기한이 짧았을 것이다. 충분한 휴식을 통해 육체적 회복과 함께 정신적으로도 긴장감을 풀고 편안한 상태에 이르도록 할 필요가 있다.

둘째, 마음 가는 대로 이것저것 해 보면서 자신이 원하는 것이 무엇인지, 그것이 지속적으로 행하기에 적합한 것인지, 그리고 무엇이 자신을 행복하게 해 주는지 등을 자문자답하며 찾아본다.

셋째, 새롭게 맞이할 삶의 목표를 찾고 그를 위한 실천계획을 마련한다. 삶의 목표를 찾는 것은 제2의 인생을 살아갈 목표를 정하는 것이다.

이러한 충전의 시간을 가지면서 유의해야 할 일은 지나치게 비용이 들어가지 않도록 하고, 중간에 자신이 무엇을 위해 시간을 보내고 있는지조차 모르는 상태가 되지 않도록 하는 것이다.

특히 해외로 여행을 갈 때 충전이나 자신을 찾는 활동과는 무관하게 많은 비용을 들이게 되면 얻는 것도 없이 경제적 부담만 남을 수 있다. 또한 자유로운 시간을 보내고 나면 무언가 얻어질 것이라는 막연한 생각만으로 임하게 되면 아무런 소득 없이 시간만 보낼 수도 있으므로 어느 정도 목표를 정하고 충전의 시간을 갖는 것이 바람직하다.

02 새롭게 찾는 삶의 목표

새로운 삶의 목표

많은 사람들은 은퇴 이전에 자신이 청소년기에 세웠던 인생의 목표에 이르는 길과는 다른 길을 걸었을 수 있다. 다른 길을 걷기를 원했지만 기회가 없었거나 능력이 부족하여 가지 못했을 수도 있고, 자신의 인생 목표를 이루기보다는 가족을 배려하거나 당장의 수입이 필요해 다른 일을 했을 수도 있다.

그러나 은퇴를 하면 일단은 수입을 위한 경제활동을 하지 않거나 적게 해도 되므로 자신을 위해 사용할 수 있는 시간이 많아진다. 경제적인 여건이 개인에 따라 풍족할 수도 있고 그렇지 않을 수도 있지만 자신의 삶을 위해 쓸 수 있는 시간이 늘어난다.

그렇다면 제2의 인생을 살아가기 위해서 삶의 목표를 어떻게 정해야 할 것인가? 처음부터 어렵고 거창하게 정해야 하는 것은 아니다. 우리는 무언가를 할 때 굉장히 흥미로워서 그 일을 그만두기 싫었던 경험을 최소한 하나씩은 가지고 있을 것이다.

또한 다른 무엇보다도 그 일을 하고 싶어 다음 날 눈을 뜨자마자 맨 먼저 찾았던 경험이 있을 것이다. 자신의 마음을 사로잡고 가슴 떨리게 하고 가슴 뛰게 하는 일을 찾는 것이 필요하다. 젊은이들에게만 '당신의 꿈'이 무엇이냐 물어야 할 것이 아니라 은퇴한 자신에게도 '나의 꿈'이 무엇인가라고 물어야 한다.

자신의 꿈을 찾으면서 그것이 자신의 삶과 잘 조화를 이루는지 여부를 살펴야 한다. 그렇지 않다면 양립할 수 없는 부분을 희생시킬 각오를 하고서라도 꼭 해야 하는 일인지 판단해 볼 필요가 있다. 예를 들어 자신이 화가의 길을 가고 싶다고 정했을 경우 하루에 일정 시간을 그림 그리는 일에 투자하여 배우고 집중할 수 있는지 판단해야 한다. 그렇지 않고 다른 소일로 대부분의 시간을 보낸다면 화가가 되겠다는 꿈은 절실한 마음에서 나온 것이 아니라 그저 막연하게 어렸을 때부터 해 보고 싶었거나 멋있어 보여서 도전하는 일에 지나지 않을 수 있다.

생생하게 그리는 꿈은 이루어진다

삶의 목표를 찾아서 그것이 자신의 삶과 조화를 이루는지 여부를 판단했다면, 그 삶의 목표를 구체화하고 쉽게 볼 수 있는 곳에 글로 쓰거나 사진이나 그림을 붙여 둘 필요가 있다. 많은 사람들이 중고등학생 때 예를 들어 내가 반에서 1등 하겠다든가, 국어는 만점을 받겠다든가 하는 다짐을 책상 앞에 써 두었던 경험이 한두 번쯤 있을 것이다. 이렇게 하는 것은 그 문구가 눈에 띌 때마다 스스로 마음을 고쳐먹고 다짐을 할 수 있게 되기 때문이다.

그러한 차원에서 필자는 스위스의 알프스 트레일을 걷겠다는 계획을 세워 놓고 핸드폰의 인스타그램을 통해 매일매일 알프스의 풍경을 받아 보고 있다. 매일 새로운 풍경을 볼 때마다 그곳에 대한 동경도 커지고 마치 근처에 사는 것처럼 변화를 느낄 수 있어 좋다.

▶ 은퇴 후 걷고 싶은 알프스 트레일

베스트셀러 작가 이지성은 「꿈꾸는 다락방」에서 VD＝R이라는 공식을 제시한다. 즉 'Vivid Dream＝Realization, 생생하게 꿈꾸면 이루어진다.'라는 것이다. 청소년기뿐만 아니라 중장년기, 은퇴 후에도 새로운 꿈을 찾고, 구체화시키며 행동에 옮기면 그 꿈은 이루어질 것이다.[2]

또한 삶의 목표를 어떻게 실현시킬 수 있을지 구체적 계획을 세워 실천해 나가야 한다. 아무리 좋은 목표도 마음속에만 머물고 실천하지 않으면 한낱 꿈에 지나지 않는다. 그 꿈을 구체적 계획을 통해 실천할 때만 결과가 생기고 자신과 주변 및 사회에 의미를 부여할 수 있다.

계획은 구체적으로 작성하되 실제로 실행할 수 있어야 하고, 어느 정도 융통성을 갖되 원칙이 훼손되지 않게 해야 한다. 그리고 최종적인 목표에 도달하기 위해 수준이 다른 중간 목표를 여러 개 설정하여 그 목표를 차례로 달성하면서 자기만족과 함께 더 큰 목표를 달성할 힘을 얻을 수 있게 해야 한다.

변화를 맞이하는 마음가짐

충전의 시간을 활용하여 준비할 다른 한 가지는 변화를 맞이할 마음가짐이다. 마음을 바꾸지 않으면 아무리 새로운 환경에 놓인다 하여도 기존의 생활방식이나 사고방식이 그대로 유지되어 새로운 삶의 목표를 이루기 어려울 뿐만 아니라 결국 주변과 불화나 갈등이 발생할 우려가 있기 때문이다.

첫째, 기존의 직장생활 등 경제적 활동을 할 때는 조직 내에서 경쟁에 이겨 살아남는 데 마음을 썼다면 은퇴하면서는 마음의 안식과 행복에 우선적으로 마음을 써야 하며 주변과 조화롭게 지낼 수 있어야 한다.

따라서 경쟁보다는 협력을, 이기심보다는 이타심을 먼저 내세우는 삶을 살수 있도록 준비해야 한다. 은퇴 후에 새롭게 도전하는 일에서도 남과 경쟁하듯이 접근할 것이 아니라 그 일을 함으로써 자신이 얼마나 만족과 보람을 얻는지를 먼저 생각해야 할 것이다.

둘째, 목표 달성보다 과정에 충실함으로써 노력하는 자신으로부터 얻는 만족감을 극대화할 수 있어야 한다. 등산을 하더라도 급하게 정상에 올라갔다 내려오는 것에 치중하기보다는 오르는 과정에서 높이별로 다르게 나타나는 경치를 즐기거나 등산로 옆에 피어 있는 들꽃이 주는 아름다움을 느낄 수 있어야 할 것이다.

셋째, 외적으로 드러나는 것보다는 내면의 마음을 단련시키는 것을 중시해야 한다. 사람은 내면에서 높은 경지의 깨달음이 있으면 저절로 외면이 빛나게되어 있다. 물론 외적 관리를 소홀히 하라는 것은 아니며, 내면의 멋이 살아날수 있도록 해야 할 것이다.

넷째, 사회적 관계를 잘 유지하기 위해서 배려하는 마음을 갖추어야 한다. 배려를 한다는 것은 나보다 상대방을 먼저 생각하고 불편함이나 고통을 받지않게 하는 것이다. 이는 대신에 자신이 어느 정도 불편하거나 고통을 받을 수도 있음을 의미한다.

따라서 본인이 그러한 상황을 감내할 정도로 상대에 대한 존중과 이해가앞서고 따뜻한 마음이 있어야 한다. 그렇지 않다면 일회적으로는 몰라도 지속적으로 배려할 수 없을 것이기 때문이다. 또한 배려가 지나치면 오히려 상대가 불편하게 생각하여 관계가 오히려 어색해질 수 있으므로 적정한 수준을 유지하는 것이 좋다.

다섯째, 이러한 마음가짐 외에도 은퇴를 위해 준비해야 할 마음가짐이 많을 것이다. 그러나 사람이 모두 이상적인 상태에 도달할 수 있는 것은 아니니 지나치게 많은 것을 바꾸려 하기보다는 주변으로부터 들어왔던 의견을 기초로 한두 가지라도 바꾸는 것이 현실적이다. 수십 년 동안 습성으로 형성된 사람의 마음가짐이 그렇게 쉽게 바뀌는 것은 아니기 때문이다. 오히려 자신의 마음 씀씀이에 어떠한 문제가 있는지 아는 것만으로도 충분할 수 있다. 그렇다면 늘 그러한 문제를 염두에 두면서 조심하고 개선하려는 노력을 기울일 수 있게 될 것이다.

03 노년의 행복

노년의 행복이란 무엇인가

노년에도 행복할 수 있을까라고 질문을 하면 사람마다 다양한 답이 나올 것이다. 이는 각자가 처한 상황이 다르기 때문이기도 하지만 행복이 무엇인지에 대한 생각이 다르기 때문일 것이다. 행복은 사전에 의하면 '사람이 생활 과정 속에서 기쁘고 즐거우며 만족을 느끼는 상태에 있는 것'이라고 정의하고 있다. 즉 행복은 주관적으로 기쁘고 즐겁고 만족을 느끼는 것이다.

100세를 살고 있는 철학자로 유명한 김형석 교수는 「행복예습」에서 행복을 인생의 목표라기보다는 결과로 보았다. 자신조차도 행복에 대해 젊어서는 관심을 갖지 않았고 90세를 넘긴 후 비로소 생각했다고 한다.

또한 행복은 다른 사람에 의해 객관적으로 평가되는 성적이 아니다. 따라서 개인이 주관적으로 느끼는 행복감이 중요하다. 행복학의 대가로 불리는 미국 일리노이대학교 심리학과의 에드 디너Ed Diener 석좌교수는 행복을 '주관적인 안녕감'으로 정의한다. 즉 행복이란 개인이 직업, 건강, 사회적 관계 등 삶의 주요 영역에 대하여 갖는 긍정적인 생각이나 느낌이라고 할 수 있다.3

행복이 마음가짐의 문제라면 마음가짐에 따라 행복이 어떻게 결정되는 것일까? 디너 교수는 행복이 주위의 환경이나 조건에 의해 결정되는 것이 아니라 바로 '삶에 대한 마음의 태도'에 달려 있다고 한다. 예를 들어 올림픽과 같은 유명한 대회에 참가하여 은메달을 딴 선수가 동메달을 딴 선수보다 더 행복할까?

이를 알기 위해 미국의 토마스 길로비치Thomas Gilovich 교수는 1992년 바르셀로나 올림픽에서 시상식 장면 사진을 보여 주면서 수상자가 호명되는 순간 선수들의 행복도를 1점부터 10점까지 매겨 평가하도록 했다.

이 사진에 대한 행복도 평가에서 은메달 수상자는 평균 4.8점, 동메달 수상자는 평균 7.1점을 얻었다. 은메달 수상자는 금메달을 따지 못한 아쉬움에 행복도가 낮게 나타나고, 동메달 수상자는 메달을 따지 못할 수도 있었지만 메달을 획득했다는 안도감 때문에 은메달 수상자보다 행복도가 높게 나타난 것이다. 각 선수들이 메달에 대해 느끼는 행복감은 선수들의 기대 수준에 대비한 만족 수준에 따라 각각 다르게 나타난다는 것이다.

김형석 교수는 백세인생을 행복하게 살려면 우선 건강해야 하고 치매에 걸리지 않아야 한다고 하고 있다. 주변을 보았더니 건강하지 못하면 아무리 90년을 넘게 살더라도 행복하지 않더라는 것이다. 그리고 생활을 할 수 있는 적정 수준의 재산과 소득이 있는 것이 필요한데, 재산과 소득이 많다고 꼭 행복한 것은 아니라는 것이다. 그러나 경제적 여유가 없어 생활이 쪼들리면 항시 심리적으로 위축되고 누군가에게 의존하게 되어 행복하지 않을 수 있다.

또한 주변 사람들과 활발하게 소통하며 지내면 사회적 유대관계 속에서 외로움을 극복하고 살아갈 수 있어서 행복해질 수 있다. 그러나 이러한 것들 자체가 바로 행복을 가져다준다기보다는 행복을 위한 조건이라고 볼 수 있다. 정작 중요한 것은 본인이 주어진 환경에 구속됨이 없이 주관적으로 행복하다고 느끼는 것이다.

그림 7-1 **행복 수준**

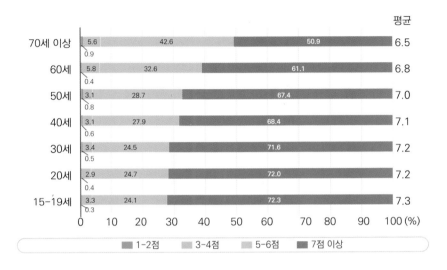

자료: 문화체육관광부, 2020 국민여가활동 조사, 2020. 12.

그런데 우리나라 사람들은 나이를 먹을수록 행복 수준이 낮은 것으로 나타났다. 문화체육관광부가 현재 행복수준을 1~10점 척도로 측정하도록 한 결과 연령대별로는 70세 이상이 행복수준을 가장 낮게 평가하였고, 15~19세가 가장 높게 평가한 것으로 나타났다. 60세 이상은 행복 수준 평균 점수가 7점에 미달하여 나이가 많아지면서 행복하지 않다고 생각하는 것이다〈그림 7-1〉.

나이를 먹으며 행복하지 않다고 생각하는 이유는 현재의 생활이 만족스럽지 못하고 미래에 대한 희망도 크지 않기 때문일 것이다. 현재의 노인 세대는 장수의 기쁨도 잠시이고, 오히려 오랫동안 살아갈 준비가 되지 않은 채 백세시대를 맞이하여 앞으로 살아갈 날에 대한 근심이 더 큰 상황이다.

그러나 모든 것은 마음먹기에 달려 있다. 노년에 행복하게 살 것인가 아니면 불행하게 살 것인가도 마음먹기에 달려 있다.

행복의 유형

개인이 노년에 행복하기 위해서는 어떠한 유형의 행복을 추구할 것인지에 대해 미리 체계적으로 생각해보는 것이 필요하다. 일반적으로 행복에 대한 철학적 접근은 크게 두 개의 흐름으로 구분된다.

그 하나는 에피쿠로스학파에 의해 대변되는 쾌락주의 입장이다. 삶의 목적이 쾌락을 극대화하고 불쾌와 고통을 최소화하는 데 있다는 것이다. 쾌락주의가 추구하는 행복은 삶 속에서의 즐거움과 쾌락이다.

다른 하나는 아리스토텔레스에 의해 대표되는 자아실현주의 입장이다. 최선의 삶은 일시적인 욕망 충족이나 쾌락보다는 도덕적 완성이나 인격적인 덕성을 추구하는 것이다. 즉 잠재된 인간의 덕성과 미덕을 계발하여 행복에 도달할 수 있다는 것이다. 이와 같이 쾌락주의적 입장과 자아실현적 입장이 행복을 설명하는 두 가지 축이 되어 왔다.[4]

한편, 미국 하버드대학교의 탈 벤-샤하르Tal Ben-Shahar 행복학 강사는 행복을 현재의 즐거움과 미래의 삶의 의미를 동시에 추구하는 것이라고 하면서, 행복을 체계적으로 설명하기 위해 미래와 현재, 이익과 손실이라는 차원을 도입하여 행복을 유형화한다.[5]

첫 번째 유형은 '쾌락주의자'이다. 미래의 행복은 존재하지 않고 오직 현재의 즐거움과 쾌락만 존재한다고 믿는다. 미래의 결과나 행복에 대해서 고려하지 않고, 현재의 고통을 피하면서 즐거움을 추구한다. 현재의 즐거움이 커진다면 미래의 손실이나 피해는 개의치 않는다. 현재의 미래에 범죄자가 되는 것을 상관하지 않고 마약이나 도박을 즐기는 것은 극단적인 한 사례이다.

두 번째 유형은 '성취주의자'이다. '고진감래형'으로 미래의 행복을 위해 현재의 즐거움을 양보하고, 현재의 행복을 저당 잡혀 놓는 유형이다. 현재의 고통과 어려움을 인내하고 목표를 달성하면 행복해질 것이라고 믿는다. 자신이 하고 있는 일이나 공부의 과정을 즐기지 못하고 최종 목적지에 도달하면 안도감을 느끼면서 행복이라고 믿는다. 일류대학에 입학하여 학점을 4.0 이상 유지하면서 명문대 로스쿨에 입학하고 대형 로펌에 입사한다면 성취감을 느끼겠지

그림 7-2 **행복의 유형**

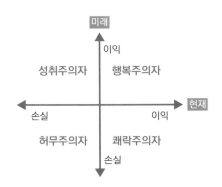

자료: 탈 벤-샤하르, 해피어, 위즈덤하우스, 2007. p.46의 그림을 참조하여 일부 수정

만 목표 달성에 대한 의미를 찾지 못한다면 공허감이 밀려올 것이다.

한편, 우리가 성취욕이 넘쳐 목적 중심의 태도를 갖는 것에서 벗어나는 것도 행복을 위해 필요한 측면이 있다. 그리고 은퇴 전에는 경제활동을 하는 과정에서 필요했던 덕목일 수 있다. 그러나 은퇴 후에도 여유로운 마음을 갖지 못하고, 항시 남과 경쟁하며 먼저 성취하려고 하면 불행해질 수 있다. 따라서 은퇴 후에는 과거의 성취지향적 삶에 대한 향수에서 벗어날 필요가 있다.

세 번째 유형은 '행복주의자'이다. 미래의 행복을 추구하면서도 현재의 행복을 즐기려 하는 사람이다. 지속 가능한 즐거움을 위해서는 삶의 의미가 있어야 하고 그 의미를 추구하면서 살아야 한다. 물론 미래의 이익이나 성취를 위해 현재의 이익이나 즐거움을 잠시 보류하고 때로는 원하지도 않는 일들을 해야만 할 때가 있다. 그러나 본인이 원하는 목표를 달성하기 위해 기꺼이 현재의 과정을 즐길 수 있다.

마지막으로 행복을 추구하는 유형은 아니지만 현재의 행복을 포기한 '허무주의자' 유형이 있다. 성취주의자는 오직 미래를 위해 살고, 쾌락주의자는 현재의 행복만을 추구한다면 허무주의자는 과거 속에 살고 있는 사람이다.

허무주의자는 과거의 실패 경험에 사로잡혀 삶의 의미가 없다고 믿으면서 모든 것을 체념하고 현재의 행복을 포기한 사람이다. 과거에 사업에 실패하여 더 이상 도와줄 지인도 없다고 믿고 현재나 미래에 대한 희망과 기대를 포기한 사람이다.

탈 벤-샤하르 강사는 위 세 가지 유형의 행복 중에서 현재의 행복을 즐기면서 미래의 행복도 추구하는 '행복주의자' 입장을 지지하고 있다. "지속적인 행복을 얻으려면 원하는 목적지를 향해 가는 여행을 즐길 수 있어야 한다. 행복은 산의 정상에 도달하는 것도 아니고, 산 주위를 목적 없이 배회하는 것도 아니다. 행복이란 산의 정상을 향해 올라가는 과정이다."라고 하면서 미래의 행복도 중요하지만 현재의 과정도 즐길 수 있어야 진정한 행복을 찾을 수 있다고 강조하고 있다.6

인생 백세시대라고는 하지만 언젠가는 반드시 죽음을 맞이해야 하는 삶이다. 머나먼 미래를 위해 현재의 즐거움과 행복을 포기하기에 백세는 그리 길지 않은 삶이다. 그러나 백세는 미래를 생각하지 않고 현재의 즐거움과 쾌락을 추구하기에는 긴 삶이다. 따라서 미래의 행복에 대해 큰 그림을 그리고, 현재 살아가는 과정 속에서 즐거움을 찾아야 진정한 행복을 느끼고 누릴 수 있다. 현재present가 가장 큰 선물present이라는 말이 있다.

작은 일에서 행복을 찾고 목적보다는 과정 중심의 태도를 갖는 것이 더 큰 행복을 느낄 수 있는 방법이다. 새로운 활동을 시작하거나 운동을 할 때는 달성 가능한 목표를 정한 다음 그 목표를 달성했을 경우 스스로를 표창한다면 몰입의 경지가 점점 깊어지고 행복해질 것이다. 요즘 유행하는 '소확행'작지만 확실한 행복을 많이 만드는 것이 거창하게 큰일을 하나 해 내는 것보다 즐거움도 크고 오래 지속될 수 있다.

행복과 웰빙의 다섯 가지 구성요소

그러면 어떻게 행복이 충만한 삶을 살 것인가? 마틴 셀리그만Martin Seligman
은 「플로리시」Flourish라는 책에서 행복과 웰빙에 대한 새로운 비전과 실천방법
을 설명하고 있다. 특히 행복이 충만한 삶을 위해 다섯 가지 웰빙의 구성요소인
PERMA를 제시한다.[7]

이는 긍정적 정서Positive emotion, 몰입Engagement, 관계Relationship, 의미Meaning와
성취Accomplishment이다. 아래에서는 셀리그만의 이론을 중심으로 웰빙의 다섯 가
지 요소를 설명한다.[8]

첫째, '긍정적 정서'는 기쁨과 희열, 따뜻함과 쾌락, 희망과 자신감, 낙관성
등으로서 '즐거운 삶'의 원천이 된다. 셀리그만은 긍정 정서를 ① 만족감, 자부
심, 평정, 성취감, 감사 등 과거의 긍정 정서, ② 따뜻함과 육체적 쾌락 등 현
재의 긍정 정서, ③ 미래에 대한 희망과 낙관, 자신감, 신념 등 미래의 긍정 정
서로 구분한다.

둘째, '몰입'은 특정 활동에 깊이 빠져들어 시간의 흐름, 공간과 자신에 대
한 생각조차 잃어버리는 심리적 상태를 말한다. 음악을 들으면서 음악과 하나가
되는 것, 운동이나 공부를 하면서 시간이 흐르는지 모르는 것 등을 말한다. 몰입

표 7-1 행복과 웰빙의 다섯 가지 구성요소

구성요소		세부 내용	추구하는 삶
긍정적 정서	P	기쁨과 희열, 따뜻함, 희망과 자신감, 낙관성	즐거운 삶
몰입	E	특정 활동에 빠져들어 시간의 흐름, 공간과 자신에 대한 생각조차 잃어버리는 심리적 상태	몰입하는 삶
관계	R	다른 사람과 함께 하는 것, 웃음, 기쁨, 성취에 대한 자긍심은 타인과의 긍정적 관계에서 발생	좋은 삶
의미	M	자아보다 더 중요하게 생각하는 것을 추구, 특정 활동에 소명의식을 갖고 헌신적으로 기여하는 것	의미 있는 삶
성취	A	성공과 성취, 승리, 정복 자체를 좋아해서 목적 달성을 위해 전념하는 것	성취하는 삶

자료: 마틴 셀리그만, 플로리시, 물푸레, 2011.

은 육체적 활동, 지적활동, 예술활동, 일 등을 하는 과정에서 발생한다.9 몰입을 지향하는 삶을 '몰입하는 삶'이라고 부른다.

셋째, '관계'는 다른 사람과 함께 하는 것을 말하며 행복과 밀접한 관련이 있는 것은 긍정적 관계이다. 우리가 행복을 느낄 때는 혼자 있을 때도 있지만 많은 경우 타인과 함께 할 때이다. 큰 소리로 웃었을 때, 가장 기뻤을 때, 성취에 대한 자긍심을 느꼈을 때는 타인과의 긍정적 관계 속에서 발생했을 가능성이 많다. 타인과 함께 하는 긍정적 관계는 '좋은 삶'의 원천이 된다.

넷째, '의미'는 자아보다 더 중요하다고 믿는 것을 추구하는 것이다. 이에는 직업에 대한 소명의식을 갖고 헌신적으로 일하는 것, 봉사활동 등을 통해 자신의 돈과 시간과 에너지를 투여하는 것, 자선활동 등에 번 돈을 의미 있고 보람 있게 쓰는 것 등이 해당한다. 이렇게 의미와 보람을 찾는 삶을 '의미 있는 삶'이라고 부를 수 있다.

다섯째, 사람들은 '성취' 자체에 목적을 두고 추구하기도 한다. 사람들은 때로는 즐거운 삶이나 의미 있는 삶을 위해서가 아니라 성공과 성취, 승리, 정복 그 자체를 좋아해서 목적 달성을 위해 노력하고 행복을 느낀다는 것이다. 개인의 어떤 목표를 달성하기 위해 전념하는 삶을 '성취하는 삶'이라고 부른다.

한편, 우문식 박사는 「행복 4.0」에서 "행복은 원하는 것을 달성하는 데서 온다1.0. 행복은 안마음과 밖환경에서 온다2.0. 행복은 사이균형과 조화에서 온다3.0. 행복은 만들 수 있다4.0."라고 주장한다. 여기에서 특히 주목해야 할 것은 네 번째인 행복 4.0이다. 즉 행복은 주어지는 것이나 환경에 대한 수동적 반응이 아니라 주도적 선택과 자발적 행동에 의해 만들어 나가는 것이다.10

노후에 행복이 충만한 삶을 사는 다섯 가지 방법

행복은 마음먹기에 달려 있다. 즉, 우리가 행복해지려면 주변의 환경요인보다 자신의 마음먹기가 중요하다. 따라서 노년을 행복하게 살려면 다음과 같은 다섯 가지 마음 훈련이 필요하다.

1 긍정적 마음을 갖자

긍정적 마음을 갖는 첫 번째 방법은 마음 비우기이다. 인간의 욕심과 기대는 끝이 없다. 그러나 행복이 마음먹기에 달려 있다면 과거에 대해 후회하며 미래에 대해 막연한 미련을 갖기보다 마음을 비우고 현실을 인정하면서 미래에 대한 기대수준을 낮추는 것이 행복의 지름길이다. 은퇴한 후에 그동안 현금으로 10억 원은 모았어야 하는데, 아니면 월세를 받을 수 있는 오피스텔이나 상가라도 하나 가져야 했다고 생각해 봐야 불행하기만 하다.

그렇게 후회하는 마음을 갖는 것은 이미 지나간 과거의 잘못에 대해 인정하는 것이기도 하지만 사실은 아직 욕심을 버리지 못하고 있다는 표시이다. 그러한 상황을 극복하기 위한 방안을 실행하지 못하면서 바뀔 수 없는 상황을 안타까워하는 것은 스스로 불만만 키우게 된다. 따라서 현재 상황에 만족하고 마음을 비우고, 기대수준을 낮춰야 행복한 마음이 찾아오게 된다.

행복과학 분야의 최고의 권위자인 미국의 에드 디너 교수는 행복= 개인이 달성한 것성취 정도/개인이 원하는 것열망 정도라고 하고 있다. 한 개인이 돈을 10억 원을 모으는 것을 원하는데 9천만 원을 모았다면 불행하게 느끼겠지만, 1억 원을 모으는 것을 목표로 하여 9천만 원을 모았다면 상당히 행복해하면서 1천만 원을 더 모으기 위해 즐거운 마음으로 노력할 것이다.

한편, 은퇴 이전 과거에 존재하던 자신의 사회적 지위를 마음속에서 지우고 잊어버리는 것도 행복을 위해 필요하다. 예를 들어 어느 모임에 가서 자신이 과거에 높은 직위에 있었다는 것을 내세우며 다른 사람들을 은연중에 무시하면 다른 사람들이 다음부터 상대하려 하지 않을 것이다. 그런 일이 반복되면 결국 주변에서 점점 사람들이 떠나가고 외톨이가 되어 불행해질 수 있다.

한 병원에서 큰소리가 들리는데 알아보니 '왕년에' 할아버지가 오셨다고 한다. 간호사에게 내가 왕년에 이러한 사람이었는데 몰라보고 무시한다고 큰소리를 친다. 그러면 그 간호사는 그 할아버지를 이상한 사람으로 보고, 말로 표현하지 않지만 더 무시하는 마음을 갖게 될 뿐이다.

왕년에 정부 부처에서 장관·차관·실장·국장을 지내고 대기업의 사장·부사장·임원을 했다 해도 이미 퇴직했다면 아무런 직위가 없는 '현재의 내'가 나일 뿐이다. 아무런 일을 하고 있지 않다면 아무런 직함도 없는 은퇴자일 뿐이다. 그러면 그 수준에 맞는 대우를 기대해야 한다. 이전에 대우를 해 준 이유는 개인이 속한 조직의 힘 때문이었다.

군대에서 장군이나 사령관을 하면 수천 명, 수만 명의 군대를 지휘할 수 있는 막강한 힘을 갖는다. 그 조직으로부터 나오는 권력의 힘 때문에 다른 사람들이 대우를 해 주는 것이므로 조직을 떠나면 그 권력은 모두 잊어야 한다. 은퇴를 한다면 '왕년에'는 모두 잊고 마음을 비우고 기대 수준을 낮추고 새 출발을 하자.

두 번째 방법은 천천히 즐겁고 행복한 순간들 음미하기이다. 행복 전도사, 행복 메이커maker 우문식 박사는 현재의 긍정 정서를 키우는 하나의 방법으로 음미하기를 제시한다. 은퇴를 하면 아침에 지친 몸을 이끌고 출근을 할 필요도 없고, 마트에서 목이 터져라 상품을 팔 필요도 없으며, 서로 칼날을 겨누며 경쟁할 필요도 없다. 은퇴를 해서 아침에 일어나면 하고 싶은 대로 하고 싶은 일을 하면 된다. 60세에 은퇴를 해서 100세까지 산다면 40년이란 자유시간을 선물받은 셈이다.

따라서 과거의 행복하고 즐거웠던 순간을 음미해 보고 미래에 어떻게 행복하게 살 것인가를 천천히 음미해 볼 필요가 있다. 미국의 브라이언트Fred Bryant와 베로프Joshph Veroff 교수는 음미하기에 대한 실험을 했다. 실험 집단을 ① 가장 행복하고 즐거웠던 순간이나 경험을 음미하는 그룹, ② 행복한 순간이나 경험을 음미하면서 그 기억과 관련된 기념물을 보는 그룹, ③ 아무것도 음미하지 않는 그룹 등 세 그룹으로 나눴다.

이때 가장 행복도가 높은 그룹은 ② 기념물을 보면서 행복한 순간을 음미하는 그룹이었고, 행복도가 가장 낮은 그룹은 ③ 아무것도 음미하지 않는 그룹으로 나타났다고 한다.11 그러므로 집이나 사무실에 가장 행복했던 순간의 사진이나 기념품을 걸어 놓거나 진열해 놓고 행복했던 순간을 음미한다면 저절로 입가에 미소가 지어질 것이다.

한편, 우리는 경쟁적인 사회에서 살아왔으므로 그 습관이 남아 있어 등산을 할 때도 경주하듯이 주위도 돌아보지 않고 정상이라는 목표를 향해 달려간다. 여행을 할 때도 스위스에 갔다면 제네바의 레만 호수에 가서 제트 분수 옆에서 사진 찍고, 인터라켄에서 하더쿨룸에 올라 멀리 보이는 알프스의 고봉들이나 툰 호수를 배경으로 사진 찍고, 산악열차 타고 융프라우까지 가서 휙 한번 둘러보고 사진 한 방 찍고 한국 라면 먹고 돌아온다. 물론 그 사진이 즐거운 순간을 떠올리게 하겠지만 은퇴 이후에는 시간적인 여유를 갖고 방문하는 곳의 역사와 문화 등을 살피며 천천히 음미하는 여행을 할 필요가 있다. 그리고 등산을 할 때에도 봄에는 파릇파릇하게 자라나는 새싹이나 길가에 피어 있는 진달래도 보면서 쉬엄쉬엄 자연을 음미하고 가을에는 아름다운 단풍을 보면서 인생을 되돌아보며 사색에 잠길 수도 있는 것이다.

세 번째 방법은 다시 긍정의 마음으로 채우기이다. 텅 비운 마음자리를 단련하고 그 자리를 긍정적 정서, 긍정의 마음으로 채우는 것이다. 과거에 성공했던 때, 기쁘고 즐겁고 행복했던 순간들을 떠올릴 필요가 있다. 과거에 원하는 대학에 합격했던 순간, 채용시험이나 고시에 합격하여 임명장을 받던 순간, 임원이 되었던 순간, 그리고 결혼식, 아들이나 딸의 탄생, 부모님과 함께 해외여행을 했던 시간 등을 떠올리며 긍정적인 기분으로 채워 보자.

그렇지 않으면 비관적 마음이 마음의 빈자리를 채운다. 무협지에 나오는 주화입마走火入魔라는 표현처럼 인생에서 가장 일이 안 풀렸던 순간, 즉 대학시험이나 입사시험에서 낙방했던 일, 승진에서 탈락해서 고배를 마신 일, 부모님과 갈등을 빚어 사랑하는 애인과 헤어진 일 등 불행한 순간만 떠올린다면 점점 더 우울해진다. 우리나라 노인의 자살률은 OECD 국가 중에서 가장 높다. 그리고 연령대가 올라갈수록 자살률이 높아진다. 우리나라에서 세계에서 가장 빠른 속도로 고령화가 진행되다 보니 노후에 대한 마음의 준비, 재정적 준비가 안 되어 있는 탓이다.

긍정의 마음을 가지려면 자신의 강점을 찾고 그 강점에 기반해서 성공한 순간들을 떠올려야 한다. 그리고 노후에 멋있게 살고 있는 역할 모델을 찾아 자신도 그렇게 살 수 있으리라 생각한다. 그래야 미래에 대한 희망과 자신감이 생긴다. 그래 나도 할 수 있어! 제2의 인생을 멋지게 살 거야!

네 번째 방법은 다시 감사의 마음으로 채우기이다. 자신의 마음을 내려놓고 이제 과거의 자리에 연연하지 않으면 자신은 조직 속에서 더 이상 가진 것이 없다는 것을 알게 된다. 그러면 가지지 않은 자신에게 다른 사람이 해 주는 말과 행동에 감사하는 마음이 생기게 된다. 이제까지 아무런 조건 없이 무한한 사랑을 베풀어 주었던 부모님, 함께 자라고 즐거움과 슬픔과 어려움을 함께 했던 형제자매, 그리고 평생을 바쳤던 직장의 동료와 후배들이 아직도 잊지 않고 연락을 주고 함께 시간을 보내려 한다는 사실에 고마움을 느낀다.

은퇴하여 현재 상황에 다소 불만이 있더라도 그에 감사하는 긍정적 마음을 가질 수 있다면 다른 어떠한 상황에서도 불만을 적게 가질 것이고 결국은 행복하게 느낄 수 있다.

감사는 자신에 대한 타인의 수고와 배려를 인정하고 고마움을 느끼는 것이다. 특히 상대방이 나에게 대가를 바라지 않고 무엇을 베풀었을 때, 내가 노력한 것보다 더 많은 혜택을 받았을 때 느끼는 마음이다.[12]

이러한 감사하는 마음은 우선 자신을 낮추는 데서 나온다. 자신은 가진 것이 별로 없고 노력도 부족한데 상대방이 나를 인정해 주고 높이 평가하며 노력 이상의 혜택을 베풀어 주었다고 느낄 때 감사하는 마음은 더욱 커진다. 자신은 이만큼 가진 것이 많고, 노력을 많이 했는데 상대방이 알아주지 않고, 그에 따른 보상도 보잘것없다고 느낄 때 부정적인 정서는 더욱 커진다. 또한 감사는 역지사지易地思之의 마음에서 나온다. 상대방이 나를 위해 어떤 희생과 노력을 했는지 되돌아보고, 나라면 그 상황에서 어떻게 행동했을까 다시 한 번 생각해 보는 것이 필요하다.

감사하는 마음은 심리적 행복감과 신체적 건강을 증진시키고, 삶에 대한 에너지를 충전시키며, 타인과의 관계를 긍정적인 관계로 만들어 나간다. 또한 감사하는 마음을 가지면 주변에서도 그 마음을 받아서 긍정적으로 인정하고 대우할 것이므로 좋은 인간관계가 형성되어 외롭지 않아 행복할 것이다.

이러한 감사하는 마음을 키우기 위해 감사일기를 쓰거나 감사편지, 감사카드 쓰기를 권한다.13 특히 부모님, 형제자매, 그리고 직장의 동료와 후배 등 가까운 사람들에게 감사편지나 감사카드를 써 보자.

2 몰입할 수 있는 활동을 찾자

몰입은 어떤 행위에 깊게 빠져들어 개인이 처해 있는 시간과 공간 그리고 자신에 대한 생각조차 잃어버리는 심리적 상태이다. 그야말로 '자신이 있는지 없는지도 모를 깊은 경지에 들어가는 것'이다. 몰입을 경험할 수 있는 조건으로 칙센트미하이Mihaly Csikszentmihalyi는 명확한 목표, 즉각적인 피드백, 과제와 능력 사이의 균형, 집중력, 현재 중시, 통제감 등 6가지를 들고 있다.

여기에서는 몰입을 보다 잘할 수 있는 기준으로 디카DCA를 제시하고자 한다. 즉 소망성Desirability, 경쟁력Competitiveness, 달성가능성Attainability이다.

첫째, 소망성은 바람직한 일, 원하는 행동, 하고 싶은 것을 하는 것이다. 물리학을 공부하고 싶었지만 부모님의 뜻에 따라 사법고시를 치르고 판사를 하고 퇴직을 하였다면 다시 물리학 공부를 해서 물리학 박사 학위를 취득할 수도 있다. 부모님의 반대로 또는 동생들을 부양해야 해서 음악을 하지 못했다면 퇴직을 하고 나서 합창반에 들어갈 수도 있고, 밴드를 조직할 수도 있다. 본인이 원하는 것을 할 때 몰입할 수 있다.

둘째, 경쟁력, 즉 남보다 잘하는 것, 강점이 있는 것을 하는 것이다. 사람들은 각자 공부를 잘하는 사람, 운동을 잘하는 사람, 음악 또는 미술을 잘하는 사람 등 각기 다른 장기를 갖고 있다. 본인이 잘하는 것을 해야 재미있고 즐겁고 깊게 빠져든다. 오리가 독수리처럼 잘 날고 싶다고 해서 아무리 노력해 봐야 독수리를 따라갈 수 없다. 스트레스만 받을 뿐이다. 그러나 독수리는 물에서 오리처럼 잘 헤엄을 치지 못한다. 오리의 강점을 가졌다면 물속에서 헤엄치는 것을 즐기면서 자맥질을 하며 물고기를 잡으면 된다.

자신이 하고 싶었던 일 중에서 강점이 있었던 것, 잘할 수 있던 것을 생각해 보자. 글읽기와 글쓰기, 탁구와 배드민턴, 노래와 악기 연주, 그리고 그림 그리기 등 잘하는 것을 해야 몰입할 수 있고 인생이 즐겁다.

셋째, 달성 가능성이다. 개인의 지적 능력, 신체적 능력, 재정적 능력 등을 감안하여 달성 가능해야 몰입이 쉬워진다. 대학 다닐 때 문과에서 생물이나 화학을 한 번도 공부하지 못한 사람이 본인의 체력이나 암기력을 무시하고 갑자기 한의학 공부를 하기는 쉽지 않을 것이다.

평생 축구도 거의 안 해 본 사람이 은퇴해서 축구를 취미활동으로 하겠다고 하면 운동으로 보내는 시간 반, 부상으로 병원에서 보내는 시간 반이 될 수도 있다. 노후에 매월 수입이 총 100만 원밖에 안 되는데 할리 데이비슨 오토바이를 타고 싶다면 개인의 처지가 더욱 슬퍼질 뿐이다.

따라서 개인이 처해 있는 외부 상황과 본인의 능력을 고려하여 일, 여가생활, 취미생활 등을 정하되, 도달 가능한 목표를 정해야 한다. 글쓰기에 관심이 있고, 꾸준히 글을 써 왔다면 3년 만에 책 한 권 내기, 탁구나 배드민턴 동호회 활동하기, 색소폰이나 기타 배우기, 서예나 캘리그라피calligraphy 배우기, 그림 그리기 등 달성 가능한 목표를 정하자.

나이가 들수록 성취할 수 있는 시간이 감소하므로 기대 수준을 낮추고 본인이 할 수 있는 목표를 세우고 달성할 수 있도록 노력해야 보다 행복해질 수 있다. 2018년 포브스Forbes 세계 100대 부자 중 3위에 오른 워런 버핏Warren Buffett도 "나는 뛰어넘지도 못할 7피트 장대를 넘으려 하지 않는다. 대신 나는 내가 넘을 수 있는 1피트 장대를 주위에서 찾는다."라고 하였다.

100세 시대가 왔다 하더라도 언제 죽음을 맞이할지 모르므로 달성가능한 작은 목표들을 새롭게 정한 후 그 하나하나의 목표를 달성할 경우 스스로에게 표창장을 준다면 몰입의 경지가 점점 깊어질 것이다.

3 긍정적 관계를 만들자

'멀리 가려면 함께 가라이종선, 2009'라는 책의 제목처럼 100세까지 멀리 행복하게 가려면 함께 갈 사람들과 긍정적인 관계를 유지하고 만들어 나가야 한다. 여기에서는 미국의 피터슨Christopher Peterson 교수의 긍정적 인간관계를 위한 방법을 활용하여 긍정관계를 만들기 위한 4가지 방법을 제시한다.

첫째, 상대방의 강점 찾기이다. 피터슨 교수는 '긍정심리학 프라이머'란 저서에서 성격 강점을 X축과 Y축으로 구분하여, X축에는 자아 관련 강점, 타인 관련 강점 그리고 Y축에는 이성적 강점, 감성적 강점을 배치하였다.

감성적이고 타인 관련 강점을 갖고 있는 사람은 감사, 친절, 유머, 협동심, 리더십 등에서 장점이 있고, 감성적이고 개인 관련 강점을 갖고 있으면 열정, 희망, 호기심 등의 장점이 있다. 한편, 이성적이면서 타인 관련 강점을 갖고 있으면 겸손, 진정성, 신중함에서 뛰어나다. 반면, 이성적이면서 자아 관련 강점이 있으면 창의성, 학구열, 끈기, 자기조절 등에서 장점이 있다.

따라서 개인이 감성 면에서 또는 이성 면에서 장점이 있는지, 자아와 관련해서 또는 타인과 관련해서 장점이 있는지 찾아내는 것이 중요하다.

사람마다 모두 단점만 갖거나 장점만 갖고 있는 것은 아니다. 공부는 잘 못하지만 주위 친구들과 잘 어울리는 사람도 있고, 공부는 잘하지만 성격이 외골수라 주위 사람들에게 상처를 주는 사람도 있다. 본인이 직접 일은 잘 못하지만 부하들을 편안하게 해 주고 사기를 북돋아 주어 큰일을 하는 사람도 있고, 본인이 직접 뛰어나게 일을 잘하지만 주위의 인적 자원을 잘 활용하지 못하는 사람도 있다. 따라서 개인 측면에서는 개개인의 장점을 찾아 칭찬해 주고 격려해 주고, 조직 측면에서는 개개인의 장점에 맞게 배치하여 활용하면 개인도 행복해지고, 조직도 성과가 높아질 것이다.

둘째, 상대방 칭찬하기이다. 사람은 서로 맺는 관계 속에서 살고, 협력을 통해 지구상에서 살아남고 최강자가 되었다. 따라서 사람은 본능적으로 자신이 협력관계의 틀 속에 있는지, 동료가 있는지 확인하고 싶어 하고 다른 사람으로부터 인정받고 싶어 한다.[14] 인정의 외부적 표현이 바로 칭찬이다. '칭찬은 고래도 춤추게 한다.' 칭찬을 받으면 기분이 좋아지고, 의욕이 충만하게 되며, 칭찬은 어려움을 극복할 에너지를 제공하며, 인생을 변하게 한다. 사람은 자신을 알아주고 칭찬해 주는 사람과 가까이 하려 한다. 사람에 따라 나이가 들면 성격이 괴팍해지고, 칭찬보다 비판적이거나 질책성 발언이 느는 경우가 많아진다. 그러면 주위의 사람들은 점점 멀어지고, 외로운 나날을 보내게 될 것이다.

셋째, 함께 시간 보내주기이다. 개인이 직업을 가지고 나서 직장에 전념하다 보면 가족과 함께 시간을 내기가 어렵다. 특히 남편이 직장에 취직한 후 30년간 오직 회사를 위해 사는 회사인會社人이 되었다 퇴직하여 이제 아내와 함께 시간을 보내려 하면 아내는 오히려 불편해 한다.

우리나라보다 앞서 고령화를 경험하고 있는 일본에서는 '젖은 낙엽 증후군'이란 말이 유행하였다. 길바닥에 찰싹 달라붙어 잘 떨어지지 않는 낙엽처럼 50~60대 남편이 별다른 준비 없이 직장을 은퇴한 후에 우울감, 무기력증 등을 느끼며 아내에게 찰싹 달라붙어 아무것도 하지 않으려는 현상을 말한다.

이러한 경우 남편은 아내에게 불편하고 귀찮은 존재가 된다. 아내는 남편 없이 시간 보내는 데 익숙해졌기 때문에 심한 스트레스를 느끼면서 심리적 부적응 상태에 빠지는데 이를 '은퇴 남편 증후군'이라 한다. 따라서 남편은 직장에 다닐 때부터 잠시라도 시간을 내어 가족과 함께 지내는 연습을 해야 '젖은 낙엽'으로 멸시받지 않고 살 수 있다.

한편, 관속에 들어가서 죽음을 체험하는 임종체험관이 있다. 유언장을 쓰고 관 속에 들어가 자신을 되돌아보고 삶을 정리하는 시간을 갖는 것이다. 살아 있는 동안 사랑했던 사람, 고마운 사람, 보람 있었던 일, 아쉬웠던 일 등을 떠올리게 된다. 이때 울면서 가장 많이 후회하는 것이 가족과 함께 시간을 많이 보내지 못했다는 것이다.

넷째, 상대방을 재미있게 해 주기이다. 사람들은 유머나 재치가 있고, 재미있는 사람과 함께 있고 싶어 한다. 왜냐하면 함께 웃고 즐기다 보면 함께 기분이 좋아지고 행복하게 느끼기 때문이다. 유머는 걱정, 불안, 우울감 등 부정적인 정서를 감소시키며 스트레스를 완화시킨다. 유머는 긍정적 정서와 활기를

은퇴 남편 증후군을 극복하는 방법에 관한 책들

1. 오가와 유리, 더 늦기 전에 아내가 꼭 알아야 할 은퇴남편 유쾌하게 길들이기, 나무생각, 2009.
2. 호사카 타카시, 아직도 상사인줄 아는 남편, 그런 꼴 못 보는 아내, 매일경제신문사, 2014.
3. 세라 요게브, 행복한 은퇴: 따로 또 함께 사는 부부관계 심리학, 이룸북, 2015.
4. 미타시나 기류, 갈 곳이 없는 남자, 시간이 없는 여자, 한빛비즈, 2016.
5. 박경옥, 오늘 남편이 퇴직했습니다, 나무옆의자, 2019.

불러일으키고, 친화적인 대인관계를 강화시킨다. 그리고 기억력과 창의력을 증진시키고, 심혈관계, 내분비계, 면역계 등에 긍정적인 변화를 가져와 건강을 증진시키며, 성공적인 노화를 촉진시킨다.[15]

이탈리아의 비토리오 갈레세Vittorio Gallese 교수는 거울 뉴런mirror neurons 효과를 발견하였다. 즉 상대방의 모습을 바라보거나 얘기를 듣는 것만으로도 자기 자신이 직접 행동하는 것과 같은 느낌을 받는 것이다. '미스터트롯'이나 '미스트롯'을 보며 함께 기분이 좋아지는 것, '불후의 명곡'을 보며 가수 따라 우는 것 등 모두 거울 뉴런, 즉 모방 뉴런의 효과이다. 상대방이 기분이 좋고 웃음을 선사할 때 본인도 덩달아 기분이 좋아지고 유쾌해진다.

4 의미 있는 활동을 찾자

미국 하버드대학교의 탈 벤-샤하르는 '해피어'Happier에서 '행복＝즐거움＋삶의 의미'라고 주장하면서 행복을 즐거움과 삶의 의미를 포괄적으로 경험하는 것으로 정의한다.[16] 순간의 쾌락은 지속적이지 않다. 현재의 고통을 피하고 즐거움만 추구한다면 미래의 손실을 가져올 수도 있다. 현재의 고통을 잊어버리기 위해 마약, 도박, 게임 등에 빠진다면 순간은 즐겁게 보낼지 모르지만 미래는 더욱 우울하게 될 것이다.

따라서 행복이 지속적이 되려면 즐거우면서도 의미가 있는 활동을 찾아야한다. 미국의 유명한 심리학자인 매슬로우Abraham Maslow 박사는 인간의 욕구를 생리적 욕구, 안전 욕구, 사회적 욕구, 명예 욕구, 자아실현 욕구 등 5단계로 나누면서 자아실현 욕구를 가장 높은 차원의 욕구라고 하고 있다. 자아실현 욕구는 자신이 갖고 있는 잠재적 역량을 최대한 발휘하여 자신의 일이나 생활에서 원하는 것을 달성하는 것이라고 할 수 있다.

자아실현적 행복은 자신이 가장 탁월하게 잘할 수 있는 점을 계발하고, 자신의 재능이나 기술을 직업적인 성취나 다른 사람, 또는 인류의 복지 등 보다 큰 선善을 위하여 활용할 때 크게 느낄 수 있다.[17]

자신의 일에서 최고가 되는 것, 김연아 선수처럼 피겨 스케이트에서 최고의 선수가 되는 것, 테레사 수녀처럼 봉사를 통해 삶의 의미를 찾는 것 등 다양한 유형이 있을 수 있다.

삶의 의미는 첫째, 목표를 설정하고 나아가야 할 방향을 제시하며 어려움이 닥쳤을 때 인내할 수 있도록 도와준다. 둘째, 역경에 부딪쳤을 때보다 빨리 극복할 수 있는 힘을 제공한다. 따라서 삶의 의미는 고난을 이겨 내도록 하는 인내의 원천이면서 삶에 가치와 만족감을 부여하는 행복의 원천으로 작용한다.[18]

미국의 로버트 에먼스Robert Emmons 교수는 삶의 의미를 네 가지 차원에서 찾을 수 있다고 하고 있는데[19] 이를 활용하여 삶의 의미를 찾는 방안을 제시한다. 첫째, 개인 차원에서 자신의 일 또는 직업에서 원하는 성과를 달성하는 것이다. 둘째, 타인과의 관계 차원에서 다른 사람과 친밀한 관계를 유지하고, 서로 신뢰하고, 타인에게 도움을 주는 것이다. 셋째, 사회적인 차원에서 후손을 키우며 가족과 사회를 위해 봉사하며 사회에 유산을 남기는 것이다. 넷째, 종교적인 차원에서 신앙생활을 하고, 사후의 삶을 믿으며, 신앙공동체를 위해 헌신하는 것이다.

이 중에서 첫째, 인생 1기에 개인, 가족, 사회가 원하는 일과 직업에서 목표를 달성하기 위해 노력했을 것이다. 인생 2기에는 타인보다는 나를 위해 의미 있는 일을 찾아보고 선물로 주어진 장수를 즐겨야 한다. 둘째, 사회적 관계에 대해서는 위의 '**3** 긍정적 관계를 만들자'에서 설명을 하였다. 셋째, 사회를 위해 봉사하면서 나눔을 실천하는 것도 노년의 삶을 의미 있고 행복하게 만드는 요소이다.

은퇴 전에는 가급적 많은 재산을 모으려고 했다면 이제는 그 재산을 가치 있는 일에 쓸 수 있는 마음이 있어야 한다. 재산은 많이 가지고 있다면 그것으로 부러움의 대상은 되겠지만 재산을 지키기 위해 인색할 경우 사회적으로나 개인적으로 비난의 대상이 되기 쉽다.

그러나 장학금 또는 불우한 이웃을 위한 기금으로 내놓는다면 그로부터 많은 긍정적 반응이 되돌아와 자신이 행복해질 수 있다. 설사 반응이 자신의 기대에 미치지 못하더라도 자신이 가치 있는 일을 했다는 것에 만족하며 행복감을 느낄 것이다.

5 성취하는 삶, 보람 있는 삶을 살자

삶에서의 행복은 의미 있는 목표를 세우고 목표를 달성하거나 달성하는 과정 속에서 느끼는 것만은 아니다. 목표 자체의 성취가 행복을 가져다주기도 하고, 새로움에 도전하는 것 자체로부터 즐거움과 행복을 느낄 수 있다.

외국어를 하나 더 배운다거나 국내든 외국이든 다른 지역을 여행하며 새로운 것을 경험하는 것은 많은 여유시간을 무료하게 보내지 않고 작은 것을 성취하는 데 따른 즐거움을 주므로 행복해질 수 있는 방법이 된다. 그리고 기존에 사귀던 사람 이외에 마음이 맞는 새로운 친구나 이웃을 사귀는 것도 상호 간의 공감을 통해 행복을 가져다줄 수 있다.

성취하는 삶을 위한 목표를 세울 때는 스마트SMART 원칙을 적용할 수 있다.[20] 즉 ① 구체적인Specific 목표를 세운다. ② 측정 가능한Measurable 목표를 세운다. ③ 달성 가능한Achievable 목표를 세운다, ④ 본인이 원하는 것과 연관성 있는Relevant 목표를 세운다. ⑤ 시간제한이 있는Time-bound 목표를 세운다.

예를 들어 금년도에 나빠진 건강을 회복하려 한다면 건강 증진과 관련이 있는 헬스를 하기로 구체적인 목표를 정하고, 1주에 7번 헬스장에 가기보다는 달성 가능하고 측정 가능하도록 1주에 3번 헬스장에 가서 1시간 이상 운동을 해서 금년 말까지 체중을 3kg 줄인다는 목표를 갖고 노력하면 된다.

이러한 성취는 신체적 차원, 정신적 차원, 사회적 차원, 영적인 차원 등 네 가지 차원에서 달성할 수 있다.[21] 그리고 성취는 작은 성취도 있을 수 있고, 큰 성취도 있을 수 있다.

첫째, 신체적 차원에서 금년도에는 몸무게를 5kg 줄이겠다고 목표를 세우고 달성할 수도 있다. 향후 3년간 서울 둘레길을 8코스까지 완주하겠다고 목표를 세우고 달성할 수도, 향후 5년간 산림청이 선정한 한국의 '100대 명산'을 등반할 수도 있다.

둘째, 정신적 차원에서 작게는 한 달에 1권의 책을 읽는 것을 목표로 세우고 성취할 수도 있다. 한 달에 1권의 책을 읽으면 1년에 12권의 책을 읽고, 10년이면 120권의 책을 읽는다. 한 분야의 책을 120권 정도 읽으면 그 분야의 최고 전문가가 될 수 있다.

머리를 보호하기 위한 머리카락을 관리하는 데 1달에 일반적으로 1~5만 원을 소비하는데, 그러면 머리의 주인인 두뇌를 위해 1달에 얼마나 투자하는가? 적어도 머리카락을 다듬는 것보다는 더 돈을 투자해야 되지 않을까?

이런 얘기를 다른 사람에게 하면 어떤 사람은 신문, 잡지, TV를 보면서 계속 머리를 쓴다고 한다. 그러나 신문, 인터넷, TV를 통해 정보를 습득하는 것은 자동차를 예로 들면 윤활유를 제공하는 것에 불과하다. 다만 녹이 슬지 않게 할 뿐 앞으로 나아가게 하는 휘발유의 역할은 하지 않는다.

승용차의 계기판에 휘발유가 떨어지면 경고등이 들어오기가 무섭게 주유소를 찾으면서, 아이디어가 소진되고 경고등이 들어와도 머리의 주유소인 책을 찾지는 않는다. 자신이 휘발유나 경유 없이 차를 운행하는 마술을 부릴 수 있는가 다시 한 번 생각해 볼 필요가 있다.

정신적 차원에서 또 목표로 삼아 성취할 수 있는 것은 글쓰기이다. 작게는 일기를 쓰거나, 독서를 한 다음 독후감을 쓸 수도 있다. 그리고 저술 등 창작 활동을 할 수도 있다. 백세시대를 맞아 90~100세까지 살면서 개인이 축적해 놓은 경험이나 지식, 지혜의 양은 그야말로 방대하다. 한국 사회 전체적으로 보면 5천만 명이 남겨 놓는 경험, 지식, 지혜의 양은 어마어마한 양이다.

그러나 개인이 60세가 넘어 은퇴하고 등산이나 TV 보기 등으로 소일하게 되면 개인적으로 가지고 있던 노하우 등을 가족이나 사회에게 전수하기가 어렵다. 따라서 어느 공익재단에서 개인들의 인생 또는 직장 노하우 등을 인터넷에 올려놓을 수 있는 '자서전 쓰기' 사이트를 만들고, 좋은 사례에 대해서는 포상하고, 책으로도 발간해서 배포한다면 개인의 경험은 조직과 사회와 국가의 경험으로 쌓이고 인류의 경험으로 축적될 수 있을 것이다.

역사에서 종이, 인쇄술, 글자, 인터넷 등 발명이 중요시되는 것은 이러한 매체를 통해 개인이나 사회의 경험이 후세에 전수되어 인류 역사의 발전에 크게 기여할 수 있기 때문이다.

물론 출판사를 통해 자신의 경험이나 노하우, 지식 등을 책으로 낼 수도 있다. 그러나 출판사는 영리 조직이므로 팔릴 수 있는 책을 주로 발간한다. 출판사를 통해 책을 발간할 수 있는 역량과 지식을 갖춘 사람들은 1년 또는 3년에 책 한 권 발간하기 등 목표를 세워서 달성할 수 있다.

셋째, 사회적인 차원에서 직업, 경제재무, 봉사활동 등에서 다양한 목표를 세우고 성취한다. 이러한 목표 달성은 매슬로우의 욕구 5단계 중 명예 욕구와 관련이 있는 '타인으로부터 인정받고 싶은 욕구'를 충족시킬 수 있다. 퇴직 후 새로운 창업이나 창직을 목표로 할 수 있다. 재무적인 측면에서 수입이 적더라도 일자리를 찾아 70세까지 일하기 등 목표를 세우고 달성할 수도 있다. 또한 1달에 한 번 노인요양센터에서 봉사하기 등을 할 수도 있다.

넷째, 영적인 차원에서 문학이나 음악에 심취하거나 명상이나 단전호흡, 요가 그리고 종교활동 등에서 목표를 정해 달성할 수도 있다.

예를 들어 금년도에는 1주일에 세 번 이상 국선도 단전호흡을 해서 노란 띠중기 후편를 거쳐 빨간 띠건곤단법를 따겠다는 목표를 세우고 성취할 수 있다. 그리고 금년부터 1주일에 한 번씩 교회, 성당, 절에 가서 종교활동을 하겠다고 정할 수도 있다.

그러나 원하는 목표를 달성하기 위해 모든 즐거움과 기쁨을 연기하면서 인내와 고난의 시간을 갖는 것은 현명한 방법이 아니다.

행복학의 아버지라고 불리는 미국의 에드 디너 교수도 행복은 목적이 아니라 과정에 있다고 하고 있다. 성공은 자신이 원하는 목표를 달성했는가 여부보다는 그 과정이 얼마나 즐거웠는가에 따라 결정된다. 산의 정상에 올랐을 때 느끼는 쾌감은 잠시이지만 산에 오르면서 주위의 멋진 풍경을 감상하고 친구와 함께 담소를 나누는 시간과 과정을 즐긴다면 보다 오랫동안 즐거움과 행복을 느낄 수 있다.[22] 산에 오르는 2~3시간 중에서 산의 정상에서 쾌감을 느끼는 시간은 10~20분에 불과하다.

80%의 행복이 최고의 행복

노년의 행복이 무엇인지와 노년의 행복을 위해 무엇을 해야 할까를 알아보았는데, 그러면 과연 노년에 행복할 수 있을까라는 질문을 던져 본다.

사람들이 행복한 삶을 추구하고 행복하기 위해 산다고 하지만 100%의 완벽한 행복이 존재하는가? 우리가 일상적으로 주위를 살펴볼 때 100% 행복한 사람들은 거의 찾기 어렵다. 사회적 지위도 있고 재정적으로도 풍요롭지만 건강이 좋지 않다든지, 자식이 아프거나 속을 썩인다든지 무언가 한 가지씩은 행복하지 못한 측면을 갖고 있는 것이 일반적이다. 그러면 100% 행복하지 않다고 하여 불행한 것인가?

에드 디너 교수는 「모나리자 미소의 법칙」이란 책에서 83%만 행복하라고 주장한다. 지나치게 행복한 것도 문제이므로 완벽한 행복을 추구하기 위해 온 힘을 기울이지 말라는 것이다.[23]

레오나르도 다빈치의 명작 '모나리자'의 미소에 나타난 감정을 분석해 보니 기쁨과 만족 같은 긍정적 감정이 83%이고, 두려움과 분노 같은 부정적 감정이 17% 섞여 있었다는 것이다. 기쁨과 슬픔이 조화롭게 담겨 있기 때문에 이 그림이 더욱 사랑받고 있다. 실생활에서도 83%의 기쁨과 17%의 슬픔이 균형과 조화를 이룰 때, 장기적으로는 성공적인 삶이 될 수 있을 것이다.

또한, 행복에 대한 설문 척도를 1~10으로 설정하여 설문을 한 다음 20년 후를 추적해 보니 8점을 받은 사람들이 9점이나 10점을 받은 사람들보다 교육 수준이나 경제적 수입이 높은 것으로 나타났다. 8점을 받은 사람들은 행복감에서 창의성이나 활력을 얻으면서 일부 걱정과 근심이 있기 때문에 동기부여가 되었을 것이라고 추정할 수 있다.

세상은 공평한 측면도 있어 건강, 인간관계, 재력 등 모든 측면에서 완벽하게 행복감을 느끼는 사람은 거의 없다. 모든 것을 갖춘 것 같지만 가족 중에 중대한 질병을 앓고 있는 사람이 있어 걱정 근심하는 사람도 있고, 뜻밖의 교통사고로 다치거나 가족을 잃는 사람도 있다.

행복과 불행은 마음먹기에 달려 있다. 20% 불행하다고 20%에 집중해서 본인이 불행하다고 생각하면 더욱 불행해진다. 80% 행복하다면 그것에 만족하고 20% 부족한 것을 채우려 할 때 더 많은 것을 성취할 수 있고 더욱 행복해질 수 있다. 본인이 행복하기 위해 중요하다고 생각하는 것 5가지 중 4가지를 성취하였거나 갖추고 있다면 이미 행복한 것이다.

은퇴 후에 80%의 행복에 만족해 하면서 마음 훈련을 하면 더욱 행복해질 것이다.

04 나만의 버킷 리스트 만들기

버킷 리스트와 행복

버킷 리스트bucket list는 죽기 전에 꼭 해 봐야 할 일들의 목록으로 우리말로는 '소망 목록'이라고 한다. 죽기 전에 꼭 해 보고 싶은 목표를 정하고 이를 성취하는 것으로 행복을 느낄 수 있어 버킷 리스트란 용어를 들으면 소망, 희망, 행복이란 단어가 떠오르겠지만 그 어원을 보면 오히려 절망, 죽음이나 불행에 가깝다.

잭 니콜슨   모건 프리먼

버킷 리스트
죽기 전에 꼭 하고 싶은 것들

마지막 순간까지 아낌없이 즐겨라!

▶ 버킷 리스트(2008년)

왜냐하면 버킷 리스트란 단어는 양동이를 차다kick the bucket에서 유래한 것으로 약간 높은 곳에 올라가서 목을 매고 양동이bucket를 발로 차서 스스로 죽는다는 의미이기 때문이다. 양동이를 발로 차는 것은 죽음을 상징하는데, 결국 이러한 죽음 이전에 꼭 하고 싶은 일을 '버킷 리스트'라고 부른다.

버킷 리스트 하면 떠오르는 것은 동명의 영화이다. 이 영화에서는 카터 챔버스모건 프리먼 역와 에드워드 콜잭 니콜슨 역이 각각 시한부 인생을 남겨 놓고 우연히 같은 병원의 병실에 입원한다. 병원의 소유자이자 재벌 사업가인 에드워드는 카터가 만들어 놓은 버킷 리스트를 보고 망설이는 카터를 설득하여 이를 실행하기 위한 여행을 함께 한다. 두 사람이 도전하거나 실행에 옮긴 버킷 리스트는 다음과 같다.

두 사람은 버킷 리스트 실행을 위한 여행을 하면서 이 기간이 인생 최고의 순간이자 서로의 인생에 최상의 기쁨과 의미를 주었던 시간이라고 느낀다.

영화 버킷 리스트의 소망 목록

1. 스카이다이빙 하기
2. 영구 문신 새기기
3. 스포츠카 무스탕 셀비로 카레이싱 하기
4. 세렝게티에서 사자 사냥하기
5. 이집트의 피라미드, 인도의 타지마할 보기와 로마, 홍콩 여행
6. 오토바이로 중국의 만리장성 질주
7. 낯선 사람 도와주기
8. 가장 아름다운 미녀와 키스하기(에드워드의 외손녀와 키스)
9. 눈물 날 때까지 웃기
10. 장엄한 광경보기

나의 세계 여행 버킷 리스트

버킷 리스트에는 위 영화에서 보듯이 스카이다이빙, 세계 명승지 여행, 장엄한 광경보기 등 다양한 목록이 포함되겠지만 여기에서는 보다 구체적으로 실행 가능한 세계 여행 버킷 리스트를 소개한다.

여행 버킷 리스트를 소개하는 이유는 개인이 행복한 삶을 위해 버킷 리스트를 만들어 실행에 옮기기를 바라고, 아는 만큼 보이기 때문에 여행지에 대한 정보를 제공하기 위한 것이다.

세계 지도를 보면 세계는 넓고 갈 곳은 많다. 그동안 다녀 본 곳 중에서 3개의 여행지를 추천하고자 하는데 가족과 함께 여행하고 싶은 버킷 리스트이기도 하다. 개인적인 취향과 선호에 따라 다르지만 여기에서는 ① 서양에서 자연이 만든 최고의 경치를 갖고 있는 스위스, ② 동서양의 역사와 문화가 만나는 터키, ③ 동양에서 인간이 만든 최고의 문화유산을 갖고 있는 인도를 소개하고자 한다.

첫째, 서양에서 자연이 만든 최고의 경치, 스위스를 소개한다. 스위스는 알프스 산맥에 위치하고 있어 아름다운 경관을 자랑한다. 그중에서 특히 레만 호수에서 쉴트호른으로 가는 코스를 추천한다.

레만 호수 여행은 분수140m로 상징되는 제네바에서 시작하여 몽트뢰에서 끝이 난다. 레만 호수는 여의도 면적의 70배 정도이며 어느 곳에서 사진을 찍어도 한 폭의 그림 같다. 레만 호수와 인터라켄을 지나면 스위스에서 꼭 봐야하는 융프라우가 있다. 그러나 개인적으로 융프라우보다 더욱 아름다운 곳이 있다. 바로 반대편에 있는 쉴트호른인데, 007 영화여왕폐하 대작전에도 나온 곳이다. 톱니 열차와 케이블카를 이용해서 쉴트호른에 오르면 아이거-묀히-융프라우가 파노라마처럼 펼쳐진다융프라우 4,158m, 묀히 4,107m, 아이거 3,907m.

쉴트호른에서 내려올 때 케이블카를 타지 말고 오솔길을 따라 걸으면 건너편에는 만년설에 덮인 알프스 산맥이, 산길에는 아름다운 꽃들이 만발해 있다. 그야말로 영화 사운드 오브 뮤직의 주인공이 된 기분을 맛볼 수 있다. 지상낙원

▶ 스위스 알프스의 청정 동화마을 뮈렌(myswitzerland.com)

이 따로 없구나라는 생각이 들 것이다.

걸어 내려오면 청정 동화마을 뮈렌에 도착하는데 여기서 1박을 추천한다. 아침에 일어나면 스머프가 튀어나올 것 같은 마을에서 그림같이 아름다운 경치가 펼쳐진다. 특히 신혼여행지로 또는 부부가 함께 가는 여행지로 추천한다.

둘째, 동서양의 역사와 문화가 만나는 곳, 터키의 이스탄불을 소개한다. 2016년에 개봉한 영화 '인페르노'지옥를 보면, 천재 생물학자 조브리스트가 인구의 절반을 사라지게 할 21세기 흑사병 바이러스를 개발하고, 그 병균의 전파를 시작할 곳을 지리적으로 동서양이 만나는 이스탄불로 정한다.

이스탄불에는 소피아 성당, 블루모스크, 돌마바흐체 궁전 등 문화 유적이 많아 유네스코 역사 지구로 지정되어 있다. 이해를 돕기 위해 터키의 역사를 잠깐 살펴보면, 서기 330년에 로마 제국의 콘스탄티누스 황제가 수도를 로마에서 오늘날의 이스탄불로 이전하고, 476년에 동로마 제국, 1453년에 오스만 제국의 수도가 된다. 따라서 이스탄불은 지리적으로 유럽과 아시아의 중간에 있으면서, 문화적으로도 동로마 제국의 유럽 문화, 오스만 제국의 서아시아 문화가 만나는 곳이기도 하다.

영화 '인페르노'에도 나왔던 소피아 성당은 터키의 역사를 그대로 담고 있다. 동로마 제국시대537년에 그리스 정교의 대성당으로 기독교 성당을 대표하는 곳이었지만, 오스만 제국이 정복하면서 이슬람 종교의 모스크로 사용하였다. 오스만 제국이 멸망하면서 박물관으로 사용하다 2020년부터 다시 이슬람 모스크로 사용하고 있다.

이 성당은 세계에서 손꼽히는 비잔틴 제국의 건축물로 크고 웅장하며, 그 내부는 높은 예술적 가치를 갖고 있다. 따라서 오스만 제국도 이 건물을 훼손하지 않고 모스크로 사용했는데 첨탑 4개를 새로 세웠다. 이 성당 안에서는 성모 마리아와 이슬람 문양을 함께 볼 수 있다.

소피아 성당과 마주 보고 있는 블루 모스크는 17세기 오스만 제국 시대에 지어진 세계에서 가장 아름다운 이슬람 모스크로 평가받고 있고, 세계적으로 유일하게 6개의 첨탑을 갖고 있다고 한다. 소피아 성당을 능가하기 위해 첨탑 을 두 개 더 만들었다는 얘기도 있다. 블루 모스크로 불리는 이유는 건물 내부 를 2만 개의 푸른색 타일과 260개의 푸른색 유리창으로 만들었기 때문이다.

셋째, 동양에서 인간이 만들어 놓은 최고의 문화유산 중의 하나를 볼 수 있는 인도를 소개한다. 인도에서 도로 위의 진정한 갑甲은 자동차도, 사람도 아 닌 소이다. 차가 아무리 빵빵거려도 소는 마치 해탈한 것처럼 유유자적하게 자 기 갈 길을 간다. 인도는 한반도 크기의 15배 정도여서 일주일 정도 여행을 해 도 일부만 볼 수 있다. 인도에 가면 바라나시-카주라호-아그라 지역을 주로 여행하는데, 여기에서는 그중 특히 카주라호 사원과 아그라 지역에 있는 타지 마할을 추천한다.

우선 뉴델리에서 비행기를 타고 힌두교 성지인 바라나시에 있는 갠지스강 으로 갔다가 바로 카주라호로 간다. 유네스코 세계문화유산인 카주라호 사원은 '에로틱 사원'으로 잘 알려져 있다. 이 사원은 종교적으로 탄드라라고 불리는 밀교의 영향을 받았다고 한다.

세속적인 면을 보면 서기 1000년을 전후해 찬델라 왕조950~1050년는 국가 의 힘이 인구수에서 나옴을 알고, 다산을 기원하고 장려하기 위해 이 사원을 지 었다고 하는데 일찍부터 혜안이 있는 것 같다. 현재 인도의 인구는 약 13억 8천 만 명2020년인데 2027년에는 14억 7천만 명이 되어 중국 인구를 추월할 것으로 전망된다통계청. kosis. 이처럼 사원 하나에서도 종교적이고 너무나 세속적인 모습, 즉 성적이고 다산을 추구하는 것을 함께 볼 수 있다. 그런데 아쉬운 것은 당초 지어졌던 85개 사원 중 22개만 남아 있다. 이슬람 왕국인 무굴제국은 오스만 제 국하의 소피아 성당 사례와는 달리 많은 사원을 파괴하였다.

다음은 새로운 세계 7대 불가사의이자 유네스코 문화유산, 그리고 세계에서

▶ 인도의 타지마할 전경

가장 아름다운 건축물로 꼽히는 타지마할이다. 1648년 완공된 타지마할은 1,600년대 무굴제국의 샤 자한 황제의 러브 스토리가 있는 곳이기도 하다. 타지마할은 왕이 살던 궁전 같지만 실제로는 샤 자한 왕과 왕비인 뭄타즈 마할의 무덤이다. 궁전이라는 삶과 무덤이라는 죽음을 함께 표현하고 있다. 왕은 왕비를 추모하기 위해 22년간 타지마할을 완성했는데, 매일 약 2만 명의 사람이 동원되고, 코끼리 1천 마리가 대리석을 날랐다고 한다.

미국의 클린턴 대통령은 2002년에 이 타지마할을 보고, "세상에는 두 부류의 사람이 있다. 즉, 타지마할을 본 사람과 보지 못한 사람이 있다."라고 극찬했다고 한다. 그러나 타지마할을 짓는 대공사로 재정이 파탄나고, 왕은 아들에 의해 유배를 당했다. 그러나 덕분에 타지마할에는 현재 연간 600만 명의 관광객이 찾아와서, 아그라 시민들을 먹여 살리고 있다.

이제까지 여행 버킷 리스트, 특히 죽기 전에 꼭 가봐야 할 여행지 3곳, 스위스, 터키, 인도를 소개하였다. 이 세 곳을 가면 "이런 곳을 오지 않고 죽었다면 얼마나 억울했을까?"라는 생각이 들 것이다.

이제 스위스 뮈렌에서 하룻밤을 묵고 환상적인 알프스의 경치를 바라보고 있다고 상상해 보자. 즐겁고 행복한 기분이 들 것이다. 그것이 바로 버킷 리스트의 힘이다.

여행 버킷 리스트를 만들려면 컴퓨터 바탕화면에 폴더명을 '여행 버킷 리스트'로 만들고 스위스의 마테호른, 터키의 카파도키아, 페루의 마추픽추 등 가고 싶은 곳을 정한 다음 멋있는 사진을 구해 저장해 놓으면 된다. 그리고 아는 만큼 보이므로 시간 날 때마다 가고 싶은 곳에 대해 책이나 유튜브, 인터넷 등을 통해 정보를 수집한다. 버킷 리스트를 시각적으로 생생하게 만들면 사진을 볼 때마다 여행하고 있는 본인을 상상할 수 있고, 추후 보다 구체적으로 실천에 옮길 수 있다.

사진 이미지는 구글google이나 무료 이미지 사이트인 픽사베이pixabay.com 등에서 쉽게 다운로드 받을 수 있다. 특히 픽사베이 등에서는 보다 엄선된 수준 높은 사진을 무료로 구할 수 있고 강의나 저술 등에서도 저작권에 대한 걱정 없이 사용할 수 있다.

이제 인간 수명 백세시대가 도래하고 있다. 따라서 어떻게 백세까지 행복하게 살 것인가에 대해 치열하게 고민해야 한다. 그런데 행복은 저절로 오는 것이 아니라 미리 준비하고 만들어 가는 것이다. 행복한 삶을 원한다면 여행 버킷 리스트를 만들어서 실행에 옮기기 바란다. 여행 버킷 리스트, 우리 모두의 행복을 만들어 갈 것이다.

＊　＊　＊

제7장에서는 정신적 차원에서 행복이 충만한 제2의 인생을 사는 방법으로 행복한 마음갖기를 제시하였다. 평균수명의 연장으로 '시간'이라는 선물을 추가로 받았으니 삶의 목표를 새로 찾고, 미래의 행복을 추구하면서도 현재의 행복과 과정을 즐기는 행복주의자가 될 필요가 있다. 그리고 은퇴 후에는 80%의 행복에 만족하면서 살고, 나만을 버킷리스트를 만들어 실천할 것을 제시하였다.

그리고 행복이 충만한 삶을 살기 위해서는 풍성한 사회적 관계가 필수적이다. 은퇴 후에는 인간관계가 직장과 관계된 공적 관계망을 끊어지게 된다. 따라서 가족관계와 사생활을 서로 얘기할 수 있는 친구 등 친밀관계 중심으로 인간관계망이 재정립되고, 커뮤니티 기반의 관계를 구축할 필요성이 증가된다. 이에 대해서는 '제8장 새롭게 맺는 든든한 사회적 관계'에서 설명한다.

또한 행복한 제2의 인생을 즐기기 위해서는 삶의 의미를 키우는 다양한 활동에 참여해야 한다. 60세에 은퇴한다 하더라도 20~30년간 TV나 보고 등산·산책 등 '일상적 여가'로 시간을 보낼 수 없으므로 재미있고 경력을 쌓으면서 성취감을 느낄 수 있는 '진지한 여가' 활동을 찾아서 즐겨야 한다. 스포츠, 관광, 취미오락 활동 뿐만 아니라 예술문화, 저술, 봉사 활동을 할 수도 있고, 평생학습으로 생활의 활력을 찾을 수도 있다. 이에 대해서는 '제9장 다양한 활동으로 삶의 의미 키우기'에서 상세히 설명한다.

정신적 차원에서 행복이 충만한 삶을 살기 위한 방법을 행복한 마음, 풍성한 사회적 관계, 다양한 여가활동 측면에서 정리하면 <그림 7-3>과 같다.

그림 7-3 행복이 충만한 제2의 인생

행복이 충만한 제2의 인생

행복한 마음	풍성한 사회적 관계	삶의 의미를 키우는 다양한 활동
• 시간이라는 선물 • 삶의 목표 새로 찾기 • 행복주의자 • 80%의 행복 • 버킷 리스트 만들기	• 인간관계망 • 부부·가족관계의 재정립 • 우정과 행복 • 커뮤니티 기반 관계 구축 • 고독력 키우기	• 여가활동 • 봉사활동 • 예술문화활동 • 저술활동 • 평생학습

행복은 준비하고 만들어 나가는 것이다

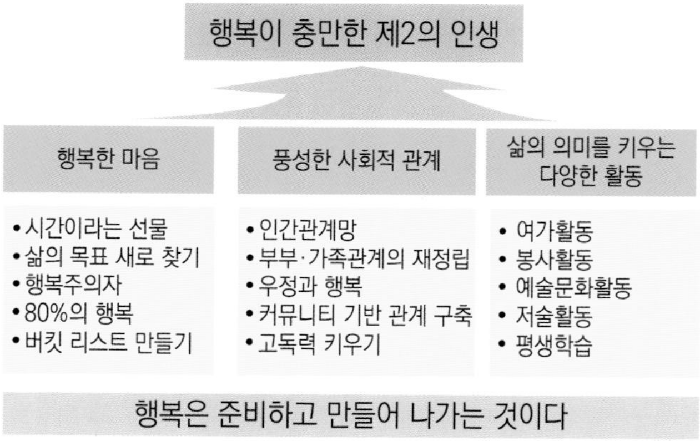

새롭게 맺는
든든한
사회적 관계

08

제8장 새롭게 맺는 든든한 사회적 관계

01 은퇴 후의 사회적 관계

02 새롭게 정립하는 부부관계

- 부부관계 유지기간의 장기화와 황혼이혼
- 졸혼과 사별에의 대비
- 가족관계의 변화
- 스스로 책임져야 하는 노후

03 친구와 공감대 넓히기와 지역공동체 기반의 사회관계

- 우정과 행복
- 친구와의 취미생활
- 지역사회 공동체에 기반한 새로운 사회관계

04 외로움을 극복하는 노하우 터득하기

- 무연사회와 고독부장관
- 고독력을 키우는 방법

제 8 장

새롭게 맺는 든든한 사회적 관계

01 은퇴 후의 사회적 관계

인간은 사회적 동물이라고 한다. 우리는 사회 속에서 살아가기 때문에 많은 사회적 관계를 맺는다. 송호근 교수는 이러한 사회적 관계를 인간관계망이라 표현하고 가족관계망, 사생활을 서로 얘기할 수 있는 친밀관계망, 사생활을 얘기할 수는 없지만 믿고 만날 수 있는 친근관계망, 그리고 직장과 관계된 공적 관계망으로 구분한다.[1]

이를 좀 더 상세히 설명하면 ① 가족관계망family network은 부부와 자녀, 남편의 가족과 혈연, 아내의 가족과 혈연으로 이루어지며, 경제적 안정뿐만 아니라 심리적, 정서적 안정을 제공한다.

② 친밀관계망intimacy network은 가장 친한 친구나 동료로서 언제든지 고민을 상의하고 함께 어울릴 수 있는 집단이다. 학교 시절 동창 중에서 가깝게 지낸 친구, 직장에서의 친한 동료와 선후배, 수시로 만나 고민을 상당할 수 있는 멘토, 함께 언제든지 여행할 수 있는 친한 지인을 말한다.

③ 친근관계망familiarity netwok은 친밀관계망보다는 심리적 거리가 약간 멀고, 사생활에 대한 얘기를 거리낌 없이 나눌 수 없지만 함께 여행, 운동이나 저녁을 할 수 있는 직장 동료, 동업자, 사업상 신뢰하면서 만날 수 있는 사람, 조언과 충고를 서로 나눌 수 있는 그룹이다.

그림 8-1 **인간관계망**

자료: 송호근, 그들은 소리내 울지 않는다, 이와우, 2013, p.175 그림 일부 수정

그리고 ④ 공적관계망public network은 직장이나 사회생활을 할 때 만나는 공적 관계에 있는 그룹이며, 심리적 거리도 멀고 사생활 얘기를 터놓고 할 수 없는 사이로 공적인 업무관계나 이해관계가 있기 때문에 만나는 사람들이다. 개인이 속해 있는 조직의 간부와 직원, 자문위원, 사업상 만나는 업체 관계자 등이 이에 속한다.[2]

이러한 관계망에 속해 있는 사람들을 송호근 교수가 직접 개인 전화전호부의 인원전체 약 680명을 분석해 보니 공적관계망 74%, 친근관계망 15%, 친밀관계망 7%, 가족관계망 4% 순으로 나타났다. 여기에서 주된 직장에서 퇴직이나 은퇴를 하게 되면 공적관계망 → 친근관계망 → 친밀관계망 → 가족관계망 순으로 관계가 단절된다.

특히 퇴직 후 6개월이 지나면 가장 큰 부분을 차지하던 공적관계망은 자연스럽게 소멸되고, 친근관계망도 좁아지다가 결국 전체 관계망의 11%에 해당하는 친밀관계망과 가족관계망만 남게 된다.[3]

이렇게 다양한 인간관계망도 은퇴하고 제2의 인생기가 시작되면 점차 공적관계망, 친근관계망은 사라지고 친밀관계망과 가족관계망만 남게 되는 것이 현실이다. 그렇다고 하여 사회적 관계를 소홀히 하거나 일부러 사회적 관계를 끊을 일은 아니다.

　다만 은퇴를 전후해서는 자신에게 주어진 여건과 삶의 목표가 달라지기 때문에 그에 맞추어 새로운 사회적 관계를 만들어 유지할 수 있는 방법을 찾는 것이 중요하다. 우선 부부간의 관계나 가족들과의 관계를 재정립할 필요가 있다. 그리고 기존의 영역, 새로운 영역이라 하더라도 중요도가 달라진 영역의 사람들과 새로운 사회적 관계를 만들거나 정립해야 한다.

　먼저 은퇴할 때를 전후해서는 기존의 인간관계망을 구조조정할 필요가 있다. 물론 자연스럽게 시간이 지남에 따라 구조조정되기도 한다. 업무상 이해관계를 기초로 맺어진 인간관계는 업무에서 떠나게 되면 대부분 관계가 지속되기 어렵기 때문에 자연스럽게 사라지게 된다. 물론 오랫동안 다닌 직장에서 맺어진 끈끈한 인간관계 중에서는 퇴직 후에도 지속될 수 있는 관계도 있을 것이다.

　그리고 고등학교 또는 대학교 동창회를 통해 맺어진 인간관계도 친밀한 소수를 제외하고는 크게 의미 있는 관계를 제공하지 못한다. 그러므로 은퇴와 함께 동창회에 대해서도 의미를 다시 부여하고 진정으로 얼마나 필요한 조직인지 자신의 여건을 중심으로 판단해 보아야 한다.

　기존의 인간관계를 조정하는 한편으로 자신의 거주지 및 생활을 중심으로 새로운 인간관계를 구축할 필요가 있다. 종교가 있는 경우에는 교인들을 중심으로 인간관계를 두텁게 하고, 지역사회에서 운동이나 여가활동을 즐기는 경우는 이웃과 인간관계를 새롭게 구축할 수 있다.

　제2의 인생기에 맺어진 인간관계는 이해관계로부터 벗어나 상호 호혜적으로 발전할 가능성이 크다. 또한 사회적 직위보다는 인간적인 매력 그 자체를 기초로 하여 만나기 때문에 진정으로 인간적 따뜻함을 느낄 수 있게 된다.

　이러한 사회적 관계는 궁극적으로 자신이 은퇴 후에 어떠한 활동을 주로 하는가에 의해 결정될 것이다. 즉 여가활동을 같이 하는 사람, 봉사활동을 중시하는 사람 등을 중심으로 사회적 관계가 구성될 것이다.

　그러나 연령이 좀 더 많아지고 건강상태가 나빠지면서 점차로 사회적 활동을 통한 사회적 관계는 줄고 가족 등 혈연관계나 친구 또는 지역사회 공동체에 있는 지인들의 비중이 높아질 것이다. 그러한 상황을 고려하면 일과 여가가 균형이 잡혀야 하는 것처럼 인간관계도 가족 등 기본적 관계와 다른 사회적 관계가 균형과 조화를 이뤄야 한다.

02 새롭게 정립하는 부부관계

부부관계 유지기간의 장기화와 황혼이혼

일반적으로 은퇴할 연령에 도달하게 되면 자녀가 출가하거나 또는 독립함으로써 부부만으로 가구가 구성되고 가족관계도 변화하게 된다. 이러한 과정에서 초기에는 홀가분한 느낌을 가질 수 있으나, 신체적 기능의 저하와 정서적 안정감의 상실과 함께 외로움을 느끼게 된다. 이때 부부간의 관계는 더욱 소중할 수밖에 없으며, 서로 의지하게 되는 정도가 커지게 된다.[4]

고령화로 인해 '부부관계 유지기간'이 장기화됨에 따른 문제점도 발생하기 시작했다. 60대 초에 은퇴하면 부부만 함께 지내는 기간이 20년 이상 되는데, 65세 이상 고령자의 60% 이상은 아내가 가사를 주도적으로 책임져야 한다고 생각하는 가부장적 남편이 많아 부부간에 새로운 갈등 요소로 부각되고 있다. 더구나 '80세 이상'이 '65~69세'나 '70~79세'보다 상대적으로 더 높은 비율을 나타냈다.

그렇다 보니 통계청의 「2019 고령자 통계」를 보면, 2018년 기준으로 '배우자와의 관계'에 대한 고령자 만족도에서 남자가 만족하는 비율은 68.3%로, 여자가 만족하는 비율 50.6%에 비해 17.7%포인트나 더 높았다.

재미있는 점은 적절히 싸우는 부부는 헤어지지 않는다는 경험이다. 김형석 교수는 「백년을 살아보니」에서 열심히 싸우는 부부들의 여러 사례를 들면서 싸움도 하나의 사랑의 방법이라고 얘기하고 있다. 아예 싸우지 않는 것은 서로에 무관심이자 포기의 표시인 것이다. 그래서 이혼은 사랑도 끝나고 사랑의 싸움도 끝났을 때의 선택이라고 보았다. 그러나 부부 간에 불륜이나 금전 문제로 심하게 싸우게 되면 상호 신뢰가 무너져 이혼에 이를 수도 있다.

그림 8-2 **혼인 지속기간별 이혼건수 구성비(2010~2020년)**

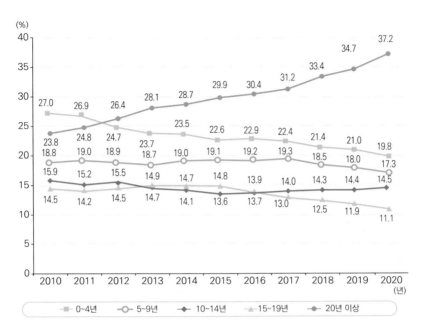

자료: 통계청, 2020년 혼인·이혼통계, 2021. 3.

    사랑이 식으면 서로에게 소중해야 될 부부관계에 금이 가서 이혼하게 되는
일이 일어날 수 있다. 최근 우리나라에서도 '황혼이혼'이 증가하는 추세를 보이
고 있다. '황혼이혼'이 사회적 문제로 부각된 것은 1998년 70세의 여성노인이
결혼생활 내내 받아 온 가정폭력 등을 이유로 제기한 재산분할 및 위자료 청구
이혼소송에 대해 대법원이 2000년에 승소 판결을 내린 데서 비롯되었다. 황혼
이혼은 부부간의 관계가 남자 위주의 가부장적 관계를 중심으로 이루어져 온
데 대한 반발이었다고 볼 수 있다.

    2021년 3월에 통계청이 발표한 「2020년 혼인·이혼통계」에 따르면, 20년
이상 혼인관계를 유지해 온 부부의 이혼, 즉 황혼이혼이 1990년도 2,363건_{전체}
_{이혼건수의 5.2%}이던 것이 2020년에는 3만 9,671건_{37.2%}으로 약 17배나 증가하였다
〈그림 8-2〉.⁵

20년 전에는 혼인 지속기간이 길수록 이혼이 감소했으나, 최근에는 혼인기간이 늘어나는 가운데 20년 이상 혼인 지속기간을 유지한 부부의 이혼이 크게 늘어나고 있다. 그 결과 2020년의 경우 20년 이상 혼인관계를 유지해 온 부부의 이혼 비중이 37.2%로 가장 높은 것으로 나타났다. 더구나 30년 이상 혼인관계를 유지해 온 부부의 이혼도 지속적으로 늘어 2010년에 전체 이혼건수의 6.4%7,482건에 불과하였으나 2020년에는 15.6%16,629건로 증가하여 10년 전에 비해 비중이 2.4배가 높아졌다.6

이렇게 황혼이혼이 증가하는 사유로는 가족 간 불화, 배우자 외도, 정신적·육체적 학대, 경제적 문제 등이 꼽히는데, 한 가지 사유가 아니라 여러 가지 사유가 복잡하게 얽힌 경우가 많다. 특히 가부장적 부부관계에 대한 반감이 크며 자녀들이 성장하여 독립해 있기 때문에 자녀양육에 대한 부담에서 벗어나 있어 이혼 결정이 상대적으로 용이하게 이루어질 수 있다.

졸혼과 사별에의 대비

이혼이 늘어나는 가운데 얼마 전부터는 일본으로부터 졸혼7이라는 개념이 들어왔고, 졸혼을 시도하는 사례도 조금씩 생겨나고 있다. 졸혼이란 이혼이 아니므로 혼인관계는 유지하지만 서로의 삶에 관여하지 않고 부부가 각각 '진정으로 자신이 원하는 삶'을 찾아 살아가겠다는 것인데, 긍정적인 측면과 부정적인 측면이 같이 있다.

긍정적인 측면 중에서는 무엇보다도 결혼생활로 인한 속박에서 벗어나 진정한 자아실현을 하는 기회로 이용하겠다는 것을 꼽을 수 있으나, 자녀는 물론 주변에 있는 남의 눈치를 피하기 위한 방편으로 이혼 대신 활용한다면 부정적으로 보일 것이다.

주식회사 링클 하우스가 기혼 여성 200명을 대상으로 '졸혼을 원하는 시기'를 물어본 결과8 60~64세가 가장 많았고, 이어 60대 후반, 70대 초반의 순서로 나타났다. 아내들은 남편이 정년퇴직을 하면 졸혼을 하겠다고 생각하고 있음을 확인할 수 있다. 그리고 기혼 여성 중의 56.8%가 "남편과 언젠가 졸혼하고 싶다"라고 답변하고 있다.

또한 재혼정보회사 온리-유는 전국의 이혼 남녀 534명을 대상으로 '50대 이후 결혼생활에 위기가 오면 이혼, 졸혼, 일반 결혼생활참고 산다 중 어떤 형태를 선택하겠는가'에 대해 설문조사를 실시했는데, 그에 따르면 남성은 '참고 산다, 결혼생활 유지'43.1%, 여성은 '졸혼'38.2%을 각각 가장 많이 택한 것으로 나타났다.9 여성이 남성에 비해 졸혼에 더 적극적임을 알 수 있다.

은퇴 후 노년 후기에 가면 사별로 인해 황혼을 혼자서 보내야 하는 경우도 맞이하게 된다. 통계청의 「2020 고령자 통계」에 따르면 65세 이상의 노인 1인 가구의 수는 2000년 54만 4천 가구에서 2020년 158만 9천 가구로 104만 5천만 가구가 늘었다. 고령자 가구 중 고령자 1인 가구는 2020년에 31.4%, 2020년에 34.2%를 기록하고 있으며, 2040년에는 36.2%362만 3천 가구로 증가할 것으로 전망된다.10

그런데 이혼으로 인해서든 사별로 인해서든 혼자서 살게 되는 데에 따른 정서적 문제가 야기될 수 있으므로 이에 대한 대비가 필요하다. 사별이야 어쩔 수 없다 하더라도 노년기에는 부부간에 서로를 배려하면서 가급적 이혼을 피하는 것이 바람직하다. 이를 위해서는 부부간에 성평등을 이루면서 상대를 독립적 주체로 인정하고 존중하는 것이 중요하다.

또한 같은 공간에서 같이 보내는 시간이 많아질 수밖에 없지만 하루 중에 일정 시간은 분리된 공간에서 지내고, 일정 시간은 마음을 터놓는 대화를 나누는 것이 필요하다. 궁극적으로 상호 간에 존중과 배려, 그리고 사랑을 기반으로 한 소통을 잘해 나가는 것이 중요하다.

가족관계의 변화

은퇴를 하는 나이가 되면 대개는 자녀가 독립하게 되고, 가족 내 의사결정에서도 노인생활과 관련된 것은 직접 결정을 내리는 반면에 자녀들과 관련된 의사결정은 자녀들이 맡게 된다. 같이 살다가 서로 독립해서 살게 되기 때문에 부모와 자녀 간에는 새로운 관계 정립이 필요하게 된다.

새로운 관계를 정립할 때에 가족의 개념이 근본적으로 변화하고 있는 점이 고려되어야 한다. 전통적인 대가족제도에서 소가족제도로 바뀐 것이 1960년대부터 시작된 산업화의 부산물이라면, 1990년대 후반부터는 가족원의 사망, 부부의 이혼, 가출 및 자살 등에 의해 가족해체가 야기되고 있다.

최근 들어 가족해체의 원인으로는 사망이 60%, 이혼 및 별거, 가출 등이 40%인 것으로 나타나고 있는데, 특히 사망에 의한 가족해체의 경우 질병으로 인한 사망이 80%, 사고에 의한 사망이 18%, 자살이 2% 등이다.[11]

가족이 해체되면 결국 가족의 부양기능이 근본적으로 없어질 뿐만 아니라 노인의 경우 고독사 문제가 생기게 된다. 가족이나 친구도 없이 홀로 외롭게 살다가 죽고, 죽은 지 상당히 지나 발견되는 고독사는 50대에서 가장 많이 발생하고, 남성이 고독사할 확률이 여성보다 4배 높다.[12] 따라서 가족해체로 혼자 사는 남성들은 특히 고독사에 대한 관심과 대응이 필요하다.

또한 가족해체가 사회적 이슈가 될 정도가 되면 결혼을 꺼리는 비중이 높아지면서 새로운 자손이 생겨날 확률이 낮아짐으로써 결국은 인구의 고령화가 빠르게 진행된다. 이에 따라 자녀의 수도 젊은 세대로 갈수록 줄어들고 있는데, 2015년에 1.75명, 2018년에 1.50명으로 1970년대의 3.19명에 비해 크게 낮아진 것으로 나타난다.[13] 결국 현 노인세대들은 부양을 기대할 수 있는 자녀 수가 충분하지만 미래의 노인세대들은 자녀 수가 너무 적어 가족에 의한 부양을 기대하기 어려워질 것이다.

스스로 책임져야 하는 노후

이러한 변화의 연장선에서 노부모 부양에 대해서도 의지가 많이 약화되어 연령이 젊을수록 동거부양보다는 독립생활을 선호하는 것으로 나타났다. 즉, 2015년 가족실태조사에서 "자식은 나이 든 부모를 모시고 살아야 한다"라는 항목에 대

그림 8-3　**자녀와의 동거 의향(60세 이상 기준)**

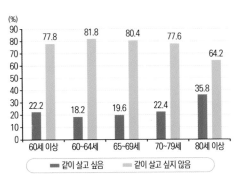
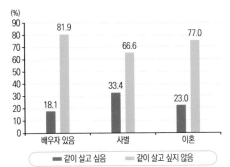

자료: 통계청, 2017년 사회조사 결과, 2017. 11.

해 부정적 응답이 27.2%로 긍정적 응답인 42.5%에 비해 크게 낮았지만 결코 낮지 않은 비중을 차지하고 있었다.

　또한 "자식은 나이 든 부모를 경제적으로 부양해야 한다"라는 항목에 대해서는 부정적 응답이 13.9%로 긍정적 응답인 57.4%에 비해 더 크게 낮았다. 결국 부모의 경제적 부양에 대해서는 아직까지는 자녀 세대가 책임을 지겠다는 비중이 높지만 주거지를 같이 하며 모시는 것에 대해서는 부담스럽게 생각함을 확인할 수 있다.

　한편 통계청의 「2017년 사회조사」에서 부모 세대인 60세 이상의 노인들을 대상으로 자녀와 동거 의향을 질문했을 때 같이 살고 싶지 않다는 비중이 77.8%로 높았는데, 연령별로는 60~64세가 81.8%, 65~69세가 80.4%, 70~79세가 77.6%, 80세 이상이 64.2%로 연령이 많아질수록 자녀와 같이 살고 싶지 않다는 비중이 낮아졌다.[14] 자녀와 같이 살고 싶지 않다는 비중이 배우자가 있을 경우에는 81.9%로 높았으나 사별 또는 이혼으로 혼자 살 경우에는 각각 66.6%와 77.0%로 낮아졌다. 이러한 통계를 통해 볼 때 육체적 또는 정신적으로 의지할 곳이 없을 경우 자녀에 의존하고 싶어 함을 알 수 있다.

　최근 가족의 기능 중에서 노인부양이라는 전통적 기능은 급격히 축소되는 것으로 나타나고 있다. 대신 이제 노인 스스로 자신을 책임져야 한다는 비율이 빠르게 증가하고 있다. 따라서 자녀 등 가족관계도 이러한 점들을 고려하여 친밀성은 높이되 생활은 독립적으로 하는 방식으로 전환되어야 할 것이다.

03 친구와 공감대 넓히기와 지역공동체 기반의 사회관계

우정과 행복

은퇴 후에는 상대적으로 많은 시간적 여유를 갖게 된다. 그럼에도 불구하고 혼자서 고립되어 지낼 경우에는 인생의 즐거움은 반감되고 고독감만 더 커지게 된다. 많은 시간적 자유를 어떻게 활용할 것인가를 미리 준비해 두지 않을 경우 직장생활의 긴박감에서 벗어났다는 느낌을 갖기 전에 공허감이 찾아올 수 있다.

특히 직장생활에서 맺었던 인간관계 이외에 생활공동체적 관계에서 맺었던 인간관계가 약한 사람의 입장에서는 인간적 공허감을 느끼기 쉽다. 대개 은퇴 후 일정한 기간 동안은 직장에서 맺었던 사람들과의 인간관계가 어느 정도는 지속되지만 시간이 흐르면서 대부분은 관계가 소원해지기 때문이다.

은퇴 후에 쓸쓸하게 지내지 않으려면 가족 이외의 인간관계를 잘 유지해 두어야 한다. 특히 노년기에는 친구와 맺는 우정이 가족 구성원들과의 관계보다 행복 및 건강을 알려 주는 강력한 요소라는 연구 결과도 있다.[15]

이 연구는 세계 약 100개국의 약 28만 명을 살펴보면서 일생에 걸쳐서 우정이 개인의 행복과 건강에 점점 더 중요해짐을 발견했다. 이는 우정이 무조건적인 관계가 아니라 선택적인 것이어서 자신이 좋아하거나 사귀어서 기분을 좋게 하는 친구만 남게 되고 그렇지 않은 사람들은 멀어지기 때문이라고 한다.

더구나 친구는 배우자가 없거나 도움이 필요할 때 가족에 의존하지 않는 사람들에게 도움을 줄 수 있고, 배우자가 있다 하더라도 사별하여 외로울 때 외로움을 달래 줄 수 있기 때문이라고 한다. 오랫동안 사귀어 온 친구는 은퇴 후에 가족관계 이외에 기본적인 인간관계의 기초가 될 수 있다.

그렇다 하더라도 우정이 저절로 지속되는 것은 아니다. 우선은 관계적 측면에서 먼저 선의가 있어야 하고 서로 절도가 있어야 한다. 일찍이 로마 시대의 정치가이자 철학자인 키케로Marcus Tullius Cicero는 우정에 관하여 논하면서 친구를 먼저 선의로 대하고 미덕을 쌓으며 도의에 어긋나는 요구를 하지 말아야 한다고 얘기했다. 키케로는 더구나 도의에 어긋나는 요구를 받으면 들어주지 말아야 한다고까지 얘기했다. 이는 도의에 어긋나는 일을 도와주거나 도움을 받으면서 우정이 굳건해지기보다는 서로를 해칠 것을 염려했기 때문으로 보인다.

다음으로 친구와 경제적인 문제로 난처한 일이 생기지 않도록 하여야 한다. 예를 들어 평소에 자주 어울리는 친구들과는 돈 관계를 깨끗하게 유지해 두는 것도 비결이 될 수 있다. 사소하게는 음식점에서 같이 식사를 한 후에 돈을 잘 지불하지 않는 모습을 보이거나, 내기를 하고서 졌으면서도 돈을 내지 않는다든지 하는 행위는 가까운 친구를 잃게 하는 요소가 될 수 있다.

오히려 자신이 경제적 여유를 가졌다면 남을 위해 유익하게 쓸 수 있는 태도를 갖추는 것이 인간관계를 잘 유지할 수 있는 비결이 된다. 더구나 친구에게 무리하게 큰돈을 빌려 달라고 요청하는 것은 친구를 떠나게 하는 요인이 될 수 있으므로 하지 말아야 할 행동 중의 하나이다.

친구와의 취미생활

또한 친구와 취미생활을 같이 하게 될 경우 서로의 만남을 유지할 이유가 생기고 취향이 비슷할 경우 보다 친밀해진다. 따라서 식사와 같은 단순한 만남보다는 취미활동이나 공부 등을 매개로 인간적 교류를 넓히는 것이 중요하다. 이를 위해서는 은퇴 이전에 사회생활에서 만난 친구이건 아니면 학교동창 관계의 친구이건 취미생활을 같이 하는 친구를 만들어 둘 필요가 있다. 취미생활은 어느 날 갑자기 하겠다고 해서 쉽게 이루어지지 않는 것이기 때문이다.

취미는 자기 자신의 눈과 귀, 손과 발의 촉감, 그리고 무엇보다도 마음으로 그 즐거움을 느끼는 것이므로 은퇴 후에 취미활동을 통해 유유자적한 생활을 보내려 한다면 은퇴 이전에 관심을 갖고 적극적으로 시간과 노력을 투자하여야 한다. 정년 후 일반적으로 즐기는 취미라면 육체적 능력이 왕성하지 않음을 고려할 때 등산, 바둑, 낚시, 화초 가꾸기, 게이트볼, 골프 등을 들 수 있으나, 요즘은 과거에 비해 노년기에도 체력이 좋아져 좀 더 육체적으로 강한 활동을 즐기는 취미생활이 늘어나는 추세이다.

　　이러한 취미활동을 하기 위해서는 자신의 선호에 따라 주로 즐길 것을 선택한 다음 체계적으로 배우거나 관련 전문 서적을 통해 지식을 넓히는 노력이 필요하다. 만약 정년 후에 취미생활을 새로 시작한다면 지방자치단체 교육센터, 노인대학이나 노인복지센터 등에서 배우면 된다.

　　오래된 친구라도 기존의 관성으로 사귀지 말고 진정한 공감대를 깊게 하면서 새롭게 관계를 발전시켜야 한다. 그리고 친구에게 일방적으로 의존하려고만 하지 말고 서로에게 도움을 줄 수 있어야 관계가 오래 지속될 수 있다.

지역사회 공동체에 기반한 새로운 사회관계

　　은퇴를 하게 되면 아무래도 자신의 거주지를 중심으로 활동하게 된다. 우선 스포츠센터나 사회복지센터 또는 도서관 등의 시설을 이용할 때 집 근처의 시설들을 이용하게 될 것이다. 이러한 과정에서 만나는 사람들과 자주 교류하면 기존에 업무상 만나던 사회적 관계와는 다른 차원으로 다가온다. 경제적 이해관계보다는 정서적 공감대가 형성되면서 교류하게 된다. 또한 업무가 아니라 스포츠 활동이나 다양한 여가활동을 같이 하면서 공감대를 쌓아 갈 수 있다.

　　실제로 고령화가 진전되면서 65세 이상 고령자들의 사회단체 참여율이 지속적으로 높아지고 있다. 그 결과 2011년에 35.4%였던 단체활동 참여자 비율은 2019년에 58.7%로 크게 높아졌다. 고령자가 참여하여 활동한 단체는 계, 동창회 등 친목 및 사교단체가 72.7%로 가장 많았고, 그다음으로 종교단체가 43.0%, 취미, 스포츠 및 여가활용 단체가 29.6%인 것으로 나타났다.[16]

　　이를 통해 볼 때 동창회 등 1차적 사회관계 이외에 종교가 사회적 관계를 형성하기 위한 중요한 지역사회 공동체의 기반이 될 수 있다. 물론 종교별로 지역기반의 범위 차이는 있지만 대체로 큰 틀에서는 지역에 기반하고 있다고 볼수 있다. 일반적으로는 주 1회 이상 각종의 종교 관련 활동을 하게 되면 관계가 좋아지게 된다. 더구나 종교활동에 참여할 경우 장례 등의 절차도 함께 하게 되므로 생활상의 필요에 의해서도 관계는 깊어질 것이다.

또한 취미, 스포츠 및 여가활용 단체, 지역사회 모임도 중요한 사회적 교류의 기반이 될 것이다. 이러한 기조는 이미 여러 영역에서 나타나고 있는데, 등산 동호회 같은 경우가 대표적이다. 인터넷이 발달하여 지역사회 공동체의 카페를 중심으로 하는 등산 동호회가 운영되면서 최소 월 1회씩 정기적으로 산행을 같이하면서 우의를 다지고 있는 경우를 많이 본다.

또한 많지는 않지만 국궁도 그러한 사례에 속한다. 전국 각지에 있는 국궁장에 가 보면 활동하는 회원들 중에서 고령자가 높은 비중을 차지하는데, 매일 일정한 심신단련 활동을 하면서 정서적 교감도 하고, 다른 지역에서 개최되는 국궁대회에 참가하며 단체로서 유대감도 높이고 있다.

지역을 기반으로 한 사회적 관계는 나이가 들수록 건강상의 이유에서 자신의 활동범위가 좁아지면서 그 중요성이 더욱 부각될 것이다. 즉, 친구나 동창회 등의 사회적 관계 이외에도 지역에 근거한 사회적 관계 형성을 통해 외로움을 극복할 수 있다.

그림 8-4   65세 이상 고령자의 사회단체 활동

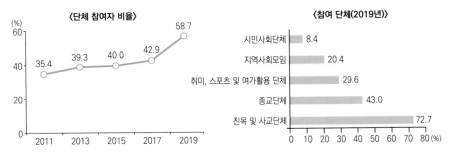

자료: 통계청, 2020 고령자 통계, 2020. 9.

04 외로움을 극복하는 노하우 터득하기

무연사회와 고독부장관

　　은퇴 후 일정 기간은 기존의 사회적 관계가 유지되지만 그 기간이 지나면 점차로 축소되는데, 고령에 따른 질병 등으로 인해 거동하기 어려워져 사회적 접촉이 축소될 수도 있다. 또한 가족 간의 관계도 자녀의 분가, 사별, 황혼이혼 등으로 긴밀한 관계가 약화되어 부부만 남거나 홀로 살아야 하는 시기가 다가온다.

　　통계청의 장래가구 추계 자료에 따르면, 우리나라 65세 이상 1인 가구는 2015년 약 120만 가구에서 2019년 150만 가구로 지속적으로 증가해 왔다. 이러한 추세는 향후에도 더 확대되어 65세 이상 1인 가구가 2027년 227만 가구, 2037년 335만 가구로 증가한 후, 2047년에는 405만 가구에 이를 전망이다.[17]

　　혼자 사는 고령자가 많아지면서 생활 속에서 고령자가 고독하게 지내는 모습은 이제 혼밥, 혼술의 형태로까지 나타나고 있는데, 고령자가 혼술, 혼밥을 하고 있다면 스스로 원해서라기보다는 어쩔 수 없이 하고 있는 것이다. 그런데 혼자서 밥을 먹다 보면 자연스럽게 술을 가까이 하게 되고, 절제되지 아니한 생활을 이어 갈 위험도 높다. 심지어 알코올 의존증이 생기면 식사 대신 술을 마시며 영양결핍에 이르기도 한다.

　　혼자 살더라도 연고가 있으면 가끔씩이라도 왕래할 가능성이 있다. 그러나 연고가 있다 하더라도 연락이 끊겼을 수도 있다. 이렇듯 타인과 관계가 없어서 오로지 '나' 스스로의 힘으로만 살아가야 하는 사회를 무연無緣사회라고 한다. 이 용어는 일본에서 만들어진 것이지만, 우리나라에도 곧 나타날 가능성이 크다. 자녀의 삶의 여건이 어려워지면서 또는 가족 간의 불화나 이혼 등으로 홀로 지내는 고령자들이 점점 많아지고 있기 때문이다.

　　사회적 관계가 단절되고 홀로 산다고 하는 것은 치명적이다. 그렇기 때문에 가족이 있을 경우에는 가능한 한 부모 세대와 자녀 세대 간에 주거지를 합하거나 가까운 곳에 마련하여 고독감을 극복할 수 있게 해야 한다.

　　실제로 2006년에서 2012년 사이에 조사한 고령화연구패널의 자료를 분석한 결과18에 따르면, 45세 이상 중고령 부모가 전화 사용, 물건 구입, 식사 준비, 청소와 정리정돈, 교통수단을 이용한 외출, 정시에 정량의 약 챙겨 먹기 등 도구적 일상생활을 수행하기 어려울 때 성인 자녀와 동거를 시작하거나 가까운 곳으로 이주하는 경우가 늘어나는 반면, 중고령 부모가 옷 갈아입기, 세수, 양치질, 머리 감기, 목욕, 샤워, 화장실 이용 등의 신체적 일상생활을 수행하기 어려울 때는 자녀가 사는 곳과 가까운 곳으로 이주하는 경우가 줄어들었다.

또한 손자녀가 출생하거나 어린 손자녀를 돌볼 때, 중고령 부모는 성인 자녀와 동거를 시작하거나 자녀가 사는 곳과 가까운 곳으로 이주하는 경우가 늘어나는 것으로 나타났다. 이러한 결과를 볼 때 부모가 치매 상태에 이르는 등 요양을 필요로 하게 되면 자녀와 생활공동체를 유지할 수 없게 될 수 있어 고독이 심화될 것으로 보인다.

문제는 가족과 생활공동체를 유지하거나 왕래나 연락을 유지하는 것조차 할 수 없는 경우이다. 이 경우에도 홀로 사는 것을 개인의 책임으로만 여기고 방치하는 것은 바람직하지 못하며 사회적 차원의 해결책을 모색할 필요가 있다.

영국에서는 외로움으로 고통을 겪는 사람이 6백만 명에 달하자 2018년에 외로움 문제를 담당할 고독부장관Minister for Loneliness을 임명하기도 했다. 이러한 국가 또는 사회적 차원의 노력과 함께 개인적 차원에서도 고독 또는 외로움을 극복하기 위해 지역사회의 종교나 사회단체가 운영하는 커뮤니티에 참여하여 가능한 한 오랫동안 사회적 관계를 유지하는 것이 필요하다. 그리고 거동이 불편해진다 하더라도 종교활동이나 명상 등을 통해 마음의 건강을 유지하는 노력을 기울여야 할 것이다.

고독력을 키우는 방법

외로움이라 하는 것은 혼자 있는 많은 시간 동안 자신의 공허함을 채울 무언가가 부족하기 때문에 생기는 측면도 있다. 그렇다면 많은 시간을 부정적인 자기 연민에 빠지지 말고 꾸준한 독서와 사색, 산책 등을 통해 자신을 단련하는 힘, 즉 '고독력'을 기를 필요도 있다. 대개는 중년을 지나면서 노안이 오게 되면 책을 멀리하게 되는데, 많은 양을 독서하기보다는 적은 양이라도 마음을 다스리는 데 도움이 되는 책을 선정하여 읽으며 사색할 필요가 있다. 그리고 노안이 문제라면 오디오 북을 이용할 수도 있다.

이러한 과정을 반복하다 보면 불필요하게 자신에 대해 연민하는 시간이 줄어들어 외로움을 극복하고 고독을 즐길 수 있는 힘이 생긴다. 심지어는 고독 속에서 창작의 기쁨을 누릴 수도 있다. 다른 사람들과의 만남 대신에 내면의 소리에 귀를 기울임으로써 창작을 할 수 있는 힘을 얻을 수도 있다. 그렇다고 하여 장기간 외롭게 홀로 지내는 것이 바람직하다고 보기는 어렵다. 가급적 단기간에 선택적으로 홀로 지내는 것이 필요할지 모르나 장기간 홀로 지내는 일은 피해야 한다.

또한 4차 산업혁명이 만들어 내는 기술진보를 적극 이용할 필요가 있다. 소셜 미디어를 통해 다양한 사람들과 소통할 수 있으며, 화상대화 등을 통해 직접 대면하지는 못하더라도 가족 또는 친구 등과 대화할 수 있는 기회를 자주 갖는 것이 좋다. 요즘에는 화상대화도 일대일만 가능한 것이 아니라 줌Zoom, 팀즈Teams 등을 통해 여러 명이 동시에 대화하는 것도 가능해졌으니 적극 이용할 필요가 있다.

이를 위해서는 무엇보다 마음이 개방적이어야 하며 새로운 것에 대한 호기심도 유지할 필요가 있다. 자신의 생각을 완고하게 유지하면 많은 사람들이 거부감을 느껴 대화의 상대가 되려 하지 않을 것이기 때문이다.

우리는 사회 속에서 살아야 하기 때문에 다양한 수단과 기회를 활용하여 사회적 관계를 유지하는 한편으로 혼자 지내는 외로움도 극복할 수 있는 내공을 쌓아야 한다.

아무런 준비와 노력 없이 시간의 흐름 속에 자신을 방치해 두면 나중에는 이를 극복할 힘을 전혀 갖지 못하고 더 힘들어진다. 젊었을 때 자신에게 닥칠 자신의 미래를 생각해 보고 준비하는 것만이 외로움을 극복할 지혜를 찾는 지름길이 될 것이다.

다양한 활동으로
삶의 의미 키우기

09

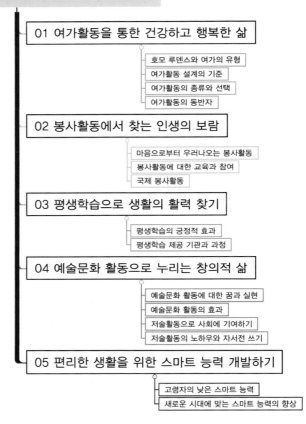

제9장 다양한 활동으로 삶의 의미 키우기

01 여가활동을 통한 건강하고 행복한 삶
- 호모 루덴스와 여가의 유형
- 여가활동 설계의 기준
- 여가활동의 종류와 선택
- 여가활동의 동반자

02 봉사활동에서 찾는 인생의 보람
- 마음으로부터 우러나오는 봉사활동
- 봉사활동에 대한 교육과 참여
- 국제 봉사활동

03 평생학습으로 생활의 활력 찾기
- 평생학습의 긍정적 효과
- 평생학습 제공 기관과 과정

04 예술문화 활동으로 누리는 창의적 삶
- 예술문화 활동에 대한 꿈과 실현
- 예술문화 활동의 효과
- 저술활동으로 사회에 기여하기
- 저술활동의 노하우와 자서전 쓰기

05 편리한 생활을 위한 스마트 능력 개발하기
- 고령자의 낮은 스마트 능력
- 새로운 시대에 맞는 스마트 능력의 향상

제9장

다양한 활동으로 삶의 의미 키우기

01 여가활동을 통한 건강하고 행복한 삶

호모 루덴스와 여가의 유형

인간을 나타내는 용어로 호모 사피엔스라는 말과 함께 호모 루덴스Homo Ludens라는 말도 같이 쓰기 시작한 지가 오래 되었다. 네덜란드의 역사문화학자 하위징아Johan Huizinga가 처음 사용한 이 단어는 인간에게 놀이가 중요함을 강조한다.

놀이는 일에 대비되는 개념으로 삶의 재미를 추구할 수 있게 하는데, 놀이를 하는 것을 여가활동이라 할 수 있다. 여가란 일을 하고 남은 시간에서 생리적인 필수시간을 제외한 자유시간을 말하며, 직업상 일, 필수적 가사일, 수업 등과 같은 의무적 활동 이외에도 스포츠, 취미나 휴양 등 활동에 개인이 자기 마음대로 자유로이 사용할 수 있는 시간을 의미한다.

여가활동은 현재의 40대와 50대들에게는 상당히 익숙해졌으나, 많은 경우 아직 현역에서 왕성하게 활동하느라 적극적으로 즐기지 못하는 경우가 많다. 그러나 제2의 인생기가 시작되면 시간의 여유가 많이 생기게 되므로 이를 잘 활용하여 건전한 여가활동을 할 경우 새로운 활력과 에너지를 불러일으켜 주며, 자신을 계발하고 폭넓고 자유로운 사회활동에 참여할 수 있게 하는 장점이 있다.

그림 9-1 65세 이상 고령자 여가활동(2017년)

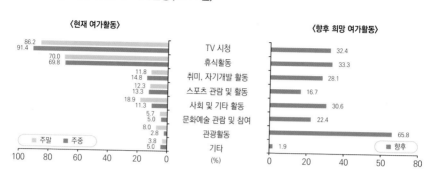

주: 오른편의 그래프는 향후 시간적, 경제적 여유가 생긴다면 하고 싶은 여가활동
자료: 통계청, 2018 고령자통계, 2018. 9.

　　통계청의 「2018년 고령자 통계」에 의하면 65세 이상 고령자는 여가시간을 평일이나 주말 모두 대부분 TV 시청이나 휴식활동으로 보내고 있는 것으로 나타나 적극적 여가활동을 하지 않음을 알 수 있다.

　　반면, 앞으로 시간적·경제적 여유가 생긴다면 가장 하고 싶은 활동으로는 현재 하고 있는 여가활동 중 비중이 낮은 관광활동이 65.8%복수 응답 포함로 가장 높았다. 그다음으로는 휴식활동33.3%, TV 시청32.4%, 사회 및 기타 활동30.6%, 취미·자기개발 활동28.1%, 문화예술 관람·참여22.4%, 스포츠 관람 및 활동16.7% 순인 것으로 나타났다.

　　노후에 할 수 있는 여가활동이 현실과 하고 싶은 것 간에 간극이 큰 이유는 그간 경제적 여유가 없거나 기존에 다른 여가활동을 경험해 보지 못했기 때문이다. 물론 여가활동에 대한 선호도는 개인마다 다를 것이다. 그런데 설사 시간적·경제적 여유가 있다 하여도 이러한 여가활동을 나이 들어서 갑자기 시작한다고 잘할 수 있는 것이 아니기 때문에 늦어도 40대부터는 하나 정도 시작하여 장래에 대비하는 것이 필요하다.

　　여가활동의 주요 목적은 개인의 즐거움, 마음의 안정과 휴식, 스트레스 해소, 건강 증진 등에 있으므로 여가 보내는 것까지 스트레스를 받아 가면서 완벽하게 여가활동을 설계할 필요는 없다. 그러나 준비한 만큼 즐길 수 있고 한번 시작한 여가활동이나 취미활동을 계속 변경하기가 쉽지 않으므로 시작 단계에서 보다 신중하게 설계하여 지속 가능하도록 만들어야 한다. 그러면 여가활동을 어떻게 설계하면 좋을까?

캐나다의 스테빈스Robert Stebbins 교수는 여가를 일상적 여가casual leisure, 진지한 여가serious leisure, 프로젝트형 여가project-based leisure 등 세 가지 유형으로 구분하고 있다.[1]

'일상적 여가'는 즐기기 위한 것으로서 특별한 교육이나 훈련을 받을 필요가 거의 없으면서도 직접적이고 내재적인 보상이 주어지고, 상대적으로 단시간 지속되면서 즐거움을 느낄 수 있는 핵심활동이다. TV 시청, 산책, 낮잠, 친구와의 일상 대화 등이다.

다음 '진지한 여가'는 참여자가 특별한 지식, 기술과 경험 등을 축적하고 표출하는 것으로서 충분히 본질적이고 재미가 있으며, 경력을 쌓으면서 성취감을 느낄 수 있는 핵심활동이다. 상당한 시간과 돈, 그리고 노력이 수반될 수 있으나 여가활동에 몰입을 통해 행복감을 느낄 수 있다. 진지한 여가에는 취미활동, 자원봉사활동 등이 있다. 사진, 서예, 그림, 캘리그라피, 마라톤, 댄스 스포츠, 당구, 탁구, 테니스, 해외봉사활동 등이 이에 속하며, 개인, 가족, 동호회, 교육기관 등을 통해 즐길 수 있다.

진지한 여가 참여자의 특징을 보면 ① 여가와 관련된 지식과 기술을 습득하기 위해 개인적으로 많은 노력을 기울이고, ② 심리적 또는 신체적인 어려움을 기꺼이 수용하고 인내하며, ③ 여가활동 속에서 성취를 경험하면서 경력을 쌓아 나가고, ④ 자아실현, 자기만족, 자아 재창조, 소속감과 기여감, 사회적 상호작용 등과 같은 심리적 또는 사회적 보상을 얻게 된다.[2]

스테빈스 교수가 새롭게 추가한 '프로젝트형 여가'는 자주 있지는 않지만 짧은 기간 동안의 여가활동으로서 아주 단순하지도 복잡하지도 않으면서, 일회성 또는 비일회성으로 이루어질 때도 있다. 생일 파티, 크리스마스 파티, 환갑잔치, 칠순잔치, 종교 페스티벌 등을 조직하거나 참여하는 활동으로서 상당한 지식, 기술, 노력과 창의성을 필요로 하며, 친구, 친척, 이웃 등을 모으거나 참여하는 것이다. 프로젝트형 여가는 일상적 여가와 진지한 여가 사이의 틈새 여가활동으로 여가활동에서 변화를 주고 싶어 하는 사람들에게 유용하다.

스테빈스 교수는 이 세 가지 유형의 여가 중에서 진지한 여가를 권하고 있다. 여가활동으로서 즐거움과 재미가 있으면서도 경력을 쌓는 동시에 성취감도 느낄 수 있기 때문이다.

표 9-1 **여가의 유형**

유형	주요 내용	주요 활동
일상적 여가	특별한 교육이나 훈련이 필요 없으며 단순히 즐기기 위한 것	TV 시청, 산책, 낮잠, 친구와의 대화
진지한 여가	참여자의 특별한 지식, 기술, 경험이 필요하고, 경력을 쌓으면서 성취감을 느낄 수 있는 활동	취미활동, 자원봉사활동
프로젝트형 여가	일회성, 비일회성으로 이루어지며 짧은 기간 동안의 여가활동	생일 파티, 크리스마스 파티, 칠순잔치, 종교 페스티벌

자료: 로버트 스테빈스, 진지한 여가, 여가경영, 2012.

여가활동 설계의 기준

은퇴를 한 후 여가활동을 하려면 어떤 여가활동을 할지 막막하다. 따라서 은퇴 이전부터 노후에 할 수 있는 여가활동을 개발하고 준비해야 한다. 그러면 어떻게 여가를 선택하고 설계할 것인가? 여가의 선택 기준과 설계 원칙으로서 다음의 다섯 가지 방법을 제시한다.

첫째, 개인이 진정으로 원하는 것, 하고 싶었던 것을 찾는다. 그리고 여가활동이나 취미활동을 하면서 즐거움을 주었던 것, 봉사활동과 같이 의미와 보람을 주었던 활동을 찾아보는 것이 중요하다. 이를 위해서 우선 직장생활 중에 바빠서 하지 못했던 것, 평상시 하고 싶었던 것을 찾아보자. 서예, 그림동양화, 서양화, 음악기타, 우쿨렐레, 피아노, 운동테니스, 탁구, 골프, 등산, 봉사활동 등 다양한 종류 중에서 본인이 원하는 것, 마음이 가는 활동을 단수 또는 복수로 찾아서 하면 된다.

둘째, 본인이 잘하는 것, 잘할 수 있는 것, 즉 경쟁력이 있는 것을 찾아야 한다. 평소 음악을 좋아하는지, 음치는 아닌지, 미적 감각이 있는지, 운동을 좋아하는지 등을 곰곰이 생각해 봐야 한다. 개인이 잘할 수 없는 것을 한다면 동기유발이 되지 않아 곧 싫증이 나서 그만두게 된다. 오래 할 수 있는 것, 몰입할 수 있고 여가활동을 통해 자기만족, 성취감 등을 느낄 수 있는 활동을 찾아야 한다.

셋째, 실현 가능하거나 다소 도전적인 활동을 찾아야 한다. 개인의 적성과 흥미에 맞는 활동을 찾았다면 그 활동에 참여할 수 있는 시간, 경제력, 건강 등을 갖추고 있는가를 점검해야 한다. 고령자가 될수록 여가시간은 많이 확보할 수 있지만 경제적으로 감당할 수 있는가를 고려해야 한다. 재정적으로 고가의 카메라를 살 수 있는지, 할리 데이비슨 오토바이를 살 수 있는 여력이 있는지, 매주 골프를 칠 수 있는지 등을 살펴보고, 체력적으로도 지리산 등을 종주할 수 있는지, 배드민턴 동호회에 참여할 수 있는지 등을 점검해야 한다. 그리고 경제적으로 체력적으로 감당할 수 있는 한도 내에서 즐겁게 가능한 한 주변 사람들과 함께 할 수 있는 활동을 찾으면 된다.

한편, 편하게 할 수 있는 여가활동을 찾는 동시에 다소 도전적인 활동을 찾아보는 것도 바람직하다. 왜냐하면 편한 여가활동은 지루하거나 싫증이 날 수 있기 때문이다.

넷째, 여가활동을 누구와 함께 할 것인가를 결정하여야 한다. 물론 독서, 산책, 영화보기 등과 같이 혼자서도 할 수 있는 여가활동도 있다. 그러나 여가활동을 배우자, 가족, 친구, 동호회 등에서 함께 하면 기존의 인간관계도 돈독해지고, 새로운 인간관계를 만들 수 있으며, 오래 지속할 수 있다.

다섯째, 여가활동에 대한 정보를 적극 활용한다. 지방자치단체 등 정부기관에서는 주민문화센터, 자치회관, 평생학습관, 교육센터, 도서관, 노인종합복지관 등을 운영하면서 여가시설이나 체육시설을 활용할 수 있도록 해 주고, 서예, 요가, 탁구, 노래교실, 우쿨렐레 등에 관한 각종 교육 프로그램도 제공한다. 지방자치단체의 홈페이지에 들어가면 상세한 정보를 알 수 있고, 여가활동을 체계적으로 시작할 수 있으며, 쉽게 시설을 이용할 수 있다.

여가활동의 종류와 선택

그러면 구체적으로 어떤 여가활동을 할 것인가? 문화관광체육부는 「2018 국민여가활동조사」에서 여가활동의 유형을 분류하고 각 유형별로 할 수 있는 여가활동 종류를 코드화하여 통계조사를 하고 있다. 여가활동의 유형과 종류를 정리하면 〈표 9-2〉와 같다.

이러한 다양한 활동 중에서 본인이 간절히 원하는 것, 경쟁력이 있는 것, 실현 가능한 활동을 찾아서 결정하면 된다. 학창시절이나 직장생활 중에 했던 여가활동도 좋고, 새로운 활동을 찾아서 해도 좋으며, 과거에 했던 활동과 새로운 활동을 모두 겸해서 해도 좋다. 퇴직을 하거나 은퇴를 하면 시간은 당신의 편이다.

한편, 본인이 꼭 해 보고 싶지만 체계적 교육을 받지 못해 잘할 수 없다면 문화센터, 주민센터, 사회복지센터 등에서 교육을 받으면 된다. 또한 비용이 많이 들까 염려된다면 단체를 구성하여 할인을 받거나 공공시설 위주로 이용하면 된다.

여가활동의 동반자

여가활동을 하는 데는 동료가 필요하다. 혼자 하는 데는 지루하고 힘들기 때문에 같이 할 수 있는 동료를 만들어 두면 재미있게 할 수 있게 될 뿐만 아니라 지속적으로 좋은 인간관계를 형성하게 된다.

여가활동을 함께하면 즐거움이 배가 되고 서로에게 배우고 가르쳐 주면서 지속 가능하게 한다. 다만 여가활동을 같이 할 사람을 기존의 인간관계에서만 찾기보다는 자신의 주거지역을 기초로 한 동호회 등에 가입하여 찾는 것도 나이를 초월하여 인간관계를 넓힐 수 있는 좋은 방법이 된다.

표 9-2 **여가활동의 유형과 종류**

유형	주요 내용	종류
A. 문화예술 관람활동	교양 함양을 위해 문화예술 공연 등을 관람하는 행동	전시회 관람, 박물관 관람, 음악연주회 관람, 전통예술공연 관람, 연극공연 관람, 영화보기, 연예공연 관람
B. 문화예술 참여활동	문화예술 공연, 창작활동, 미술, 연주 등에 직접 참여하는 활동	문학행사 참여, 글짓기/독서토론, 미술활동, 악기연주/노래교실, 전통예술 배우기, 사진촬영, 춤/무용
C. 스포츠관람 활동	농구, 야구, 축구, 복싱 등 각종 경기를 관람(구경만)하는 활동	스포츠경기 직접관람, 스포츠경기 간접관람, 온라인게임경기 현장관람
D. 스포츠참여 활동	심신의 단련이나 교제를 목적으로 스포츠 활동에 실제 참여하는 경우	농구/배구/야구/축구/족구, 테니스, 당구, 볼링/탁구, 골프, 수영, 스키, 헬스/에어로빅, 요가/필라테스, 배드민턴/맨손체조, 조깅, 사이클링
E. 관광활동	즐거움을 목적으로 낯선 지역의 풍경·풍습·문물 등을 보거나 체험하는 활동	문화유적 방문, 자연명승 및 풍경관람, 삼림욕, 해외여행, 야유회, 온천욕, 유람선 타기, 동물원/식물원 가기, 지역축제 참가, 자동차 드라이브
F. 취미오락 활동	전문성보다는 자신의 흥미에 중점을 두고 자유시간에 즐기는 다양한 활동	수집활동, 생활공예, 요리하기, 애완동물 돌보기, 노래방 가기, 인테리어, 등산, 낚시, 미니홈피/블로그 관리, 인터넷 검색/채팅/UCC 제작/SNS, 게임, 바둑/장기, 쇼핑/외식, 독서, 어학·기술·자격증 취득 공부·학원 등 이용
G. 휴식	일상생활에 피로해진 심신을 정상적인 상태로 회복하기 위하여 하는 기분전환 활동	산책 및 걷기, 목욕/사우나/찜질방, 낮잠, TV 시청, 비디오 시청, 라디오 청취, 음악 감상, 신문/잡지 보기, 아무것도 안 하기
H. 사회 및 기타 활동	봉사활동, 친구만남 등 사회공헌이나 사교를 목적으로 하는 활동	사회봉사활동, 종교활동, 클럽 가기, 가족 및 친지방문, 잡담/통화하기/문자보내기, 계모임/동창회/사교모임, 이성교제/미팅, 친구만남/동호회 모임 등

자료: 문화관광체육부, 2018 국민여가활동조사, 2018. 12.; 여가활동 유형 중에서 고령자가 참여할 수 있는 여가활동을 중심으로 작성

그림 9-2   여가활동을 함께 하는 사람

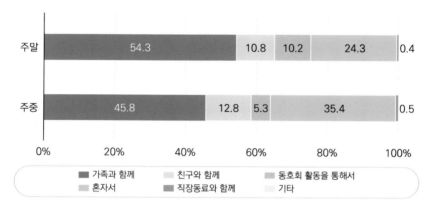

주: 2017년 기준 65세 이상인 자
자료: 통계청, 2018 고령자통계, 2018. 9.

통계청의 「2018 고령자 통계」에 의하면 65세 이상 고령자들은 여가활동을 가족과 함께 하는 경우가 주중 45.8%, 주말 54.3%로 가장 높다. 그다음으로는 혼자서 하는 비중이 높으며, 세 번째로 높은 비중을 차지하는 것이 친구주중 12.8%, 주말 10.8%이다. 그다음으로는 동호회 활동을 통해서주중 5.3%, 주말 10.2%였다. 따라서 가족과 함께 여가활동을 할 수 있는 취미 등을 평소에 개발해서 같이 해야 할 필요가 있다. 그리고 주말에는 동호회 회원과 함께 여가활동을 하는 비율이 높으므로 사진 등 동호회 활동에 적극 참여하는 것이 바람직하다.

은퇴 후에 더 이상 경제적 활동을 원하지 않을 경우에는 자신이 왕성하게 경제적 활동 시기에 하던 것과는 다른 다양한 활동을 시작하는 것이 바람직하다. 인생에 신선한 동기부여가 되어 새로운 의미와 보람을 전해 줄 것이다.

⑫ 봉사활동에서 찾는 인생의 보람

마음으로부터 우러나오는 봉사활동

은퇴 후에 생기는 많은 시간에 사회봉사 활동을 하고 싶다면 은퇴를 하기 전부터 어느 분야에서 하면 좋을지 생각을 하고 준비해 두어야 한다. 봉사활동은 마음으로부터 우러나와야 할 수 있기 때문에 봉사활동에 대한 마인드를 먼저 갖출 필요가 있다. 이렇게 은퇴 전에 마인드를 갖추고 가능한 범위에서 봉사활동을 시작해보면 제2의 인생기에도 이어서 봉사활동을 하는 데 도움이 된다.

그런데 봉사활동은 시간이 많다고 할 수 있는 일은 아니다. 여기에는 봉사에 대한 생각이 정립되어야 한다. 무엇보다도 중요한 것은 자원봉사가 자신에게 어떤 의미가 있는지 잘 음미하고, 그리고 자원봉사의 정신을 받아들이는 것이다. 은퇴 후에 하는 사회봉사활동은 자신이 그동안 쌓아 온 많은 경험을 사회에 다시 환원해 줄 기회를 갖는 것이며, 또한 그러한 과정을 통해 스스로도 새로운 인생의 수양을 쌓는 것이라 할 수 있다.

봉사활동은 인간을 사랑하는 마음을 가진 사람이 강요가 아니라 자기 스스로 결정해서 남을 위해 대가를 바라지 않으면서 일정한 기간 동안 지속적으로 무보수 또는 아주 적은 보상만 받고 행하는 활동이다. 그렇기 때문에 좋은 의도에서 봉사활동을 시작했음에도 불구하고 때로는 마음의 상처를 입고 봉사활동을 그만두게 되는 경우가 생겨난다. 따라서 마음에서 우러나오고 진정으로 필요성을 느낄 때 봉사활동을 시작해야 한다.

봉사활동에 대한 교육과 참여

이러한 과정에 대해 충분히 고려하지 않고서 봉사활동을 시작할 경우 오래 지속하기 어려울 수 있다. 따라서 자원봉사활동에 대해 올바르게 이해하고 참여하는 것이 필요하며, 이를 위해서 소정의 교육을 받는 것이 필요하다.

이러한 점을 고려할 때 일반적으로 봉사활동을 쉽게 시작할 수 있는 방법은 자신이 은퇴하기 전에 쌓은 경험과 노하우를 활용하는 것이다. 만약 처음하는 것이라면 봉사활동을 어떻게 하는 것이 좋을지에 대해서는 봉사기관에서 제시하는 원칙을 준수하면서 배우고 경험을 쌓으면 될 것이다. 이를 위해 자신이 거주하고 있는 지역의 지방자치단체에서 운영하는 자원봉사센터를 이용하는 것이 여러 측면에서 좋을 수 있다.

예를 들어 서울시에서는 운영하는 자원봉사센터에 자원봉사자로 등록한 후 활동하는 것이 하나의 방법이 될 수 있다. 서울시 자원봉사센터는 자원봉사활동을 하고자 하는 사람을 위한 온라인 플랫폼 'V세상'을 운영하고 있다. V세상에 회원으로 가입하면 다양한 봉사활동을 제안할 수 있으며 실제 봉사활동에 참여할 수 있도록 연결해준다.

자택 주변 및 근린 지역에는 구민회관과 커뮤니티센터, 도서관과 박물관 등의 사회교육시설, 사회복지시설, 병원과 관광지 등 봉사활동을 하기에 좋은 시설이 있다. 그리고 활동의 시간과 활동형태도 여러 가지이나 개인이든 단체이든 활동에 참가하는 사람에게 많은 부담이 되지 않는 것이 기본이다. 따라서 봉사활동은 지역사회와 적극적으로 관계를 맺는 방법이 되기도 한다.

자원봉사활동을 시작하기 위해서는 봉사활동을 실시하고 있는 단체에 가입하거나 독자적으로 처음부터 시작하거나 어느 쪽이든 좋다. 자원봉사 단체에 가입하여 활동하기 위한 방법을 순서대로 살펴보기로 하자.

먼저 신문과 광고, 인터넷, 가까운 자원봉사센터 등의 활동정보를 수집하여 그 활동내역을 파악한다. 자신에게 맞는 활동을 찾으면 직접 연락해서 상세한 활동내역에 대한 설명을 듣는다. 그때 자신이 어떻게 그 활동에 참여하고 싶은가를 전달하고 쌍방의 합의가 있으면 점차로 활동을 개시한다. 그전에 봉사활동과 관련한 주의사항을 미리 확인해 두면 좋다.

자원봉사활동을 하는 예로서 외국어를 잘 구사할 수 있는 경우, 지난 2018년 평창동계올림픽과 같은 국제적 행사가 열릴 때 통역, 지역안내 등과 같은 자원봉사를 할 수 있다. 또는 외국인 관광객이 많이 찾는 관광안내소에서 외국인 관광객을 위한 통역자원봉사를 할 수도 있다. 만약 자신이 건축가였다면 건축가

표 9-3 **자원봉사활동의 주요 사례**

분류	주요 활동분야	
사회복지 활동	• 장애아동, 저소득 직장여성의 아기보기 • 노약자, 장애인 등의 목욕보조 • 급식지원, 도시락 전달 등 식사지원	• 장애아동 통학보조 • 노약자, 장애인 외출보조 • 가정방문(청소, 세탁, 식사준비)
행정보조	• 공공기관, 구청, 동사무소, 우체국, 경찰서 업무보조 • 사회복지기관 및 시설의 업무보조	
문화행사	• 음악, 무용, 연극 등 소규모 공연봉사 • 지역 문화행사 지원, 행사참가	• 복지기관·공공기관 행사 시 공연봉사
교통·환경 캠페인	• 교통정리, 주차정리 • 환경, 수질, 재활용 캠페인	• 학교 주변 차량속도 줄이기 캠페인 • 동네 주변 등산로 등에서 쓰레기 줍기
기술 및 기능지원	• 이·미용 • 집수리 봉사	• 차량지원 • 전산입력봉사
교육봉사	• 자원봉사자를 위한 지도 • 학습부진아 지도 • 노인 대상 문해 학습지도	• 어린이 공부방 학습지도 • 한글, 영어, 한자 등의 지도 • 장애아동, 저소득층 자녀 학습지도
상담봉사	• 법률 및 세무상담 • 취업상담	• 청소년, 여성, 가족상담 • 영세, 중소기업 창업상담
외국·통역	• 해외의 자매도시 및 저개발국 봉사 • 외국어 통역, 번역 봉사	• 국제행사 자원봉사

자료: 오영수, 은퇴혁명시대의 노후설계, 해남, 2004.를 기초로 일부 내용을 보완

로서 경험을 살려 고궁의 건축물을 외국어로 소개하는 봉사활동을 할 수 있다.

봉사활동을 하기 위한 특별한 소양이 없을 경우에는 환경보호 캠페인 활동에 참여하거나 등산로에서 쓰레기 줍기 등을 하는 방법도 있다. 사실 봉사할 활동은 다양하게 있으므로 지속적으로 하기 위해서는 자신에 적합한 것을 찾아야 한다.

은퇴한 중고령자는 사회적 경험과 지식, 기능이 풍부하므로 질 높은 자원봉사활동을 할 수 있다. 나아가서 교육과 문화 면에서는 젊은 세대에 대한 문화의 전승자로서의 역할이 기대된다.

국제 봉사활동

봉사활동을 국내에서만 하지 않고 해외에서 할 수도 있다. 우리나라가 어려웠던 시절에 외국 자원봉사활동 단체의 도움을 받았던 것처럼 이제 우리도 해외에 나가 봉사활동을 적극적으로 할 필요가 있다. 해외봉사활동을 하려면 KOICA한국국제협력단의 해외봉사단 또는 민간단체나 종교단체가 운영하는 봉사활동에 참여할 수도 있다.

KOICA에서는 '월드 프렌즈 자문단 파견사업'을 통해 관련 분야 10년 이상 경력을 가진 국내 우수 퇴직인력을 개발도상국의 정부부처나 공공기관에 파견하여 교육, 보건, 공공행정 등 분야에서 정책자문과 기술연수 역할을 수행하도록 지원하고 있다koica.go.kr.

KDI에서도 경제발전경험 공유사업KSP: Kowledge Sharing Program을 통해 개발도상국에 정책자문이나 공동컨설팅 서비스를 지원하고 있는데, 이러한 사업에 전문가·자문단으로 참여하여 우리나라 경제발전 과정에서의 경험과 지식을 전수할 수 있다ksp.go.kr.

제2의 인생기에 국제 봉사활동을 성공적으로 한 사례로 미국의 지미 카터 Jimmy Carter 전 대통령을 꼽을 수 있다.3 그는 대통령 재선에 실패한 이후 재정적으로 어려운 상황에 처했지만 다양한 국제 봉사활동을 통해 노후를 성공적으로 보내고 있다.

카터는 국제해비타트 운동Habitat for Humanity International에 참여하였을 뿐만 아니라 국제평화를 위한 조정역할도 열심히 하였다. 카터는 대통령직에서 물러났을 때 처음부터 봉사활동을 하겠다는 생각을 한 것은 아니었다. 부채 더미에 앉아 있었을 뿐만 아니라 닥쳐 온 노후를 어떻게 보낼지에 대한 계획조차 없었다. 그는 70살이 넘은 어느 날 애틀랜타로 향하던 중 토마스턴의 어느 한 음식점에서 식사를 하게 되었는데, 70살이 넘어서 식사 후 커피를 서비스로 받으면서 노인이 되었음을 깨달았다고 한다.

그는 칠순이 되어서야 노인으로서 살아야 한다는 사실을 자각하고, 예전의 자신과 전혀 다른 '노인'이라는 새로운 존재로 전환했다고 한다. 그는 노인이라

하여 뒷전에 머물러 있지 말고 사회봉사활동 등에 참여하며 새로운 것을 적극적으로 배울 것을 권고한다. 또한 봉사활동은 남을 위한 것이기도 하지만 자신을 위한 것이라고 얘기한다.

03 평생학습으로 생활의 활력 찾기

평생학습의 긍정적 효과

요즈음은 저출산 등의 영향으로 고등학교 졸업자 수보다 대학 정원이 많아서 대학에 들어가기가 훨씬 수월해졌고, 오히려 대학 정원 미달이 사회적 문제가 되고 있다. 한편, 베이비붐 세대 중에는 젊은 시절 여러 가지 이유로 자신이 원하는 수준의 학업을 마치지 못하였지만 노년이 되어서도 학업을 다시 시작하고자 하는 경우가 많다.

실제로 2019년 2월 기준으로 우리나라 경제활동 인구 2,765만 명 중에서 1,314만 명만 전문대를 포함한 대학을 졸업했고, 절반이 넘는 1,451만 명은 대학을 졸업하지 못하였다. 대학을 졸업하지 못한 경우 경제활동을 하면서도 대학 진학을 많이 하게 되나, 제2의 인생기를 맞이하여 경제적 뒷받침만 된다면 새롭게 도전해 볼 만하다. 실제로 배우는 데는 나이가 문제되지 않는다.

또한 요즘에는 과학기술이 급속히 발전하고 사회변화가 빨라서 누구든지 평생학습을 하지 않으면 세상의 흐름에서 뒤처지기 쉽다. 그런 의미에서 대학교육을 받았다 할지라도 자신의 전공 분야를 심화시키거나 새로운 분야에 도전하는 것은 지식정보화 시대의 생존전략이기도 하다.

과거에 비해 평생학습을 할 수 있는 기회가 다양하게 열려 있으므로 그러한 기회를 활용하여 학습을 시작하는 것도 바람직한 일이다. 제2의 인생기에 학습을 시작하면 다음과 같은 긍정적 효과를 얻을 수 있을 것이다.

첫째, 새로운 정보 및 지식을 습득하여 빠르게 변화하는 사회환경에 적절히 적응할 수 있게 한다. 둘째, 학습 목표를 설정하고 달성하는 과정에서 자신의 능력이 살아 있음을 확인하며 활기차게 생활할 수 있다. 셋째, 두뇌훈련을 통해 뇌를 되살림으로써 치매를 예방하고 노화를 억제시킬 수 있다. 넷째, 새로운 지식을 습득하여 젊은 세대와 소통할 수 있도록 인식의 간격을 줄일 수 있다. 다섯째, 새로운 세계를 경험하게 되어 자신의 인생이 풍부해질 수 있다.

평생학습 제공 기관과 과정

평생학습을 위해서는 어디에서, 무엇을 배울지를 먼저 검토할 필요가 있다. 만약 학위를 취득하고자 하면 한국방송통신대학교나 사이버대학을 이용하는 것이 좋다. 또한 평생교육원이나 사회교육원의 독학학위과정과 학점인정과정을 이용할 수도 있다.

한국방송통신대학교knou.ac.kr는 국립 4년제 정규대학이므로 등록금이 저렴하며, 방송을 통해서 교육과정을 이수하게 되므로 시간과 장소에 구애받지 않는다. 또한 각 지역별로 지역대학, 학습센터, 시·군학습관이 설치되어 있어 지역 커뮤니티를 중심으로 교류하기 좋은 여건을 가지고 있는 점도 장점이라 할 수 있다. 나아가 학사과정 이외에도 평생교육과정, 대학원 과정, 경영대학원도 운

표 9-4 한국방송통신대학교 개설 과정

과정 구분		개설 학과
단과대학 (학부과정)	인문과학대학	국어국문학과, 영어영문학과, 중어중문학과, 불어불문학과, 일본학과
	사회과학대학	법학과, 행정학과, 경제학과, 경영학과, 무역학과, 미디어영상학과, 관광학과, 사회복지학과
	자연과학대학	농학과, 생활과학부, 컴퓨터과학과, 통계·데이터과학과, 보건환경학과, 간호학과
	교육과학대학	교육학과, 청소년교육과, 유아교육과, 문화교양학과, 생활체육지도과
대학원 과정	행정학과, 정보과학과, 바이오정보·통계학과, 간호학과, 유아교육학과 등/ 경영대학원	

자료: 한국방송통신대학교 홈페이지, know.ac.kr

영하고 있다.

사이버대학도 교육부에서 정규 대학과정으로 인가받아 2020년 기준 21개 원격 및 사이버대학의 398개 학과에 재적 학생 수가 13만 2천 명으로 급성장하였다. 이는 사이버대학이 시간적 공간적 제약을 벗어나 언제 어디서든 학습을 할 수 있다는 장점과 일반대학에 비해 매우 저렴한 학비, 그리고 학생 수에 관계없이 대량교육을 시킬 수 있는 장점 등으로 인해 그동안 대학을 갈 수 없었던 직장인이나 사회인에게 교육기회를 제공하기 때문이다.

나이가 많이 들어 대학에 진학할 경우 연령상의 문제 등이 마음에 걸리고 시간적 제약이 많기 때문에 학업을 하기 어려운 점을 고려할 때 사이버대학은 좋은 대안이라고 할 수 있다. 또한 사이버교육은 평생학습 기회를 제공함으로써 지식정보화 시대의 새로운 교육 대안으로 떠오르고 있다.

그리고 평생교육원이나 사회교육원에서 개설하는 독학학위과정과 학점인정과정과 같이 학위취득을 보완하는 과정을 이용할 수도 있다. 물론 이러한 학위과정에 학사 학위를 가지고 있는데도 새로운 전공을 공부하기 위해 다시 도전하는 사람들도 많아지고 있다.

이처럼 평생학습의 목표가 학위보다는 새로운 지식의 습득에 있다면 대학에서 개설하는 평생교육원이나 사회교육원, 또는 사회단체나 노인복지회관 등 자신의 거주지에서 쉽게 다닐 수 있는 곳에서 개설하는 각종의 학습프로그램을 이용하는 것도 좋다.

이들 기관은 전문자격증 취득, 교양교육 등과 같은 일반과정을 개설하고 있다. 일반과정 중 전문자격 취득과정은 어린이영어지도사, 독서지도사 등과 같은 자격증 취득을 위한 것으로 학기 단위로 운영되는데, 과정을 이수한 후 소정의 전형을 거쳐야 자격증이 수여된다.

자격증 취득과는 직접 관련은 없지만 분야별 전문가 과정도 개설되어 학기 단위로 운영되는 경우가 많은데, 자격증이 주어지는 것은 아니며 수료증이나 이수증이 수여된다. 교양교육 과정은 문학, 풍수, 역사, 외국어 등에 대한 지식을 쌓는 데 목적을 두고 있으며, 보통 학기 단위로 과정이 운영되며 과정을 이수할 때 수료증이 수여된다.

그러면 무엇을 공부할 것인가? 노후에 하는 학습은 일반적인 교양, 시사·사회문제, 역사, 문화, 어학, 취미생활, 스포츠 등 다양한 학습 주제 중에서 자신의 취향과 필요에 맞는 분야를 선택하는 것이 중요하다. 특히 학습 자체에서 흥미를 느낄 수 있도록 해야 하기 때문에 자신에게 재미를 줄 수 있어야 하며, 스스로가 학습의 속도를 조절할 수 있어야 한다.

04 예술문화 활동으로 누리는 창의적 삶

예술문화 활동에 대한 꿈과 실현

은퇴 후에 예술문화 활동에 대한 꿈이 살아나면서 이를 실현하고 싶어 하는 의욕이 커지는 경우도 많다. 물론 대개의 경우 갑자기 나타난다기보다 평상시 경제적 또는 시간상의 이유로 이러한 활동에 전념하지 못하고 틈틈이 활동하다 은퇴 후 많은 시간적 여유가 생기면 이러한 활동에 대한 적극적 의욕이 살아나는 것이다.

A씨는 정년퇴직을 하고 시니어문학상의 시 부문에 당선이 되어 시인이 되었다. 그는 정년 전에는 직장생활, 가정생활 등으로 너무 바빠서 시를 쓸 생각을 하지 못했었다. 그러나 정년퇴직을 하고 난 후에는 주변을 돌아보고 생각하며 글을 쓰는 데에 여유시간을 활용했다. 글을 쓰다 보니 글 쓰는 법을 체계적으로 배워 본 적이 없어서 문예창작을 공부하기도 했다. 이러한 본인의 노력이 통했는지 등단할 수 있는 기회를 여러 번 가졌고, 이제는 시인으로서 당당하게 활동을 하고 있다.

B씨는 정년퇴직을 하고서 그림을 그리기 시작했다. 사실 그림에 대한 관심은 정년 후에 생긴 것이라기보다는 소년시절부터 있었다. 그러나 여러 사정상 다른 전공을 택하여 대학을 입학했고 대학을 졸업한 후에도 그림과는 무관한 일을 했었다.

그런데 정년을 맞이하면서 그림을 그리고 싶었다는 소년시절의 꿈이 떠올랐다. 그래서 그림 그리는 방법을 체계적으로 공부하기 시작했고, 다행히 그림에 소질이 있어서 멋진 그림을 그릴 수 있었다. 단지 그림만 그리는 것으로 끝나지 않고 동호회를 결성하여 단체전을 갖기도 했고, 몇 차례의 단체전 후에는 자신감이 생겨 개인전을 갖기도 했다. 그는 직장생활도 성공적으로 했지만 정년 후에 어릴 적의 꿈을 이루었기 때문에 이제는 행복한 인생을 살고 있다.

이러한 두 가지 사례 이외에도 정년 후에 예술활동을 성공적으로 하고 있는 사례는 많겠지만, 중요한 것은 예술활동에 대해 본인이 평상시 관심이 많았을 뿐만 아니라 소질과 재능이 어느 정도 있어야 한다는 것이다. 소질과 재능이 있다면 오랜 기간 동안의 사회적 경험과 인생의 중후한 맛이 어울려 훌륭한 작품을 남길 수 있을 것이다.

예술문화 활동의 효과

예술문화 활동은 전문적인 작가로서 행하지 않더라도 자신의 숨어 있는 재능을 발견하며 새로운 삶에 도전하는 도구로도 활용될 수 있다. 또한 문화예술 활동을 젊은층과 함께 한다면 세대 간 교류의 수단이 될 수 있다.

또한 예술문화 활동은 치매 등의 치료를 위한 수단으로도 활용될 수 있다. 이러한 활동에 참여하면 치매 발병률이 낮아질 뿐만 아니라 치매에 걸렸을 경우에도 치료에 도움이 된다.

실제로 미국 마이애미대학교 오하이오 탁월성센터Ohio Center of Excellence에 본부를 둔 **OMA**The Opening Minds through Art 프로그램은 치매를 앓는 사람들이 학생, 가족, 케어서비스 제공자 등 자발적 봉사활동자들과 함께 추상예술을 창작 활동과 함께 하며 우정을 다질 수 있는 기회를 제공한다.

이러한 활동을 통해서 치매를 앓고 있는 노인들과 자원봉사자들은 깊은 우정을 쌓거나 더 나아가 유대감까지 느낄 수 있는 기회를 갖게 되며, 함께 완성한 작품을 미술 전시회에서 발표한다. 이러한 활동을 통해 세대 간 교류가 촉진되고, 치매를 앓고 있는 노인들은 자존감을 높일 수 있다. 따라서 예술문화 활동은 궁극적으로 노년기에 사회적 관계를 유지시켜 주고 정신적 활동을 강화하여 치매예방에도 도움이 될 수 있다.

예술문화 활동은 감상과 비평을 위주로 진행될 수도 있다. 우리는 문화예술 활동을 직접 창작활동을 하는 것 위주로 생각하기 쉽지만, 사실 예술작품이나 문학작품 등을 보고 자신이 느끼는 바를 정리하여 서로 발표하며 교류하는 것도 중요하다.

정기적으로 함께 미술관이나 콘서트장 또는 연극 극장을 방문하여 예술세계를 경험하고 이를 글로 써서 정리하는 것도 중요한 창작 영역에 속하기 때문이다. 자신이 쓴 감상문을 읽고 발표한 후에 다른 사람과 토론하거나, 다른 사람이 쓴 감상문을 읽고 그에 대해서 의견을 제시하는 활동은 지적 활동일 뿐만 아니라 사회적 교류 활동이므로 자신을 사회 속에 드러내 존재감을 가질 수 있도록 해준다.

저술활동으로 사회에 기여하기

저술활동에 전념하는 것은 학업을 시작하는 것과 마찬가지로 노후를 풍요롭게 해 줄 것이다. 그런데 저술활동을 하기 위해서는 특정한 분야에 대해 전문지식이 있어야 하며, 그 지식을 논리적으로 서술하여 전달할 수 있는 능력이 있어야 한다.

지금까지 대부분의 출판활동은 교수, 연구원, 기자 등 특정직업에 종사하는 사람들의 전유물처럼 여겨져 왔지만, 우리 사회에서도 얼마 전부터는 '보통 사람'들이 출판을 하는 사례가 늘어나고 있다. 특히 이러한 사례에서 보편적인 것은 자신이 종사하고 있는 직업활동을 통해서 얻은 경험과 아이디어를 정리하여 내는 경우, 자신이 즐겨 하던 여행, 등산, 꽃꽂이, 요리 등과 같은 취미생활에서 얻어진 경험과 아이디어를 정리하여 내는 경우가 많다.

C씨는 정년퇴임 후에 자신이 종사하던 분야에서 얻은 지식과 경험 등을

집대성하여 모두 12권의 책을 내고, 각종 월간지 등에도 활발한 기고를 하고 있다. 물론 그의 경우에는 연수원 교수로서 근무한 경력이 이러한 활동을 하는 데 도움이 되었지만, 학문적 열정과 소명의식이 없었다면 가능하지 않았을 것이다.

특히 평상시에 자료를 체계적으로 모으고 이를 정리해 왔기 때문에 가능한 일이었다. 그는 이 자료들을 사회적으로 공유하는 차원에서 농촌 지역의 폐교된 초등학교를 임대하여 평생 과업으로 여겨 왔던 박물관을 세우고, 부인과 함께 자연과 학문을 벗하며 살고 있다.

이와는 다른 사례이지만 취미활동을 바탕으로 저술활동을 하는 것도 가능하다. D씨의 경우는 자신이 즐겨 하던 등산에서 시작하여 세계여행을 다니게 되면서 여행작가로서 새로운 인생의 활력을 되찾게 된 사례이다. 그녀는 직장생활을 하면서 일 외에는 다른 것을 생각하지 못했고 오직 일만 생각하며 사는 인생에 회의가 들었다.

그래서 직장을 그만두고 등산이나 여행을 다니고 싶다는 계획을 가족들과 상의했고, 가족들이 흔쾌히 동의해 주어 혼자서 세계 곳곳에 자유여행을 몇 달씩 다녔다. 카메라를 들고 여행을 다니면서 사진을 찍어 두고 그 사진과 함께 글을 쓰며 여행 팁도 소개하는 블로거로서 활동을 했다.

그렇게 기록해 둔 사진과 글이 일정 분량 이상이 되자 그를 기초로 전시회도 개최하고 여행수필집을 냈다. 그녀는 지금도 세계여행을 다니지만 여행이 자신의 인생을 매일 새롭게 하고 있으며 여행 중에 만난 세계 각지의 사람들과 교류하며 그들로부터 받은 많은 친절에 감사하면서 살고 있다.

저술활동의 노하우와 자서전 쓰기

이렇듯 저술활동은 인생에 활력을 주는 역할을 한다. 그렇다면 어떻게 하면 저술활동을 잘할 수 있을까? 꼭 하나의 정답은 없지만 일반적으로 받아들여질 수 있는 방법을 소개하면 다음과 같다.

첫째, 지속적으로 관심을 가질 수 있고 어느 정도 전문적인 지식을 가지고 있는 영역을 택한다. 둘째, 해당 영역과 관련된 각종 자료 및 정보를 수집하여 체계적으로 정리한다. 셋째, 수시로 해당 영역과 관련된 주제를 가지고 글을 써서 모아 둔다. 이러한 과정에서 필요하면 문장력을 향상시키기 위한 강좌를 듣는 것도 도움이 될 수 있다. 넷째, 자신이 쓴 글을 동호회 회원 또는 그 분야의 전문가들과 함께 토론할 기회를 가지면서 내용을 검증하고 수정한다. 다섯째, 이러한 글들이 어느 정도 모이면 일정한 주제하에 틀을 짜고서 글들을 배치하면서 책을 완성한다.

자신이 다른 사람과 무언가 차별화하여 전문적인 내용을 책으로 써서 전할 수 있다면 그것은 중요한 사회적 기여일 뿐만 아니라 사회적 유산을 남기는 것이 된다. 이는 자신만 아는 것에서 그치지 않고 자신의 지식을 다른 사람들이 언제든지 활용할 수 있도록 도와주기 때문이다.

한편 전문적인 내용이 아니라 하더라도 자신이 살아온 인생을 정리하는 차원에서 자서전을 써서 가족과 지인들에게 선물할 수도 있다. 보통 자서전이라고 하면 유명인들이나 쓰는 것으로 생각하기 쉬운데, 요즘에는 일반인들도 많이 자서전을 쓰고 있다.

자서전을 쓰게 되면 자신의 생애를 돌아보면서 정리를 하게 되는데, 단순한 회상에 그치는 것이 아니라 자서전을 쓰기 위한 준비학습과 결부되어 자아정체성 제고에 크게 도움이 된다. 자서전은 생애사로서 삶의 주체인 개인이 자신의 시각으로 재구성해 나가는 삶의 이야기가 된다.[4] 2016년에 출간되어 연령대에 관계없이 많은 사람들의 관심을 끈 김형석 교수의 「백년을 살아보니」도 형식은 수필집이지만 자신의 인생을 정리한 자서전으로 볼 수 있다.

자서전 쓰기는 자신의 삶을 성찰하면서 노년기를 살아가는 지식을 재구성하여 성공적인 노화를 촉진시키는 방안이 된다. 아울러 인생 100세 시대를 살아나가는 데 필요한 지식을 만들어 내며, 생애사적 경험에 기초한 자기주도적 학습 기회를 제공한다.[5] 이러한 점을 고려할 때 은퇴 전부터 자료, 글쓰기 학습 등을 준비해 두었다가 은퇴 후 오래되지 않은 시점에서 자서전을 발간하는 것은 아직 기억력이 좋을 때 자신의 생애를 정리해 두는 중요한 의미가 있다.

일반 서적이든 자서전이든 글을 쓰는 것이 처음에는 쉽지 않으므로 이에 대해 사전 학습을 하는 것도 크게 도움이 될 것이다. 이에 대해서는 여러 신문사에서 강좌를 개설하고 있고, 다양한 평생교육프로그램, 작가가 직접 개설한 강의, 인터넷 강의 등을 활용할 수 있다.

05 편리한 생활을 위한 스마트 능력 개발하기

고령자의 낮은 스마트 능력

앞으로는 고령자라 하더라도 4차 산업혁명의 영향으로 스마트 능력이 필요한 세상을 살게 될 것이다. 그럼에도 일부 고령자들은 스마트 능력 보유를 거부하거나 그러한 추세에 보조를 맞추는 것을 무시하는 경향을 나타낸다.

1990년대 초에 개인 컴퓨터가 보급되기 시작했을 때에도 이를 적극적으로 수용하지 못한 채 디지털 문명에서 멀어진 사람들이 있었다. 그들 중 대다수는 여전히 컴퓨터를 제대로 이용할 수 없으며 많은 경우 다른 사람들에 의존하거나 아니면 오프라인 환경에서 불편을 감수하면서 살아간다.

그 후 2010년대 들어서 스마트폰이 보급되기 시작되면서 2020년 기준으로 만 6세 이상 인구 중 스마트폰을 보유한 사람의 비율은 93.1%가 될 정도로 모바일 세상이 도래했다. 그리고 컴퓨터 이용자 수가 줄어드는 데 반해 휴대전화 이용자 수는 꾸준히 늘고 있어 앞으로는 모바일 세상은 더 확장될 것이다.

물론 2020년 기준으로 만 70세 이상 고령자의 스마트폰 보유율은 53.8%로 2019년의 40.2%에 비해서 크게 높아졌고, 60대는 92.0%에서 93.1%로 높아진 것으로 나타났다.[6] 그러나 고령자들은 스마트폰을 보유했다 하더라도 이를 적극적으로 사용하지 않고 주로 소셜 미디어나 동영상 시청에 이용하며, 전자상거래, 금융거래, 공공 서비스에 이용하는 비율은 높지 않았다.

한국정보화진흥원에 따르면 2020년 디지털 정보화 종합수준에서 고령층은 68.6%로 2018년의 63.1% 및 2019년의 64.3%에 비해 향상되는 추세에 있으나 여전히 스마트폰을 실질적으로 활용하고 있지 못한 것으로 나타났다.

그러나 스마트폰을 적극적으로 활용할 수 있는 능력을 유지하게 되면 엄청나게 큰 생활의 변화를 경험할 수 있다. 우선 일상적으로 쇼핑은 물론 기차나 고속버스 등의 승차권 구입, 나아가 금융거래를 손안에서 처리할 수 있게 되어 생활이 편리해진다. 그렇지 못한 경우를 생각해 보면 바로 왜 스마트폰을 적극 이용해야 하는지 알 수 있다.

스마트폰으로 모바일 주문을 하지 못하면 매일 먹는 쌀을 사기 위해 오프라인 매장에 직접 방문하여 쌀을 살펴보고 구매한 후에 무거운 쌀을 들고 오거나 배달을 시켜야 한다. 우리나라는 2020년 기준으로 온라인 쇼핑 총거래액 15조 9,946억 원 중에서 모바일 쇼핑이 69.7%를 차지할 정도로 급속하게 쇼핑 방식이 변화하고 있다.

2020년 한국지능정보사회진흥원의 조사에 따르면, 만 12세 이상 인터넷이용자 중 인터넷쇼핑 이용률은 69.9%이며, 60대는 31.4%, 70대는 14.7%에 지나지 않은 것으로 나타났다. 인터넷쇼핑에 모바일기기를 이용한 비율은 65.4%로 PC를 이용한 비율 46.1%에 비해 높았다. 따라서 현재 60세 이상된 고령층 중 다수는 아직도 많은 시간과 수고를 들여 오프라인 쇼핑을 하고 있다. 그러나 스마트폰으로 쇼핑을 할 수 있다면 몇 번의 클릭으로 물건을 집까지 배달받을 수 있어 시간과 수고를 덜 수 있다.

은행거래를 할 때도 스마트폰 뱅킹을 할 수 없다면 집에서 한참 떨어진 은행 지점을 방문한 후 번호표를 뽑고서 한참을 기다린 후에야 은행거래를 할 수 있다. 우리나라에서 만 12세 이상 인터넷 이용자 중 인터넷뱅킹을 이용하는 비율은 2020년 기준으로 76.5%인데, 60대는 50.5%, 70대는 16.2%로 나타났다.

이와 같이 고연령일수록 인터넷뱅킹을 적게 이용하고 있는데, 오프라인 거래를 함으로써 스마트폰 뱅킹에 비해 비싼 수수료를 내거나 예금에 대해 금리상 우대를 받지 못할 수도 있다. 그러나 스마트폰 뱅킹을 할 수 있다면 시간과 비용을 절약하거나 금리상 우대도 받을 수 있을 것이다.

디지털 세상에서 인터넷이나 스마트폰을 잘 못하는 고령자들은 사실상 오늘도 '노인세稅'를 내고 산다. 인터넷 쇼핑몰에서 최저가를 검색하면 마트나 가게보다 물건을 싸게 살 수 있다. 주민센터를 가지 않고 인터넷에서 온라인으로 민원서류를 발급받으면 무료이거나 비용이 저렴하다.[7]

공급자 입장에서는 건물 임대료나 인건비를 아낄 수 있기 때문이다. 코로나19는 디지털 세상을 더욱 가속화시키고 있다. 따라서 고령자들도 인터넷이나 스마트폰을 사용할 수 있는 디지털 능력, 스마트 능력을 향상시켜야 한다.

새로운 시대에 맞는 스마트 능력의 향상

최저임금이 오르고 코로나19가 확산되면서 오프라인 매장에 종업원 대신에 무인기기를 도입하는 사례가 늘고 있다. 문제는 고령자들이 이에 익숙하지 않아 음식이나 음료를 주문하거나 물품을 계산하는 데 어려움을 겪고 있다. 물론 도입 초기이기 때문에 무인기기 옆에서 종업원이 도와주고는 있지만 계속해서 그러한 도움을 주기는 힘들 것이다.

또한 앞으로 10~20년 이내에 맞이할 자율주행 자동차가 활성화되는 때를 상상해 보자. 기본적으로는 위치 기반 서비스이기 때문에 적어도 자신이 있는 위치를 알려 주기 위해서라도 스마트폰을 활용해야 할 것이다. 만약 이러한 것조차 제대로 이용하지 못한다면 사회적으로 교통약자가 되어 엄청난 불편을 겪을 것이다.

이러한 얘기에 대해 자신들에게 많은 것이 시간이니 시간이 많이 걸려도 좋고 운동 삼아서 오프라인 매장에 가서 쇼핑도 하고 은행 일도 보고 하는 것도 좋다고 말하는 사람들도 있다. 물론 그 얘기가 전적으로 틀린 말은 아니다. 그러나 무더운 여름날이나 아주 추운 겨울날에는 매장 쇼핑이나 은행 방문이 어렵고, 절약한 시간과 비용을 활용하여 다른 방식으로 운동을 하거나 사회적 활동을 하면 훨씬 더 바람직할 것이다.

그렇다면 어떻게 하면 스마트한 능력을 개발하여 유지할 수 있을까? 우선은 그에 대한 관심과 호기심을 높이는 것이 필요하다. 관심과 호기심이 없다면 다음 단계를 진행할 수 없기 때문이다. 또한 간단한 것부터 직접 체험해 보면 사용이 그다지 어렵지 않고 편리한 것이라는 것을 알게 된다.

스마트폰을 통해 제공되는 서비스는 대개 유형별로 기본원리가 유사하므로 먼저 간단한 서비스를 이용해 보고 자신감과 편리성을 확인한 후 새롭고 더 복잡한 서비스에 도전하면 된다. 그러나 스미싱과 같은 사기 활동의 피해자가 될 가능성이 있으므로 이에 대처하는 능력을 갖추는 것이 필요하다.

만약 컴퓨터나 스마트폰의 이용 방법에 대해 혼자 습득하기 어렵다면 거주지역의 시·군·구청에서 개설하는 정보화 교육, 사회종합복지관에서 개설하는 정보화 교육을 무료로 또는 저렴하게 활용할 수 있다.

지난 역사에서 볼 수 있듯이, 신기술은 새로운 시대를 열어가는 힘이다. 따라서 4차 산업혁명 시대를 살아가기 위해서 우리 생활을 편리하게 만드는 기술을 슬기롭게 활용하는 능력을 갖추는 것이 반드시 필요하다.

건강한 노후와
웰다잉 준비

10

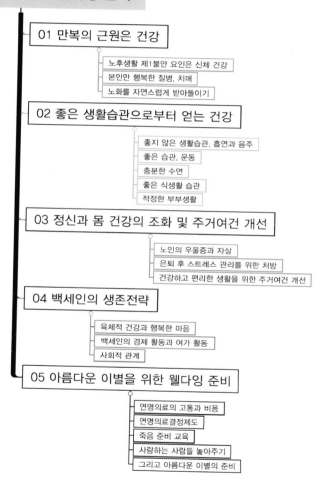

제10장 건강한 노후와 웰다잉 준비

01 만복의 근원은 건강

노후생활 제1불안 요인은 신체 건강
본인만 행복한 질병, 치매
노화를 자연스럽게 받아들이기

02 좋은 생활습관으로부터 얻는 건강

좋지 않은 생활습관, 흡연과 음주
좋은 습관, 운동
충분한 수면
좋은 식생활 습관
적정한 부부생활

03 정신과 몸 건강의 조화 및 주거여건 개선

노인의 우울증과 자살
은퇴 후 스트레스 관리를 위한 처방
건강하고 편리한 생활을 위한 주거여건 개선

04 백세인의 생존전략

육체적 건강과 행복한 마음
백세인의 경제 활동과 여가 활동
사회적 관계

05 아름다운 이별을 위한 웰다잉 준비

연명의료의 고통과 비용
연명의료결정제도
죽음 준비 교육
사랑하는 사람들 놓아주기
그리고 아름다운 이별의 준비

건강한 노후와 웰다잉 준비

01 만복의 근원은 건강

노후생활 제1불안 요인은 신체 건강

'인생 100세 시대'를 맞이하여 중요한 문제는 얼마나 오래 사느냐 하는 것이 아니라 얼마나 건강하게 보람 있고 행복하게 사느냐 하는 것이다. 즉, 단순한 물리적 시간의 연장이 아니라 삶의 질이 중요하다. 특히 노년기의 건강 문제는 활기찬 생활을 하기 위해 결정적이다. 새로운 일을 하기 위해서도, 경제적 활동에서 은퇴하여 여가활동이나 사회봉사 등 다양한 활동을 하기 위해서도 건강이 유지되어야 한다.

그런데 우리가 백세시대를 살면서 예전에 비해 젊게 산다 하더라도 나이를 먹어 감에 따라 우리의 몸은 늙어 갈 수밖에 없다. 결국 이렇게 늙어 가는 몸을 가능한 한 어떻게 건강하게 유지할 수 있는가가 중요한 문제이다. 그러므로 정기적으로 자신의 신체와 정신의 상태를 정확히 점검하고 건강하고 오래 살 수 있는 방법을 찾아야 한다.

실제로 국민들을 대상으로 설문조사를 한 결과[1]에 따르면 노후생활에서 가장 불안하게 생각되는 요소로는 신체적 건강6.47점이 가장 높은 점수를 보였다.[2] 이는 신체적 건강이 좋지 않으면 삶의 질이 낮아질 뿐만 아니라 많은 경제적 부담이 발생하기 때문이다.

그림 10-1 **노후생활 불안 요소**

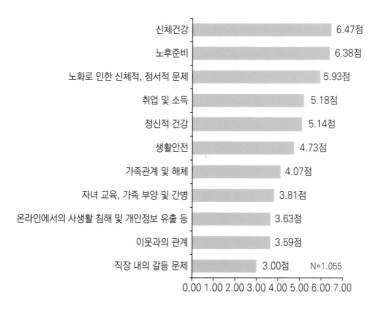

자료: 채수미, 노년기의 사회·심리적 불안과 정신건강, 보건복지포럼, 2016. 9.

2008~2015년 한국의료패널조사자료를 분석한 최근의 한 연구[3]에 따르면, 직전 최소 2년간 입원 경험이 없는 40~55세 중장년에게 갑자기 3일 이상 입원하는 '건강 충격'이 발생하면 연간 의료비는 3년 이내에 정상적 상황으로 돌아왔다. 그러나 건강 충격이 발생한 해의 전일제 근로 확률은 비교집단보다 11%, 그 이듬해에는 14% 각각 감소했고, 근로소득은 비교집단에 비해 건강 충격이 발생한 해에는 23.6%, 2년째에는 42.4% 각각 감소한 것으로 나타났다.

금액으로 보면 건강 충격이 발생한 해의 의료비 증가는 88만 원 수준이지만, 근로소득의 감소는 600만 원에 달한 것으로 나타났다. 즉, 건강상실로 인한 부담이 의료비 지출보다 근로소득의 감소로 나타났음을 알 수 있다. 물론 은퇴자에게는 입원으로 인해 소득을 벌어들일 기회가 상실될 위험은 없겠지만, 은퇴시기가 늦어지는 현실을 고려할 때는 은퇴 이전부터 건강상실로 인한 소득감소의 위험이 큼을 알 수 있다.

본인만 행복한 질병, 치매

2104년 개봉된 강제규 감독의 '장수상회'는 치매가 어떤 상황인지를 가장 극적으로 보여 주는 영화이다. 장수마트에서 일하는 모범직원인 노신사 성칠박근형역은 집 앞에 이사 온 미모의 여사 금님윤여정 역에게 떨리는 마음을 느끼고 데이트를 신청하게 된다.

그러나 결국 성칠이 치매로 인해 결혼한 사실은 물론 아내와 아들을 포함한 모든 과거를 까맣게 잊어버렸다는 사실이 밝혀진다. 이 영화는 치매에 걸린 성칠이 아들 장수가 주인으로 있는 장수마트에서 일하면서 아내인 금님을 다시 만나 자신을 처음 만났을 때처럼 소개하면서 사랑을 시작한다는 가슴 뭉클한 영화이다.

▶ 장수상회(2015년)

건강보험심사평가원이 75세 이상 후기 노인 입원진료비의 주요 증가 요인이 되는 환자 수의 증가가 큰 질병을 살펴본 결과, '증상성을 포함하는 기질성 정신장애', '인플루엔자 및 폐렴', '수정체의 장애' 순으로 나타났다. '증상성을 포함하는 기질성 정신장애'가 치매 관련 질병인 점을 고려할 때 치매가 노년기의 가장 위험한 질병임을 알 수 있다.[4]

노년기에 가장 염려되는 질병인 치매는 비용 측면에서도 금액의 증가가 가장 큰데, 보건복지부와 중앙치매센터의 자료에 따르면 2018년에 국가 전체적으로 치매환자를 관리하는 데 총 15조 3천억 원GDP의 0.8%를 부담했으며, 치매환자 1인당 연간 관리비는 약 2,042만 원으로 추정되었다. 이와 같이 치매는 고령자의 건강뿐만 아니라 가족, 나아가 사회와 국가에 가장 큰 위협으로 다가오고 있다. 본인이나 자신의 가족이 치매에 걸릴 수 있으며, 그 고통은 전 가족이 공유하게 된다.

치매가 가지는 문제로서는 첫째, 예방과 조기 치료가 중요한 질병이지만, 치매에 대해 언급하기를 꺼리며, 본인도 가족도 '그럴 리 없다'라며 부정하는 사이에 증상이 악화된다는 것이다. 치매 발생 원인은 다양하지만 알츠하이머성,

표 10-1 **2010년 대비 2016년 후기노인 입원 환자 수 및 진료비 증가 현황(상위 10순위 질병군)**

(단위: 명, 억 원)

순위	항목명[1]	증가인원	항목명	증가금액
1	증상성을 포함하는 기질성 정신장애[2]	60,903	증상성을 포함하는 기질성 정신장애	9,060
2	인플루엔자 및 폐렴	42,539	뇌혈관질환	4,437
3	수정체의 장애	27,014	추체외로 및 운동 장애	1,969
4	뇌혈관질환	23,074	뇌성마비 및 기타 마비 증후군	1,923
5	관절증	22,750	소화기관의 악성신생물	1,750
6	기타 연조직 장애	20,084	인플루엔자 및 폐렴	1,728
7	기타 등병증[3]	19,991	고관절 및 대퇴의 손상	1,189
8	장 감염 질환[4]	19,242	기타 형태의 심장병	1,138
9	기타 형태의 심장병	18,479	관절증	1,093
10	복부, 아래등(lower back), 요추 및 골반의 손상	16,162	신부전	1,083

주: 1) 한국표준질병·사인분류의 질병 중분류를 기준으로 함
2) 알츠하이머 치매, 혈관성 치매 등 치매 관련 질병을 포함하는 질병분류를 의미함
3) 달리 분류되지 않는 등 또는 척추관련 질병분류를 의미함
4) 콜레라, 식중독과 같은 바이러스, 세균 등에 의한 장 감염 관련 질병분류를 의미함
자료: 김정하, 전기·후기노인의 진료비 지출경향 분석(2010년~2016년), 건강보험심사평가원, 「정책동향」, 제12권 제2호, 2018. 일부 내용 수정

혈관성, 알코올성, 뇌 충격에 의한 외상성 치매 등으로 구분할 수 있다.

혈관성 치매의 경우는 조기 발견만 된다면 완치가 가능하다. 한국인들에게는 혈관성 치매가 20% 정도인데, 10명 중 2명은 완치를 기대할 수 있다. 현재 80대 이상 고령자 중에서 3명 중 1명은 치매환자이고, 치매환자 3명 중 1명은 안타깝게도 현재까지는 치료가 어려운 알츠하이머성 치매이다.

그런데 치매에 대한 부정확한 정보로 인해 치매를 노화에 따른 자연스런 불치병으로 여기고 진료나 치료 자체를 무용한 것으로 여기는 사례가 많다. 이로 인해 치매진단율도 60% 정도이다.

그림 10-2 **치매사망률 추이(2009~2019년)**

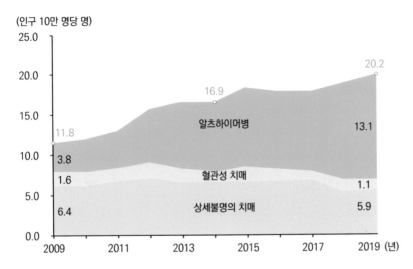

(인구 10만 명당 명)

자료: 통계청, 2019년 사망원인 통계, 2020. 9.

둘째로, 치매가 발생하면 재산을 놓고 법적인 문제가 발생하기도 한다. 치매로 인해 사리 분별이 흐려진 당사자 주위에는 좋지 않은 의도로 접근하는 사람들이 생긴다. 타인뿐만 아니라 가족들도 마찬가지이다. 홀로 사는 부유한 고령자의 경우 갑자기 혼인신고를 하는 경우가 발생하는데, 대상자가 간병인이나 가사도우미가 많다고 한다. 이들은 치매 고령자와 가족 간 사이가 소원해진 틈을 타기도 한다. 그리고 가족들 간에도 치매 고령자의 재산을 두고 다투는 경우가 발생하고 있다.

셋째로, 치매로 인한 사망률이 급증한다. 2019년 치매사망률은 20.2%로서 2009년 11.8%에 비해 10년 사이에 두 배 가까이 증가하였다. 2019년 치매사망률은 남자가 12.2%이고 여자가 28.2%로 여자가 남자보다 2.3배 높았다.

넷째로, 치매 당사자보다 부양자를 더 힘들게 한다. 오죽하면 치매를 가리켜, '본인은 행복하지만, 가족이 불행한 질병'이라고 하겠는가? 2017년 말에 개봉하여 순식간에 천만 관객을 돌파한 영화 '신과 함께'에도 농아에 치매를 앓고 있는 어머니를 부양하는 형제의 이야기가 등장한다.

중국에서는 치매 걸린 80대 노모를 모시고 강의를 진행하는 교수의 사연이 소개되어 화제를 모으기도 했다.[5] 환갑이 가까운 58세의 경제학 교수가 수업 때마다 치매에 걸린 80대 노모를 강의실 뒤편에 모신 채 수업을 하는데 음료수와 세제를 구분하지 못할 정도로 중증 치매에 걸린 어머니를 돌봐 줄 사람이 없기 때문이라는 것이다.

치매와 함께 우울증도 노년기에는 주의를 기울여 살펴보아야 한다. 노년기에는 부부간 이혼이나 사별, 가족 또는 친구의 죽음과 큰 충격은 물론 건강악화, 빈곤 등 여러 이유에서 우울증을 경험하게 된다. 이러한 증세를 조기에 발견하여 대처하지 않으면 더 큰 문제를 야기할 수 있으므로 주변의 세심한 관찰이 필요하다. 노년기에 우울증이 발생하더라도 본인이 이를 숨기는 경향이 있어 가족의 관심이 부족하면 조기 발견이 어렵다.

노후생활을 가장 불안하게 하는 요소인 건강 관련 위험은 신체적 측면만이 아니라 정신적 측면까지 균형 있게 살펴서, 철저하게 대비하는 것이 필요하다.

최근 미국의 CNN 의학전문기자이자 신경외과 의사인 산제이 굽타Sanjay Gupta 박사는 「킵 샤프Keep Sharp: 늙지 않는 뇌」에서 건강하고 예리한 두뇌를 만드는 방법을 제시하고 있다. 그는 "뇌 구조를 마치 근육 단련하듯이 강화시키고 세밀하게 조정할 수 있다"고 하면서 총명한 정신을 유지하기 위한 비결로 다음의 다섯가지를 제안한다.

① 많이 움직이고 규칙적인 체력단련을 지속한다. ② 외국어, 글쓰기, 악기 등 새로운 것을 배운다. ③ 잘 쉰 뇌가 건강하므로 적절한 수면과 휴식을 취한다. ④ 신선한 채소, 생선, 견과류 등으로 뇌에 영양을 공급한다. ⑤ 친척, 친구, 이웃 등과 사회적 교류를 활발히 한다. 이러한 뇌 건강법을 실천하여 습관으로 만들면 뇌의 노화를 늦추고 평생 건강한 뇌를 유지하며, 치매를 예방하고 극복할 수 있다.[6]

치매완화 치유를 위한 로봇의 등장

치매완화를 위한 요양 시설뿐 아니라 치매를 예방하는 의료기구를 만드는 산업도 발전하고 있다. 치유 로봇이란 것이 있는데 아기 바다표범 모양을 한 '파로'가 그 사례이다. 고령자들은 예전에 아들딸을 키우던 기억을 떠올리면서 뇌에 자극을 준다고 한다.

길이 55cm, 무게 2.5kg인 파로는 온몸이 흰 털로 덮여 있는데, 머리, 앞발, 뒷발, 눈꺼풀 등의 신체 기관을 사람이 건드리면 센서에 의해 반응한다. 일본의 산업기술총합연구소가 개발했고, 세계 최초의 치유 로봇으로 2002년에 기네스북에 올랐다.

섬나라 일본에서 바다표범을 캐릭터로 만들었다면, 한국에서는 어떤 동물로 만드는 것이 좋을까?

노화를 자연스럽게 받아들이기

인생 백세시대가 되면서 나타난 현상 중의 하나는 노화를 극복하고 젊게 보여야 한다는 것이다. 이를 위해 노화방지 또는 항노화anti-aging라는 이름하에 의료, 식품, 뷰티, 패션 등 다양한 분야에서 상업화가 시도되고 있다. 이는 최근 들어 사회경제적 환경 변화로 노화 또는 고령화의 사회적 가치가 과거에 비해 떨어졌기 때문으로 보인다.

우선 나이가 들어 보이면 능력이 떨어진다고 생각되어 직장을 그만두어야 하는 것 아닌가 하는 보이지 않는 압력으로 작용할 수 있다. 과거에는 노인의 경험과 지식이 문제를 해결하는 데 유용했으나 이제는 필요 없는 경험이거나 낡은 지식이 되는 경우가 많아졌다. 나아가 각종 미디어의 영향으로 내면의 아름다움보다 겉으로 보이는 모습을 더 중시하게 되었다.

동기야 어떻든 젊게 보이려는 노력이 제대로 효과를 보아 좋은 결실을 얻으면 다행이다. 그러나 많은 경우 아직까지는 이러한 노력이 비용 대비 좋은 효과를 거두지 못하는 경우가 많다. 가장 대표적인 것이 염색이다. 염색약이 좋아져 신체에 미치는 부작용이 많이 줄어들었고 염색 과정도 편해졌다고 하나 피부염, 탈모, 시력 저하 등 여전히 부작용이 생길 수 있고 번거롭다.

그리고 얼굴의 주름을 펴기 위해 하는 보톡스 시술도 효과가 지속되는 기간이 6개월 남짓해서 지속성이 떨어지는 데다 다양한 부작용이 나타날 수 있어 여전히 주의해야 한다. 이렇게 신체적인 것 외에도 영포티young forties 사조의 영향으로 자신의 나이에 비해 젊은 세대의 패션을 따르는 경우도 있다. 어쨌든 젊게 보이려는 많은 시도들이 장단점을 갖고 있기 때문에 그러한 시도들을 일률적으로 따라야 하는지 여부를 논하는 것은 불필요하다.

오히려 나이를 들면서 조금씩 늘어가는 흰 머리카락이나 주름을 자연스럽게 받아들이면서 그에 들이는 노력을 다른 데 집중하여 진정으로 노화를 극복하는 흐름이 나타나고 있다. 그래서 TV 등을 보면 사회적 유명인사들 중에서도 은발을 그대로 유지하고 활동하는 모습을 과거에 비해 자주 볼 수 있다. 나아가 수동적으로 노인 패션을 수용하기보다는 자신을 적극적으로 표현할 수 있는 패션을 선호하고 있다.

노화를 두고서 대응하는 방법은 다양하다. 중요한 것은 생물학적 노화를 늦출 수 있는 방법은 아직까지 실험단계에 있으므로 약물이나 시술 등에 의존하는 것은 신중할 필요가 있다는 점이다. 여기에는 부작용이 수반되는 것은 물론 경우에 따라서는 많은 비용이 지속적으로 소요되기 때문이다.

따라서 겉으로 보이는 노화를 걱정하기보다 우선 건강수명을 늘릴 수 있는 노력을 기울이면서 의학적으로 제대로 검증된 방법으로 신체상의 취약점을 극복하는 것이 바람직하다. 그리고 노화가 신체적 현상일 뿐만 아니라 정신적 현상인 점도 고려하여 다양한 지적활동으로 노화를 극복하는 노력도 기울일 필요가 있다. 백세청년을 목표로 하기보다 건강하고 멋있게 늙어 갈 수 있도록 노력하면서 노화를 자연스럽게 받아들여야 할 것이다.

⑫ 좋은 생활습관으로부터 얻는 건강

좋지 않은 생활습관, 흡연과 음주

40세를 지나면서 대부분의 사람들은 자신의 몸이 예전 같지 않다고 말한다. 이렇게 되는 것은 노화가 시작되어 몸의 상태가 조금씩 약해지기 때문이다. 사실 노화는 사람마다 차이가 있고 신체 부위마다 차이가 있다. 그런데 노화는 우리가 생각하는 것보다 훨씬 빠르게 30대 이전부터 시작된다. 그리고 노년기의 건강은 대개의 경우 젊은 시절부터 쌓아 온 생활습관의 결과이므로 젊은 시절부터 급속한 노화를 막기 위한 노력을 기울여야 한다.[7]

이러한 점을 고려할 때 건강관리는 건강한 젊은 시절부터 시작해야 한다. 특히 좋은 생활습관을 유지하는 것이 노년기의 만성질환에서 벗어나기 위해서 절대적으로 중요하다.

젊은 시절부터 가져야 할 좋은 생활습관 중 특별히 어려운 것은 없다. 처음부터 좋은 습관을 잘 들이면 되고, 나쁜 습관이 있으면 하나씩 고쳐나가면 쉽게 좋은 습관을 들일 수 있다. 문제는 대부분의 사람들이 아직까지는 아무런 문제가 없고 몸에 익숙하고 편안하다는 이유로 잘못된 습관을 지속시키는 데 있다. 가장 대표적인 것이 흡연과 음주일 것이다.

담배는 만병의 근원으로 건강에 절대적으로 해롭다는 것은 모두 알고 있다. 흡연은 폐에만 나쁜 영향을 미치는 것이 아니라 피부 및 세포의 노화를 촉진한다. 또한 심장혈관계를 손상시켜 고혈압이나 동맥이 막히는 원인이 되며, 위에도 악영향을 미쳐 위궤양은 물론 암을 유발시키기도 한다고 알려져 있다.

그 외에도 흡연의 부작용은 셀 수 없이 많이 연구되어 있다. 그래서 100세인 중에는 평생 담배를 피우지 않았다는 비율이 79%나 된다.[8]

> "흡연으로 매일 미국인 평균 1,200명이 사망합니다.
> 담배는 폐암·구강암 등을 일으키며 출산 저하도 유발합니다.
> 안전한 담배란 없습니다."
> 자료: 중앙일보, 美 담배업체들의 "안전한 담배는 없다" 해악광고, 2017. 11. 28.

그럼에도 불구하고 금연을 쉽게 하지 못하는 것은 니코틴 중독에 의한 금단현상을 쉽게 이겨 내기 어렵기 때문이다. 따라서 금연을 개인의 의지로만 하려고 하지 말고 보건소나 병원을 방문하여 의사의 전문적 지도하에 시도하는 것이 좋다. 그리고 평상시에 자주 숨이 가쁠 정도의 운동을 자주 하면 흡연으로 인해 호흡에 얼마나 지장이 생기는지도 직접 경험하면서 훨씬 더 금연 의지가 강해질 것이다.

흡연과 함께 바꾸어야 할 습관 중 하나는 음주이다. 우리나라에서 사회활동을 하는 데는 대개 음주가 개입되는 경우가 많으며 요즘에는 '혼술'을 즐기는 경우도 많아졌다. 문제는 음주가 과도하다는 데 있는데, 적당한 음주조차도 건강에 도움이 되는지에 대해서는 의견이 일치되지 않는다.

그리고 과도한 음주는 뇌에는 알콜성 치매 등의 질환을 유발하고, 심장근육을 손상시켜 심부전이나 부정맥으로 이어질 위험을 야기한다. 또한, 간에 무리를 주어 지방간으로 이어질 수 있으며, 콩팥, 이자胰子, 성기 등에도 심각한 해를 끼칠 수 있다. 따라서 술만 끊어도 노년에 치매, 뇌졸중 등에 걸릴 확률은 뚝 떨어진다고 한다. 세계보건기구는 2018년에 낸 보고서에서 "알코올 남용이 결핵, 에이즈, 폐렴 등 질환에 대한 면역력을 떨어뜨린다"며 술의 악영향을 지적했다.9

음주 습관을 바꾸기 위해서는 금연과 마찬가지로 개인적 노력과 함께 사회적 문화를 같이 바꾸는 노력을 기울일 필요가 있다. 먼저 자신이 속하여 교류하는 집단의 사람들과 금주 내지는 절주하는 문화를 형성하는 것도 한 방법이다. 이와 함께 공개적으로 금주 선언을 하고 주변에 금주할 수 있게 도와 달라고 도움을 청하는 것도 필요하다. 만약 알코올에 대한 의존성이 조금이라도 있다면 의사와 상담하며 점진적으로 의존성을 낮출 수 있도록 해야 한다.

좋은 습관, 운동

금연과 금주 또는 절주와 함께 습관을 들여야 할 것이 운동이다. 운동을 하게 되면 근육이 단련될 뿐만 아니라, 신체 전체의 노화속도가 늦어진다. 즉, 심장혈관계, 면역계, 근골격계, 정서안정부터 세포 하나하나에 이르기까지 효과가 있다. 또한 운동은 정신건강 상태를 바람직한 수준으로 유지하는 데도 도움이 된다.

미국의 예일대학교와 영국의 옥스퍼드대학교의 연구팀은 운동을 하지 않는 사람이 1년에 기분을 좋지 않게 느끼는 날이 35일인 데 반해, 운동을 하면 절반 수준으로 준 18일만 기분을 좋지 않게 느꼈다는 결과를 발표했다.[10] 이렇게 좋은 효과를 주는 데도 불구하고 많은 사람들이 운동을 지속적으로 하는 습관을 들이는 데 실패하는 이유는 시간을 내기 어렵고 재미가 없다는 것이다.

운동이 이렇게 좋은 효과를 준다 하여 무조건 운동을 시작하기보다는 먼저 운동 클리닉에 진단을 받는 것이 좋을 것이다. 운동 클리닉에서는 과학적이고 체계적으로 운동능력을 평가하여 각 개인의 능력에 맞는 운동처방을 내려주고 있다. 이러한 처방에 따라 서서히 운동량을 체계적으로 늘려가는 것이 좋다.

일반적으로 노화에 대비하여 시작하는 운동은 무엇보다도 신체에 무리를 주지 않으면서 재미있게 꾸준히 할 수 있는 것이 좋다. 예를 들어 걷기, 등산, 조깅, 수영 등이 각자의 신체 상태에 맞추어 꾸준히 할 수 있는 운동이다. 이런 기초적인 운동 외에도 어느 정도 체력이 붙으면 단체운동도 시작하면 좋다. 특히 동호회 활동을 하게 되면 회원들과 어울려 더 재미있게 할 수도 있고 새로운 사회적 관계도 확장할 수 있다.

노년이 될수록 유산소 운동과 근육 운동을 적절히 병행할 필요가 있는데, 유산소 운동은 심장, 동맥, 폐를 단련시켜 동맥과 면역계의 노화를 지연시키고 근육 운동은 자세를 바로 잡을 뿐만 아니라 골절이나 낙상을 예방할 수 있게 해준다.

걷기 운동은 신체에 무리를 적게 주면서도 운동효과가 좋으므로 나이가 들더라도 계속할 수 있는 유산소 운동이다. 걷기운동을 하면 기억력을 덜 떨어지게 하기 때문에[11] 치매예방 차원에서도 적극 권장된다. 다만 걷기라 하여 천천히 아무렇게나 걷기보다는 자세를 바르게 하고 양팔은 힘차게 휘두르며 보폭을 평시보다 10센티미터 이상 조금 더 넓게 하며 걸으면 운동효과가 더 좋다.

근력을 높이거나 뼈를 강하게 하는 효과를 얻기 위해서는 웨이트 트레이닝, 스트레칭 체조, 요가 등을 권장한다. 웨이트 트레이닝은 기구를 사용하므로 스포츠센터에 가야 하나, 스트레칭 체조, 요가나 필라테스 등은 기본동작을 익히면 집에서도 할 수 있고, 온라인 강좌를 들으면서 할 수도 있다. 어느 경우든 기본동작을 익힐 때까지는 제대로 된 코칭을 받는 것이 필요하며, 그 이후에는 자신이 어느 수준으로까지 운동을 할 것인지를 고려하여 코칭 여부를 결정하면 된다.

중요한 것은 이러한 운동을 일상생활 속에서 실천하는 것이다. 가능하면 승용차의 이용을 줄이면서 걷고, 가정 내에서 아령, 실내 자전거, 런닝머신 등을 이용하여 운동을 할 수 있다. 그리고 엘리베이터나 에스컬레이터를 이용하는 대신에 계단을 이용함으로써 시간을 크게 들이지 않고 운동량을 유지할 수도 있다.

실제로 세계에서 장수지역으로 유명하여 블루존Blue Zone[12]으로 꼽히는 이탈리아의 사르디니아Sardinia, 일본의 오키나와沖繩県, 코스타리카의 니코야Nicoya, 미국 캘리포니아주의 로마 린다Loma Linda, 그리스의 이카리아Ikaria에 사는 장수인들을 조사해 보니, 그들은 기구를 이용한 근육운동이나 마라톤 또는 헬스장을 다니기보다는 일상에서 자연스러운 활동만으로도 건강을 유지하는 것으로 나타났다.

즉, 블루존 연구자들은 규칙적이며 자연스러운 움직임이 수명을 늘리는 가장 효과적인 방법들 중의 하나이며 세계의 최장수자들의 공통적 습관이라고 결론을 내렸다.[13] 물론 이렇게 간단하고 자연스러운 일상적 활동만으로 우리에게 필요한 운동이 해결되는 것은 아니다. 우리는 대부분의 경우 블루존의 장수인들과는 달리 많은 경우 앉아서 일을 해 왔고 그들과는 생활습관이 크게 다르기 때문이다.

그러므로 우리는 자신의 생활환경에 맞게 적절한 운동을 할 필요가 있다. 먼저 체력을 증강시키기 위해서는 운동을 해야 하는데, 처음에는 강도가 약한 운동부터 시작하여 점차로 운동강도를 높여 가는 방식으로 하는 것이 좋다.

그런데 운동을 지나치게 할 경우 활성화 산소가 발생하여 세포, 특히 DNA에 손상을 미칠 수 있다고 한다. 따라서 지나친 운동을 피하는 것이 좋으며, 운동을 하기 전에 비타민 C와 E를 섭취하여 노화를 예방하는 것이 필요하다.[14] 체력을 증진시키는 운동과 아울러 근육의 강화와 유연성을 높이는 운동을 함께 하는 것도 중요하다.

그런데 노인이라 하여 가벼운 운동만 하는 것은 옛날 얘기가 되어 가고 있다. 우리나라보다 고령화가 먼저 진행된 일본의 경우 과거에 노인들이 즐기던 게이트볼 인구가 1/6로 줄어든 반면에 최근에는 인공암벽 등반, 철인 3종경기와 같은 격렬한 운동을 즐기는 사례가 늘고 있다고 한다.

이는 일본 스포츠청 조사 결과가 보여 주듯이 65살 이상 노인의 체력이 지난 20년간 계속 향상됐고, 특히 70살 이상 노인의 체력도 기존에 비해 5살 이상 젊어졌기 때문이다. 또한 75세 이상 일본 여성의 체력도 역대 최고 수준으로 조사됐는데, 예를 들어 한 발로 서서 버티는 시간은 평균 58초로 19년 전보다 57% 향상된 것으로 나타났다.[15]

한편 운동하는 방법의 차이가 신체기능 나이에 영향을 주는 것으로 나타났다. 한국 노인이 일본 노인보다 평소 운동량이 더 많지만 신체기능 나이는 3.7세 더 노쇠한 것으로 나타났다. 등산, 자전거 타기 등의 유산소 운동을 즐기는 우리나라 노인들과 달리 일본 노인들은 주로 근력운동을 주로 하는 것이 신체기능 나이 차에 영향을 주었다는 분석이다.[16]

또한 1주일에 30~60분 정도의 운동을 3~5회 하는 것이 정신 건강에 좋으며, 하루에 3시간을 초과하는 운동을 하게 되면 전혀 하지 않은 사람에 비해 정신적으로는 더 좋지 않다는 연구 결과도 있다.[17] 따라서 무리하지 않게 고강도 운동과 저강도 운동을 조화시키면서 적정한 시간 동안 꾸준히 하는 것이 바람직하다.

충분한 수면

매일 적절하게 운동을 하면 신체건강을 유지시키면서 숙면에도 도움이 된다. 나이가 들면서 많은 사람들은 수면의 질이 나빠졌다고 호소한다. 수면시간이 짧아지고, 자다가 자주 깬다. 그래서 잠을 한 번 제대로 자 보았으면 하고 바라는 사람도 있다.

물론 사람마다 차이는 있겠지만, 숙면을 취하려면 대체로 오후 10시에서 오전 2시에는 반드시 수면을 취하는 것이 좋다. 잠은 인간에게 오랜 인류역사 속에서 축적해 온 패턴이기 때문이다. 따라서 생활의 리듬을 수면에 맞추어 바꾸고 밤 8시 이후에는 수면에 방해가 되는 격렬한 운동, 카페인이 든 음료섭취 등은 가급적 삼가도록 한다.

그러면 잠을 얼마나 자면 좋을까? 충분한 수면을 취해야 하지만 9시간을 넘기면 부정적 효과가 생길 수 있으므로 지나치게 많이 자는 것은 바람직하지 않다. 경희대병원 가정의학과 연구팀이 한국인 유전체 역학조사 사업에 참여한 40~69세 2,470명을 대상으로 2003년부터 2014년까지 2년 단위로 정기적인 추적조사를 한 결과, "5~7시간의 수면시간을 기준으로 수면 과잉과 불규칙 수면이 관상동맥질환, 뇌혈관질환 발생의 위험 요인이며 이들 심뇌혈관질환의 예방을 위해 적절한 수면 습관의 유지가 필요하다"[18]는 결론을 얻었다. 효과적인 숙면을 취하는 방법으로 햇볕 쬐며 산책하기, 적정한 운동, 일찍 저녁먹기, 수면 시 빛 차단하기 등 여러 가지가 권장되는데, 자신에 맞는 것을 찾아서 꾸준히 실천하는 것이 중요하다.

좋은 식생활 습관

식생활도 좋은 생활습관 유지가 필요한 분야 중 하나이다. 그런데 식생활 습관은 오랜 기간에 걸쳐 형성되고 기호도 작용하는 편이라 쉽게 바꾸기 어렵다. 그러나 무엇을 먹는가에 따라서 동맥질환, 암, 당뇨병 등과 같은 질병의 발병률에 차이가 생길 수 있음을 안다면 식생활습관을 바꾸지 않을 수 없을 것이다.

일반적으로 섬유질과 영양소를 충분히 섭취하고, 생선을 많이 먹으면서, 고기나 칼로리와 지방을 최소화할 경우 동맥질환을 예방하는 데 도움이 된다. 특히 섬유질의 섭취를 위해서는 제철에 나는 채소와 과일을 먹는 것이 건강에 도움이 된다. 녹황색 채소와 과일에는 베타카로틴과 비타민이 다량 함유되어 있어 류머티즘 관절염에 좋기 때문이다.

또한 절제된 식사를 하는 것은 장수에 도움이 되는 것으로 조사되었다. 우리 나라에서 100세 이상 노인이 꼽은 가장 큰 장수 비결은 절제된 식습관39.4%이었 고, 규칙적인 생활18.8%, 낙천적인 성격14.4%, 유전적 요인14.2%이 뒤를 이었다.[19]

간혹 다이어트를 위해 식사를 줄이거나 또는 바쁜 생활 속에서 식사가 불규 칙해지는 경우가 많은데, 이럴 경우 세포들은 학습효과를 통해 공복기를 대비하 여 더 많은 영양을 간직하려고 함으로써 비만으로 발전하게 된다. 따라서 적절한 양의 식사를 규칙적으로 하는 것이 비만을 예방하고 건강한 삶을 살기 위한 방법 이다. 특히 육식보다는 채식의 비중을 높인 식생활이 중요한데, 실제로 100세인 들이 가장 좋아하는 식품군은 채소류로 53.6%를 차지하였다.[20]

그런데 절제된 식사를 하는 것과 함께 중요한 것은 식사의 내용이다. 우리 나라 사람들은 소금, 설탕, 화학조미료 등을 권장량보다 많이 섭취하는데, 이러 한 식습관이 장기간 유지되면 고혈압과 당뇨 등 각종 성인병의 발병률을 높이 므로 유의해야 한다. 따라서 짠 음식, 단 음식, 인스턴트식품 등을 피해야 할 것이다.

좋은 식생활 습관은 비만을 줄이기 위해서도 필요하다. 비만해질 경우 동 맥경화 등이 문제가 된다. 노년기에 특히 유의해야 하는 것이 내장 계통의 질병 인데, 이는 내장이 오랜 세월에 걸쳐 점진적으로 노화할 뿐만 아니라 내장 계통 이 비만하게 되면 질병이 유발되기 때문이다.

따라서 이를 막기 위해서는 절식을 통해 과다한 영양섭취를 피하는 것이 중요하다. 절식은 단지 비만을 막기 위해서뿐만 아니라 활성화 산소 발생을 억 제하기 위해서도 필요하다. 식사를 하여 섭취한 음식물은 반드시 소화가 되어 에너지로 바꾸기 위한 과정을 거쳐야 하는데, 이 과정에서 활성화 산소가 발생하여 노화를 촉진하기 때문이다. 절식은 콜레스테롤을 유발할 수 있는 지방과 탄수화물의 섭취를 줄이고 대신에 단백질을 함유한 식품과 야채 또는 과일의 섭취를 늘이는 방식으로 전체 열량을 줄이면 좋을 것이다.

좋은 식습관을 유지했는데도 건강유지 및 노화방지에 필수적인 비타민이나 미네랄이 부족할 수 있다. 음식물의 운송, 저장, 세척, 조리 시 식재료의 영양소가 상실될 가능성이 있기 때문이다. 특히 일부 영양소는 음식만으로는 섭취되지 않는다.

예를 들어 노화를 예방하기 위해서는 특히 비타민C와 비타민E의 섭취가 권장된다. 비타민C는 항산화 작용을 하여, 동맥노화 방지뿐만 아니라 암 예방에도 결정적 역할을 하는 것으로 알려져 있다. 또한 비타민E도 항산화 작용을 통해 심장혈관계를 건강하게 유지할 수 있게 할 뿐만 아니라 면역계도 건강하게 유지시켜 암 예방에 효과가 있다. 따라서 비타민C와 비타민E를 같이 복용하면 서로 상승작용을 하여 동맥의 탄력성을 유지시켜 준다.

이외에 비타민A도 필요하나 대개는 식사로 필요량이 충족된다. 만약 추가로 섭취하려 할 경우 과잉섭취하지 않도록 주의해야 한다. 과잉섭취할 경우 항산화작용을 하는 것과는 정반대로 산화작용을 하여 오히려 노화를 촉진시킨다. 비타민D의 섭취도 필요한데, 이는 비타민D가 칼슘흡수에 꼭 필요하며 뼈를 튼튼하게 하고 관절염을 예방하기 때문이다.[21]

적정한 부부생활

노년에도 적절한 성생활을 하는 것이 필요하다. 물론 노년이 되면 성적 능력이 젊은 시절에 비해 떨어지는 것은 사실이지만, 이성에 대한 관심과 성생활의 즐거움은 크게 변하지 않는다고 한다. 다만 노화로 인해 성욕이 다소 저하하거나 각종 질환으로 성기능이 저하될 우려는 있다.

그렇다 하더라도 노화에 따른 성기능 장애는 각종 치료법의 개발로 치료가 가능해지면서 성생활의 '끝'을 의미하진 않는다. 이러한 기능적인 측면보다 심리적으로 위축되지 않는 것이 더 중요하다.

나이가 들어도 성생활을 적절히 하게 되면 뇌의 노화, 치매, 건망증의 진행을 억제하고 면역력을 강화하여 건강에 도움이 된다. 그리고 노년기의 성은 부부간의 친밀감을 더 높이고, 서로를 배려하면서 정서적 안정을 높일 수 있는 수 있다.

그런데 성적 능력은 운동능력과 관계가 깊으므로 규칙적으로 운동하면 도움이 된다. 만약 개인적으로 성 트러블이 있거나 성적 욕구에도 불구하고 해결하기 쉽지 않을 경우 성교육이나 성상담을 적극적으로 받아 건전한 성생활을 즐길 수 있도록 해야 할 것이다. 그리고 정부도 이러한 수요에 대비하여 보건소, 사회복지관 등을 통해 노인을 위한 성교육 또는 성상담을 제공할 필요가 있다.

03 정신과 몸 건강의 조화 및 주거여건 개선

노인의 우울증과 자살

건강을 얘기할 때 보통은 육체적 측면을 기준으로 하게 되나, 우리의 육체가 정신과 뗄 수 없음을 생각하면 정신이 건강해야 육체도 건강할 수 있음을 쉽게 알 수 있다. 노년기에는 육체가 쇠약해지고 사회적 관계가 약해지면서 정신적으로 쇠퇴할 수 있다.

한국보건사회연구원의 「2017년 노인실태조사」에 따르면 조사 대상 중 21.1%가 우울증 증상을 보였다. 조사 결과 85세 이상 노인의 경우 33.1%는 우울증이 있는 것으로 나타났는데, 이는 65~69세 연령군에 비해 두 배나 높은 것으로 나타났다. 여성이면서 연령이 높은 경우, 배우자 없이 혼자 지내는 등 독거노인의 경우 다른 노인에 비해 상대적으로 우울증에 취약했다.[22]

이러한 우울증은 자살로 이어지는 경향을 보여 주었다. 같은 조사에서 우리나라 노인 중 6.7%가 차라리 삶을 스스로 그만두고 싶다고 생각해 본 적이 있는 것으로 나타났다. 자살을 생각해 본 노인 중 13.2%는 자살시도를 한 것으

로 조사됐다.[23]

한편, 노년이 되어 여러 사정상 혼자 살게 되면 경제적으로나 신체적으로 위축되고 더 나아가 정신적으로도 위축되어 우울증을 앓을 확률이 높아지고, 우울증이 심각해지면 자살을 시도할 수도 있다. 특히 홀로 살면서 남과 교류하지 못한 채 혼자 남겨져 있을 경우 자신에게 생각이 집중되고 자책하면서 자살을 생각하게 된다.

노인들의 자살이 여타 연령대의 자살과 다른 점은 오랜 기간 자살생각이 이어진다는 점이다. 자살생각은 자살실행의 강력한 영향요인으로 간주되고, 자살과정에서의 첫 번째 단계로 과거에 자살생각을 표현했던 사람들이 과거에 자살생각이 없었던 사람과 비교할 경우 나중에 자살로 사망할 가능성이 3배 높다고 한다.[24] 따라서 불가피하게 혼자 살더라도 이웃이나 친구와 교류의 끈을 스스로 놓지 않도록 해야 한다. 가급적 다양한 사회적 관계를 유지하고 필요시 사회적 도움도 요청해야 할 것이다.

은퇴 후 스트레스 관리를 위한 처방

또한 은퇴 후에는 은퇴 전과 다른 방식으로 극심한 스트레스에 시달리게 될 수 있다. 극심한 스트레스에 시달리게 되면 혈압이 높아져 동맥을 노화시킬 뿐만 아니라 체내에 신경전달 물질을 방출시킴으로써, 심장박동 수를 높이고 혈압을 상승시킨다. 또한 스트레스는 면역계통을 신체가 내뿜는 신경 전달물질에 오래 접촉되게 함으로써 노화를 진전시키기도 한다.[25] 따라서 〈표 10-2〉와 같은 처방을 실천하여 은퇴 후 스트레스를 적절히 관리할 수 있다.

표 10-2 은퇴 후 스트레스 관리를 위한 처방

- 평소 일하는 시간과 여가시간을 구분하여 쉴 때는 생각의 전환을 분명히 한다.
- 직장 내에서의 인간관계 외에 다른 분야의 친구와도 자주 만나는 등 관계를 지속시킨다.
- 여가시간에는 혼자 마음 푹 놓고 긴장을 풀 수 있는 시간과 장소를 마련한다.
- 항상 완벽하게 하거나 꼭 성공하지 않으면 안 된다는 강박관념에서 벗어나도록 힘쓴다.
- 평소 장기적인 안목에서 직장생활과 사생활의 계획을 세워 둔다.
- 실직 후에는 지금까지의 일들을 정리하고 새로운 계획을 세우는 재충전의 시간을 보낸다.
- 가족과 서로 이해하도록 노력하고, 가족 구성원의 심정을 헤아리는 여유를 갖는다.
- 전보다 더 규칙적인 생활과 충분한 영양, 운동으로 생활의 리듬을 잃지 않도록 한다.
- 일 때문에 바빠서 평소에 하고 싶었으나 하지 못했던 일들에 관심을 두고 시작해 본다.
- 가족과 사회는 그간의 실직자의 노고를 위로하고 그들이 제2의 삶을 추구하는 데 아낌없이 협조를 지원해야 한다.

자료: 오강섭, "실직·은퇴 스트레스에서 벗어나는 길", 삼성의료원, 「중년 이후의 건강」, 1998년 봄호.

건강하고 편리한 생활을 위한 주거여건 개선

우리가 사는 곳을 선택할 때는 자녀교육, 재산가치, 주변환경 등 다양한 요소들을 고려하게 된다. 그런데 은퇴할 연령이 되면 자녀교육이라는 요소를 제외하고 주변환경이나 사회적 교류와 같은 요소가 중요하게 부각된다. 예를 들어 집 주변에 오염원이 없는지 등을 살피는 것은 물론이고 사회체육시설이나 사회복지관 등도 주거지 결정의 중요한 요소가 될 수 있다.

특히 건강을 위해서는 공기가 맑은 곳을 선택하는데, 이는 노화를 염려하기 이전에 본능적인 선택이다. 그러나 우리나라 도시지역은 대기오염이 매우 심각한 수준에 있음은 잘 알려져 있으며, 최근에는 도시와 농촌을 가리지 않고 전국적으로 대기오염이 심각한 경우가 종종 있다. 도시의 공기는 매일같이 쏟아져 나오는 자동차매연, 공장매연, 난방매연 등으로 오염되어 가고 있다.

그 결과 입자가 작은 미세먼지 형태로 대기가 오염될 때 그 독성은 우리의 건강에 더 심각한 영향을 줄 가능성이 있다. 문제는 미세먼지가 대기오염을 통해서만이 아니라 실내에서 조리하거나 진공청소기로 청소하는 과정에서도 나타난다는 점이다. 특히, 실내라 하더라도 조리 중에 생겨나는 이산화질소를 비롯한 질소산화물들의 피해를 입을 수도 있다.

이렇게 오염된 공기를 마시게 되면 호흡기 계통 등이 다양한 질병에 만성적으로 노출되어 노화가 촉진된다. 따라서 맑은 공기를 마시는 것은 당장의 건강을 지키는 데 도움이 될 뿐만 아니라 노화예방에도 도움이 됨을 알 수 있다.

그런데 건강유지를 위해서는 결국 공기가 맑은 곳에서 사는 것이 중요하나, 농촌에 비해 오염에 더 노출된 도시에 살 수밖에 없다면 가급적 미세먼지가 심한 날은 옥외활동을 자제하거나 적절히 환기를 하며 실내에 공기청정기를 설치하는 등 방법을 찾아야 한다.

또한 병원을 이용하기 편리한 곳에 사는 것도 중요하다. 대도시 지역은 대부분의 지역에 크고 작은 병원이 있어 문제되지 않으나 농촌지역은 물론 중소도시는 응급상황이 발생하면 병원까지의 이동과 치료가 문제될 수 있다.

그런데 초고령의 노인이 되면 심혈관질환이나 뇌혈관질환 등으로 인한 다양한 응급상황이 발생하게 될 수 있으므로 비상의 상황에 대비해야 한다. 특히 고령에 혼자 살게 되면 응급상황에 대비하기 어려우므로 사물인터넷 등 최신

장수를 위한 십계명

1. 긍정적인 마음을 가진다.
2. 목표의식을 가진다.
3. 스트레스를 잘 관리한다.
4. 활발하게 사회활동을 한다.
5. 든든한 사회적 관계를 유지한다.
6. 적정한 운동을 한다.
7. 건강한 식생활 습관을 지킨다.
8. 충분한 수면을 취한다.
9. 금연하고 과도한 음주를 삼간다.
10. 정기적으로 건강검진을 받는다.

기술을 적용하여 응급상황을 주변에서 알고 대응할 수 있도록 대비해야 한다. 그리고 응급상황이 아니더라도 일상적으로 건강을 점검할 수 있도록 집 근처의 병원이나 보건소를 정하여 지속적으로 추적 관찰하는 노력을 기울여야 한다.

이와 함께 실내를 노인의 육체적 환경에 맞게 개조할 필요가 있다. 우선적으로 해야 할 것은 욕실에서 미끄러져 부상을 입지 않도록 하는 것이다. 욕실은 물을 사용하는 곳이므로 물에 미끄러져 부상을 당하는 경우가 빈번히 발생한다.

따라서 욕실 바닥에 미끄럼 방지 매트를 설치한다든지 욕실 벽의 주요 지점에 손잡이를 설치하여 미끄러질 가능성을 최소화해야 한다. 그리고 실내에서 휠체어를 이용하는 경우 문턱 등 장애요소를 없애는 것도 필요하다. 요즘 새로 건축되는 아파트나 주택은 많은 경우 문턱이 없지만 만약 문턱이 있다면 없애는 방안도 고려해야 한다.

04 백세인의 생존전략

우리나라에서 '백세인' 즉 100세가 넘은 인구는 2020년 12월 기준 21,912명이고, 이 중 여성이 16,561명으로 76%를 차지하고 있다. 일본은 2020년 9월 기준 100세 이상 인구가 80,450명이고, 이 중 여성이 70,975명으로 전체의 88%를 차지한다.[26]

우리나라에서 의학기술의 발달, 위생수준의 향상, 건강수준의 증진 등으로 인해 평균수명이 증가함에 따라 현재의 코로나19와 같은 팬데믹 등 변수는 있지만 백세인은 지속적으로 증가할 것으로 보인다.

노화연구 분야의 세계적인 전문가인 박상철 교수는 100세인을 직접 만나 인터뷰를 하면서 사례연구를 하였고, 그 결과를 최근 「당신의 100세, 존엄과 독립을 생각하다」에서 소개하였다.

여기에서는 백세인 연구를 중심으로 육체적 건강과 정신적 건강, 일과 여가생활, 사회적 관계 등의 측면에서 백세까지 어떻게 행복하게 살 것인가에 대해 종합적으로 정리해 보기로 한다. 100세 건강을 유지하기 위해서는 적정한 자산과 연금관리뿐만 아니라 행복한 마음을 갖고, 경제활동과 여가활동에 적극 참여하며, 사회적 관계를 잘 유지해야 한다.

육체적 건강과 행복한 마음

우선 100세 이상 산다고 해도 건강하게 살아야 한다. 요양원이나 요양병원의 침대에서 산소호흡기에 의존해 연명한다면 수명 연장의 의미가 크게 없다.

박상철 교수는 100세인 사례연구를 기초로 하여 100세를 준비하는 행동강령으로 ① 몸을 움직이자, ② 마음을 쏟자, ③ 변화에 적응하자, ④ 규칙적이되자, ⑤ 절제하자, ⑥ 나이 탓하지 말자, ⑦ 남의 탓하지 말자, ⑧ 어울리자 등 8조목을 제시한다.

그리고 세계의 장수식단의 사례로 신선한 채소와 과일, 올리브유, 곡물과 견과류, 해산물 등을 중심으로 한 지중해 식단, 채소 섭취는 적지만 생오메가3 지방산이 많은 생선을 위주로 한 그린란드 장수 식단, 그리고 김치, 된장 등 발효 식품과 데친 채소를 중심으로 한 한국 식단을 들고 있다.

또한 적절한 양을 규칙적으로 먹는 것도 필수이며, 운동과 숙면의 중요성을 강조한다.[27]

한편, 100세인이 공통적으로 갖고 있는 정신적 특징은 긍정적인 마음이다.[28] 과거는 돌이킬 수 없으므로 과거에 대한 미련보다는 현재의 삶을 순간순간 즐기면서 살고, 남은 미래에 대해 마음을 비우고 감사하는 마음, 배려하는 마음으로 사는 것이 중요하다.

과거에 이루지 못한 것, 잘못 결정한 것 등에 대해 후회해봐야 과거로 돌아갈 수도 없고, 스트레스로 인해 건강만 더 상하여 수명만 단축할 뿐이다. 과거에 즐거웠던 순간, 행복했던 순간들을 떠올리면서 수명 연장이라는 선물에 대해 감사하고, 마음을 비우며, 죽음에 대해 담담하게 받아들이고 주위 사람들과 함께 어울리면서 행복하게 살아가면 된다.

일본에서 1,000명의 죽음을 옆에서 지켜본 호스피스 전문의인 오츠 슈이치는 「죽을 때 후회하는 스물다섯 가지」에서 정신적인 면에서 죽음을 앞두고 아쉬워 하는 것으로 ① 사랑하는 사람들에게 고맙다는 말을 더 많이 했더라면, ② 조금만 더 겸손하였더라면, ③ 조금만 더 친절을 베풀었더라면, ④ 감정에 휘둘리지 않고 화를 덜 냈더라면 등을 꼽고 있다.

백세인의 경제 활동과 여가 활동

100세인은 신체적, 정신적으로 자기 계발을 하고 적극적인 경제활동이나 여가활동을 하면서 계속 손발을 움직이고 머리를 사용한다.

앞서 설명한 1920년 평안남도에서 태어난 100세 철학자 김형석 교수는 아직도 책을 쓰고, 강연을 하면서 창의적인 두뇌활동과 적극적인 사회활동을 하고 있다.

각당복지재단 김옥라 명예이사장은 1918년 강원도에서 출생하였다. 우리나라 걸스카우트를 창단했고, 자원봉사 개념을 도입하여 자원봉사자를 키웠으며, 웰다잉 운동을 하면서 죽음준비 전문교육가도 양성하였고, 호스피스 봉사를 처음 시작하여 아직도 다양한 봉사활동을 하고 있다.[29]

「100세 시대를 살아갈 비결」을 쓴 히노하라 시게아키는 1911년 일본 야마구치현에서 태어났다. 내과 전문의로서 성인병 대신에 '생활습관병'이란 단어를 만들어 사용하고, 2000년에 75세 이상 노인을 대상으로 '신노인의 모임'을 결성하여 적극적으로 사회에 참여하는 등 100세가 넘어서까지 현역 의사로서 왕성하게 활동을 하다가 2017년 사망하였다. 이 백세시대 인생 코치는 즐겁고 젊게 살려면 새로운 일에 도전하라고 하면서, 100세가 넘어서도 동화 작가가 되는 것을 목표로 삼고 목표 달성에 매진하였다.[30]

한편, 현대 경영학의 아버지라고 불리는 미국의 피터 드러커Peter Druker 교수도 96세1909~2005년까지 살았지만 계속 새로운 분야를 연구하며 90세가 넘어서까지 넥스트 소사이어티2002년, 경영의 지배2003년 등을 저술하면서 총 39권의

책을 남겼다.31

　위와 같이 90세, 100세를 넘어서 왕성하게 경제·사회적 활동을 하는 사례는 예외적이지만, 고령의 나이에도 의지만 있다면 여가활동, 봉사활동, 예술문화활동 및 평생학습에 참여할 수 있다. 이러한 활동은 삶의 의미를 부여하면서 건강을 유지하게 하며 외로움을 극복하게 해 준다. 그리고 창의적이고 왕성한 지적 활동은 치매를 늦추거나 예방하는 역할을 한다.

사회적 관계

　우리나라에서는 여성의 평균수명이 남성보다 길고, 100세 이상 사는 여성의 인구가 남성보다 3배나 많아 부부 모두가 100세 이상 사는 경우는 찾기가 쉽지 않다.

　박상철 교수가 부부 모두 100세 이상이거나 가까이 된 부부를 인터뷰한 결과를 보면, 아직도 사랑하고 솔직하게 애정표현도 하며, 남편과 아내를 서로 자랑스러워 하고, 서로 신뢰하고 거짓말을 하지 않으며, 싸우지 않으면서 사이 좋게 행복하게 지낸다는 것을 알 수 있다.

　100세인에게는 친구도 매우 중요하다. 고독은 우울증과 자살 또는 치매로 연결되기도 한다. 일주일에 한두 번 왕복 8시간을 걸어서 산을 돌아 친구를 만나고 오는 100세 할아버지는 끈끈한 우정과 건강 및 장수를 함께 누리고 있는 사례를 잘 보여준다.32

　그리고 가족과 친족, 친구, 지인 등 주위 사람들과 어울리면서 행복하게 살 것인가, 외롭고 쓸쓸하게 살 것인가는 본인의 성격에 많이 달려 있다. 개인이 그간 다른 사람들에게 많이 베풀고, 너그러이 대하면서 즐거운 만남을 선사하였다면 계속 주위 사람들과 어울리며 행복하게 살 것이고, 그렇지 못하였다면 주위 사람들이 하나둘 떠나 외롭게 살 수밖에 없을 것이다.

05 아름다운 이별을 위한 웰다잉 준비

연명의료의 고통과 비용

사람은 누구나 죽기를 싫어하나 죽음을 피할 수는 없다. 현대에는 의료기술이 발달하면서 죽음의 시점을 뒤로 미루는 연명의료를 받는 경우가 많이 있다. 여기에서 연명의료란 임종과정에 있는 환자에게 하는 심폐소생술, 혈액투석, 항암제 투여, 인공호흡기 착용의 의학적 시술로서 치료효과 없이 임종과정의 기간만을 연장하는 것을 말한다연명의료결정법 제2조제4호. 즉, 연명을 한다는 것은 의학적으로 아직 사망선고가 내려지지 않았을 뿐이지 능동적으로 삶을 영위하는 상태는 아니다.

2017년 기준으로 우리나라의 총 사망자 28만 5천 명 중에서 34.4%인 9만 7,985명이 요양병원과 노인요양시설에서 사망했다. 또한 65세 이상 노인들은 의학적으로 소생할 가능성이 상당히 낮은 상황에서도 생명연장을 위한 다양한 시술과 처치를 받으며 생애 마지막 10년 중 707일을 요양병원과 요양원에서 보내는 것으로 나타났다.[33]

연명의료는 일반의료에 비해 많은 의료비가 든다. 2017년 기준 건강보험심사평가원에서 집계한 연령구간별 진료비를 보면 70세 이상의 고령자가 21조 5천억원을 지출하여 전체 진료비 70조 8천억 원의 30.4%를 차지하였다.[34] 또한 고려대 연구팀이 2013년 건강보험 빅데이터를 분석한 결과에 따르면, 생애말기 1년 동안 쓰는 진료비는 795만 원으로 일반국민 의료비의 12년치, 60세 이상 노인의료비의 5년치에 해당하는 것으로 나타났다.[35]

그리고 국민건강보험공단에 따르면 암 환자의 경우 똑같은 입원기간 동안 적극적 항암치료를 받은 환자의 진료비가 호스피스hospice를 받은 암 환자군 진료비의 2.5배에 이른다. 여기서 호스피스는 임종이 임박한 환자들에게 생명연장보다 육체적 고통을 줄여 주고 평안한 죽음을 맞이하도록 돌보는 서비스이다.

이러한 효과는 미국 보건의료재정청이 26개 호스피스 기관을 대상으로 한 시범사업에서도 확인되는데, 호스피스 환자는 비非호스피스 환자에 비해 임종

전 1개월 동안 투입된 비용이 46% 적었다. 대만의 경우에도 호스피스가 사망 1개월 전 의료비용의 64%를 줄였다.[36]

생애말기에는 의료비가 많이 드는데, 연명의료를 받는 본인이 그러한 의료비를 조달하기에 충분할 정도로 재산이 많다면 그나마 다행이나, 그렇지 못하다면 그 부담이 고스란히 가족들에게 돌아간다. 또한 개인적으로는 비용을 감당할 수 있다 하더라도, 사회적으로도 많은 비용이 소요된다.

호스피스의 목적이 의료비를 줄이는 데만 있는 것은 아니지만 연명의료를 받지 않는 것이 비용을 크게 줄일 수 있으며, 고통을 완화시키면서 인간적 돌봄을 받고 임종을 하게 되어 죽음의 질을 높이는 효과도 있다. 물론 우리나라에서는 아직 호스피스가 많이 활성화되어 있지 않아 개인이 원한다고 하여 모두 호스피스를 받을 수는 없다. 그러나 호스피스를 받는 것과 그렇지 않은 것 간에는 죽음의 질이 크게 다르기 때문에 호스피스에 대해 제대로 이해하여 수용성을 높이는 것이 필요하다.

연명의료결정제도

우리나라에서는 2018년 2월부터 연명의료결정제도가 시행되면서 연명의료와 관련한 실상이 잘 알려졌다. 보건복지부가 발표한 「2020년도 노인실태조사」에 따르면 65세 이상 노인의 대다수인 85.6%가 무의미한 연명의료를 반대하고 있는 것으로 나타났다. 즉, 의료비를 많이 지출하면서도 소생의 가능성도 없고 고통만 가중되는 연명의료를 받지 않겠다고 생각하는 노인들이 대부분이다.

연명의료결정제도는 임종과정에 있는 환자에 대한 연명의료를 시행하지 아니하거나 중단하기로 하는 결정을 말한다. '연명의료결정법'의 요건을 충족하는 사람은 사전연명의료의향서와 연명의료계획서를 작성하여 등록해둠으로써 연명의료에 관한 본인의 의사를 남겨 놓을 수 있다.

사전연명의료의향서는 19세 이상이면 건강한 사람도 작성해 둘 수 있는데, 다만 보건복지부가 지정한 사전연명의료의향서 등록기관을 찾아가 충분한 설명을 듣고 작성해야 법적으로 유효하게 된다. 그리고 연명의료계획서는 의료기관윤리위원회가 설치되어 있는 의료기관에서 담당 의사와 해당 분야 전문의 1인에 의해 말기환자나 임종과정에 있는 환자로 진단 또는 판단을 받은 환자에 대해 담당 의사가 작성하는 서식이다. 물론 이미 사전연명의료의향서나 연명의료계획서를 작성하였더라도 본인은 언제든지 그 의사를 변경하거나 철회할 수 있다.[37]

우리나라에서 아직 실질적인 죽음 준비를 하는 경우는 많지 않으나 점차 늘어날 전망이다. 2019년 1월 서울대 의대가 발표한 대국민조사 결과에 따르면, 일반인 46%가 건강할 때 의향서를 작성할 생각이 있었다. 또한 국립연명의료관리기관에 따르면 사전연명의료의향서 등록자 수는 2021년 8월에 누적인원 기준으로 100만 명여성이 약 70%을 넘어섰다.

죽음 준비 교육

물론 아직까지도 죽음을 준비한다는 것은 생소할 수 있으나, 죽음을 미리 준비하면 존엄을 유지하면서 죽음을 맞이할 수 있다. 존엄한 죽음을 위해서는 '죽음 준비 교육'을 받을 수 있다. 죽음 준비 교육이란 노인의 죽음 불안을 감소시키고 생활만족도와 심리적 안녕감을 향상시키기 위해 만들어진 교육 프로그램이다.[38] 우리나라에서는 죽음 준비 교육이 활발하지 않았으나 2010년 이후로 대학, 사회복지관과 평생교육원, 종교기관 등을 중심으로 죽음 준비 프로그램을 실시하는 사례가 많아지고 있다.

2018년 12월에는 '웰다잉 시민운동'이라는 기구가 출범하면서 웰다잉이 이제는 개인적 선택의 차원에 머무르는 것이 아니라 시민운동의 차원으로 발전되었다. 웰다잉 시민운동은 사람들이 육체적 삶의 아름다운 마무리, 관계의 아름다운 마무리, 정신적·물질적 유산의 아름다운 마무리를 하는 문화를 정착시키기 위해 시작되었다. 현재는 웰다잉 문화운동, 정책·입법 활동, 추모문화 조성 사업, 네트워크 사업 등을 전개하고 있다thewelldying.org.[39]

죽음 준비와 관련하여 교육을 받는 경우와 전혀 받지 않은 경우 간에는 차이가 있는 것으로 보고되고 있다. 죽음 준비 교육 참여군은 비참여군보다 죽음에 대한 태도가 긍정적이었으며, 삶의 의미가 죽음에 대한 태도에 영향을 미치는 주요 요인이었다. 중·노년층 대상자들은 이러한 교육을 통해 삶에서 의미를 발견하고 자신의 죽음을 회피하고 두려운 것이 아니라 적극적으로 준비할 필요가 있는 것으로 받아들이게 되고, 결과적으로 죽음 준비에 대해 긍정적인 시각을 갖게 된다.[40]

사랑하는 사람들 놓아주기

인간人間은 그 단어에서 보듯이 독립적인 존재가 아니라 다른 사람과 더불어 살아가는 존재이다. 그리고 만날 사람을 만날 장소와 시간에서 만나면 행복해진다. 그리고 그 관계가 지속되면 사랑이나 우정과 같은 애착관계가 깊어진다.

그러나 사람은 짧게 사느냐 길게 사느냐 차이가 있을 뿐 언젠가는 죽게 된다. 더 오래 사는 사람은 장수의 기쁨을 누리지만, 사랑하는 사람을 하나둘 떠나보내야 하는 슬픔을 겪어야 한다. 100세까지 산다면 더 오래 산 사람이 70년 이상 같이 산 사랑하는 배우자를 먼저 보내야 한다. 80년 또는 90년 동안 평생 우정을 나눠 온 초등학교, 고등학교 동창이 먼저 죽는다면 그 슬픔은 애착관계가 쌓인 만큼 커지게 된다.

2014년에 개봉된 영화 '님아, 그 강을 건너지 마오'에서는 강원도 횡성의 아담한 마을에서 76년째 연인으로 살고 있는 금슬 좋은 부부의 사랑과 헤어짐을 감동적으로 그리고 있다. 장성한 자녀를 도시로 떠나보내고 난 후 할아버지와 할머니는 나들이 할 때 고운 커플 한복을 입고 함께 걷고, 자연을 벗 삼아 서로 장난치고, 의지하면서 노후를 보낸다. 그러나 결국 할머니는 할아버지를 먼저 떠나보내고 무덤 앞에서 눈물을 닦으면서 할아버지에게 얘기한다.

"할아버지. 보고 싶더라도 참아야 돼. 나도 할아버지 보고 싶어도 내가 참는 거야... 할아버지요. 나는 집으로 가요. 난 집으로 가니 할아버지는 잘 계셔요. 춥더라도 참고..."

미국의 워든William Worden 박사는 노년기에 나타나는 사별의 슬픔에 관한 특징을 다음과 같이 설명한다. ① 오랜 기간 결혼 생활을 한 부부는 애착이 깊어지고 상호 의존성이 상당히 높아지므로 사별에 대한 적응과정이 매우 힘들다. ② 오래 살수록 먼저 죽는 가족과 친구들이 늘어나므로 다중상실감을 느낀다. ③ 함께 지내 왔던 배우자, 형제자매나 친구들을 떠나보내면서 본인의 죽음에 대한 의식이 강화된다. ④ 많은 노인들은 배우자의 사별 후에 고독하게 혼자 사는데 특이한 것은 나이가 많을수록 배우자가 사망한 당시에 살던 집에 남아 있는 경향이 높고, 강제로 이사를 간 경우에 사망을 할 위험성이 높아진다.[41]

▶ 님아, 그 강을 건너지 마오(2014)

워든 박사는 사랑하는 사람이 사망하고 난 후 슬픔의 극복 과정을 4단계로 제시하면서 사랑하는 사람을 놓아주는 방법을 알려준다. 즉, ① 사랑하는 사람의 죽음을 현실로 받아들이기, ② 죽음으로 인한 고통을 겪어 내고 과정으로 이해하기, ③ 사랑하는 사람이 없는 새로운 일상 환경에 적응하기, ④ 죽은 사람에 대한 추억을 간직하면서 새로운 현실에 최선을 다하기라는 4단계이다. 개인적으로는 이러한 단계를 겪으면서 점차 슬픔을 극복하겠지만 주위에서 위로해 주고 함께 있어 줄 때 그러한 슬픔의 강도는 완화될 수 있다.

그리고 아름다운 이별의 준비

주위의 사랑하는 사람을 하나둘 떠나보내고, 살아 있는 자녀나 가족, 친지 그리고 친구들의 위로를 받으면서 과거의 기억과 추억을 되돌아보기도 하고, 손자 손녀들이 즐겁게 뛰어노는 모습을 흐뭇하게 바라보면서 지내다 몸과 마음이 아파지면서 결국 세상을 떠나게 된다.

'죽음의 질' 지표에서 80개국 중 1위를 하고 있는 영국한국 18위, 2015년에서는 '좋은 죽음'Good Death을 익숙한 환경에서 존엄과 존경을 유지하면서 가족과 친구와 함께 있으면서 고통 없이 죽어 가는 것으로 정의한다. 한편, 민관합동으로 매년 5월 '죽음 알림 주간' 행사를 진행하면서 죽음에 대해 생각하고 얘기하고 교육하는 시간을 갖고 웰다잉에 대해 준비하도록 하고 있다.[42]

우리는 '죽는 날'은 알 수 없지만 '죽음'이란 것은 피할 수 없는 숙명이란 것을 잘 알고 있다. 따라서 '죽음의 시기'를 결정할 수 없지만 '죽음의 질'을 선택할 수 있다. 우리가 담담하게 죽음을 맞이하고 세상과 영원히 아름다운 이별을 하기 위해서는 다음과 같은 준비가 필요하다.

첫째, 죽음은 자신이 선택하는 것이 아니라 언제 닥쳐올지 모르는 일이니 60대 이후에는 죽음 준비 교육을 받도록 한다.

둘째, 요즘은 노화로 인해 사망하는 경우 외에도 각종의 재난과 사고로 인해 죽는 경우가 많으므로 연명의료를 포기하는 사전연명의료의향서를 미리 작성해 둘 필요가 있다.

셋째, 개인의 가치관에 따라 다르겠지만 연명의료 대신에 호스피스를 선택하여 편안하고 인간다운 임종을 맞이할 수 있도록 한다.

넷째, 엔딩노트Ending Note를 작성하여 자신이 살아온 인생을 되돌아보고 남아 있는 여생을 어떻게 보낼지, 자신의 장례는 어떻게 치르며 누구를 초대할지, 그리고 유산은 어떻게 상속하며 유언을 어떠한 내용으로 할지 등을 정리한다.

죽음을 정리하는 과정을 직접 해 보면 나중에 죽음에 이르는 상황이 다가오더라도 두려움도 덜하고 주변의 가족 및 친지들과의 관계도 미리 정리하게 되어 긍정적 효과가 많다.

삶의 시작은 자신의 선택이 아니었지만 삶의 마무리는 세상과의 아름다운 이별이 되도록 스스로 선택할 수 있다.

행복한 은퇴를 위한 패러다임 전환

베이비붐 세대가 본격적으로 은퇴하기 시작한 후로 제법 시간이 흘렀다. 다른 어느 세대보다 부유한 세대라고 평가받지만, 베이비붐 세대 역시 은퇴 이후의 생활이 반드시 안정적이기만 한 것은 아니다. 사회보장이 부족하고 개인적으로 충분히 은퇴준비를 하지 못했거나 낀 세대로서 짊어진 부담이 상대적으로 크기 때문이다.

4차 산업혁명의 여파로 과거에 비해 일자리 수급이 더 불안정해지고 있다. 정년연장 등의 제도적 보완에도 불구하고 베이비붐 세대를 뒤이어 은퇴할 다른 세대들은 어려움이 더 커질 것이다. 이렇다 보니 정부와 기업의 책임보다는 개인의 노력 위주로 은퇴준비가 강조되고 있는 것이 현실이다.

개인 차원에서는 행복한 은퇴생활을 위해 다음과 같은 10가지 사항을 강조하고자 한다.

① 자신을 알아야 한다. 자신이 어떠한 상황에 있고 무엇을 하고자 하는지 알지 못하면서 새로운 미래를 준비하기는 어렵다. 자신을 정확하게 알고서 진정으로 바라는 인생의 경로를 찾아라. 미래는 준비하는 사람들의 몫이다.

② 은퇴를 최대한 늦추고 일하는 것이 복지이다. 은퇴를 늦추고 일을 하게 되면 경제력, 건강, 사회적 관계 등을 얻을 수 있다. 따라서 정년을 맞이했다고 곧바로 은퇴하기보다는 단계적으로 은퇴하라.

③ 장기적 계획을 갖고 은퇴를 체계적으로 준비해야 한다. 소득, 건강, 여

가 및 사회적 관계 등은 준비해야 할 시기가 각각 다르다. 각각의 특성을 고려해 백세시대 평생 생애설계라는 틀 속에서 준비할 필요가 있다.

④ 적절한 수준의 은퇴자산을 마련해 은퇴 이후 생활의 독립성을 유지할 필요가 있다. 사회보장제도도 충분하지 못하고 자녀에 의존하기 어려운 상황에서 은퇴를 맞이하게 되므로 자립할 수 있는 준비를 든든히 해야 한다. 경제적 자립 없이는 인생의 독립은 없다.

⑤ 은퇴 후에는 안전성을 기준으로 자산을 관리해야 한다. 공적연금과 종신연금으로 절대적으로 필요한 생활비를 위한 자금흐름을 먼저 마련하고, 여유자금으로 리스크를 고려해 적절히 투자해야 한다. 또한 각종 사기와 '묻지마' 투자로부터 은퇴자산을 안전하게 지킬 수 있도록 금융교육을 받을 필요가 있다.

⑥ 노년에 행복하기 위해서 인생을 리모델링해야 한다. 먼저 행복에 대한 자신의 생각을 정리하고, 소소한 일에도 행복할 수 있는 마음자세를 가져야 한다. 은퇴 전의 사회생활처럼 경쟁하기보다는 서로 돕고 교류하는 가운데 행복을 찾을 수 있어야 한다.

⑦ 외롭게 지내지 말고 사회관계를 두텁게 해야 한다. 배우자, 가족, 친구 등 노후를 함께 할 상대와 관계를 잘 유지해야 한다. 기존의 사회적 관계도 자신의 인생 목표에 맞추어 리모델링할 필요가 있다. 그리고 과거의 조직 내 '권위'는 잊어버리고 연령을 뛰어넘는 사회적 관계를 맺도록 노력해야 한다.

⑧ 다양한 여가활동을 통해 인생의 활력을 유지하고 보람을 찾도록 한다. 취미활동, 저술 및 문화활동, 종교활동 등을 통해 사회적으로 교류하고, 봉사활동을 통해 삶의 보람을 찾을 필요가 있다.

⑨ 건강한 삶을 살기 위해 노력해야 한다. 노년의 질병은 좋은 생활습관으로 극복될 수 있는 경우가 많으므로 좋은 생활습관을 갖기 위해 적극적으로 노력할 필요가 있다. 특히 우울증, 치매 등과 같이 정신건강을 잃을 수 있으므로 조기에 진단과 치료를 받고, 그로부터 발생할 리스크에 대비해 재무적 준비를 해야 한다.

⑩ 웰다잉well-dying 계획을 세워야 한다. 인생의 마지막을 아름답게 마무리

하기 위해서는 연명치료보다는 죽음 준비 교육 등을 통해 인생의 마지막을 담담히 받아들일 수 있어야 한다.

한편 은퇴준비를 위한 패러다임이 이제 다음과 같이 바뀔 때가 되었다.

첫째, 수명이 연장된 만큼 근로기간을 연장해 고령화 리스크가 개인과 사회에 과도한 부담을 초래하지 않아야 한다. 이와 관련하여 단계적이고 지속적인 접근이 필요하다. 우선 국민연금의 수급자격이 부여되는 연령이 2033년에 65세로 높아지는데 이에 맞추어 고용을 연장할 필요가 있다. 이를 위해서는 현행의 연공서열 중심의 임금체계를 직무와 생산성을 고려하여 합리적으로 개편하는 것이 선행되어야 할 것이다.

궁극적으로는 개인들이 정년 없이 일할 수 있는 환경이 조성되고, 누구나 연령에 관계없이 일을 하고자 하면 일을 할 기회가 부여되어야 할 것이다. 나아가 이를 전제로 국민연금 등 공적연금의 수급자격이 부여되는 연령을 올려야 한다. 이렇게 선순환의 구조가 정착되면 개인의 은퇴기간이 짧아져 은퇴준비에 대한 부담이 줄어들고 사회보장제도의 부담도 감소할 것이다.

둘째, 사회보장제도의 개혁을 통해 새로운 경제사회 환경에서 개인에 대한 최소한의 보장이 빈틈없이 효율적으로 이루어져야 한다. 현행의 사회보장제도로는 빠르게 진행되고 있는 고령화와 4차 산업혁명에 대응하기 쉽지 않다. 무엇보다도 고용이 과거와 달리 큰 변혁을 겪을 것이기 때문에 과거와 같이 한 직장에 상시고용되어 안정성이 높았던 시절의 사회보장제도로는 대응이 어려울 것이다. 현행의 사회보험제도는 보험료 납부의 적격 요건을 갖추고 꾸준히 보험료를 납부해야만 제대로 된 보장을 받을 수 있다.

셋째, 은퇴하는 세대의 많은 경험과 능력을 사장시키는 것이 아니라 적극적으로 활용할 수 있는 기회를 기업과 정부가 제공해야 한다. 일자리 차원뿐만 아니라 사회적 필요가 있는 영역에서 은퇴자들이 활동할 수 있는 기회를 제공하여 사회적 활력을 유지할 필요가 있다. 그리고 필요한 경우 실비 정도를 금전적으로 지원하여 사회봉사 활동 등에 적극적으로 참여하도록 촉진할 수도 있다.

넷째, 비재무적 은퇴준비를 위해 커뮤니티 중심의 활동을 지원할 필요가 있다. 물론 현재도 지역별로 사회복지관이 있어 다양한 프로그램을 제시하고 있으나, 은퇴준비에 특화된 프로그램은 크게 부족한 실정이며 은퇴자들의 참여도 일부에 한정된 상황이다. 그러나 은퇴 후에는 거주지역을 중심으로 생활하게 되므로 이를 고려해 커뮤니티 중심의 프로그램을 마련해야 한다.

다섯째, 세대 간 상생할 수 있도록 해야 한다. 은퇴준비에 대한 개인적 책임과 함께 사회적 책임이 강조된다고 하여 후속 세대에게 부담을 크게 지우는 것은 지속되기 어렵고 오히려 세대 간 갈등만 키울 수 있다. 따라서 은퇴준비를 위한 사회제도적 접근을 할 때는 세대 간 상생을 고려해야 한다.

지금까지 은퇴준비는 재무적 준비 중심으로 각자도생할 수밖에 없다는 분위기가 컸다. 그러나 고령화를 우리보다 먼저 겪은 일본의 경험을 보면 재무적 준비 이외에도 건강, 사회적 관계 및 여가활동과 같은 비재무적 준비도 마찬가지로 중요한 것으로 나타나고 있다.

또한 많은 국가는 은퇴를 늦추고 고용기회를 제공하여 사회적 부담을 낮추고 있다. 이러한 경험들을 고려하여 우리나라도 고령사회 백세시대에 맞게 개인, 기업과 국가가 새로운 패러다임을 준비하고 실천해야 한다.

우리 저자들은 전공이 경제학과 경영학이고, 전문성을 가진 분야는 고령사회의 고용과 복지, 연금과 보험, 조직·인사, 경제발전 등이다. 이러한 다양성을 바탕으로 은퇴준비의 패러다임 전환을 강조하였다. 개인이 준비해야 할 사항들은 이 책에서 상세히 설명하였고, 새로운 패러다임을 위해 기업과 정부가 준비해야 할 사항들은 별도의 책 「국가와 기업의 초고령사회 성공전략」에서 제시하였다.

우리 저자들은 그간 본서의 내용에 대해 토론을 하고 다른 전문가들도 초청하여 여러 차례 자문을 받았다. 이러한 노력에도 불구하고 미비하거나 부족한 점이 있다면 책을 다시 낼 기회에 반영할 것이다. 또한 독자들이 이 책의 내용에 대해 적극적으로 개선 의견을 제시하면 반영해 나가고자 한다.

이 책을 통해 '백세시대 생애설계'를 보다 잘 준비하고 실천함으로써 풍요롭고 행복한 백세시대가 되기를 바란다.

제1장 준비 없이 다가온 백세시대

1 United Nations, Department of Economic and Social Affairs, Population Division, World Population Prospects: The 2015 Revision, Key Findings and Advance Tables, Working Paper No. ESA/P/WP.241, 2015.

2 행정안전부 홈페이지, 주민등록 인구통계, 2020. 12. 기준

3 인간 수명의 한계가 몇 세인지에 대해서는 심지어 세계적 과학자들끼리 내기를 하기도 했다고 할 정도로 아직은 정설이 없다. 이 책에서는 수명의 한계에 대해서는 다루지 않기로 한다.

4 한국의 1차 베이비붐 세대는 1955~1963년에 출생하고 2차 베이비붐 세대는 1968~1974년생이다. 미국의 베이비붐 세대는 1946년부터 1964년까지, 영국의 베이비붐 세대는 1945년부터 1963년까지, 일본의 베이비붐 세대인 단카이 세대는 1947년부터 1949년까지의 출생자이다.

5 통계청, KOSIS 국가통계포털, 부양비 및 노령화지수(OECD), Kosis.kr

6 이는 중위 추계 가정에 따른 것으로 저위 추계(낮은 출산율-기대수명-국제순유입) 가정 시에는 2019년으로 당겨지고, 고위 추계 가정 시에는 2036년까지 늦춰질 수도 있다. 가정에 대한 자세한 내용은 통계청, 「장래인구특별추계 2017~2067」, 2019. 3. 28.를 참조하면 된다.

7 内閣府, 『平成30年版高齡社会白書』, 2018.

8 이러한 결과는 출생중위추계결과에 기초한 것이다. 国立社会保障·人口問題研究所, 『日本の将来推計人口』, 2017. 7. 31.

9 パーソル総合研究所, 『労働市場の未来推計 2030』, 2020. 12. 25.

10 東洋経済, 日本人は「人口減少」の深刻さをわかってない, 2018. 5. 9.

11 관계부처합동, 인구구조 변화 영향과 대응방향-총론: 인구구조 변화와 대응전략-, 2021. 7. 7.

12 조선일보, 일자리 경쟁 … 젊은 60代, 선배 60代를 밀어낸다, 2017. 3. 21.

13 이수영·신재욱·전용일·오영수, 국가와 기업의 초고령사회 성공전략, 박영사, 2021, pp. 71~101 참조.

14 OECD, Preventing Ageing Unequally, 2017. 10.

15 뉴스1, 기초연금안 논란의 핵심 쟁점은?, 2013. 9. 30.

16 農林水産政策研究所, 食料品アクセス困難人口の推計, 2015年.

17 農林水産省, 「食料品アクセス問題」に関する全国市町村アンケート調査結果, 2020年 3月.

18 통계청, KOSIS 국가통계포털, kosis.kr

19 오진호, 제2장 "고령화시대에 개인맞춤형 장수리스크지수 계량화와 활용방안", 통계개발원, 「2015년 하반기 연구보고서 제VI권」, 2015.

20 중앙치매센터, 전국 및 시도별 치매 유병 현황: 2015~2067, nid.or.kr

21 통계청, 2019년 사망원인 통계, 2020. 9.

22 중앙치매센터, 치매 오늘은, 2021년 3월 기준, nid.or.kr

23 중앙치매센터, 전국 및 시도별 치매 유병 현황: 2015~2065, nid.or.kr

24 SBS뉴스, "아유, 운전 자신 있지" 고령자 실험하니 … 드러난 심각성, 2017. 12. 5.

25 연합뉴스, "입에 풀칠하려면 72세까진 일해야" … 고령층 더 오래 일한다, 2017. 7. 25.

26 중앙일보, "내 자식 대학등록금 대라" 아버지에 소송낸 딸, 2017. 10. 28.

27 이승신, "베이비부머의 노후준비여부에 관한 연구 -일반적 및 경제적 특성 중심으로-", 한국소비자원, 「소비자문제연구」, 제44권 제2호, 2013. 8.
    지은정, "베이비부머는 빈곤위험으로부터 안전한가: 노동경력을 중심으로", 고려대학교 정부학연구소, 「정부학연구」, 제24권 제2호, 2018.

28 최장훈·이태열·김미화, 베이비부머 세대의 노후소득: 1, 2차 베이비부머 간 은퇴 시 자산 적정성 비교분석, 보험연구원, 2017. 12.

29 통계청, 2020 고령자 통계, 2020. 9.

30 조선일보, 노후파산으로 下流노인 됐스무니다, 2016. 3. 8.

31 통계청, 2019년 사망원인통계 결과, 2020. 9. 22.

32 보건복지부·한국보건사회연구원, 2017년도 노인실태조사, 2017.

33 중앙일보, "노인 오면 장사 안 된다", "뭐하러 나다니냐" 노인 차별 사회, 2017. 11. 27.

제2장 **베이비붐 세대의 자화상**

1 통계청, 근로자당 연평균 실제 근로시간(OECD), KOSIS, 2020. 10. 6.

2 이 책에서는 통계청의 생애주기 분류를 기초로 50세에서 64세까지를 중년층, 65세에서 74세까지를 전기 고령층, 75세에서 84세까지를 후기 고령층, 그리고 85세 이상을 초고령층이라 한다. 일본의 경우에도 65세 이상 고령자를 전기 고령자, 후기 고령자, 초고령자라 구분하지만 후기 고령자와 초고령자의 구분을 85세로 할지 90세로 할지 명확하게 의견이 통일되어 있지 않다.

성장기(0~19세)	성숙기(20~49세)	노쇠기(50~84세)	해체기(85세 이상)
영유아기(0~5세) 아동기(6~12세) 청소년기(13~19세)	청년기(20~29세) 장년기(30~49세)	중년기(50~64세) 노년기(65~84세)	초고령기(85세 이상)

자료: 통계청, 동북지역(대구 경북·강원) 생애주기별 주요 특성 분석, 2018. 11. 20.

3 통계청, 2021년 5월 경제활동인구조사: 고령층 부가조사 결과, 2021. 7.

4 통계청, 2021년 5월 경제활동인구조사: 고령층 부가조사 결과, 2021. 7.

5 통계청, 2021년 5월 경제활동인구조사: 고령층 부가조사 결과, 2021. 7.; 고령자의 일자리 선택기준을 성별로 보면, 아직 남자는 임금수준, 여자는 일의 양과 시간대를 더 중요한 판단 기준으로 삼고 있다.

6 박지숭, 은퇴자들의 여가생활 실태, 삼성생명 은퇴연구소, 2016년 6월.

7 미래에셋 은퇴연구소, 더블케어 중인 5060, 소득 20%를 성인 자녀·노부모 생활비로 지출, 2018.

8 보험개발원, "은퇴 준비부터 노후까지 … 모든 정보가 한 곳에!" 「2018 KIDI 은퇴시장 리포트」, 2019. 1. 28.

9 통계청, 자녀와 동거 여부(60세 이상), 「2019년 사회조사 결과」, 2019. 11.

10 박시내, "저(低)혼인 시대 미혼남녀 해석하기", 「KOSTAT 통계플러스」, 2021년 봄호, 통계청 통계개발원.

11 김윤수, "청년층의 첫 직장 입직연령과 결혼", 국회예산정책처, 「산업동향 & 이슈」, 2018. 12.

12 内閣府男女共同参画局, 育児と介護のダブルケアの実態に関する調査, 2016. 4.

13 週刊朝日, 介護する側も認知症…増加する"超"老老介護の悲劇, 2018. 7. 30.

14 週刊朝日, 激増する中年パラサイト・シングル 将来は「下流かつ孤立老人」に?, 2019. 1. 24.

15 삼성생명 은퇴연구소, 한국인의 은퇴준비 2018(요약본), 2018. 10. 5.

16 통계청·금융감독원·한국은행, 2020년 가계금융복지조사 결과, 2020. 12. 17.

제3장 **내가 직접 해 보는 생애설계의 기초**

1 국민이전계정에서는 생애주기적자가 (소비)−(노동 소득)으로 정의된다.

2 국민노후보장패널조사 6차년도 조사 결과. 국민연금연구원은 2005년부터 격년으로 전국의 만 50세 이상 가구원이 있는 가구와 그 가구에 속하는 만 50세 이상의 개인을 대상으로 가구의 경제상황, 중·고령자의 고용현황 및 퇴직, 건강, 노후보장 등에 대한 현황을 조사하고 있는데, 이를 국민노후보장패널조사라 한다.

3 추가납부를 통해 연금급여액을 높이고자 하는 경우에는 연금보험료를 반영한다.

4 총 예상노후생활비 $= \sum_{t=1}^{t} (md \times 12) \times (1+l)^{t-1}$

단, t는 은퇴시의 기대여명, md은 매월 생활비,

l은 연간 소비자물가 상승률(은퇴 전 기간에 걸쳐 일정하다 가정)

5 통계청, 2015년 인구총조사: 연령별/성별/혼인상태별 고령자(60세 이상)−시군구, 2017.

6 김병태·최현자, 베이비부머의 은퇴적응유형별 은퇴자산 인출전략, 한국FP학회 2018년도 하계학술대회자료.

7 생애경력서비스에 대해서는 고용노동부, 고용노동정책, 2018; 고용노동부, 고용노동백서, 2018.를 참조하여 작성

8 일자리위원회·고용노동부·노사발전재단, 신중년 인생 3모작 설계지원 안내서, 2019.

9 공무원연금공단 홈페이지, geps.or.kr

10 일자리위원회·고용노동부·노사발전재단, 신중년 인생 3모작 설계지원 안내서, 2019.

11 Green Life Portal(gld.posco.co.kr/H400/H40010/front/main.do) 참조

제4장 **백세시대의 일을 통한 복지**

1 왜 65세로 정했는지와 관련해서는 다음의 링크 참조, https://www.journalofaccountancy.com/issues/2018/mar/how-65-became-default-retirement-age.html

2 본래 '기둥'을 뜻하는 pillar를 사용하고 있으나, 편의상 '층'으로 번역하였다.

3 한국노동연구원, 2020 KLI 해외노동통계, 2020.10. 한국은 OECD 국가 중 실질 은퇴연령이 가장 높은 국가로 공식 은퇴연령과 실질 은퇴연령의 격차도 가장 크다. 실질 은퇴연령이란 노동시장에서 완전히 나와 더 이상 경제활동을 하지 않는 나이를 의미하고, 공식 은퇴연령은 실제로 연금을 받을 만큼 보험가입 기록이 있는지 여부와는 상관없이 연금 수급개시연령을 의미한다.

4 국민연금공단의 2019년 조사에 따르면 노후에 기본적인 생활수준을 유지하는 데 최소 월 194만 7천 원 정도가 소요되며, 표준적인 생활수준을 유지하려고 할 경우에는 월 267만 7천 원이 소요된다고 한다.

5 전성기재단 홈페이지; junsungki.com/magazine/post-detail.do?id=2355

6 고용노동부, 2021년 신중년 적합직무 고용장려금 지원 안내, 2021. 1., moel.go.kr

7 고용노동부·한국고용정보원, 인생2막, 새로운 도전-베이비부머 직업 탐색 가이드, 2016.

8 고용노동부·노사발전재단, 신중년 인생3모작 설계지원 안내서, 2020. 11.

9 고용노동부·노사발전재단, 신중년 인생3모작 설계지원 안내서, 2020. 11.

10 고용노동부 홈페이지, 정책자료, moel.go.kr/policy/policyinfo/aged

11 한국노사관계학회, 숙련고령인력 활용촉진을 위한 법제도 개선방안 연구, 2011.

12 한국IBM은 2003년부터 파트타임 정규직 제도를 운영하고 있다.

13 네덜란드는 파트타임의 비중을 크게 늘리면서 대신에 정규직과 동등하게 처우하도록 하고 있다.

14 한국노동연구원, 2020 KLI 해외노동통계, 2020.

15 경제의 서비스화란 일반적으로 서비스 산업의 생산증가 및 자본·지식집약화, 제조업내 서비스 업무의 외주화(outsourcing) 등으로 인해 생산·소비·고용 등 국민경제에서 차지하는 서비스 산업의 비중이 높아지는 현상을 말한다. [한국은행, 우리 경제의 서비스화 현황과 특징, 보도 자료 공보 99-10-9호, 1999. 10. 6.]

16 긱 경제는 일반적으로 특정한 프로젝트 또는 기간이 정해진 단위 업무(task)를 수행하기 위 해 노동력이 유연하게 공급되는 경제 환경을 의미한다. 최근 들어서는 우버(Uber) 등과 같이 디지털 노동 플랫폼(Digital Labor Platform)을 기반으로 하는 새로운 노동시장 트렌드로서 긱 경제를 정의하고 있다. [한국은행, 글로벌 긱 경제(Gig Economy) 현황 및 시사점, 「국제경제 리뷰」, 제2019-2호, 2019. 1. 27.]

17 프레카리아트(precariat)는 가이 스탠딩(Guy Standing)이 '유연성'에 노출되는 새로운 계급의 노동 자 개념으로 제시하였는데, precarious(불안정한)와 proletariat(프롤레타리아트)가 합성된 개념이다.

18 미국 캘리포니아주 의회는 우버 운전자와 같은 긱(gig) 경제 노동자를 도급업자가 아니라 원 칙적으로 노동자로 분류하는 법안(Assembly Bill 5)을 2019. 9. 10.에 통과시켰다. 그러나 2020년 11월 투표에서 캘리포니아 주는 우버 등 공유경제 기업에서 일하고 있는 운전기사 들을 다시 독립사업자로 분류하는 법안을 통과시켰다. 이후 2021년 4월 29일에 바이든 행 정부의 마틴 월시 노동부 장관은 로이터와 가진 인터뷰에서 긱 노동자를 직원으로 분류해야 한다고 말하여 논란이 이어지고 있다.

19 레스터 서로우는 자신의 저서에서 "지식기반 신경제 시대에서는 최고의 기능 수준에 달한 사람들만 실질임금이 상승했다. 남성의 경우 고학력 소유자(석사학위 이상)만이 25년 전에 비해서 실질임금이 상승했다. 학력곡선이 아래로 내려갈수록 임금의 감소 폭은 더 커진다. 대학졸업자의 경우는 3%, 고등학교 졸업자의 경우는 29%, 고등학교 중퇴자는 31% 감소한 것이다."라고 분석했다. [레스터 서로우, 지식의 지배, 생각의 나무, 2007.]

20 미래에셋은퇴연구소, 5060 은퇴 리스크 매트릭스, 은퇴리포트, 32호, 2017.

21 통계청, 2019년 기준 기업생멸 행정통계 결과, 2020. 12.

22 이경희, '나홀로 기업' 새로운 트렌드로 떠올라, Economy21, 2003. 5. 20.

23 고용노동부·노사발전재단, 신중년 인생3모작 설계지원 안내서, 2020. 11.

24 한국고용정보원, 50대 유품관리사부터 60대 웨딩카 운전원까지…"신중년 창직, 이렇게 성공 했어요", 2019. 9.

25 김석란, 기업 전직지원프로그램의 효과분석에 관한 연구, 숙명여자대학교 대학원 박사학위논 문, 2016.

26 한국경제매거진, 위기의 인생 2막…신바람 일터 多 모였네, 2013. 1. 14.

27 김수미, 벼룩시장구인구직 "생활밀착일자리 구직자 올해 최대 검색어 '야간'", 뉴스투데이, 2018. 12. 4.

28 e랜서라는 용어가 처음 등장한 것은 1990년대 후반이다. 매사추세츠공과대학(MIT) 경영대학

원의 토머스 말론 교수가 '이랜스 경제의 출발'이라는 논문을 통해 소개한 것이 본격적인 e
랜서 시대의 출발이다.

29 물론 이는 단순 부업이 아닌 전업으로 e-랜서를 하는 사람들이 기여한 바도 크다.

30 이정훈 사장의 사례는 유튜브(youtube.com/watch?v=qk2C2_goxJk)를 참고하여 정리.

제5장 다층 연금소득 마련하기

1 국민연금 도입 당시에는 70%를 보장하도록 설계되어 있었으나, 정부는 1998년에 재정안정화
조치를 취하여 소득대체율을 70%에서 60%로 하향 조정하고 연금수급연령도 2013~2037
년에 걸쳐 5년에 1세씩 높여 단계적으로 60세에서 65세로 상향 조정하도록 하였다. 그 이
후 2007년에 연금개혁을 통해 다시 40%로 낮추었다.

2 2013년에 발표된 3차 재정계산에서는 2044년부터 재정수지 적자가 발생하여 2060년에 기
금이 완전히 소진될 것으로 추계되었다.

3 연금재정방식은 크게 부과방식과 적립방식으로 나뉘며, 적립방식을 일부 보완한 수정적립방
식이 있다. 부과방식은 매년 연금급여와 기여가 균형을 이루도록 보험료를 부과한다. 매년
재정계산이 완료되어 운영상 간편함이 장점이나, 세대 간 재정부담이 이전되는 단점이 있다.

4 김태일, "국민연금의 세대 내 · 세대 간 형평성 분석과 개혁 방향", 국회예산정책처, 「예산
정책연구」, 제4권 제2호, 2015. p. 43.

5 2019년 12월말 기준으로 국민연금 가입대상자(18~60세 미만) 3,213만 명 가운데 적용제
외자는 871만 명(27.1%)이나 된다. 또한 가입자 2,172만 명 중에서도 납부예외자(328만
명), 장기체납자(106만 명) 비중이 13.5%이어서 총 40.6%나 될 정도로 국민연금 사각지대의
규모가 크다. [원시연, 국민연금제도의 사각지대 현황과 입법화 동향, NARS현안분석, 제163
호, 국회입법조사처, 2020. 9. 22.]

6 김규동, "조기 · 연기 노령연금의 보험수리적 비교 분석", 「KiRi 고령화 리뷰」, 2019. 3. 18.

7 윤소하 의원실, "10년 가입자, 임의계속 가입보다 연기연금이 유리", 2019. 10.

8 농림축산식품부, 2021년 농업인 건강 · 연금보험료 지원 사업시행지침, 2021. 1. 14.

9 국민연금공단(csa.nps.or.kr), 공무원연금공단(geps.or.kr), 사립학교교직원연금공단(tp.or.kr), 군
인연금(mps.go.kr), 금융감독원 통합연금포털(100lifeplan.fss.or.kr)을 방문하여 로그인 한 후
자신의 연금을 조회하면 된다.

10 1953년에 제정된 근로기준법 제28조에 의해 도입되어 임의제도로 운영되다 1961년에 상시
근로자 30인 이상 사업장부터 의무도입된 이후 계속해서 적용범위가 확대되어 2010년에 상
시근로자 1인 이상 사업장에 의무화되었다.

11 통계청, 2019년 퇴직연금 통계 결과, 2020. 12. 23.

12 금융감독원, 2020년도 퇴직연금 적립금 운용 현황 통계, 2021. 4. 4.

13 연금소득자가 70세 미만일 때는 5.5%, 70~79세일 때는 4.4%, 80세 이상일 때는 3.3%이다.

14 연금수령개시일이 속하는 과세기간에는 연금수령개시일로 한다.

15 류건식·강성호·이상우, 퇴직연금 가입자 교육 개선방안, 보험연구원, 2018.

16 2013년 3월 이전에 가입한 계약은 가입 후 5년 이내 해지하면 세제혜택을 받은 납입금액에 대해 2.2% 세율의 해지가산세(지방소득세 포함)까지 부과된다.

17 금융감독원, 2020년 연금저축 현황 분석, 2021. 4. 5.

18 은행의 노후생활연금신탁, 신노후생활연금신탁은 2014년 이후 적립금이 3백억 원 이하로 감소하여 금융감독원에서 별도로 집계하지 않고 있다.

19 금융감독원, 2018년 연금저축 현황 분석 결과, 2019. 4. 10.

20 하나금융연구소, 개인연금 가입자 특성 분석, 2018. 8.

21 참고로 2014년까지는 중도해지 시 기타소득세와 함께 종합소득세도 납부해야 했으나 2015년부터는 세법 개정을 통해 기타소득세만 납부한다. 2013년 3월 이전에 가입한 연금저축에 대해서는 가입 후 5년 이내에 중도해지할 경우 해지가산세를 부과하는데, 과세대상금액(소득·세액공제를 받은 금액)에 대해 해지가산세율(2.2%)을 적용한다. 그리고 2013년 3월 이후 체결한 연금저축에 대해서는 세법 개정을 통해 해지가산세 부과를 폐지하였다.

22 금융감독원, 2020년 연금저축 현황 분석, 2021. 4. 5.

23 금융감독원, 2018년 연금저축 현황 분석 결과, 2019. 4. 10.

24 연합뉴스, "집 물려주지 않겠다"는 노인 갈수록 늘어 … 50대선 절반 육박, 2017. 11. 30.

25 주택연금제도에 대한 주요 내용은 주택금융공사 홈페이지의 내용을 기초로 정리하였다.

26 ① 공시가격 → ② 시가표준액 → ③ 시세 또는 감정평가액 순으로 적용

27 부부가 공시가격 등 기준 9억 원 이하 주택 1채만을 소유하거나, 보유주택 합산 공시가격 등이 9억 원 이하인 다주택 소유자도 가능하다. 다만 2주택자가 합산 공시가격 등이 9억 원을 초과하는 경우에는 3년 이내 1주택을 팔면 가입할 수 있다. 대상 주택은 '주택법'상 단독주택, 공동주택, 또는 지방자치단체에 신고된 '노인복지법'상 분양형 노인복지주택, 주거목적 오피스텔이어야 한다.

28 다만 주택연금 가입 시 사전채무인수약정(사전에 채무를 넘겨받는다는 약정)을 할 경우는 추가약정이 필요하지 않다. 또한 이용 도중 배우자가 이혼을 하거나 재혼을 하면 이혼한 배우자와 재혼한 배우자는 주택연금을 받을 수 없다.

29 해당주택을 전세 또는 월세로 임대하고 있는 경우에는 가입할 수 없다. 다만 부부 중 한 명이 실제로 거주하며 보증금 없이 주택의 일부를 월세를 받고 임대하고 있는 경우에는 가입할 수 있다.

30 ① 가입 시 부부 중 1인 이상이 만 65세 이하로서 부부기준 1.5억 원 미만의 1주택만 소유하고 있으나 기초연금 수급자가 아니어서 우대형 가입을 못한 경우일 것 ② 가입 시 만 65세 이하였던 본인 또는 배우자가 만 66세가 되기 전까지 기초연금 수급권을 취득하고 우대형 전환을 위한 조건변경 신청을 완료할 것 ③ 우대형 전환을 위한 조건변경 신청 시 부부

기준 1.5억 원 미만의 1주택만 소유하고 있으며 지급유형이 정액형이고 인출한도가 45% 이 내일 것

31 다만 고객(가입자의 상속자)이 요구하는 경우에는 감정평가액을 우선 적용하며, 감정평가 비 용은 고객이 부담한다.

32 연금지급총액 = ① 월지급금 누계 + ② 수시인출금 + ③ 보증료(초기보증료 및 연보증료) + ④(①, ②, ③)에 대한 대출이자

33 주택연금은 매월 이자를 상환하지 않고 가입자 사후에 정산한다. 그러나 이자를 사후에 정산 하는 방식을 취하게 되면 대출이자가 매월 대출잔액에 가산되어 늘어나게 된다. 따라서 주택 연금도 가입자(소유주) 사망 시 일시에 대출금을 상환하는 대신에 가입자의 선택에 따라 중 도에 대출잔액 일부 또는 전부를 상환하여 매월 늘어나는 이자부담을 줄일 수 있다.

34 한국주택금융공사 홈페이지, hf.go.kr

35 유승동·김주영, "주택상속 의향에 관한 탐색적 연구", 한국보건사회연구원, 「보건사회연구」, 제34권 제1호, 2014.

36 다만 무주택 세대 구성원으로서 주택을 매도한 지 2년 이내이며, 해당 세대의 월평균소득 및 매월 연금형 지급액이 각각 도시근로자 월평균소득 이하인 경우에 입주가 가능하다. 도 시근로자 월평균소득은 2020년 기준으로는 3인 이하 가구 5,626,897원, 4인 가구 6,226,342원, 5인 가구의 경우 6,938,354원이다.

37 아시아 경제, "연금형 희망나눔주택 가입자 저조…나이제한 없애나", 2020. 5. 14.

38 약정기간 중 약정일 기준으로 약정만기를 10년까지 연단위로 단축하거나, 30년까지 연단위 로 연장할 수 있다. 단, 사업의 목적을 감안하여 1회에 한하여 변경할 수 있다.

39 금융투자협회에서 고시한 5년 만기 국고채 최종호가수익률의 전월 평균금리를 기준으로 1년 마다 변동하여 적용하며, 매도자의 퇴거(약정) 시점의 해당월 금리를 적용한다.

40 다만 중도지급 총 누적금액이 공공주택특별법 시행규칙에 따른 국민임대주택 자산금액(2018 년 기준, 2.44억 원)을 초과할 수 없으며, 신청시점에 미지급 잔금이 최소 1,500만 원 이상이 어야 한다.

41 다만, 경매 처분으로 인한 저가낙찰 방지를 위해 한국농어촌공사(농지은행)에 매도하기를 희 망한다면, 농지은행에서 정하는 조건으로 매입이 가능하도록 운영할 계획이다.

42 농림축산식품부 홈페이지, mafra.go.kr

43 주택금융공사의 방송희(2017)의 실증분석에 따르면 주택 상속 결정에는 계승적 동기(dynastic motive)가 크게 작용하는 것으로 분석되었다.

44 그 밖에 다른 해지 사유로는 농지매매(899명, 25.9%), 수급자 사망(536명, 15.5%), 과도한 채무 부담(512명, 14.8%) 등이 있었다. [김상영, 농지연금 가입자 중도해지 속출…"자녀 등 쌀에", 농민신문, 2018. 10. 24.]

45 세계은행의 경우 1994년에 공사연금체계를 표현하기 위해 '기둥'을 뜻하는 'pillar'를 사용한

이후로 계속해서 'pillar'를 사용하고 있다. 반면에 ILO는 2000년에 공사연금체계를 표현하기 위해 '층'을 뜻하는 'tier'를 사용한 후에는 'pillar'를 사용하고 있다. 그럼에도 불구하고 국내에서 대중적으로 익숙한 '층'으로 통일해서 사용하기로 한다.

46 물론 기초연금은 만 65세 이상의 고령자 중 소득 상위 30%에게는 적용되지 않는다.

47 국민연금공단, 국민연금 공표 통계, 2020. 12. 31.

48 보건복지부, 국민 의견을 담은 「제4차 국민연금종합운영계획안」 발표, 2018. 12. 19.

49 국민연금의 소득대체율을 40%로 유지하고 기초연금을 40만 원으로 인상하면 실질대체율은 40.7%로 크게 올라가는 반면에, 기초연금은 현행을 유지한 채 국민연금의 소득대체율만 45% 또는 50%로 인상할 경우 실질대체율은 각각 36.8%와 38.8%로 높아져 소득대체율 제고 효과가 크지 않은 것으로 나타났다.

50 국민연금연구원이 2018년에 행한 국민노후보장패널 7차 부가조사에 따르면, 50세 이상의 은퇴 후 최소생활비 108만 원, 적정생활비 154만 원, 65세 이상 노인에 한정할 경우 최소생활비 95만 원, 적정생활비 137만 원인 것으로 나타났다.

51 강성호, "국민·퇴직·개인·주택연금 소득대체율 추정과 노후소득보장체계 충당방안", 예산정책처, 「예산정책연구」, 제6권 제2호, 2017. 이 연구는 현행 제도가 변하지 않고 가입률도 유지되는 상황에서 2015년 35~54세인 자가 향후 30년 후인 2045년에 노인세대(65~84세)가 되는 것으로 가정하여 산출된 것이다.

52 금융감독원, 2017년 연금저축 현황 분석 결과, 2018. 4. 9.

제6장 은퇴재산을 안전하게 지키는 자산관리

1 보험료를 매월 내지 않고 일시에 완납하더라도 10년 이상을 유지하면 동일한 세제혜택이 부여된다. 그러한 경우에는 거치식 비과세상품으로 분류된다.

2 가입 자격은 가입 당시 만 19세 이상의 거주자이면 되고, 만 15세 이상 19세 미만 근로소득자도 가능하다.

3 ISA 가입일이 속하는 당해연도부터 3년 이상 매년 2,000만 원(총 1억 원)까지 ISA에 납입할 수 있는데, 연간 한도를 채우지 못한 금액의 이월도 가능하다. 중복적 세제혜택을 방지하기 위해 재형저축·소장펀드 가입자는 2,000만 원 중 재형저축·소장펀드 납입액을 차감한 잔여금액만 ISA에 납입할 수 있다. 계좌에서 거래할 수 있는 상품으로는 RP, 예적금, 펀드, ETF, ETN, 상장주식 등이 있다.

4 다만, 납입한 원금을 초과해서 인출하면 중도해지가 되며, 그에 따라 그동안 부여받은 세제혜택도 추징된다.

5 연금소득세율의 적용은 국민연금 등은 물론 다른 공적·사적 연금과 합산한 후에 적용된다. 다만 공적 연금은 과세기준일(2002.1.1.) 이후에 납입된 기여금 등을 기초로 하여 받는 연금소득에 한한다. 사적연금은 연금저축계좌와 퇴직연금계좌에서 받는 연금소득에 한하는데, 퇴직연금계좌란 확정기여형퇴직연금계좌(DC), 개인형퇴직연금계좌(IRP), 과학기술인공제회법에

따른 퇴직연금급여를 지급받기 위하여 설정하는 계좌를 말한다.

6 보건복지부·중앙치매센터, 대한민국 치매 현황, 2019, 2020, p. 102.

7 노후에 신탁을 이용할 수 있는 방법에 대해서는 배정식 외, 신탁의 시대가 온다, EPEU, 2019. 를 권하고 싶다. 이 책에는 제도에 대한 소개는 물론 은행에서 신탁업무를 하면서 접한 다양 한 사례가 있어 신탁에 관심이 있는 경우 도움이 될 것이다.

8 국세청, 세금절약 가이드 2, 2020.

9 국세청, 세금절약 가이드 2, 2020.

10 보이스피싱, 파밍, 스미싱의 용어 정의에 대해서는 금융감독원, 알아두면 든든한 금융사기 예방법, 2014. 12.을 참조하였다.

11 금융감독원, 2020년 중 보이스피싱 현황 분석, 2021. 4. 16.

12 홍석호, '같지만 다른' 보이스피싱 ⋯ 日 노인·韓 청년 주로 낚인다, 국민일보, 2018. 5. 25.

13 뉴욕주 아동 및 가족복지국, 노인 및 장애가 있는 성인에 대한 금융 사기, 2012. 7.

14 금융감독원, 알아두면 든든한 금융사기 예방법, 2014. 12.

15 금융감독원, 알아두면 든든한 금융사기 예방법, 2014. 12.

16 김경호, 노후자금 불려준다기에 ⋯ "고수익 쫓다 낭패", 문화방송 뉴스 데스크, 2019. 1. 27.

17 김경호, 노후자금 불려준다기에 ⋯ "고수익 쫓다 낭패", 문화방송 뉴스 데스크, 2019. 1. 27.

18 금융감독원, 주요 해외금리 연계 DLF 관련 중간 검사결과, 2019. 10. 1.

제7장 행복이 충만한 제2의 인생 만들기

1 린다 그래튼·앤드루 스콧 저, 안세민 역, 100세 인생(제2판), 출판사 클, 2020.

2 이지성, 꿈꾸는 다락방 2, 차이정원, 2018.

3 에드 디너·로버트 디너 저, 오혜경 역, 모나리자 미소의 법칙, 21세기북스, 2010.

4 정종진, 행복수업, 그루, 2014.

5 탈 벤-샤하르 저, 노혜숙 역, 해피어(Happier): 하버드대 행복학 강의, 위즈덤하우스, 2007.

6 탈 벤-샤하르 저, 노혜숙 역, 해피어(Happier): 하버드대 행복학 강의, 위즈덤하우스, 2007.

7 마틴 셀리그만 저, 우문식·윤상운 역, 플로리시, 물푸레, 2011.

8 마틴 셀리그만 저, 우문식·윤상운 역, 플로리시, 물푸레, 2011; 우문식, 행복 4.0, 물푸레, 2014.

9 미하이 칙센트미하이 저, 최인수 역, 몰입(FLOW), 한울림, 2005.

10 우문식, 행복 4.0, 물푸레, 2014.

11 우문식, 긍정심리학은 기회다, 물푸레, 2016.

12 정종진, 행복수업, 그루, 2014.

13 정종진, 행복수업, 그루, 2014.

14 스즈키 요시유키 저, 최현숙 역, 칭찬의 기술, 거름, 2003.

15 정종진, 행복수업, 그루, 2014.

16 탈 벤-샤하르 저, 노혜숙 역, 하버드대 행복학 강의 해피어, 위즈덤하우스, 2007.

17 크리스토퍼 피터슨 저, 문용린·김인자·백수현 역, 긍정심리학 프라이머, 2010.

18 정종진, 행복수업, 그루, 2014.

19 정종진, 행복수업, 그루, 2014.

20 Doran, George. There's a S.M.A.R.T. way to write management's goals and objectives. Management Review. AMA FORUM. 70 (11): 35-36, 1981.

21 스티븐 코비 저, 박재호·김경섭·김원석 역, 성공하는 사람들의 7가지 습관, 김영사, 1994.

22 에드 디너·로버트 디너 저, 오혜경 역, 모나리자 미소의 법칙, 21세기북스, 2010.

23 에드 디너·로버트 디너 저, 오혜경 역, 모나리자 미소의 법칙, 21세기북스, 2010.

제8장 새롭게 맺는 든든한 사회적 관계

1 송호근, 그들은 소리내 울지 않는다, 이와우, 2013.

2 송호근, 그들은 소리내 울지않는다, 이와우, 2013.

3 송호근, 그들은 소리내 울지않는다, 이와우, 2013.

4 심리적인 측면에서도 노후에 느끼는 주관적인 안녕감은 남녀 간에는 차이를 보이지 않으나 70세 미만의 노인들이 70세 이상의 노인에 비해 안녕감의 수준이 높았고, 배우자와 사별한 노인들보다 배우자가 살아 있는 노인들의 안녕감이 더 높은 것으로 조사되고 있다. [김태현 외, "노년기 삶의 질 향상에 관한 연구(Ⅱ)", 「한국노년학」, 제19권 1호, 1999.]

5 결혼기간만을 기준으로 하면 30세에 결혼했어도 50세에 이혼하는 것도 황혼이혼이 되어 적절하지 않을 수 있다.

6 통계청, 2020 혼인·이혼 통계, 2020. 3.

7 졸혼(卒婚)은 이혼은 아니지만, 부부가 각각 자유롭게 하고 싶은 것을 하면서 사는 것을 말한다. 이는 스기야마 유미코가 2004년에 출판한 「졸혼을 권함」에서 유래되었다.

8 강희남, 생애설계의 필요성과 졸혼준비, 매일경제, 2018. 2. 12.

9 최성근, 50대 이후 결혼위기 오면 男 '참고 산다' 女 '졸혼', 이데일리, 2017. 9. 11.

10 통계청, 2020 고령자 통계, 2020. 9.

11 이영주, '미혼모, 가족해체, 노인문제'에 최우선 순위를, 일요주간, 2017. 6. 22.

12 서울시 복지재단의 2013년 고독사 2,300명 조사 결과.

13 배혜원, "기혼여성의 가족가치관 변화와 정책적 시사점", 한국보건사회연구원, 「보건복지포

럼」, 2017년 9월호; 통계청, KOSIS 국가통계포털, kosis.kr

14 이러한 결과는 보험개발원이 2021년 1월 발표한 「2020 KIDI 은퇴시장 리포트」에서도 비슷하게 나타났다. 향후 자녀와의 동거를 희망하는지 여부를 묻는 질문에 60대는 17.1%, 70대는 21.2%, 80세 이상은 32.6%가 함께 살고 싶다고 응답했다.

15 Chopik, William and Andy Henion, Are friends better for us than family?, MSU Today, June 6, 2017.

16 통계청, 2020 고령자 통계, 2020. 9.

17 통계청, 장래가구특별추계: 2015~2045년, 2017. 4.; 통계청, 장래가구특별추계: 2017~2047년, 2019. 9.

18 유재언, "세대 간 돌봄이 성인 자녀와 부모 간의 지리적 근접성에 미치는 영향", 「여성연구」, 제92권 제1호, 2017.

제9장 다양한 활동으로 삶의 의미 키우기

1 로버트 스테빈스 저, 최석호·이미경·이용재 역, 진지한 여가, 여가경영, 2012.

2 로버트 스테빈스 저, 최석호·이미경·이용재 역, 진지한 여가, 여가경영, 2012.

3 카터 전 대통령에 관한 내용은 오영수, 「은퇴혁명시대의 노후설계」, 2004를 기초로 정리함

4 박성희, 질적 연구방법의 이해: 생애사 연구를 중심으로, 서울: 원미사, 2004.

5 박성희, 노인 자서전쓰기에 나타난 생애사 학습의 의의, 한국질적탐구학회, 질적 탐구, 제2권 제1호, 2016.

6 과학기술정보통신부·한국지능정보사회진흥원, 2020 인터넷이용실태조사, 2021년 3월.

7 조선일보, "인터넷 못해서…" 어르신은 오늘도 '노인稅' 냈다, 2021. 6. 10.

제10장 건강한 노후와 웰다잉 준비

1 채수미, "노년기의 사회·심리적 불안과 정신건강", 한국보건사회연구원, 「보건복지포럼」, 2016. 9.

2 이러한 결과는 65세 이상 노인 1,055명의 응답결과를 분석한 것으로 노년 응답자들이 평가한 자신의 삶에 대한 불안수준 5.6점에 비해서 높게 나온 것이다.

3 권정현, "건강 충격의 고용과 소득 효과 분석", 한국노동경제학회, 「노동경제논집」, 제41권 제4호, 2018.

4 김정하, "전기·후기 노인의 지출경향분석(2010년–2016년)", 건강보험심사평가원, 「정책동향」 제12권 제2호, 2018.

5 news1, 치매 걸린 80대 노모 모시고 강의…무슨 사연?, 2017. 9. 27.

6 산제이 굽타 저, 한정훈 역, 킵 샤프:늙지 않는 뇌, 니들북, 2021.

7 오영수, 은퇴혁명시대의 노후설계, 해남, 2004, p. 164.

8   김진구, 100세 시대를 넘어 120세 시대로…長壽할 준비 되셨습니까? ②, 헬스조선, 2018. 2. 7.

9   연합뉴스, WHO "전 세계 사망자 20명 중 1명꼴 술이 원인", 2018. 9. 22.

10 Moynihan, Ruqayyah, Exercise makes you happier than having money, according to Yale and Oxford research, World Economic Forum, 2019. 4. 9.
    Chekroud, Sammi R et al., Association between physical exercise and mental health in 1.2 million individuals in the USA between 2011 and 2015: a cross-sectional study, *The Lancet*, Vol. 5, Issue 9, 2018. 9. 1.

11 실제로 미국 샌프란시스코의 캘리포니아주립대 신경과 크리스틴 야프 교수가 주도한 연구팀은 65세 이상 여성 5,925명의 인지능력을 테스트하고 6~8년 뒤 재검사하는 방법을 사용한 결과, 매주 800m만 걷는 사람 중 24%가 인지능력이 크게 떨어졌지만 매주 28.8㎞를 걷는 사람 중에는 17%만 비슷하게 떨어졌다고 보고했다. 야프 교수는 "매주 1마일(약 1.6㎞)을 더 걸을 때마다 인지능력 감소를 13%씩 늦출 수 있다는 사실도 발견했다."라고 말했다.

12 Ducharme, Jamie, 5 Places Where People Live the Longest and Healthiest Lives, Time, 2018. 2. 15.

13 Merle, Andrew, The healthiest people in the world don't go to the gym, Quartzy, 2018. 11. 7.

14 마이클 로이젠, 당신의 건강나이는 몇 살입니까?, 문학사상사, 2001.

15 나신하, 오르고 달리고! … '젊어진' 日 노인들, 격한 운동 즐긴다, KBS, 2017. 10. 12.

16 Songee Jung, et al., Older Korean adults have lower physical function despite longer exercise times compared to their Japanese counterparts: A Japan-Korea comparative study, Geriatrics & Gerontology International, 2017. 12. 15.

17 Moynihan, Ruqayyah, Exercise makes you happier than having money, according to Yale and Oxford research, World Economic Forum 2019. 4. 9.
    Chekroud, Sammi, et al., Association between physical exercise and mental health in 1.2 million individuals in the USA between 2011 and 2015: a cross-sectional study, *The Lancet*, Vol. 5, Issue 9, 2018. 9. 1.

18 권은중 외, "수면시간과 규칙성이 심뇌혈관질환 발생에 미치는 영향: 지역사회 기반 코호트 연구", 한국가정의학회, 「한국가정의학회지」, 제8권 제5호.

19 김진구, 100세 시대를 넘어 120세 시대로…長壽할 준비 되셨습니까? ②, 헬스조선, 2018. 2. 7.

20 김진구, 100세 시대를 넘어 120세 시대로…長壽할 준비 되셨습니까? ②, 헬스조선, 2018. 2. 7.

21 비타민D는 아직 확증을 얻기 위한 연구가 필요하지만 암을 억제하는 작용을 하는 것으로 추측된다.

22 정경희 외, 2017년도 노인실태조사, 한국보건사회연구원, 2017. 11.

23 정경희 외, 2017년도 노인실태조사, 한국보건사회연구원, 2017. 11.

24 손신영, "우리나라 노인의 자살생각에 영향을 미치는 요인에 관한 연구", 보건의료산업학회, 「보건의료산업학회지」, 제8권 제2호, 2014.

25 마이클 로이젠, 당신의 건강나이는 몇 살입니까?, 문학사상사, 2001.

26 행정안전부, 주민등록 인구통계, jumin.mois.go.kr ; 한국경제신문, '초고령사회' 日 100세 이상 노인 8만명 넘어... 여성이 88%(NHK 보도 인용), 2020. 9. 15.

27 박상철, 당신의 100세 존엄과 독립을 생각하다, KOREA.COM, 2019.

28 박상철, 당신의 100세 존엄과 독립을 생각하다, KOREA.COM, 2019.

29 한겨레신문, "매일 출근하는 즐거운 100살... 잘 살아야 잘 죽는다," 2017. 1. 5.

30 히노하라 시게아키 저, 이근아 역, 100세 시대를 살아갈 비결, 문학사상, 2015.

31 이재규, 피터 드러커 명저 39권, 21세기북스, 2009.

32 박상철, 당신의 100세 존엄과 독립을 생각하다, KOREA.COM, 2019.

33 국립연명의료관리기관 홈페이지, lst.go.kr

34 건강보험심사평가원·국민건강보험공단, 2017 건강보험통계연보, 2018. 9.

35 오승연·이정택, "기대수명 증가와 의료비: 생애 말기 의료비를 중심으로", 보험연구원, 「고령화리뷰」, 제2호, 2016. 10. 10.

36 윤영호, 호스피스가 죽으러 가는 곳인가, 중앙일보, 2015. 4. 3.

37 국립연명의료관리기관 홈페이지, lst.go.kr

38 김성희·송양민, "노인죽음교육의 효과분석: 생활만족도 및 심리적 안녕감에 미치는 영향과 죽음불안의 매개역할", 한국보건사회연구원, 「보건사회연구」, 제33권 제1호, 2013.

39 박웅석, '웰다잉 시민운동' 준비위 출범 … 각계 인사 88인 참여, 시니어오늘, 2018. 12. 5.

40 강경아, "죽음준비교육 참여군과 비 참여군의 삶의 의미 및 죽음에 대한 태도 비교", 대한종양간호학회, 「종양간호학회지」, 제10권 제2호, 2010. 8.

41 윌리엄 워든 저, 이범수 역, 유족의 사별 애도 상담과 치료, 해조음, 2016.

42 LIEN foundation, The 2015 Quality of Death Index, The Economist Intelligence Unit, 2015 ; EBS 데쓰 제작팀, 죽음, 「EBS 다큐프라임 생사탐구 대기획」, 2014 ; 프리미엄 조선, 5년 전 '좋은 죽음' 개념 만든 영국, 마지막 10년 삶의 질 세계 1위, 2013. 11. 4.

"한 노인의 죽음은 한 개의 도서관이 타서 없어진 것과 같다"는 격언을 들은 적이 있을 것이다. 노인은 살아온 시간만큼의 '앎'이 있었고, 존경의 대상이었다. 그러나 급변하는 지금의 사회 속에서 그들은 세상살이 가장 서툰 이가 되었다. 그러니 백세시대를 축복이라고 할 수 있겠는가. 그렇다고 재앙이라고 말하고 싶지는 않다. 답을 찾아야 한다. 그 답이 '생애설계', 바로 이 책에 있다.

어른을 모시고 오래오래 살기를 바라는 마음과 감당해야 하는 시간에 대한 두려움을 가지면서, 나 자신의 늙음을 준비하는 대한민국 모든 사람의 교과서이다. "젊음이 보상이 아니듯 늙음도 형벌이 아니다." 그 유명한 대사의 한 구절을 기억한다.

_ **고선윤** 〈나만의 도쿄〉 저자

"산다는 것은 수많은 처음을 만들어가는 끊임없는 시작"이라고 한다. 이 책은 과거에 대한 후회와 미래에 대한 불안을 느끼는 100세 시대를 살아갈 모든 이의 그 처음을 응원한다. 저자들은 백세시대를 행복하게 살아가기 위한 방법을 가르치기보다는 객관적 자료를 통해 스스로 찾아가도록 안내하는 생애설계의 나침반 같은 책이다.

_ **손유미** 한국직업능력연구원 부원장

재난관리의 첫 두 단계는 예방과 대비이다. 사회, 경제의 변화와 의료의 발전으로 우리는 대단한 노력을 하지 않아도 백세시대를 맞이하게 하였다. 이 시대를 재앙이 아닌 축복의 시대를 만들고자 하는 것은 우리 각자의 선택에 달려있다. 특히 건강수명의 연장 측면에서, 개개인은 재난을 관리하듯 철저한 예방과 대비를 해야 할 것이다.

다양한 분야의 전문가인 저자들은 재무영역뿐 아니라 삶의 질 향상을 위한 비재무적인 영역에서 대비해야 할 것들을 상세히 제시하고 있다. 베이비붐 세대뿐 아니라 미래를 고민하는 모든 세대에게 이 책을 삶의 지침서로 권한다.

"준비된 자만이 기회를 갖고, 승리한다".

_ **백희정** 중앙대학교 간호학과 교수

투자자는 항상 환경과 감응感應해야 하는데,
전례 없는 백세시대와 저성장 선진경제는 우리를 궁窮하게 한다.
변變해야 통通해서 구久할 텐데.
다행히 <백세시대 생애설계>가 고령사회 변화變化를 보여주고,
'노동勞動과 복지福祉'는 상응相應함을 밝히며,
재무적 길吉함을 얻는 방법을 알려주며,
자산관리에서 흉凶함을 피하는 방법도 가르쳐준다.
장수시대에서 리理를 얻고자 도道를 찾는 사람들에게 간이簡易한 책을 권勸한다.

_ **이종용** 강원대학교 경영대학 교수

준비 없이 다가온 백세시대 속에서 무엇을 어떻게 준비해야 행복한 제2의 인생될 수 있는지를 상세하게 알려주는 길라잡이 같은 책이다. 연금, 보험, 고용, 노동, 기업 분야에서 탁월한 업적과 성과를 높이고 있는 저자들이 모여서, 백세인생을 준비하기 위한 노하우를 집대성하였다.

특히, 백세인생이 행복한 인생이 되기 위해서는 다양한 사회적 관계를 유지하고, 건강한 노후준비를 통해 웰다잉을 추구해야 한다는 내용을 읽다보면,

우리의 삶을 다시 한 번 성찰할 수 있는 기회가 될 것이다.

우리가 그리는 미래는 꿈꾸는 대로 이루어진다는 말이 있듯이, 누구나 아름다운 백세인생을 준비하기 위해 이 책을 한 번쯤 정독하고, 아름다운 미래를 생각해 볼 수 있기를 바란다.

_ **이영민** 숙명여대 인적자원개발대학원 교수

은퇴 후를 설계하는 방법 가운데 하나가 기대수명의 설계다. 그래서 의대 교수들은 건강검진부터 받고 연금의 비율을 정하라고 주장한다. 얼마 안 남은 생을 연금에 매달리지만 말라는 이야기다.

이 책은 백세시대의 생애설계를 단순히 재무적으로만 이해하지 않고 비재무적으로도 이해할 것을 권유한다. 따라서 갭이어Gap Year를 통해 새로운 인생을 준비하는 단락을 가지라고 한다.

대학생이 학업 시작 전에 여행을 하는 것처럼, 새로운 인생을 준비하기에 앞서 충전의 시간을 가져야 한다는 것이다. 나는 누구인가? 내가 바라는 것이 무엇인가? 나는 무엇을 할 수 있는가? 이런 것은 철학적 문제이자 살아있는 존재라면 누구든지 물어야 할 궁극의 질문이다. 은퇴를 앞둔 이들에게 이 문제는 이렇게 변용된다. 나는 어떻게 살아왔고 이제 어떻게 살아갈 것인가? 내가 하고 싶은 것이 무엇이었고, 이제 할 수 있는 것이 무엇인가? 어떻게 사랑하는 사람과 헤어질 것인가? 내 것은 무엇이고, 내 것이 아닌 것은 무엇인가?

에피쿠로스 같은 쾌락주의자들은 결국 정신적 쾌락을 목적으로 삼았다. 육체적 쾌락은 일장춘몽에 불과하다고 생각했기 때문이다. 그래서 얻어지는 평정ataraxia이 나중에는 스토아적인 정념에 휘둘리지 않는 삶apatheia으로 발전한다. 이를 위해서 반드시 필요한 것이 노자의 '됐다'知足이고 장자의 '놀자'逍遙다. 뜻있게 사는 것만큼이나 늙음을 행복으로 만드는 것은 없다. 키케로는 젊은이들은 오래 살려고 안달하지만 늙은이는 이미 오래 살았기에 속편하다고 말했다. 이 책은 이런 경지에 가기 위한 '길잡이'이다.

_ **정세근** 충북대학교 철학과 교수

공저자
약력

오영수

김·장 법률사무소 고문. 성균관대학교 경제학과를 졸업하고, 동 대학원에서 경제학석사와 경제학박사 학위를 취득하였다.

보험개발원 보험연구소장과 보험연구원 정책연구실장, 고령화연구실장을 맡아 고령화, 연금, 건강보험 분야의 연구를 하였다.

저서로는 국가와 기업의 초고령사회 성공전략(공저, 박영사, 2021), 고령사회의 사회보장과 세대충돌(박영사, 2021), 내 연금이 불안하다(공저, 책나무, 2020), 은퇴혁명시대의 노후설계(해남, 2004), 연금의 진화와 미래(공저, 논형, 2010), 건강보험의 진화와 미래(공저, 21세기북스, 2012)가 있다.

이수영

한국폴리텍대학 학장. 고려대학교 경영학과를 졸업하고, 서울대학교에서 행정학석사, 미국 코넬대학교에서 노사관계학석사, 고려대학교 대학원에서 경영학박사 학위를 취득하였다.

노동부 혁신성과관리단장, 대통령실 선임행정관, 고용노동부 대구고용노동청장, 고령사회인력심의관, 중앙노동위원회 사무처장 등으로 근무하였다.

저서로는 국가와 기업의 초고령사회 성공전략(공저, 박영사, 2021), 고용관계론(공저, 박영사, 2021), 노동법 실무(공저, 중앙경제, 2019) 등이 있다.

전용일

성균관대학교 경제학과 교수. 연세대학교 경제학과를 졸업하고, 연세대학교에서 경제학석사, 서울대학교 계산통계학과(통계학전공)에서 이학석사 학위를 취득하였고, 미국 UCSD에서 노벨경제학상 수상자인 Granger 교수에게서 경제학박사 학위를 받았다.

하버드대학교에서 박사 후 연구원으로 연구를 하였으며, 미국 센트럴 미시간주립대학교 경제학과에서 조교수와 부교수(정년보장)로 근무하였다.

저서로는 국가와 기업의 초고령사회 성공전략(공저, 박영사, 2021), 코로나19 시대 기업의 생존전략 – 방역과 경제의 딜레마(공저, 박영사, 2020), 고용과 성장(편저, 박영사, 2008)이 있으며, 약 100편의 학술논문을 발표하였다.

신재욱

에프엠 어소시에이츠(FMASSOCIATES) 대표컨설턴트. 서울대학교 경영학과를 졸업하고, 동 대학원에서 인사조직 전공으로 경영학석사 학위를 받은 후, 고려대학교 대학원에서 경영관리 전공으로 박사 과정을 수료하였다.

PricewaterhouseCoopers, IBM Business Consulting Service에서 인사조직 분야 컨설턴트로 활동하였다.

저서로는 국가와 기업의 초고령사회 성공전략(공저, 박영사, 2021), 현직 컨설턴트가 쓴 인적자원관리(2005), 역할급 설계방법과 사례(공저, PNC미디어, 2016)가 있다.

개정판
백세시대 생애설계

초판발행   2020년   1월 20일
개정판발행   2021년 11월 30일

지은이   오영수·이수영·전용일·신재욱
펴낸이   안종만·안상준

편 집   탁종민
기획/마케팅   정연환
표지디자인   양지섭·문경아
제 작   고철민·조영환

펴낸곳   (주) **박영사**
                서울특별시 금천구 가산디지털2로 53, 210호(가산동, 한라시그마밸리)
                등록 1959. 3. 11. 제300-1959-1호(倫)
전 화   02)733-6771
f a x   02)736-4818
e-mail   pys@pybook.co.kr
homepage   www.pybook.co.kr
I S B N   979-11-303-1364-1   03320

copyright©오영수·이수영·전용일·신재욱, 2021, Printed in Korea

정 가   18,000원